KB211236

소득세법 강의 :
이해와 신고실무

2025

The Income Tax Law

황준성 · 박태승 공저

도서출판
어울림
www.aubook.co.kr

2025년 개정판을 내면서

학생들에게 소득세실무를 쉽고 재미있게 이해할 수 있도록 저술하고자 한 것이 저술의 목적이었으며, 책의 페이지 수를 제한하다 보니 요약식 교재가 될 우려가 있어 부연설명이 필요한 곳에는 충분한 설명을 추가하였다. 이 책은 국가직무능력표준(NCS)에서 요구하는 직무능력을 갖추도록 실무에서 중요하다고 판단되는 내용을 중심으로 기본 세법지식을 정리하고 각종 신고양식을 첨부하여 실습이 가능하도록 하였다. 참고로 NCS가 요구하는 능력단위요소별 수행준거에 따라 지식, 기술, 태도를 습득하도록 학습모듈을 참고하여 저술하였다. 이 책이 주 대상으로 하는 NCS 능력단위는 「원천징수」이며, 부차적인 대상은 「종합소득세 신고」이다.

본 교재의 효과적인 교수·학습을 위해서는 부록에 첨부한 NCS의 「원천징수」, 「종합소득세 신고」 능력 단위 명세서를 참고하여야 한다. NCS 능력단위 수준과 범위를 벗어나는 내용은 고급학년 과정으로 나누어 교수·학습할 수 있다. 예를 들어, 저학년 과정에서는 제2편 제2장의 금융소득 종합과세, 제3장의 부동산 임대소득과 사업소득 세무조정, 제5장의 연금소득, 제10장의 추계사업소득 계산, 제4편의 양도소득세 등은 소득세법의 전반적인 이해와 수험목적으로 간단한 개념소개와 이해로 충분하고, 자세한 내용과 세무사 기출문제 등 고급문제 풀이는 추후 고학년 과정에서 지도할 수 있다.

2024년말 소득세법 개정은 자본시장 발전 및 국내 투자자 보호를 위하여 금융투자소득세를 폐지하고, 저출산 문제 해소 및 양육비 부담 완화를 위하여 기업의 출산지원금 비과세 적용, 자녀세액공제 금액 확대 등 출산·육아에 대한 세제지원을 강화하며, 금융상품 간의 과세형평을 제고하기 위하여 투자계약증권 또는 비금전 신탁 수익증권 등 조각 투자상품을 통하여 얻는 이익을 이와 수익 구조가 유사한 집합투자기구(펀드)를 통하여 얻는 이익과 동일하게 배당소득으로 과세하도록 하는 한편, 납세자 편의를 제고하기 위하여 기부금 영수증 발급액이 일정금액 이상인 기부금 단체는 전자기부금 영수증을 발급하도록 하는 등 현행 제도의 운영상 나타난 일부 미비점을 개선·보완하였다. 이 밖에도 소득세법 관련 개정내용이 법, 시행령, 시행규칙 등에 있으므로, 실무 적용시에는 반드시 세법전(또는 국세법령정보시스템)을 참고하는 습관을 가져야 한다.

소득세실무에서 요구하는 능력을 효율적으로 수행하려면 기본지식을 습득하고, 스스로 문제를 풀어보고, 세무서식을 작성해 보아 단편지식이 아닌 실무적용가능한 종합지식을 배양하도록 하여야 한다. 각 장의 앞부분에 제시한 학습목표를 통해 미리 생각해보도록 하여 몰입교육과 토론이 가능하도록 하였다. 지금부터 마음가짐을 다지고 꾸준하게 도전하면, 딱딱한 세법이 아닌 재미있고 실용성 있는 세법으로 독자에게 다가올 것이다.

2025년 2월　　저자 씀

머 리 말

소득세법은 세법개론을 수강한 후에 처음으로 접하는 세법각론이다. 또한 소득세법은 그 연혁이나 내용으로 볼 때 다른 세법공부의 기초가 되는 학문이다. 이러한 소득세법을 대학교 저학년 학생들에게 소득세법의 기초개념과 계산과정 및 신고과정을 쉽게 이해시키도록 교육하는 방법은 끊임없는 고민거리이다. 수년간의 실무경험과 교육경험을 바탕으로 딱딱하고 지루하기 쉬운 세법공부를 좀 더 재미있고 흥미를 가질 수 있도록 동기를 부여하는 교재를 만들고 싶었다. 본서 집필에 중점을 둔 사항은 다음과 같다.

첫째, 소득세법의 이론을 배우는 것은 결국 실무에 적용하기 위해서이므로 실무적응력을 높이도록 「국가직무능력 표준(NCS)-세무」 직군에 따라 직무지식과 능력을 충족하도록 실무중심적으로 기술하였다. 국가직무능력 표준(직무난이도에 따라 8단계 수준별로 구성)에서 요구하는 능력단위군으로서 「원천징수」와 「종합소득세신고」가 가능하도록 저술하였다.

둘째, 난해하거나 복잡한 세법의 내용과 이론을 그림이나 도표, 플로우차트로 표시하여 쉽게 이해하도록 하였다. 과세관청에서 제정한 실무적성격의 「소득세법 기본통칙」이나 「소득세집행기준」의 내용을 반영하였다.

셋째, 세법은 매년 개정되므로 개정내용을 최대한 적절하게 반영하였다. 매년 개정되는 세법의 개정이유와 취지를 잘 파악하는 것이 세법 공부의 출발점이 되리라고 생각한다. 어려운 세법용어는 사전이나 용어해설집을 참고하여야 한다.

넷째, 연습문제를 통해 본문의 내용을 확인하도록 한국세무사회의 세무회계 1, 2, 3급 문제, 전산세무2급 문제, 9급 세무직공무원 문제, 공인회계사, 세무사 1차시험 기출문제 중 학습내용과 연관된 문제를 발췌하여 자격시험에도 대비하도록 첨부하였다.

다섯째, 부록에는 ① 복습에 필요한 주관식문제 ② 자기주도적 학습에 필요한 세무·회계 관련 주요단체의 홈페이지 주소 ③ 2014년 소득세법 개정 이유 및 주요내용(2015년 시행) ④ 「원천징수」「종합소득세 신고」 능력단위명세서(국가직무능력표준-세무)를 첨부하였다.

여섯째, 세법의 내용은 암기하는 것이 아니라, 세법의 취지를 이해하고 현실의 문제 해결능력을 기르는데 있다. 세법을 학습할 때 항상 공평과세라는 잣대로 의문을 갖고 공부하면 깊이 있는 학습이 가능하리라고 본다.

2014년에도 소득세법은 많은 개정이 있었다. 주요한 개정내용은 고소득자에 대한 과세를 강화하기 위하여 최고세율 적용 과세표준을 3억원 초과에서 1억 5천만원 초과로 하향조정하고, 주택거래 활성화를 위해 다주택자에 대한 양도소득세 중과제도를 폐지하였다. 과세 형평성을 높이기 위하여 보장성보험, 의료비, 교육비, 기부금 등에 대한 소득공제제도를 세액공제제도로 전환하고, 근로소득공제율을 조정하였으며, 자녀관련 소득공제제도를 자녀세액공제제도로 통합 전환하였다. 매년 개정되는 세법의 개정이유와 취지를 잘 파악하여야 한다.

초판의 오류와 미비점을 수정 보완하였으며, 교수님과 독자의 지적에 따라 지속적으로 개정보완 해 나갈 예정이다. 본서의 발간에 도움을 주신 도서출판 어울림의 허병관 대표님과 편집부 직원 여러분께 감사를 드린다.

2015년 2월   저자 씀

약어 표기와 첨부서식

〈약어 표기〉

본서의 내용 중 관계 법령의 조항표시는 아래와 같이 약어를 사용하였다.

소법 9①2…소득세법 제9조 제1항 제2호 　　국기법…국세기본법

소령…소득세법 시행령 　　　　　　　　　조특법…조세특례제한법

소칙…소득세법 시행규칙 　　　　　　　　법법…법인세법

소기통…소득세법 기본통칙 　　　　　　　부법…부가가치세법

소득집행…소득세 집행기준 　　　　　　　상증세법…상속세 및 증여세법

〈첨부서식 목록(소득세법 시행규칙 별지)〉

(※ 위 별지 서식은 시행규칙 개정에 따라 변경될 수 있음)

차 례

제5편 원천징수

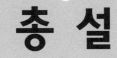

총 설

제 1 편

제1장

소득세의 개요

▶ 학습목표

1. 제1편 총설은 소득세법 전체를 개관할 수 있는 요소로 구성되어 있다.
   소득세법 제1장 총칙(제1조~제11조)을 참고할 수 있다.
2. 국세청 홈택스의 법령정보(국세법령정보시스템)를 검색해 보자.
   소득세의 과세요건을 설명할 수 있어야 한다.
3. 국세 중 소득세의 규모와 비중을 알아보자(국세청홈페이지의 국세통계).
4. 국세청의 조직과 기능을 살펴보고, 관할 세무서를 찾아보자.

I 소득세의 의의

소득세는 개인(⇔ 법인)의 소득(⇔ 소비, 재산)을 과세대상으로 누진세율(⇔ 단일세율)을 적용하는 조세이다. 이러한 소득세는 국가가 과세권자이므로 국세(⇔ 지방세)로 분류되고, 납세의무자와 담세자(부과된 세금을 최종 부담하는 자)가 일치할 것을 예견하고 제정하였으므로 직접세(⇔ 간접세)에 속한다. 또한 조세수입의 사용목적이 특정되지 아니한 보통세(⇔ 목적세)이다. `

참고 ✎ 소득세의 확정방식

소득세는 납세의무자가 과세표준과 세액을 정부에 신고함으로써 납세의무가 확정되는 신고납세제도 세목이다. 이에 대응되는 (정부)부과세제도에 해당하는 세목은 상속세·증여세·종합부동산세(신고납부도 가능)가 있다.

Ⅱ 과세대상소득

1. 과세소득의 규정방법

소득이란 일정기간 내에 경제주체가 획득한 경제적 이익을 말하며, 일반적으로 일정기간 내 얻어진 수익에서 그 수익을 얻기 위해 지출된 비용을 공제한 금액이다.

현행 소득세법의 과세소득산정은 소득원천설을 근간으로 하되, 순자산증가설을 일부 채택하고 있으며, 열거주의 과세방식을 채택하고 있다. 다만 이자·배당·사업·근로소득의 경우는 법령에 열거하지 아니한 경우에도 유사한 소득은 동일하게 과세할 수 있는 유형별 포괄주의를 채택하여 새로운 형태의 소득에도 과세할 수 있도록 하고 있다.

과세소득에 대한 학설은 크게 다음 두가지로 볼 수 있다.

(1) 소득원천설(열거주의)

소득원천설은 일정한 원천에서 경상적·계속적으로 발생하는 것만을 과세소득으로 파악하고, 불규칙적·우발적으로 발생하는 것은 과세소득 범위에서 제외하는 입장이다. 소득원천설에 입각하면 소득은 발생원천별로 구분되며, 그 소득의 종류와 범위를 법에 열거하지 않을 수 없다. 그리하여 법에 열거되지 않는 것은 과세되지 않는다.

(2) 순자산증가설(포괄주의)

순자산증가설은 원칙적으로 모든 순자산증가액을 그 원인과 형태를 불문하고 과세소득으로 파악하는 입장이다. 따라서 경상적·계속적인 것 뿐만 아니라 불규칙·우발적으로 발생하는 것도 과세소득에 포함된다. 순자산증가설에 입각하면 소득은 발생원천별로 구별됨 없이 무차별적으로 파악되며, 소득의 개념을 규정함으로써 충분하고, 그 구체적인 범위를 법에 열거할 필요가 없다. 따라서 열거되지 않은 것이라도 순자산증가액은 원칙적으로 모두 과세되는 것이다.

2. 과세대상소득의 범위

소득세법상 과세대상소득은 소득의 성격과 그 발생형태 등에 따라 종합소득·퇴직소득 및 양도소득으로 대별하고, 종합소득은 다시 이자소득·배당소득·사업소득·근로소득·연금소득 및 기타소득으로 구분된다.

참고 🖉 미열거소득

소득세의 과세대상소득은 소득세법에 제한적으로 열거된 소득에 한한다. 따라서 소득세법상 열거되지 아니한 소득(미열거소득)에 대해서는 소득세가 과세되지 아니한다. 이러한 미열거소득의 예를 들면 다음과 같다.
① 비사업자의 채권(국공채·회사채)의 일시적 매매차익, 단, 사업과 관련된 경우에는 사업소득임
② 연구개발업(수수료 또는 계약에 의하여 연구 및 개발용역을 제공하고 그 대가를 받는 사업은 제외)
③ 사업용 고정자산(토지와 건물은 양도소득세 과세)의 처분손익 등(복식부기의무자는 사업소득으로 과세)

Ⅲ 소득세의 과세방법

1. 종합과세와 분류과세, 분리과세

①종합과세란 소득의 종류에 관계없이 일정한 기간단위로 하나의 과세표준(이자, 배당, 사업, 근로, 연금, 기타소득)으로 하여 과세하는 방법을 말하고, ②분류과세란 원천이나 유형별로 구분된 일정 소득(종합, 퇴직, 양도소득)을 별도의 과세표준으로 하여 과세하는 방법을 말한다. 그리고 ③분리과세란 일정한 과세대상소득(이자, 배당, 연금, 기타소득 및 일용근로자의 급여근로소득)을 지급할 때 소득을 지급하는 자가 국가를 대신하여 소득세를 원천징수함으로써 납세의무를 종결시키는 과세방법(완납적 원천징수에 해당함)을 말한다.

2. 현행 소득세법상 과세방법

현행 소득세법은 종합과세를 원칙으로 하되, 퇴직소득·양도소득은 종합소득에 합산하지 않고 별도로 분류과세하고 있다. 그리고 종합소득 중 이자소득·배당소득·근로소득·연금소득·기타소득 중 일부 소득은 분리과세로 납세의무가 종결된다.

[소득종류별 과세방법 및 적용기준]

과세방법	소득종류	적용기준
종합과세	이자·배당소득	합산금융소득이 2천만원을 초과해야 종합과세
	사업·근로	무조건 종합과세(일용근로자 제외)
	연금소득	사적연금액이 1,500만원을 초과해야 종합과세*
	기타소득	소득금액이 3백만원을 초과해야 종합과세*
분류과세	퇴직소득	퇴직소득에 대해서 별도 과세
	양도소득	양도소득에 대해서 별도 과세

* 기준금액 이하인 경우 종합과세와 분리과세 중 선택 가능함

　따라서 2천만원을 초과하지 않은 이자·배당소득(금융소득)이나 1,500만원(총 사적연금액 기준) 및 3백만원(필요경비 공제 후)을 초과하지 않은 연금소득, 기타소득에 대해서는 당초이자나 소득을 지급하는 기관에서 원천징수하기 때문에 별도로 세금문제를 신경쓰지 않아도 된다(완납적 원천징수).

　또한 양도소득이나 퇴직소득은 소득 발행 즉시 각각의 세금을 계산하여 납부해야 한다. 분류과세제도를 두는 이유는 이 같은 소득은 장기간 형성되어 일시에 실현되기 때문에 종합소득에 합산할 경우 누진과세되어(결집효과) 조세의 부담이 과중하기 때문이다.

Ⅳ 소득세의 과세단위

　소득세의 과세단위란 소득세의 과세표준을 계산하는 인적단위를 말한다. 이러한 소득세의 과세단위는 개인단위과세 및 세대단위과세로 구분된다.

　현행 소득세법은 개인단위과세를 원칙으로 하되, 법소정 요건을 충족시키는 공동사업의 합산과세시에는 세대단위과세를 적용하도록 규정하고 있다.

예 : 양도소득세 : 1세대 1주택 양도시 비과세

V 과세기간

소득세의 과세기간은 매년 1월 1일부터 12월 31일까지로 한다(불변기간). 다만, 사망한 경우와 거주자가 출국으로 인하여 비거주자가 되는 경우에는 사망일 또는 출국일까지를 과세기간으로 한다. 이를 요약하면 다음과 같다.

구 분	과세기간
일반적인 경우	1월 1일 ~ 12월 31일
거주자가 사망한 경우	1월 1일 ~ 사망한 날
거주자가 출국하는 경우	1월 1일 ~ 출국한 날

주) 소득세의 과세기간은 사업개시나 폐업에 의해 영향을 받지 않으며, 또한 과세기간을 임의로 설정하는 것은 허용되지 않는다.

제2장

납세의무자

I 개요

소득세의 납세의무자는 원칙적으로 개인(거주자 및 비거주자)이지만, 예외적으로 법인으로 보지 않는 법인격 없는 사단·재단·기타 단체는 소득세 납세의무가 있다.

II 거주자와 비거주자

1. 거주자와 비거주자의 구분

거주자와 비거주자의 구분기준은 다음과 같다. 거주자는 국내외원천소득을 구분하지 않고 모든 소득*에 대하여 소득세 납세의무를 지지만, 비거주자는 국내원천소득에 대해서만 납세의무를 진다. 따라서 거주자와 비거주자를 구분하는 것은 국외 소득에 대한 탈세 판단 등 세법상 중요한 의미가 있다.

구 분	개 념
거주자(무제한 납세의무자)	국내에 주소를 두거나 1과세기간 중 183일 이상 거소를 둔 개인(계속하여 183일 이상 거소를 둔 경우 포함)
비거주자(제한 납세의무자)	거주자가 아닌 자로서 국내원천소득이 있는 개인

* 주소는 국내에 생계를 같이하는 가족 및 국내에 소재하는 자산의 유무 등 생활관계의 객관적 사실에 따라 판정한다(소령 2①).

** 외국인 거주자로서 해당 과세기간 종료일 10년 전부터 국내에 주소(거소)를 둔 기간의 합계가 5년 이하인 경우에는 국외에서 발생한 소득의 경우 국내에서 지급되거나 국내로 송금된 소득에 대하여만 과세하도록 함 (소법 3).

2. 거주자와 비거주자의 의제

(1) 거주자의 의제(소령 2 ③)

다음에 해당하는 경우에는 거주자로 본다(체류기간 무관).

① 국내에 거주하는 개인이 계속하여 183일 이상 국내에 거주할 것을 통상 필요로 하는 직업을 가진 때

② 국내에 거주하는 개인이 국내에 생계를 같이 하는 가족이 있고, 그 직업 및 자산 상태에 비추어 계속하여 183일 이상 국내에 거주할 것으로 인정되는 때

③ 외국을 항행하는 선박 또는 항공기 승무원의 경우 그 승무원과 생계를 같이하는 가족이 거주하는 장소 또는 그 승무원이 근무기간 외의 기간 중 통상 체재하는 장소가 국내에 있는 자

(2) 비거주자의 의제

다음에 해당하는 경우에는 비거주자로 의제한다.

① 국외에 거주 또는 근무하는 자가 외국국적을 가졌거나 영주권을 얻은 자가 국내에 생계를 같이하는 가족이 없고, 직업 및 자산상태에 비추어 다시 입국하여 주로 국내에 거주하는 것으로 인정할 수 없는 때

※ 다음에 해당하는 자는 국외에 183일 이상 거주하더라도 거주자로 의제한다.
   ㉮ 국외근무공무원
   ㉯ 거주자 또는 내국법인의 국외사업장 또는 해외현지법인(100% 직접 또는 간접 출자에 한함)에 파견된 임직원(소령 3)

3. 거주기간의 계산

국내에 거소를 둔 개인은 입국하는 날의 다음날부터 출국하는 날까지로 한다(소령 4①).

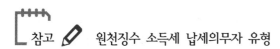
참고   원천징수 소득세 납세의무자 유형

거주자, 비거주자, 내국법인, 외국법인의 국내 지점 또는 국내영업소, 기타 법에서 정한 원천징수의무자로 광범위하게 규정하고 있다.

Ⅲ 소득세법상 납세의무가 있는 법인격 없는 단체

국세기본법의 규정에 의하여 법인으로 보는 단체 외의 단체는 소득세법상 납세의무자가 있는데 이는 다시 소득세법을 적용함에 있어 1인의 거주자로 보는 경우와 공동사업자로 보는 경우로 구별된다.

(1) 1거주자로 보는 경우

① 이익의 분배방법이나 분배비율이 정하여져 있지 아니한 경우 ② 구성원 간 이익분배가 확인되지 아니한 경우에는 당해 단체를 1거주자로 본다. 이 경우 1거주자로 보는 단체의 소득은 그 대표자나 관리인이 다른 소득과 합산하여 과세하지 아니한다(소기통 2-0-3).

(2) 이익분배가 확인되는 경우

거주자로 보는 법인격 없는 단체 이외의 단체는 각 구성원별로 소득세법(또는 법인세법)에 따라 납세의무를 진다(이익분배).

참고1 📝 기타 법인격 없는 단체와 관련된 사항

• 국세기본법의 규정에 의하여 법인으로 보는 단체는 법인세법상 비영리내국법인으로 본다.
• 1인의 거주자로 보는 법인격 없는 단체의 예를 들면 종중의 재단, 학교동창회, 직장공제조합, 새마을공동사업장, 아파트 부녀회 등이 있다.

참고2 📝 법인격 여부에 따른 세법 적용

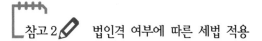

1. 법인격 있는 단체 : 법인세 부과(주식회사 등) / 비영리법인은 수익사업만 과세
2. 법인격 없는 단체
   (1) 법인으로 보아 법인세 부과(주무관청의 인허가 등 받은 단체로서 수익을 구성원에게 분배하지 않을 것 또는 신청·승인에 의하여 법인으로 보는 단체(단체의 독립적인 재산이 있는 경우))
   (2) 위 (1)외의 단체
      ① 1거주자로 보는 단체(이익 분배 안함)
      ② 이익분배시 구성원별로 소득세(법인세) 과세

Ⅳ 납세의무의 특례

(1) 공동사업의 경우

공동사업의 경우에는 손익분배비율(또는 지분비율)에 따라 각 거주자별로 납세의무를 진다(개별과세, 국세기본법상 연대납세의무의 예외적 규정).

다만, 조세회피 목적이 있는 경우 공동사업 합산과세의 특례규정(손익분배비율을 거짓으로 정하는 등의 사유)에 의하여 주된 공동사업자(손익분배비율 또는 지분비율이 큰 공동 사업자)에게 특수관계인의 소득금액을 합산과세한다(소법 43③). 이 경우 당해 합산과세되는 소득금액에 대하여 주된 공동사업자 외의 특수관계인은 그의 손익분배비율(또는 지분비율)에 해당하는 소득금액을 한도로 주된 공동사업자와 연대납세의무를 진다.

> ※ 특수관계인의 범위
> 과세기간 종료일 현재 거주자 1인과 국세기본법 시행령 제1조의2에 따른 관계에 있는 자(①친족관계, ②경제적연관관계, ③경영지배관계 등 광범위하게 규정함)

(2) 상속인의 경우

상속인은 피상속인의 소득에 대하여 상속재산을 한도로 납세의무를 승계한다. 이 경우 피상속인과 상속인의 소득금액에 대한 소득세는 각각 구분하여 계산한다(소법 44).

(3) 분리과세소득의 경우

원천징수되는 소득으로서 종합소득에 합산되지 아니하는 소득이 있는 자는 원천징수되는 소득에 대하여만 납세의무를 진다(소법 2의2⑤).

(4) 양도소득세 부당행위계산부인의 경우 연대납세의무

증여후 양도행위부인 규정에 따라(증여일로부터 10년내 타인에게 양도) 증여자가 직접 양도한 것으로 보는 경우 그 양도소득에 대해서는 증여자와 증여 받은 자가 연대하여 납세의무를 진다(소법 2의2③).

제3장

납 세 지

I 의의

　납세지란 소득세의 관할세무서를 결정하는 기준이 되는 장소를 말한다. 관할세무서는 사업자등록, 과세표준의 신고, 원천징수, 납부, 세무조사 등을 총괄하므로 중요성이 있다.

II 소득세의 납세지

　일반적인 소득세의 납세지는 다음과 같다.

구　분	납　세　지
거주자	주소지(주소지가 없는 경우에는 그 거소지)
비거주자	국내사업장(국내사업장이 2 이상 있는 경우에는 주된 국내사업장)의 소재지(국내사업장이 없는 경우에는 국내원천소득이 발생하는 장소)
상속의 경우	피상속인·상속인 또는 납세관리인의 주소지나 거소지 중 상속인 또는 납세관리인이 신고하는 장소
비거주자가 납세관리인을 둔 경우	국내사업장의 소재지 또는 납세관리인의 주소지나 거소지 중 신고하는 장소
법인격 없는 단체	동 단체의 대표자 또는 관리인의 주소지

주) 거소 : 거처하는 곳. 생활의 근거지가 될 정도는 아니고, 얼마동안 계속하여 머물러 있는 곳.

참고 📝 원천징수하는 소득세의 납세지(소득집행기준 7-0-1)

원천징수의무자		원천징수하는 소득세의 납세지
개인	거주자	• 거주자의 **주된 사업장** 소재지 • 주된 사업장 외의 사업장에서 원천징수 하는 경우 : 그 사업장의 소재지 • 사업장이 없는 경우 : 그 거주자의 주소지 또는 거소지
	비거주자	• 비거주자의 주된 국내사업장 소재지 • 주된 국내사업장 외의 국내사업장에서 원천징수 하는 경우 : 그 국내사업장 소재지 • 국내사업장이 없는 경우 : 그 비거주자의 거류지 또는 체류지
법인	원칙	• 법인의 **본점** 또는 **주사무소**의 소재지
	독립채산제 지점 등	• 지점 등에서 독립채산제에 의해 독자적으로 회계사무를 처리하는 경우 : 그 사업장 소재지(그 사업장 소재지가 국외에 있는 경우는 제외함)
	원천징수 세액의 본점 일괄계산	• 지점 등에서 지급하는 소득에 대한 원천징수세액의 납세자를 본점 또는 주사무소의 소재지로 관할세무서장에게 신고한 경우 또는 「부가가치세법」에 따라 사업자단위로 등록한 경우 : 그 법인의 본점 또는 주사무소의 소재지를 납세지로 할 수 있음
비거주자의 유가증권 양도소득을 원천징수한 경우로 납세지를 가지지 않을 경우		• 유가증권을 발행한 내국법인 또는 외국법인의 국내사업장의 소재지 • 기타의 경우 : 국세청장이 지정하는 장소
납세조합		• 납세조합의 소재지

주1) 「원천징수하는 소득세」의 납세지는 앞 페이지의 일반적인 소득세의 납세지와 차이가 있음을 유의하여야 함.
  2) 집행기준은 기본통칙을 보완하는 실무지침이다.

III 납세지의 지정

1. 납세자 신청에 의한 납세지 지정

(1) 지정사유

사업소득이 있는 거주자가 사업장 소재지를 납세지로 신청한 때에는 사업장소재지를 납세지로 지정할 수 있다(소법 9 ①).

※ 본래 거주자의 납세지는 주소지임을 상기하기 바란다.

(2) 지정절차

납세지 지정신청을 하고자 하는 자는 당해 연도 10월 1일부터 12월 31일까지 납세지 지정신청서를 사업장 관할세무서장에게 제출하여야 한다(소령 6 ①).

납세지 지정신청이 있는 경우 **관할지방국세청장**(새로 지정할 납세지와 종전 납세지의 관할지방국세청장이 다를 때에는 국세청장)은 납세지지정 배제사유에 해당되지 아니하는 때에는 사업장을 납세지로 지정하여야 하며, 다음 연도 2월 말일까지 그 지정여부를 납세의무자 등에게 서면으로 통지하여야 한다(소령 6 ②).

※ 만일 기한 내에 통지를 하지 아니한 때에는 지정 신청한 납세지를 납세지로 한다(소령 6 ④).

2. 직권(과세관청)에 의한 납세지 지정

국세청장 또는 지방국세청장은 거주자·비거주자로서 본래의 납세지가 납세의무자의 소득상황으로 보아 부적당하거나 납세의무를 이행하기에 불편하다고 인정될 때에는 납세지를 지정할 수 있다.

이 경우에는 당해 과세기간의 과세표준확정신고 또는 납부기간 개시일전에 그 뜻을 납세의무자 등에게 서면으로 통지하여야 한다. 다만, 중간예납 또는 수시부과의 사유가 있는 때에는 그 납기개시 15일 전에 통지하여야 한다(소령 6 ③).

※ 만일 기한 내에 통지를 하지 아니한 때에는 종전의 납세지를 납세지로 한다.

3. 납세지 지정의 취소

납세지의 지정사유가 소멸한 경우 관할지방국세청장 또는 국세청장은 납세지의 지정을 취소하여야 한다.

※ 납세지의 지정이 취소된 경우에도 그 취소 전에 행한 소득세에 관한 신고·신청·청구·납부·기타 행위의 효력에는 영향을 미치지 아니한다(소법 9 ④).

Ⅳ 납세지의 변경신고

납세지가 변경된 때에는 그 변경된 날부터 **15일 이내**에 **변경** 후의 납세지 관할세무서장에게 납세지 변경신고서를 제출함으로써 그 변경사실을 신고하여야 한다(소법 10).

※ 다만, 납세자의 주소지가 변경됨에 따라 부가가치세법(부령 14조)의 규정에 따라 사업자등록 정정을 한 경우에는 납세지의 변경신고를 한 것으로 본다(소령 7 ②).

참고 🖉 2025년 국세 세입예산안

(단위 : 억원, %)

	'23년 실적	'24년 예산	'25년 예산안	'24년 예산 대비	
				증감액	%
총 국 세	3,440,711	3,673,140	3,824,296	151,156	4.1
[일반회계]	3,339,396	3,561,182	3,718,050	156,868	4.4
◇ 내 국 세	3,060,595	3,216,136	3,381,292	165,156	5.1
○ 소 득 세	1,158,330	1,257,605	1,280,066	22,461	1.8
■ 근 로 소 득 세	591,442	620,327	647,310	26,983	4.3
■ 종 합 소 득 세	214,368	230,552	225,941	△4,611	△2.0
■ 양 도 소 득 세	175,560	224,165	206,011	△18,154	△8.1
■ 배 당 소 득 세	40,623	39,038	46,757	7,719	19.8
○ 법 인 세	804,195	776,649	885,013	108,364	14.0
○ 상 속 증 여 세	146,341	146,566	127,879	△18,687	△12.7
○ 부 가 가 치 세	737,749	814,068	880,201	66,133	8.1
○ 개 별 소 비 세	88,209	101,945	96,663	△5,282	△5.2
○ 증 권 거 래 세	60,803	53,829	38,454	△15,375	△28.6
○ 인 지 세	7,969	8,505	9,085	580	6.8
○ 과 년 도 수 입	56,999	56,969	63,931	6,962	12.2
◇ 교통·에너지·환경세	108,436	153,258	151,048	△2,210	△1.4
◇ 관 세	72,883	89,065	84,093	△4,972	△5.6
◇ 교 육 세	51,516	61,625	60,402	△1,223	△2.0
◇ 종합부동산세	45,965	41,098	41,215	117	0.3
[특별회계]	101,314	111,958	106,246	△5,712	△5.1
◇ 주 세	35,686	35,759	32,093	△3,666	△10.3
◇ 농어촌특별세	65,628	76,199	74,153	△2,046	△2.7

(자료 : 기획재정부 보도자료, 2024.8.26.)

[탐구주제]
1. 국세의 종류와 규모를 알아보자.
2. 소득세가 차지하는 비중은 어느 정도인가?
3. 소득에는 종합소득세, 퇴직소득세, 양도소득세로 나눈다. 각각의 비중은 어느 정도일까?
   (국세청, 국세통계연보 참조)

▶▷탐구학습　　　국세청의 조직과 기능

[국세청 소개]

(자료 : 국세청 홈페이지, 국세청 안내, 조직과 기능, 2025. 1 현재)

[탐구주제]
1. 국세청의 조직과 하는 일을 알아보자.
2. 나의 거주지의 관할 세무서를 찾아보자.
3. 국세에 관한 질문은 어디에 어떻게 할 수 있을까?

▶▷탐구학습   우리나라의 소득세 제도

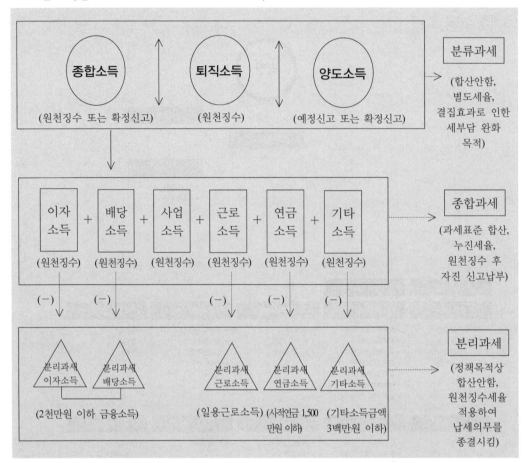

*1 원천징수 : 특정소득 지급시 지급자(원천징수의무자)가 소득자로부터 세액을 징수하여 다음달 10일까지 과세관청에 납부하는 제도

*2 신고납세제도 : 해당 과세기간 소득을 다음 연도 5월까지 소득자 스스로 과세표준 확정신고를 하는 것(자진 확정신고)

*3 사적연금 총 연금액이 15백만원 초과인 경우 : 고율분리과세(15%) 또는 종합과세 선택 가능

기 출 문 제

01 우리나라 소득세에 대한 설명으로 옳은 것은?

① 개인단위로 과세하는 것을 원칙으로 한다.

② 2단계 비례세율구조에 의해 세액을 계산한다.

③ 순자산증가설에 따라 소득범위를 제한한다.

④ 원천징수된 소득에 대해서는 확정신고의무가 없다.

 풀이 ❶

02 소득세법상 소득세에 대한 설명으로 옳은 것은?

① 소득세는 지방세이며 간접세에 해당된다.

② 종합소득세는 부과과세제도를 채택하고 있다.

③ 소득세의 과세방법은 종합과세와 분리과세를 병행하고 있다.

④ 종합소득 중 이자, 배당, 기타소득에 대해서는 분리과세 제도를 실시하지 않고 있다.

 풀이 ❸ 소득세법 14

03 다음 중 국내 소득세법상 소득세의 특징으로 바르지 않은 것은?

① 공동사업의 사업소득에 대한 소득세는 예외적인 경우를 제외하고 공동사업자별로 납세
의무를 진다.

② 소득세는 열거주의를 원칙으로 하되 이자소득과 배당소득은 유형별 포괄주의를 채택하
고 있다.

③ 소득세는 개인단위로 과세하는 것이 원칙이나 금융소득은 부부단위로 합산과세한다.

④ 종합소득, 퇴직소득, 양도소득이 있는 자는 다음연도 5월에 확정신고를 함으로써 소득
세 납세의무가 확정된다.

풀이 ❸ 현행 소득세법은 개인을 단위로 하여 소득을 종합과세하고 있다.

04 우리나라 소득세법의 특징으로 가장 적절하지 못한 것은?

① 누진과세   ② 개인별과세

③ 순자산증가설   ④ 신고납세제도

풀이 ❸ 현행 소득세법은 소득원천설에 입각하여 법에 열거되지 않은 것은 과세되지 아니한다. 예외적으로 이자
· 배당소득에 대하여 유형별 포괄주의를 취하고 있다.(소득세법 제3조)

05 소득세법은 개인사업자(복식부기의무자 아님)가 기계장치를 처분함으로써 발생하는 유형자산처분이익에 대해서 소득세를 과세하지 않고 있다. 이에 대한 근거로 타당한 것은?

① 소득원천설   ② 실질과세의 원칙

③ 조세평등주의   ④ 순자산증가설

풀이 ❶ 소득세법은 소득원천설에 따라 사업활동에서 발생하는 소득만 사업소득으로 본다.

06 다음 중 종합소득에 대한 소득세 납세의무가 없는 자는?

① 국내원천소득만 있는 거주자   ② 국내원천소득만 있는 비거주자

③ 국외원천소득만 있는 거주자   ④ 국외원천소득만 있는 비거주자

풀이 ❹ 소득세법 제2조[납세의무] 및 소득세법 제3조[과세소득의 범위] 참조

07 소득세법상 거주자·비거주자의 구분은 납세의무의 판정에 있어서 매우 중요한 의미를 지니는데, 거주자·비거주자에 대한 설명 중 잘못된 것은?

① 거주자란 국내에 주소를 두거나 183일 이상의 거소를 둔 개인을 말한다.

② 비거주자는 소득세의 납세의무를 지지 않는다.

③ 내국법인의 국외사업장에 파견된 임직원은 거주자로 본다.

④ 거주자가 이민을 위하여 출국하는 날의 다음 날을 비거주자가 되는 날로 본다.

❷ 국내원천소득에 대하여 납세의무를 부담한다(소득세법 제2조 제1항).

08 소득세법상 비거주자가 거주자로 되는 시기에 대한 설명이다. 옳지 않은 것은?

① 외국의 공무원이 국내의 대사관에 근무하기 위하여 입국한 날의 다음날
② 국내에 주소를 둔 날
③ 계속하여 183일 이상 국내에 거주할 것을 통상 필요로 하는 직업을 가지게 되는 등 국내에 주소를 가지거나 국내에 주소가 있는 것으로 보는 사유가 발생한 날
④ 국내에 거소를 둔 기간이 183일이 되는 날

❶ 소득세법시행령 제2조의2. 주한 외교관은 비거주자로 봄(소기통 1-0…3)

09 다음 중 소득세법상 납세의무자에 대한 설명으로 옳지 않은 것은?

① 국내에 주소를 두거나 183일 이상 거소를 둔 개인을 거주자라 하며, 국내외원천소득에 대하여 소득세를 과세한다.
② 거주자가 아닌 자를 비거주자라 하며 국내원천소득에 대해 소득세를 과세하지 아니한다.
③ 공동사업의 사업소득에 대한 소득세는 원칙상 공동사업자별로 납세의무를 진다.
④ 대표자 또는 관리인을 선임하고 있으나 이익의 분배방법·비율이 없는 경우 그 단체를 1거주자로 보아 과세한다.

❷ 비거주자라 하며 국내원천소득에 대해 소득세를 과세한다.

10 소득세법상 납세지에 대한 설명이다. 옳지 않은 것은?

① 거주자에 대한 소득세의 납세지는 주소지로 한다.
② 비거주자의 납세지는 국내사업장의 소재지로 한다.
③ 원천징수하는 소득세는 원천징수하는 자가 거주자인 경우 그 주된사업장 소재지로 한다.
④ 사업소득이 있는 자는 사업장소재지를 납세지로 할 수 없다.

❹ 소득세법 9①(1)

11 소득세법상 원천징수 등의 경우의 납세지에 관한 설명이다. 옳지 않은 것은?

① 원천징수하는 자가 거주자인 경우 : 그 거주자의 주된 사업장 소재지. 다만, 주된 사업장 외의 사업장에서 원천징수를 하는 경우에는 그 사업장의 소재지, 사업장이 없는 경우에는 그 거주자의 주소지 또는 거소지로 한다.

② 원천징수하는 자가 비거주자인 경우 : 그 비거주자의 주된 국내사업장 소재지. 다만, 주된 국내사업장 외의 국내사업장에서 원천징수를 하는 경우에는 그 국내사업장의 소재지, 국내사업장이 없는 경우에는 그 비거주자의 거류지 또는 체류지로 한다.

③ 원천징수하는 자가 법인인 경우 : 그 법인의 대표자 주소지

④ 납세조합이 원천징수하는 소득세의 납세지는 그 납세조합의 소재지로 한다.

 ❸ 소득세법 제7조
법인의 본점 또는 주사무소 소재지

12 거주자인 이장수씨가 2025년 3월 15일에 사망한 경우 소득세법상 이장수씨의 종합소득에 대한 종합소득 과세표준 신고기한은 언제까지인가?

① 2025. 5. 31.　　　　　　　　② 2025. 5. 31.

③ 2025. 9. 15.　　　　　　　　④ 2025. 9. 30.

 ❹ 상속개시일이 속하는 달의 말일로부터 6개월이 되는 날까지 과세표준 확정신고를 해야 한다.(소득세법 제74조 제1항 및 제2항)

13 다음 중 소득세법상 거주자의 근로소득과 합산과세될 수 없는 소득으로만 짝지어진 것은?

① 양도소득, 퇴직소득　　　　　② 기타소득, 양도소득

③ 이자소득, 배당소득　　　　　④ 사업소득, 퇴직소득

 ❶ 양도소득과 퇴직소득은 분류과세한다(소득세법 4①)

14 다음 중 원천징수한 소득세를 납부할 의무가 없는 자는?

① 외국법인의 해외지점　　　　② 비영리내국법인

③ 비거주자　　　　　　　　　④ 거주자

 ❶ 소득세법 2②

15 다음 중 소득세법상 거주자에 대한 과세대상 소득이 아닌 것은(복식부기의무자 아님)?

① 제조업자의 기계장치 처분이익　　　② 미성년자의 복권당첨금
③ 도매업에서 발생하는 매출총이익　　④ 근로제공에 대한 대가

 ❶ 사업소득 중 유형자산처분이익은 미열거소득으로 소득세가 과세되지 않는다.(소법 제 19조)
복식부기의무자는 과세함.

16 다음 중 소득세법상 거주자의 종합소득금액에 영향을 미치지 않는 것은?

① 주택을 양도하고 받는 소득
② 부동산 임대업자가 토지를 임대하고 받는 소득
③ 정규직 근로자가 직장에서 받는 근로소득
④ 영화필름을 양도하고 받는 소득

 ❶ 토지의 양도에서 발생하는 소득은 양도소득으로서 나머지 종합소득과는 합산되지 아니한다.

17 다음 중 소득세법상 납세의무자가 분리과세와 종합과세를 선택할 수 있는 것은?

가. 사적연금의 총 연금액이 연 1,500만원 이하의 연금소득
나. 일당 15만원 이하의 일용근로소득
다. 연간 2,000만원 이하의 사업소득
라. 연간 300만원 이하의 기타소득금액

① 가, 나　　　　　　　　　② 가, 다
③ 가, 라　　　　　　　　　④ 나, 다

 ❸ '가, 라'는 선택적 분리과세

18 소득세법상 다음 소득 중 분리과세대상소득이 없는 것은?

① 연금소득　　　　　　　　② 기타소득
③ 사업소득　　　　　　　　④ 배당소득

 ❸ 소득세법 제 14조

19 거주자인 김거부씨의 종합소득에 합산하여 과세할 소득금액은 얼마인가?

> • 은행 이자소득금액(원천징수됨) : 10,000,000원
> • 퇴직소득금액 : 40,000,000원
> • 부동산임대 사업소득금액 : 20,000,000원
> • 양도소득금액 : 100,000,000원

① 20,000,000원   ② 30,000,000원

③ 70,000,000원   ④ 170,000,000원

 ❶ 이자소득은 분리과세대상, 퇴직·양도소득은 분류과세대상이다. (소득세법 제 4조)
풀이

20 다음 중 소득세법상 과세기간에 대한 설명 중 옳은 것은?

① 거주자가 비거주자로 되는 경우 : 해당연도 1월 1일 ~ 출국일
② 비거주자가 거주자로 되는 경우 : 입국일 ~ 해당연도 12월 31일
③ 거주자가 신규로 사업을 개시한 경우 : 사업개시일 ~ 해당연도 12월 31일
④ 거주자가 사망한 경우 : 사망일 ~ 해당연도 12월 31일

 ❶ 소득세법상 과세기간은 원칙적으로 1/1~12/31이다(소득세법 제 5조).
풀이

21 소득세법상 납세지에 대한 설명이다. 잘못된 것은?

① 거주자에 대한 소득세의 납세지는 주소지로 한다.
② 원천징수하는 자가 법인인 경우에는 원칙적으로 그 법인의 사업장의 소재지로 한다.
③ 사업소득이 있는 거주자가 사업상 소재지를 납세지로 신청할 수 있다.
④ 비거주자의 납세지는 주된 국내사업장으로 한다.

 ❷ 원천징수하는 자가 법인인 경우에는 그 법인의 본점 또는 주사무소의 소재지이다. (소득세법 제 7조).
풀이

22 다음 (가) 안에 들어갈 알맞은 답을 적으시오. (92회, 세무회계2급)

거주자는 국내에 주소를 두거나 (가)일 이상의 거소를 둔 개인을 말한다.

풀이 183일(소득세법 제1조의2)

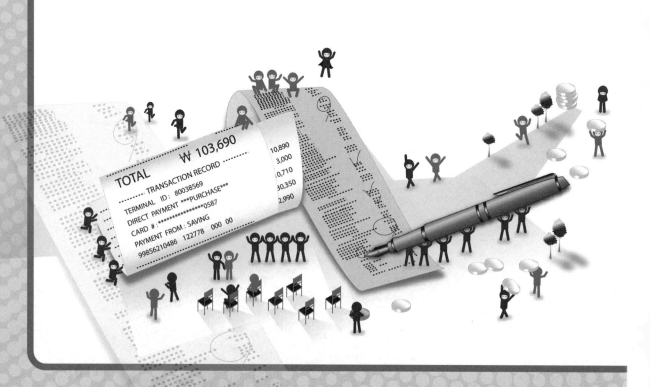

종합소득세

제 **2** 편

제1장

종합소득세 계산구조

1. 먼저 소득과 소득금액의 차이를 이해하고 용어사용에 유의하여야 한다.
2. 사업소득은 분리과세소득이 없다.
3. 이자와 배당소득은 필요경비가 없다. 배당소득은 가산제도(Gross-up)가 있으며 법인세와 소득세의 이중과세 방지를 위해 배당세액공제 제도가 있다.
4. 근로소득과 연금소득은 실제 필요경비계산이 어려우므로 개산공제(추정하여 계산)인 근로소득공제와 연금소득공제제도를 적용한다.
5. 비과세소득의 사례를 들어보자. 절세방안을 토의해 보자.

I 종합소득세의 계산구조(사업소득자 중심)

종합소득세의 계산구조를 살펴보면 다음과 같이 6단계로 구성된다.

총 수 입 금 액 (−) 필 요 경 비	• 소득별 필요경비 · 이월결손금 · 근로소득공제
① 종 합 소 득 금 액 (−) 종 합 소 득 공 제	• 인적공제(기본공제 · 추가공제) 및 주택담보노후연금이자비용 · 특별소득공제(주택자금공제 등), 조세특례제한법상 소득공제(신용카드 공제 등)
② 종 합 소 득 과 세 표 준 (X) 세　　　　　　율	• 8단계 초과누진세율(6%, 15%, 24%, 35%, 38%, 40%, 42%, 45%)
③ 종 합 소 득 산 출 세 액 (−) 세　액　감　면 (−) 세　액　공　제	• 소득세법, 조세특례제한법상 세액감면 • 소득세법(자녀세액공제, 연금계좌세액공제, 특별세액공제, 기부금세액공제 등), 조세특례제한법상 세액공제
④ 종 합 소 득 결 정 세 액 (+) 가　　산　　세	
⑤ 종합소득총결정세액 (−) 이 미 납 부 한 세 액	• 중간예납세액, 원천징수세액, 수시부과세액 (종합소득세 신고전 이미 납부한 세액)
⑥ 차 감 납 부 할 세 액	

II 종합소득금액의 산출

종합소득금액의 산출구조는 다음과 같다.

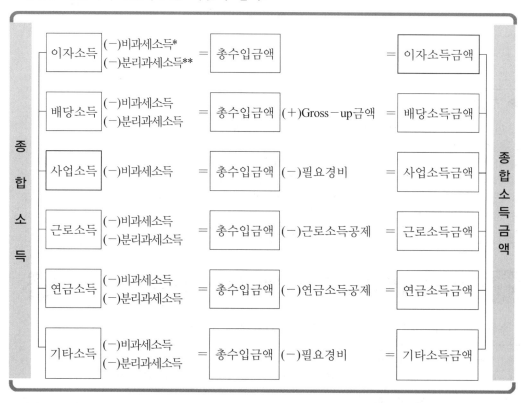

* 비과세소득은 정책목적상 과세하지 않은 소득임.

** 분리과세 소득은 원천징수로 납세의무가 종결됨.

** 사업소득은 법인과의 형평을 고려하여 모두 종합 과세함

 실습 과제 | 소득유형별로 사례금액을 제시하여 최종 종합소득금액을 구하는 실습을 수행한다.

제2장

이자소득과 배당소득(금융소득)

▶ 학습목표

1. 금융소득은 타인에게 자금을 빌려주거나 투자함으로써 발생하는 소득이다.
2. 금융소득(이자와 배당소득) 종합과세하는 이유와 방법을 이해하여야 한다. 종합과세 기준금액은 얼마인가?
3. 배당가산액(Gross-up)의 필요성과 계산방법을 이해한다.
4. 의제배당도 실지배당은 아니나 배당소득으로 과세되므로 유형을 익히자.
5. 여러 가지 금융자산에 대하여는 기초금융지식과 「예금자보호법」을 숙지하여 안전하게 운용하여야 한다. 예금보험공사(www.kdic.or.kr)의 「예금자 보호제도」를 검색해보자.
6. 「금융 실명거래 및 비밀 보장에 관한 법률」 개정으로 2014년 11월 29일부터 차명거래는 원칙적으로 금지된다(명의자 소유로 추정).

실습 효율적인 금융거래를 위해 금융소비자 정보포털인 「파인(FINE)」을 활용하자.

I 이자소득

1. 이자소득의 범위

이자소득이란 해당 과세기간에 발생한 다음의 소득을 말한다(소법 16①). 이자란 금전 또는 기타 대체물을 타인에게 일정기간 대여하고 받은 대가이다.

(1) 채권 또는 증권의 이자와 할인액
 ① 국가 또는 지방자치단체가 발행한 채권 또는 증권의 이자와 할인액
 ② 내국법인이 발행한 채권 또는 증권의 이자와 할인액
 ③ 외국법인의 국내지점 또는 국내영업소에서 발행한 채권 또는 증권의 이자와 할인액
 ④ 외국법인이 발행한 채권 또는 증권의 이자와 할인액
(2) 예금의 이자와 할인액
 ① 국내에서 지급받는 예금의 이자와 할인액
 ② 국외에서 지급받는 예금의 이자
 ③ 상호저축은행법에 의한 상호신용계 또는 신용부금으로 인한 이익
(3) 채권 또는 증권의 환매조건부 매매차익
(4) 저축성 보험의 보험차익(보험계약기간이 10년 미만)
(5) 직장공제회 초과반환금
(6) 비영업대금(非營業貸金)의 이익
(7) (1)~(6)의 소득과 유사한 소득으로서 금전의 사용에 따른 대가의 성격이 있는 것(유형별 포괄주의)

(1) 채권 또는 증권의 환매조건부매매차익(Repurchase Agreement, RP)

금융회사 등이 환매기간에 따른 사전약정이율을 적용하여 환매수 또는 환매도하는 조건으로 매매하는 채권 또는 증권의 매매차익을 말한다(소령 24).

※ 증권사 자금조달용. 예금자 비보호 상품

(2) 저축성 보험의 보험차익

1) 개요

보험은 사망·질병·사고·재난 등에 대비하기 위한 보장성 보험과 만기에 납입보험료에 이자를 합한 금액을 보험금으로 지급받는 저축성 보험으로 구분된다. 소득세법에서는 저축성 보험 중 보험기간이 10년 미만인 것에 대하여만 이자소득으로 보아 소득세를 과세하고 있다(소령 25).

※ 따라서 저축성 보험 중 보험기간이 10년 이상인 것은 소득세 과세대상이 아니다.
  저축성 보험에 대응되는 (순수) 보장성 보험은 일반적으로 만기환급금이 없으므로 이자소득이 발생하지 않는다.

※ 비과세 납입한도 : 일시납 보험(1인당 1억원), 월 적립식 보험(월 보험료 150만원 이하)

2) 보험차익의 계산

보험차익은 다음 산식에 의하여 계산한 금액으로 한다.

> 보험차익＝만기보험금(또는 공제금)·중도해약 환급금－납입보험료(또는 납입공제료)

(3) 직장공제회 초과반환금

1) 개요

직장공제회란 민법 제32조 기타 법률에 의하여 설립된 공제회·공제조합으로서 동일 직장이나 직종에 종사하는 근로자들의 생활안정, 복리증진 또는 상호부조 등을 목적으로 구성된 단체를 말한다(소령 26①).

2) 초과반환금의 계산

초과반환금은 다음 산식에 의한다. 단, 1999년 1월 1일 이후 가입 반환금부터 과세된다.

$$직장공제회\ 초과반환금 = \frac{근로자가\ 퇴직 \cdot 탈퇴로\ 인하여}{직장공제회로부터\ 받는\ 반환금} - 납입공제료$$

* 반환금을 분할하여 지급하는 경우 그 지급하는 기간 동안 추가로 발생하는 이익(반환금 지급이익)도 이자 소득으로 봄.

**직장공제회 초과반환금은 세액계산특례에 따라 산출세액 계산방식이 다름을 유의하라(제9장 참조).

(4) 비영업대금(非營業貸金)의 이익(＝사채이자, 私債利子)

금전의 대여를 사업적으로 하지 아니하는 자가 일시적 · 우발적으로 금전을 대여하고 받은 이자소득은 비영업대금의 이익으로서 이자소득이다(소령 26③). 반면, 금전의 대여를 사업적으로 하는 자의 이자소득은 금융업(대금업)에 해당하는 사업소득으로 본다.

※ 영업대금 : 금융기관 수입으로 계상

2. 이자소득에서 제외하는 소득

(1) 할부 · 연불이자 등

다음은 이자소득과 유사하나 매출(매입)관련 발생액으로서 이자가 아니라 사업소득 계산에 가감한다(소기통 16－0－1).
① 물품을 매입할 때 대금의 결제방법에 따라 에누리되는 금액
② 외상매입금이나 미지급금을 약정기일 전에 지급함으로써 받는 할인액
③ 물품을 판매하고 대금의 결제방법에 따라 추가로 지급받는 금액
④ 외상매출금이나 미수금의 지급기일을 연장하여 주고 추가로 지급받는 금액. 이 경우 그 외상매출금이나 미수금이 소비대차(消費貸借)로 전환된 경우에는 예외로 한다.
⑤ 장기할부조건으로 판매함으로써 현금거래 또는 통상적인 대금의 결제방법에 의한 거래의 경우보다 추가로 지급받는 금액. 다만, 당초 계약내용에 의하여 매입가액이 확정된 후 그 대금의 지급지연으로 실질적인 소비대차로 전환되어 발생되는 이자는 이자소득으로 본다.

(2) 손해배상금에 대한 법정이자

계약의 위약 또는 해약으로 인한 손해배상금에 대한 법정이자는 기타소득에 해당된다(소기통 16－0－2).

3. 비과세 이자소득

비과세 이자소득은 공익신탁의 이익이 있다(소법 12). 조세특례제한법에는 장기주택마련저축의 이자소득(2012.12.31까지 가입분, 조특법 87), 농협·수협 등의 조합 예탁금의 이자소득은 2025.12.31까지 비과세(농특세 1.4%만 징수), 2026.1.1~2026.12.31까지는 5%, 2027년 이후는 9% 세율을 적용한다. 3,000만원 한도, 조특법 89의 3), 비과세 종합저축(고령자·장애인 대상, 2025.12.31까지 가입분, 5,000만원 한도, 조특법 89, 88의 2)도 비과세대상으로 하고 있다. 또한 개인종합자산관리계좌(ISA)의 이자·배당수익의 비과세한도는 200만원(서민·농어민형은 400만원, 조특법 91의 18)이다.

※ 2019년부터 신설된 비과세 예금

① 청년우대형 주택청약예금 이자소득 비과세(조특법 87) : 이자합계 비과세 한도 500만원(2025.12.31.까지 가입분) : 무주택 세대주인 청년, 총급여 3,600만원 이하 또는 종합소득금액 2,600만원 이하.

② 장병 내일준비적금에서 발생한 이자소득 비과세(조특법 91의 19) : 납입한도 2024년 월 40만원(2025년 이후 월 55만원)(2026.12.31.까지 가입분)

③ 청년 희망적금 이자소득 비과세 : 납입금액(연 600만원 한도). 총급여액 3,600만원 이하 또는 종합소득금액 2,600만원 이하(19세~34세)

참고 공익신탁

학술·종교·자선·기타 공익을 목적으로 하는 신탁(상증법 17, 공익신탁법 2)

예) 외부감사 대상 공익신탁 : 청년희망 펀드(근로자 고용촉진 및 생활향상), 법무부천사 공익신탁(범죄피해자, 난민 지원), 파랑새 공익신탁(아동학대 피해 어린이 지원) 등.

4. 이자소득금액의 계산

이자소득은 필요경비가 인정되지 아니한다. 따라서 이자소득 총수입금액을 이자소득금액으로 한다.

$$이자소득금액 = 이자소득\ 총수입금액^*$$

* 이자소득 총수입금액=이자소득－비과세소득－분리과세소득

5. 이자소득의 수입시기

이자소득의 수입시기는 다음과 같다(소령 45). 이자 수입시기는 주로 약정일이 원칙이며, 예외적으로 이자를 지급받은 날이 있다.

구 분	수입시기
(1) 무기명의 양도가능한 채권 등의 이자와 할인액	그 지급을 받은 날
(2) 기명의 양도가능한 채권 등의 이자와 할인액	약정에 의한 이자지급일
(3) 보통예금·정기예금·적금 또는 부금의 이자	① 실제로 이자를 지급받는 날 ② 원본에 전입하는 뜻의 특약이 있는 이자는 그 특약에 의하여 원본에 전입된 날 ③ 해약으로 인하여 지급되는 이자는 그 해약일 ④ 계약기간을 연장하는 경우에는 그 연장하는 날
(4) 통지예금의 이자	인출일
(5) 채권·증권의 환매조건부매매차익	약정에 의한 당해 채권·증권의 환매수일 또는 환매도일. 다만, 기일전에 환매수 또는 환매도하는 경우에는 그 환매수일 또는 환매도일로 한다.
(6) 저축성 보험의 보험차익	보험금 또는 환급금의 지급일. 다만, 기일전에 해지하는 경우에는 그 해지일
(7) 직장공제회 초과반환금	약정에 의한 납입금 초과이익의 지급일. 다만, 반환금을 분할하여 지급하는 경우 원본에 전입하는 뜻의 특약이 있는 납입금의 초과이익은 원본에 전입된 날.
(8) 비영업대금(사채이자)의 이익	약정에 의한 이자지급일. 다만, 이자지급일의 약정이 없거나 약정에 의한 이자지급일전에 이자를 지급받는 경우 또는 소득세법 시행령 제51조 제7항의 규정에 의하여 총수입금액계산에서 제외하였던 이자를 지급받는 경우에는 그 이자지급일
(9) 양도가능 채권 등의 보유기간 이자상당액	당해 채권 등의 매도일 또는 이자 등의 지급일
(10) 위 '(1)' 내지 '(9)'의 이자소득이 발생하는 상속재산이 상속·증여되는 경우	상속개시일 또는 증여일

Ⅱ 배당소득

1. 배당소득의 범위

배당소득이란 해당 과세기간에 발생한 다음의 소득을 말한다(소법 17①). 배당이란 경영활동을 통해 얻은 이익을 주주총회의 결의로 투자비율에 따라 주주에게 분배하는 것을 말한다.

① 이익배당 또는 건설이자의 배당
   ㉠ 내국법인으로부터 받는 이익이나 잉여금의 배당 또는 분배금과 상법(제457조)에 의한 건설이자의 배당
   ㉡ 법인으로 보는 단체로부터 받는 배당 또는 분배금
   ㉢ 외국법인으로부터 받는 이익이나 잉여금의 배당 또는 분배금과 건설이자의 배당 및 이와 유사한 성질의 배당
② 국내·외에서 받는 집합투자기구로부터의 이익(펀드이익)
③ 의제배당
④ 「법인세법」에 의하여 배당으로 처분된 금액(인정배당)
⑤ 「국제조세조정에 관한 법률」 제17조의 규정에 따라 배당받은 것으로 간주된 금액
⑥ 출자공동사업자의 배당(소법 17①)＝경영에 참여하지 않고 출자만 한 사람
⑦ ①~⑤의 소득과 유사한 소득으로서 수익분배의 성격이 있는 것(유형별 포괄주의)
⑧ 위 소득을 발생시키는 거래와 결합된 파생상품 거래 또는 행위로부터의 이익(상장지수증권, Exchange Traded Note 포함)

2. 의제배당(擬制配當)

(1) 의의

의제배당이란 현금배당·주식배당과 같이 실질배당은 아니나 그 경제적 실질이 실질배당과 유사한 효과가 있으므로 이를 배당으로 간주하여 과세하는 것을 말한다.

※ 법인세법상 의제배당의 내용과 동일하므로 자세한 내용은 법인세법을 함께 공부하기를 바란다. 잉여금의 자본전입에 대한 회계처리를 먼저 이해해야 한다.

(2) 의제배당의 유형(소법 17 ②)

① 잉여금의 자본전입으로 인한 무상주를 수취한 경우
   이익잉여금(이익준비금, 임의적립금, 처분전 이익잉여금 등)의 자본전입에 따른

무상주는 의제배당이다. 단, 자본준비금(주식발행액면초과액, 감자차익 등), 재평가적립금(토지분 제외)의 자본전입은 의제배당으로 보지 않음.

- 의제배당액＝교부받은 주식수×액면가액

② 주식소각·감자·퇴사·탈퇴·출자의 감소로 인한 주식소멸이익

- 의제배당액＝주주등이 취득하는 재산가액－주식의 취득액

③ 법인의 해산으로 인한 주식소멸이익

- 의제배당액＝해산으로 분배받은 재산가액－주식등의 취득액

④ 합병 및 분할로 인한 주식소멸이익

- 의제배당＝합병 등으로 취득하는 출자가액과 금전, 그 밖의 재산가액의 합계액
  －소멸법인의 주식 취득액

주의 회계처리를 하는 회사의 입장과 이를 지급받는 주주의 입장에서 세무상 처리(배당소득)는 서로 다른 과제임을 알아야 한다.

3. 비과세 배당소득

소득세법상 비과세 배당소득은 공익신탁의 이익이 있다(소법 12). 조세특례제한법에는 장기보유 우리사주에서 발생하는 배당소득(조특법 88조의4⑨) 등은 비과세하고 있다.

4. 배당소득금액의 계산 ⋯ Gross－up제도

배당소득도 이자소득과 마찬가지로 필요경비가 인정되지 않는다. 한편, 배당소득은 법인세와 소득세의 이중과세문제가 발생하므로 배당소득금액의 계산은 다음과 같이 계산한 금액으로 한다.

> 배당소득금액＝배당소득 총수입금액*＋귀속법인세액(또는 배당가산액)

* 배당소득 총수입금액＝배당소득－비과세소득－분리과세소득

(1) 이중과세와 그 조정방법

주주가 받은 배당소득 중 특정배당소득은 법인단계에서 이미 법인세가 과세된 후의 소득이므로 동일한 소득에 대하여 법인세와 소득세가 이중과세되는 문제가 발생한다.

현행 소득세법에서는 이중과세의 조정방법으로 배당소득 가산제도(Gross-up제도)를 채택하고 있다(소법 17③).

 참고 Gross-up제도

Gross-up제도는 주주가 받은 배당소득 중 법인단계에서 이미 법인세가 과세된 배당소득의 경우에는 동 법인세상당액(귀속법인세액)을 배당소득에 가산하고, 동 귀속법인세액을 소득세 산출세액에서 다시 공제하는 방식이다. 이를 도표로 표시하면 다음과 같다(배당세액공제 관련학습 필요).

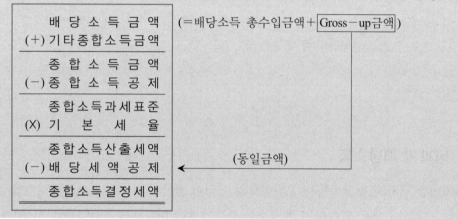

(2) Gross-up금액

1) 개요

앞에서 설명한 바와 같이 Gross-up제도는 주주의 배당소득 총수입금액에 귀속법인세액을 합산하여 종합소득세를 산출한 후, 동 합산한 귀속법인세액(10%의 Gross-up금액)을 배당세액공제하는 방식이다. 여기서 배당소득 총수입금액에 10%를 Gross-up한 이유는 법인세가 부담된 배당소득에 대하여 현행 법인세율 중 낮은 세율인 9%로 환원한 것이며 이를 산식으로 풀이하면 다음과 같다.

$$Gross-up금액 = 배당소득\ 총수입금액 \times \frac{9\%}{1-9\%}$$
$$\fallingdotseq 배당소득\ 총수입금액 \times 10\%$$

참고 ✎ 법인세의 감면을 받은 법인으로부터 받은 배당소득의 경우(Gross-up 제한 목적)

법인세의 감면 등으로 법인세를 거의 부담하지 아니하는 다음의 법인으로부터 받은 배당소득의 경우에는 당해 배당소득에 다음의 율을 곱하여 계산한 금액을 차감한 금액에 10%를 적용한다(소령 27의3).

① 유동화전문회사·동업기업·투자회사(Mutual Fund) : 100%
② 법인의 공장 및 본사의 수도권생활지역 외의 지역으로의 이전에 대한 임시특별세액감면을 받는 법인·외국인투자에 대한 법인세감면을 받은 법인·외국인투자기업의 증자에 대한 법인세감면을 받은 법인 : 다음산식에 의한 비율

$$\frac{직전\ 2개\ 사업연도의\ 감면대상\ 소득금액의\ 합계액 \times 감면비율}{직전\ 2개\ 사업연도의\ 총소득금액의\ 합계액}$$

2) Gross-up하는 배당소득의 요건

Gross-up하는 배당소득이 되기 위해서는 내국법인으로부터 받은 배당소득으로서 다음의 요건을 모두 충족하는 배당소득이어야 한다.

① **내국법인**으로부터의 배당소득이어야 한다(요건1).
② 종합과세되면서 **누진세율**이 적용되는 배당소득이어야 한다(요건2).
③ 법인단계에서 **법인세가 과세된 소득을 재원으로** 하는 배당소득이어야 한다(요건3).
즉, 이중과세의 문제가 발생하는 배당소득이어야 한다.

3) Gross-up에서 제외되는 배당소득

다음의 배당소득은 위의 세가지 요건을 만족시키지 못하거나 특정 이유로 인하여 Gross-up 대상에서 제외된다.

다음 요약표는 ① 배당가산대상 배당소득과 ② 배당가산하지 않는 배당소득의 사례를 정리한 것이다.

참고 ✎ 배당가산 대상이 되는 배당소득 여부는 다음과 같다.(소득세 집행기준 17-0-1)

구 분	범 위
A. 배당가산 대 상 배당소득	내국인으로부터 받는 이익이나 잉여금의 배당 또는 분배금과 건설이자의 배당
	법인으로 보는 단체로부터 받는 배당금 또는 분배금
	배당가산 하지 않는 의제배당을 제외한 의제배당
	「법인세법」에 따라 배당으로 처분된 금액
B. 배당가산 하지않는 배당소득	**의제배당** 자기주식 또는 자기출자지분의 소각이익의 자본전입으로 인한 의제배당
	토지의 재평가차익의 자본전입으로 인한 의제배당*
	법인이 자기주식 또는 자기출자지분을 보유한 상태에서 자본전입을 함에 따라 그 법인 외의 주주 등의 지분비율이 증가한 경우 증가한 지분비율에 상당하는 주식 등의 가액에 의한 의제배당
	외국법인으로부터 받는 배당소득**(요건1)
	집합투자기구로부터의 이익***(요건3)
	「국제조세조정에 관한 법률」에 따라 배당받은 것으로 간주된 금액
	공동사업에서 발생한 소득금액 중 출자공동사업자가 손익분배비율에 따라 받는 금액
	「조세특례제한법」 제132조에 따른 최저한세액이 적용되지 아니하는 법인세의 비과세·면세·감면 또는 소득공제(「조세특례제한법」 외의 법률에 따른 비과세·면세·감면 또는 소득공제를 포함함)를 받은 법인 중 「소득세법시행령」 제27조의3 제1항에 따른 법인으로부터 받은 배당소득이 있는 경우에는 그 배당소득의 금액에 아래 산식의 비율을 곱하여 산출한 금액 $$비율 = \frac{직전\ 2개\ 사업연도의\ 감면대상소득금액의\ 합계액 \times 감면비율}{직전\ 2개\ 사업연도의\ 총소득금액의\ 합계액}$$
	배당소득과 유사한 소득으로서 수익분배의 성격이 있는 것
	종합과세기준금액(2천만원)을 초과하지 않는 배당소득(요건2)

* 재평가세율 1%가 적용되는 토지의 재평가차액은 법인세법상 익금항목으로서 법인단계에서 법인세가과세되고 있음에도 불구하고 특별한 이유없이 Gross-up 대상에서 제외되고 있음에 유의하기를 바란다. 자산재평가법은 2000년 12월 31일까지 재평가신고를 한 경우에 대하여 적용하였다.
** 이는 우리나라 법인세법에 의하여 과세되지 않고 있으므로 이중과세문제가 발생하지 않아 Gross-up 대상에서 제외된다.
*** 집합투자기구에 대하여 법인세가 과세되지 않는다. 따라서 이중과세조정이 불필요하다.

5. 배당소득의 수입시기

배당소득의 수입시기는 다음과 같다(소령 46).

구　　분	수입시기
일반배당	① 무기명주식(예, 외국발행)의 이익이나 배당의 경우 : 그 지급을 받은 날 ② 잉여금의 처분에 의한 배당 : 법인의 잉여금처분 결의일*
의제배당	① 주식의 소각, 자본의 감소, 잉여금의 자본전입, 퇴사·탈퇴 또는 자기주식지분의 포기로 인한 의제배당 : 주식의 소각, 자본의 감소 또는 자본에의 전입을 결정한 날이나 퇴사 또는 탈퇴한 날 ② 법인이 합병으로 인하여 소멸한 경우 : 그 합병등기를 한 날 ③ 법인이 해산으로 인하여 소멸한 경우 : 그 잔여재산의 가액이 확정된 날 ④ 분할법인 또는 소멸한 분할합병의 상대방법인이 분할로 인하여 소멸 또는 존속하는 경우 : 그 분할등기일
인정배당	해당 법인의 당해 사업연도의 결산확정일**
출자공동사업의 배당	과세기간 종료일
집합투자기구로부터의 이익	① 집합투자기구로부터의 이익을 지급받는 날 ② 원본에 전입하는 뜻의 특약이 있는 것은 그 특약에 의하여 원본에 전입된 날

*잉여금처분 결의일(주주총회, 임시주주총회, 단 분기배당, 중간배당은 이사회결의로 가능)
**결산확정일(정기주주총회, 재무제표 승인일)

Ⅲ 이자소득과 배당소득에 대한 과세방법

　2001년 귀속 이자·배당소득분부터 그동안 보류해왔던 금융소득종합과세제도가 다시 부활되었다. 금융소득종합과세제도란 이자·배당소득이 2천만원을 초과하는 경우, 그 금융소득 전체를 다른 종합소득(부동산임대, 사업, 근로, 기타소득)에 합산하여 누진세율로 과세하는 제도인데, 구체적인 과세방법은 다음과 같다. 이자소득의 형태를 A, B, C형으로 나누어 암기하면 편리하다. 금융소득에 대한 과세는 제9장의 금융소득종합과세시 세액계산특례와 제10장의 배당세액공제를 함께 이해하여야 한다.

금융소득을 종합과세하는 이유는 소득계층간·소득종류간 과세 형평성을 제고해 공평과세를 실현하고, 금융소득 명의자에서 과세함으로써 차명거래의 소지를 축소하여 금융거래의 투명성을 제고하기 위함이다.

구 분	범 위	원천징수세율
(1) 무조건 분리과세 (C형)	국내에서 지급받은 다음의 이자·배당소득은 종합소득에 합산하지 않고 원천징수로 과세를 종결한다. ① 직장공제회 초과반환금	기본세율
	② 비실명 이자·배당소득	45%(90%)
	③ 법원보관금의 이자소득(경락대금)	14%
	④ 거주자로 보는 법인격 없는 단체가 금융기관으로부터 받은 금융소득	14%
	⑤ 조세특례제한법상 특정 금융소득(개인종합자산관리계좌(ISA), 공모인프라펀드, 투융자펀드 배당금 등)	9%, 14%
(2) 조건부 종합과세 (B형)	위 (1) 외의 이자·배당소득으로서 원천징수 대상이 되는 소득의 합계액(귀속법인세는 제외)이 ① 2천만원 이하인 경우 ········ 분리과세 ② 2천만원을 초과하는 경우 ··· 전액종합과세*	14%**
(3) 무조건 종합과세(A형)***	원천징수 되지 않은 이자·배당소득(국외금융소득) ··· 종합과세	—

* 2천만원을 초과하는 경우에는 그 초과하는 이자·배당소득금액만 종합과세하는 것이 아니라 전액 종합과세한다. 종합과세 되는 경우에도 원천징수세율이 적용되는 경우(2천만원 이하분)에는 Gross-up 대상에서 제외된다. 종합과세 기준금액(2천만원)을 구성하는 순서는 ① 이자소득 ② Gross-up하지 않는 배당소득 ③ Gross-up하는 배당소득 순서대로 해야 납세자가 불리하지 않게 된다.

** 비영업대금의 이익은 25%

*** 무조건 종합과세와 유사한 소득으로 '출자공동사업분배금'은 금융소득종합과세를 판정할 때 포함하지 않으며, 종합과세되는 금융소득의 합계액과 관계없이 사업소득처럼 항상 기본세율(종합과세)을 적용한다. 배당가산액도 가산하지 않는다. 또한 원천징수세율은 14%가 아닌 25%이다.

실습 과제

다음 예제를 이용하여 이자 소득에 대해 국내에서 원천징수된 소득세 등은 얼마인지 계산하고, 소득세법 시행규칙 별지 서식 23(1) 이자·배당 소득 원천징수 영수증을 작성하시오(Gross-up를 고려하지 않음).

Example 1

다음은 거주자 김솔지씨의 2025년도 소득 자료이다. ①종합소득금액에 합산될 금융소득과 ②원천징수의무자가 원천징수해야할 금액은 얼마인가 (gross-up을 고려하지 말 것)?

소득의 종류	지급액
①국내 은행예금이자	17,000,000원
②비영업대금 이익	2,000,000원
③이익잉여금 자본전입으로 받은 무상주	24,000,000원
④비상장법인 현금배당	23,000,000원
⑤양도소득	5,600,000원
⑥외국법인 현금배당(국내원천징수 되지 않음)	9,000,000원

해설

소득의 종류	지급액	소득 과세 유형	원천징수 세율	원천징수해야 할 금액
①국내 은행예금이자	17,000,000원	B	14%	2,380,000
②비영업대금 이익	2,000,000원	B	25%	500,000
③이익잉여금 자본전입으로 받은 무상주	24,000,000원	B	14%	3,360,000
④비상장법인 현금배당	23,000,000원	B	14%	3,220,000
⑤양도소득	5,600,000원	X	X	X
⑥외국법인 현금배당 (국내원천징수 되지 않음)	9,000,000원	A	0	0
금융소득 종합과세시 합산될 금액(A+B)	75,000,000원			9,460,000원

Answer

A유형은 금액의 크기에 관계없이 무조건 종합과세하며, B유형은 조건부 종합과세로서 A+B>2천만원 인 경우에는 모두 종합과세로 포함하여야 한다. 무조건분리과세소득(비실명이자)이나 분류과세소득인 양도소득은 제외하여야 한다.

1) 종합과세될 금융소득(gross-up을 고려하지 말 것) : 75,000,000원
2) 원천징수된 금액 : 9,460,000원(기납부세액으로 종합소득신고시 공제됨)

Example 2	거주자인 김갑동씨의 2025년 귀속 금융소득은 다음과 같다. 종합소득금액에 합산될 금융소득은 얼마인가?

① 은행예금이자		14,000,000원
② 비실명이자		4,000,000원
③ 주권상장법인의 이익잉여금 자본전입에 따른 무상주 수령(액면가)		17,000,000원
④ 비상장법인의 현금배당		22,000,000원
⑤ 외국법인의 현금배당(국내원천징수 되지 않음)		7,000,000원

Answer

제1단계로서 금융소득의 유형을 A(무조건 종합과세), B(조건부 종합과세), C(무조건 분리과세)의 형태로 구분한다. 비실명이자는 무조건 분리과세이며(C), 외국법인으로부터의 배당은 무조건 종합과세(A)에 해당하고 나머지 대부분은 조건부 종합과세(B)에 해당한다. 따라서 비실명이자(무조건 분리과세임)를 제외한 금융소득은 A+B=60,000,000원임. A+B>2천만원인 경우는 A와 B를 모두 종합과세하고, A+B≤2천만원인 경우는 A만 다른 소득과 합산하여 종합과세한다.

제2단계로 종합과세되는 금융소득 중 2천만원까지는 원천징수세율 해당분이므로 (비록 종합과세하더라도)2천만원 초과되는 배당소득(누진세율 적용구간)에 대해서만 Gross-up해당액을 구한다. 먼저 이자소득 등을 순차적으로 합산하여(예를 들면 ① 예금이자, ② Gross-up제외대상인 외국법인 배당, ③ Gross-up적용되는 비상장법인 배당순으로 합산한다) 2천만원을 초과하는 소득의 내역을 보면 결과적으로 비상장법인의 현금배당의 일부와 주권상장법인 배당의 일부 및 외국법인 배당의 일부인 4천만원이 남게 된다.

제3단계로 2천만원 초과하는 금융소득 중 Gross-up가능 배당소득에 한해(이 문제에서는 외국법인 배당을 제외한 39,000,000원) Gross-up비율인 10%를 곱하여 합산하면 총 금융소득이 된다. 즉, 60,000,000+39,000,000X0.10=63,900,000원이 된다.

별해

종류	금액	1단계 종합과세 해당금액	2단계 Gross-up 제외항목추출	3단계 Gross-up 적용금액
① 은행예금이자	14,000,000	14,000,000(B)	a. 14,000,000	0
② 비실명이자	4,000,000	C	–	–
③ 무상주	17,000,000	17,000,000(B)		17,000,000
④ 비상장법인 현금배당	22,000,000	22,000,000(B)		22,000,000
⑤ 외국법인 배당	7,000,000	7,000,000(A)	b. 6,000,000	1,000,000
계	64,000,000	(A+B)= 60,000,000	20,000,000 (한도액)	40,000,000(Gross-up 대상 배당소득은 외국법인배당잔액을 제외한 39,000,000원임)

* 금융소득종합과세 기준 금액(2천만원)을 순차적으로 맞추기 위한 금액임
　b=(20,000,000－14,000,000)=6,000,000원

▶▷탐구학습   비과세 및 분리과세 상품종류(예시)

(2025.1 현재)

비과세			
상품	세제혜택 또는 조건	대상 또는 특징	관련법규
비과세 종합저축	2025년 가입분까지 5000만원 한도	65세이상 노인·장애인 등 가입	조특법 88의2
*개인종합자산관리계좌(ISA)	19세 이상거주자(15~19세 미만은 근로자)·사업자·농어민, 납입한도 1~4년차 : (2n)천만원, 5년차 이후 : 누적한도 1억원	의무가입 3년 비과세한도 200만원(서민형 400만원). 초과분(9% 분리과세)	조특법 91의18
브라질국채	이자소득, 매매차익 및 환차익	헤알화 가치 하락시 환차손	한—브라질 조세조약 11 ③
농협 등 예탁금	1인당 예탁금 3,000만원	2025년까지 비과세	조특법 89의3
영농조합법인 등 배당소득	1,200만원 이하 비과세, 초과분 5% 분리과세	2026년 말까지	조특법 66~68
장기저축성보험	10년 이상 계약 유지시 보험차익 전액	상속형 연금은 1억원까지 비과세	소령 25 ③
국내 주식형 펀드	주식 매매차익 비과세(배당·이자·환차익 과세)	해외펀드는 과세	미열거소득
청년우대형 주택청약종합저축	이자소득합계액 500만원까지	2025년말까지 가입분	조특법 87 ③
장병내일준비적금	이자소득 비과세(월납입액 55만원 한도), 24개월 미만	2026년말까지 가입분	조특법 91의19

[탐구과제] 본인에게 적합한 세제혜택 상품을 찾아보자. 왜 이런 상품이 있는지 토론해보자.

▶▷탐구학습   예금자보호제도 보호대상 금융상품

구 분	보호금융상품	비보호금융상품
은행	• 보통예금, 기업자유예금, 별단예금, 당좌예금 등 요구불예금 • 정기예금, 저축예금, 주택청약예금, 표지어음 등 저축성예금 • 정기적금, 주택청약부금, 상호부금 등 적립식예금 • 외화예금 • 예금보호대상 금융상품으로 운용되는 확정기여형 퇴직연금제도 및 개인형 퇴직연금 제도의 적립금 • 중소기업퇴직연금기금에 편입된 금융상품 중 예금보호 대상으로 운용되는 금융상품 • 개인종합자산관리계좌(ISA)에 편입된 금융상품 중 예금보호 대상으로 운용되는 금융상품 • 원본이 보전되는 금전신탁 등	• 양도성예금증서(CD), 환매조건부채권(RP) • 금융투자상품(수익증권, 뮤추얼펀드, MMF 등) • 은행 발행채권 • 주택청약저축, 주택청약종합저축 등 • 확정급여형 퇴직연금제도의 적립금 • 특정금전신탁 등 실적배당형 신탁 • 개발신탁
투자 매매업자 · 투자 중개업자	• 증권의 매수 등에 사용되지 않고 고객계좌에 현금으로 남아 있는 금액 • 자기신용대주담보금, 신용거래계좌 설정보증금, 신용공여담보금 등의 현금 잔액 • 예금보호대상 금융상품으로 운용되는 확정기여형퇴직연금제도 및 개인형퇴직연금제도의 적립금 • 개인종합자산관리계좌(ISA)에 편입된 금융상품 중 예금보호 대상으로 운용되는 금융상품 • 원본이 보전되는 금전신탁 등	• 금융투자상품(수익증권, 뮤추얼펀드, MMF 등) • 청약자예수금, 제세금예수금, 유통금융대주담보금 • 환매조건부채권(RP) • 금현물거래예탁금 등 • 확정급여형 퇴직연금제도의 적립금 • 랩어카운트, 주가지수연계증권(ELS), 주가연계 파생결합사채(ELB),주식워런트증권(ELW) • 증권사 종합자산관리계좌(CMA) • 증권사 발행채권 • 『자본시장과 금융투업에 관한 법률』 제117조의8에 따라 증권금융회사에 예탁되어 있는 금전 • 『자본시장과 금융투업에 관한 법률 시행령』 제137조 제1항제3호의2에 따라 증권금융회사에 예탁되어 있는 금전 • 종합금융투자사업자(초대형IB) 발행어음
	• 증권금융회사가 『자본시장과 금융투자업에 관한 법률』 제330조 제1항에 따라 예탁받은 금전	
보험회사	• 개인이 가입한 보험계약 • 퇴직보험 • 변액보험계약 특약 • 변액보험계약 최저사망보험금·최저연금적립금·최저중도인출금·최저종신중도인출금 등 최저보증 • 예금보호대상 금융상품으로 운용되는 확정기여형 퇴직연금제도 및 개인형 퇴직연금제도의 적립금	• 보험계약자 및 보험료납부자가 법인인 보험계약 • 보증보험계약, 재보험계약 • 변액보험계약 주계약(최저사망보험금·최저연금적립금·최저중도인출금·최저종신중도인출금 등 최저보증 제외) 등 • 확정급여형 퇴직연금제도의 적립금

	• 중소기업퇴직연금기금에 편입된 금융상품 중 예금보호 대상으로 운용되는 금융상품 • 개인종합자산관리계좌(ISA)에 편입된 금융상품 중 예금보호 대상으로 운용되는 금융상품 • 원본이 보전되는 금전신탁 등	
종합금융 회사	• 발행어음, 표지어음, 어음관리계좌(CMA) 등	• 금융투자상품(수익증권, 뮤추얼펀드, MMF 등) • 환매조건부채권(RP), 양도성예금증서(CD), 기업어음(CP), 종금사발행채권 등
상호 저축은행 및 상호저축 은행중앙회	• 보통예금, 저축예금, 정기예금, 정기적금, 신용부금, 표지어음 • 예금보호대상 금융상품으로 운용되는 확정기여형 퇴직연금제도 및 개인형 퇴직연금제도의 적립금 • 개인종합자산관리계좌(ISA)에 편입된 금융상품 중 예금보호 대상으로 운용되는 금융상품 • 상호저축은행중앙회 발행 자기앞수표 등	• 저축은행 발행채권(후순위채권 등) 등 • 확정급여형 퇴직연금제도 적립금

자료 : 예금 보험 공사, 예금자보호제도, 보호대상 금융상품, 2025. 1. 16 검색

[탐구과제] 금융소비자는 금융상품 선택시 보호대상 여부를 확인하는지 토론해 보자.

참고 ✏ 금융소득 종합과세 신고자의 종합소득금액 신고 현황

[단위 : 백만원]

구분 Classification	신고인원 Number of Returns (1)	소득금액계 Total Income (2=3+6)	금융소득 금액 Financial Income (3=4+5)	이자소득 금액 Interest Income (4)	배당소득 금액 Dividend Income (5)	금융소득외 소득금액 Other Taxable Income (6)
2017년	133,711	35,745,957	16,828,488	2,143,117	14,685,371	18,917,468
2018년	128,967	37,072,219	17,778,236	2,525,983	15,252,253	19,293,983
2019년	159,400	42,585,452	19,872,915	3,149,0003	16,723,911	22,712,537
2020년	178,953	49,772,446	25,826,103	3,054,520	22,771,582	23,946,344
2021년	178,706	52,897,737	25,329,351	2,609,969	22,719,383	27,568,386
2022년	191,501	56,765,824	25,509,120	4,092,053	21,417,867	31,256,704
2023년	336,246	74,913,130	32,492,881	10,753,677	21,739,204	42,420,248

[A] 해당연도 귀속 종합소득세 확정신고자 중 금융소득 종합과세 신고를 한 자를 기준으로 함
[B] 금융소득 2천만원 이하는 국내에서 원천징수되지 않는 국내·외 금융소득 중 종합과세되는 소득

자료 : 국세청 통계연보, 2024~2018년도판, 일부발췌

제3장

사업소득

▶ **학습목표**

1. 소득세법상 사업소득은 법인사업소득계산과 유사한 점이 많으므로 양자의 차이를 알아야 한다. 수입금액과 소득금액의 차이를 이해하자.
2. 소득세법상 총수입금액과 필요경비 요건과 한도를 이해하자. 세무조정의 기본개념만 익히고 계정과목별 세무조정은 고급과정에서 학습하여도 된다.
3. 부동산임대 소득도 사업소득의 일종이다. 다만, 이월결손금 취급에 차이가 있다.
4. 소득세법상 업종분류는 기장의무의 판단, 추계신고시 기준경비율 또는 단순경비율 적용 여부, 성실신고확인서 제출 대상 여부 판단에 중요성이 있다.
5. 사업소득 중 원천징수 대상 사업소득(예, 면세인적용역)을 구분하고 원천징수세액을 계산할 수 있어야 한다.
6. 사업자가 기장 해야하는 이유와 무기장시 불이익에 대해 알아보자.

I 사업소득의 범위

(1) 개요

사업소득은 해당 과세기간에 영리를 목적으로 독립적·계속적으로 이루어지는 사회적 활동으로 다음의 사업에서 발생한 소득으로 한다(소법 19 ①).

① 농업(작물재배업 중 곡물 및 기타 식량작물 재배업 제외)·임업 및 어업에서 발생하는 소득
② 광업
③ 제조업
④ 전기·가스 및 수도사업
⑤ 하수·폐기물처리, 원료재생 및 환경복원법
⑥ 건설업
⑦ 도·소매업

⑧ 운수업

⑨ 숙박 및 음식점업

⑩ 출판, 영상, 방송통신업

⑪ 금융·보험업

⑫ 부동산업·임대업(공익사업 관련 지역권·지상권 대여소득 제외)

⑬ 전문, 과학 및 기술서비스업(대통령령이 정하는 연구개발업 제외)

⑭ 사업시설관리 및 사업지원서비스업

⑮ 교육서비스업(대통령령이 정하는 교육기관 제외)

⑯ 보건업 및 사회복지서비스업(대통령령이 정하는 사업복지사업 제외)

⑰ 예술, 스포츠 및 여가관련 서비스업 : 연예인, 직업운동선수

⑱ 협회 및 단체(일부 제외), 수리 및 기타 개인서비스업 : 인적 용역

⑲ 가구내 고용활동(가정부, 파출부 등)

⑳ 복식부기의무자의 차량 등 유형자산 양도소득(양도소득세 해당 자산 제외)

㉑ 기타 위와 유사한 소득으로서 ① 영리목적으로 ② 자기의 계산과 책임하에 ③ 계속적·반복적 활동 소득

* 주택 신축 판매업 : 건설업

  주택외 상가 등의 신축 분양업 : 부동산 매매업

(2) 소득세가 과세되는 사업의 범위에서 제외되는 것

다음에 해당하는 것은 소득세가 과세되지 않는다.

1) 전문, 과학 및 기술 서비스업에서 제외되는 것

한국표준산업분류상의 연구개발업(소령 33). 그러나 계약 등에 의하여 그 대가를 받고 연구 및 개발용역을 제공하는 사업은 사업서비스업으로 보아 소득세를 과세한다.

2) 교육서비스업에서 제외되는 것

다음에 열거하는 것은 교육서비스업에서 제외된다(소령 35 및 소칙 15).

① 「유아교육법」에 따른 유치원, 「초·중등교육법」 및 「고등교육법」에 의한 학교

② 근로자직업능력개발법에 의하여 사업주가 근로자의 직업능력의 개발·향상을 위하여 설치·운영하는 직업능력개발훈련시설

③ 한국표준산업분류상의 달리 분류되지 않은 기타 교육기관 중 노인 학교

3) 보건업 및 사회복지사업에서 제외되는 것

「사회복지사업법」에 의한 사회복지사업 및 「노인장기요양보험법」에 따른 장기요양사업(소령 36)

4) 사회 및 개인서비스업에서 제외되는 것

한국표준산업분류상 중분류의 회원단체(소령 37). 다만, 회원단체가 특정 사업을 영위하는 경우에는 그 사업의 내용에 따라 분류한다. 연예인 및 직업운동선수 등이 사업활동과 관련하여 받는 전속계약금은 사업소득으로 한다.

5) 작물재배업

2015년부터 작물재배업(곡물 및 기타 식량 작물재배법 제외) 소득 중 수입금액 10억원 초과분은 과세한다(소령 9의4). 또한 영농조합법인과 농업회사법인도 고소득 기타 작물재배업에 대하여 과세로 전환하였다(조특령 63 및 65).

II 비과세사업소득

(1) 전답임대소득

논·밭을 작물생산에 이용하게 함으로써 발생하는 소득 : 전답임대소득

(2) 주택임대소득

1개 주택 소유자의 주택 임대소득(기준시가 12억원 초과 고가주택 제외)

(3) 농어가 부업소득

비과세되는 농어가 부업소득이란 농·어민이 부업으로 영위하는 축산·고공품(藁工品, 짚으로 만든 제품) 제조 기타 이와 유사한 활동에서 발생하는 농어가부업소득 중 다음의 소득을 말한다(소법 12, 소령 9의2).

① 다음에 해당하는 농어가부업규모의 축산에서 발생하는 소득(전액, 소령 [별표1])

가축별	규　모	비　고
젖소	50마리	1. 성축을 기준으로 한다. 다만, 육성우의 경우에는 2마리를 1마리로 본다.
소	50마리	
돼지	700마리	
산양	300마리	
면양	300마리	2. 사육두수는 매월말 현황에 의한 평균 두수로 한다.
토끼	5,000마리	
닭	15,000마리	※ 성축 : 다자란 소
오리	15,000마리	육성우 : 다 자라기 전 어린 소
양봉	100군	

② 농어가부업규모의 전통차·고공품제조, 민박과 음식물판매, 특산물제조 등에서 발생하는 소득

③ ①을 초과하는 소득과, ②를 합산한 소득으로서 **연 3,000만원** 이하의 소득

(4) 전통주 제조 소득

전통주를 수도권 지역 외의 읍·면 지역에서 제조함으로써 발생하는 소득으로서 연 1,200만원 이하인 것

(5) 산림소득

조림기간 5년 이상인 임지(林地)의 임목(林木)의 벌채 또는 양도로 인한 소득으로서 연 600만원 이하의 금액

(6) 작물재배소득

작물재배업(곡물 및 기타 식량 작물재배법제외) 소득 중 수입금액이 10억원 이하인 것

(7) 어로어업소득 등

어로(내수면·연근해 어업) 어업 또는 양식어업의 소득금액으로서 연 5,000만원 이하의 소득

Example 3 | 다음 자료에 과세되는 농가 사업 소득을 계산하시오.

① 축산부업(매월말 현황에 의한 평균 소 80마리 : 기준두수는 50마리)에서 발생하는
소득이 연간 64,000,000원이 있다.
② 위의 축산업 소득이외에 고공품(짚공예품) 소득이 15,000,000원이 있다.

Answer
1) 과세되는 축산부업소득＝총 축산부업소득X초과사육두수/월평균사육두수
＝64,000,000X30/80＝24,000,000원
2) 과세되는 농가소득＝과세되는 초과 축산부업소득＋기타 농가부업소득－비과세한도
＝24,000,000＋15,000,000－30,000,000＝9,000,000원

Ⅲ 사업소득금액의 계산

사업소득금액은 총수입금액에서 이에 대응하는 필요경비를 공제한 금액으로 한다
(직접법).

사업소득금액＝사업소득 총수입금액*－필요경비

* 사업소득 총수입금액＝사업소득－비과세소득

그러나 실무상 사업소득금액의 계산은 법인세법과 마찬가지로 손익계산서의 당기순
이익에서 출발하여 일정한 세무조정절차를 거쳐 산출하게 된다(간접법).

이를 요약하면 다음과 같다(간접법).

당 기 순 이 익	
(＋) 총수입금액산입·필요경비불산입	
(－) 필요경비산입·총수입금액불산입	세무조정
차 가 감 소 득	
(＋) 기 부 금 한 도 초 과 액	
(－) 기부금한도초과이월액 중 필요경비산입	
사 업 소 득 금 액	(개념 : 사업소득 총수입금액－필요경비)

참고 ✏ 사업소득의 과세방법

사업소득은 분리과세(원천징수로 납세의무 종결)없이 모두 종합소득에 합산하여 과세한다.

Ⅳ 총수입금액

사업소득의 총수입금액은 당해 사업과 관련하여 수입하였거나 수입할 금액의 합계액을 말하며 다음과 같이 구분한다.

1. 총수입금액산입항목

소득세법상 총수입금액은 기업회계기준에 의한 매출액에 영업외수익을 포함한다. 이는 소득세법 시행령(소령 51)에 열거되어 있다.

① 사업수입금액(매출에누리와 환입, 매출할인금액 제외)
② 거래상대방으로부터 받은 장려금 기타 이와 유사한 성질의 금액
③ 관세환급금 등 필요경비로 지출된 금액이 환입될 경우
④ 사업과 관련된 자산수증이익 · 채무면제이익*
⑤ 사업과 관련하여 생긴 보험차익, 확정급여형 퇴직 연금제도의 보험차익과 신탁계약의 이익
⑥ 가사용으로 소비된 재고자산**(종업원 또는 타인에게 지급한 경우 포함)
⑦ 기타 사업과 관련된 수입금액으로서 해당 사업자에게 귀속되었거나 귀속될 금액 (국고보조금)
⑧ 업무용 승용차 등 유형고정자산 매각가액(복식부기의무자에 한함, 부동산 제외)

 * 사업과 관련되지 아니한 경우에는 증여세가 과세된다.
** 시가에 의하여 계산한 금액을 총수입금액에 산입하고, 동 재고자산의 원가는 필요경비에 산입한다.

2. 총수입금액 불산입 항목(소법 26)

① 소득세 또는 개인지방소득세의 환급액

② 이월결손금의 보전에 충당한 자산수증이익(복식부기의무자가 받은 국고보조금 제외)과 채무면제이익

③ 전년도로부터 이월된 소득금액*

④ 생산된 제품 등을 타제품 등의 원재료로 소비한 금액

⑤ 건설업자가 자가생산품을 건설자재로 사용한 금액

⑥ 전기사업자 등이 생산한 전력 등을 다른 사업의 동력으로 소비한 금액

⑦ 개별소비세 등의 수입금액

⑧ 국세환급가산금, 국세 등의 과오납금 환급이자

⑨ 부가가치세의 매출세액

⑩ 석유 판매업자가 환급받은 세액

* 각 과세기간의 소득으로 이미 과세된 소득을 다시 해당 과세기간의 소득에 산입한 금액을 말한다(소령 54 ②). 중복과세방지 목적으로 익금에서 제외한다.

예 전기에 매출누락액을 당기에 장부에 계산하여 수익으로 계상한 경우, 세무상 전기에 '총수입금액산입' 처리하고 당기에는 '총수입금액불산입'처리 하여야 한다.

3. 총수입금액의 계산

총수입금액의 계산에 있어 금전 외의 것에 대한 수입금액의 계산은 다음의 의한다 (소령 51 ⑤, 소칙 22의2).

① 제조업자 · 생산업자 또는 판매업자로부터 그 제조 · 생산 또는 판매하는 물품을 인도받은 때에는 그 제조업자 · 생산업자 또는 판매업자의 판매가액

② 제조업자 · 생산업자 또는 판매업자가 **아닌 자**로부터 물품을 인도받은 때에는 시가

③ 법인으로부터 이익배당으로 받은 주식은 그 액면가액

④ 주식발행법인으로부터 신주인수권을 받은 때(주주로서 받은 경우 제외)에는 신주 인수권에 의하여 납입한 날의 신주가액에서 당해 신주의 발행가액을 공제한 금액

⑤ 위 ① 내지 ④ 외의 경우에는 법령 제89조를 규정을 준용하여 계산한 금액

Example 4	다음 자료에 의하여 소득세법상 사업소득 총수입금액을 계산하면 얼마인가?

1. 총 매출액 : 200,000,000원
2. 사업과 관련된 자산수증이익 : 5,000,000원
3. 매출할인액 : 3,000,000원
4. 거래처로부터 받은 판매장려금 : 10,000,000원
5. 과오납 지방소득세 환급금 : 2,000,000원

Answer

200,000,000 + 5,000,000 − 3,000,000 + 10,000,000 = 212,000,000원

과오납 지방소득세 환급금은 총수입금액 불산입 항목이다.

V 필요경비

    사업소득의 필요경비는 각 과세기간의 Ⓐ 총수입금액에 대응하는 비용으로서 Ⓑ 일반적으로 용인되는 통상적인 것의 합계액으로 한다.

* 당해 연도 전의 총수입금액에 대응하는 비용으로서 당해 연도에 확정된 것은 당해 연도 전에 필요경비로 계상하지 아니한 것에 한하여 당해 연도의 필요경비로 본다.

1. 필요경비 산입 항목(소령 55)

필요경비 산입항목은 손익계산서의 회계상 계정과목을 연상하며 학습하면 편리하다.
① 판매한 상품·제품에 대한 원료의 매입가액(매입에누리 및 매입할인금액 제외)과 판매와 관련한 부대비용
② 부동산의 양도당시의 장부가액(부동산매매업의 경우에 한한다)
③ 임업의 경비
④ 양잠업의 경비
⑤ 가축 및 가금(家禽)비˚
⑥ 종업원의 급여. 이 경우 사용인이 급료를 계산함에 있어서 당해 거주자의 배우자 또는 부양가족이라 하더라도 그 거주자의 사업에 직접 종사하고 있는 경우에는 이를 사용인으로 보아 배우자 등의 급료를 필요경비로 인정한다. 사업주의 급여는 필요경비 불산입한다.
⑦ 사업용 자산에 대한 비용
    ㉠ 사업용 자산의 현상유지를 위한 수선비
    ㉡ 관리비와 유지비
    ㉢ 사업용 자산에 대한 임차료
    ㉣ 사업용 자산의 손해보험료
⑦-1 복식부기의무자가 사업용 유형자산의 매각가액을 총수입에 산입한 경우 매각당시 장부가액. 단, 건설기계는 2018.1.1.이후 취득하여 양도한 경우에 한함.
⑧ 사업과 관련있는 세금과공과금
⑨ 건설근로자퇴직공제회에 납부한 공제부금
⑩ 「근로자퇴직급여보장법」에 따라 사용자가 부담하는 부담금
⑪ 「국민건강보험법」 및 「고용보험법」에 의하여 사용자로서 부담하는 보험료·부담

금 또는 공제부금, 직장가입자로서 부담하는 사용자 본인의 보험료, 지역가입자 (1인사업자)로서 부담하는 건강보험료·노인 장기 요양보험료

⑫ 단체순수보장성보험의 보험료

⑬ 총수입금액을 얻기 위하여 직접 사용된 부채에 대한 지급이자

⑭ 사업용 유형자산 및 무형자산의 감가상각비. 생산설비 폐기손실(소령67)

※2016년부터 복식부기의무자의 경우 업무용 승용차 관련비용 및 감가상각비 한도 신설됨.

⑮ 자산의 평가차손

⑯ 대손금(부가가치세 매출세액의 미수금으로서 회수할 수 없는 것 중 대손세액공제를 받지 아니한 것을 포함한다), 30만원 이하의 소액채권으로 회수기일이 6월 이상 경과한 채권의 대손

⑯-2 중소기업의 외상매출금 및 미수금으로서 회수기일이 2년 지난 경우(특수관계인 거래 제외)

⑰ 거래수량 또는 거래금액에 따라 상대편에게 지급하는 장려금 기타 이와 유사한 성질의 금액

⑱ 매입한 상품·제품·부동산 및 산림 중 재해로 인하여 멸실된 것의 원가를 그 재해가 발생한 연도의 소득금액계산에 있어서 필요경비에 산입한 경우의 당해 원가

⑲ 종업원을 위하여 직장체육비·직장문화비, 직원회식비 등으로 지출한 금액

⑳ 보건복지부장관이 정하는 무료진료권에 의하여 행한 무료진료의 가액

㉑ 업무와 관련있는 해외 시찰·훈련비

㉒ 초·중등교육법에 의하여 설치된 근로청소년을 위한 특별학급 또는 산업체부설 중·고등학교의 운영비

㉓ 영유아보육법에 의하여 설치된 직장어린이집의 운영비

㉔ 광물의 탐광을 위한 지질조사·시추 또는 갱도의 굴진을 위하여 지출한 비용과 그 개발비

㉕ 광고·선전을 목적으로 견본품·달력·수첩·컵·부채 기타 이와 유사한 물품을 불특정다수인에게 기증하기 위하여 지출한 비용(특정인에게 연간 5만원 이내 물품지급(개당 3만원 이하 제외) 포함)

㉖ 영업자가 조직한 단체로서 법인이거나 주무관청에 등록된 조합 또는 협회에 지급하는 회비

㉗ 종업원 사망 이후 유족 학자금 등 일시적으로 지급하는 금액(요건 충족시)

㉘ 제1호 내지 제27호까지의 경비와 유사한 성질의 것으로서 해당 총수입금액에 대응하는 경비

2. 필요경비 불산입 항목

소득세법상 필요경비불산입 항목은 법인세법상 손금불산입 항목과 유사하지만 약간의 차이가 있어 주의해야 한다.

(1) 원칙적인 필요경비 불산입 항목(소법 33)

① 소득세와 개인지방소득세

② 벌금·과료(통고처분에 의한 벌금 또는 과료에 상당하는 금액을 포함한다)와 과태료

참고 ✎ 벌금·과료 및 과태료의 처리(소기통 33-0-2)

관세법위반벌과금, 교통사고 벌과금, 산재보험료가산금, 국민건강보험료 연체금은 필요경비 불산입하고, 사계약위반 지체상금, 국유지사용료연체료, 전기요금연체가산금은 필요경비 산입한다.

③ 국세징수법 기타 조세에 관한 법률에 의한 가산금과 강제징수비

④ 조세에 관한 법률에 의한 징수의무의 불이행으로 인하여 납부하였거나 납부할 세액(가산세액을 포함한다)

⑤ 가사(家事)의 경비와 이에 관련되는 경비*와 감가상각비 한도 초과액

   * 직계존비속에게 주택을 무상으로 사용하게 하고 직계존비속이 당해 주택에 실제로 거주하는 경우에는 부당행위계산부인규정을 적용하지 아니하나, 당해 주택에 관련된 경비는 가사와 관련하여 지출된 경비로 본다.

⑥ 재고자산, 화폐성 외화자산·부채 외의 자산의 평가차손

⑦ 반출하였으나 판매하지 아니한 제품에 대한 개별소비세·주세 또는 교통·에너지·환경세의 미납액. 다만, 제품가액에 그 세액상당액을 더한 경우는 제외한다.

⑧ 부가가치세의 매입세액 : 다만, 부가가치세가 면제되거나 다음에 해당하는 경우의 세액은 필요경비에 산입한다(소령 74, 소칙 39). : 매입세액불공제분

   ㉠ 비영업용 소형승용자동차의 유지에 관한 매입세액(자본적 지출에 해당하는 것을 제외한다)

   ㉡ 영수증을 교부받은 거래분에 포함된 매입세액으로 공제대상이 아닌 금액

   ㉢ 기업업무추진비 및 이와 유사한 비용의 지출에 관련된 매입세액

   ㉣ 부동산임차인이 부담한 전세금 및 임차보증금에 대한 매입세액

   ㉤ 부가가치세가 면제되는 경우 매입세액

   ㉥ 간이과세자가 납부한 부가가치세액

⑨ 차입금 중 건설자금에 충당한 금액의 이자(소령 75)

⑩ 채권자가 불분명한 차입금의 이자
⑪ 다음에 해당하는 공과금
    ㉠ 법령에 의하여 의무적으로 납부하는 것이 아닌 것
    ㉡ 법령에 의한 의무의 불이행 또는 금지·제한 등의 위반에 대한 제재로서 부과되는 것
⑫ 각 연도에 지출한 경비 중 직접 그 업무에 관련이 없다고 인정되는 금액(업무무관 자산 취득·유지·수선비, 업무무관 접대비, 뇌물, 「노동조합 및 노동관계 조정법」을 위반하여 지급한 급여 등)
⑬ 선급비용
⑭ 업무와 관련하여 고의 또는 중대한 과실로 타인의 권리를 침해함으로써 지급하는 손해배상금

(2) 필요경비 중 한도액을 초과하는 경우 필요경비 불산입하는 항목

① 초과인출금에 대한 지급이자 : 초과인출금이란 당해 과세기간 중 부채의 합계액이 사업용 자산의 합계액을 초과하는 금액을 말한다. 여기서 부채에는 조세특례제한법에 의하여 필요경비에 산입한 충당금 및 준비금을 포함하지 아니한다.
소득세법에서는 이러한 초과인출금은 가사의 경비와 관련된 것으로 보아 다음과 같이 계산한 금액을 필요경비불산입한다.
이 경우 적수의 계산은 매월말 현재의 초과인출금 또는 차입금의 잔액에 경과일수를 곱하여 계산할 수 있다.

$$\text{필요경비불산입금액} = \text{지급이자} \times \frac{\text{초과인출금의 적수}^*}{\text{차입금의 적수}}$$

* 초과인출금의 적수가 차입금의 적수를 초과하는 경우 동 초과액은 없는 것으로 본다.

② 사용인의 퇴직을 보험금의 지급사유로 하고 사용인을 피보험자와 수익자로 하는 단체퇴직보험 등의 보험료 중 필요경비한도액을 초과하는 금액
③ 사업용 유형자산의 감가상각비 중 필요경비한도액을 초과하는 금액
④ 대손충당금 필요경비한도액을 초과하는 금액(아래 산식 참조)
⑤ 조세특례제한법상 준비금으로서 거주자에게 해당하는 제준비금의 필요경비한도액을 초과하는 금액
⑥ 필요경비로 인정하는 기부금 중 필요경비한도액을 초과하는 금액과 비지정기부금
⑦ 필요경비로 인정하는 기업업무추진비 중 필요경비한도액을 초과하는 금액(아래 산식 참조)

※ 대손충당금 필요경비 한도액 계산(소령 56)

Max(①, ②)
- ① 설정 대상채권의 장부가액X1%
- ② 설정 대상채권의 장부가액X대손실적률*

* 대손실적률＝당해 과세기간의 대손금/직전과세기간 종료일 현재의 채권잔액

* 세무상 채권잔액＝(재무상태표상 채권잔액－설정제외 채권잔액) ± 채권에 대한 유보잔액(△유보잔액)

※ 기업업무추진비 한도(①+②+③, 조특법 136 및 소법 35)

① 기본한도 : 일반기업 1,200만원(중소기업은 3,600만원)
② 수입금액별 한도 : 수입금액 100억원 이하(0.3%), 100~500억원(0.2%), 500억원 초과(0.03%)
③ 추가한도(2025.12.31.까지) : 문화 기업업무추진비는 '①+②'의 20% 추가, 전통시장 기업 업무추진비는 '①+②'의 10% 추가

참고 ✏️ 업무용승용차 관련비용 등의 필요경비 불산입 특례(소법 33의2)

① 사업소득자 중 복식부기의무자만 해당함
② 업무용승용차는 5년 정액법 상각하여 필요경비 산입
③ 운행기록에 의한 업무사용비율 외는 경비 불산입
④ 운행기록 미작성시 1천5백만원 이하는 전액 경비인정(초과시 1천5백만원/관련비용 비율만 인정)
⑤ 감가상각비 연간 800만원 초과시 이월하여 경비산입
⑥ 성실신고확인대상자(직전기), 의료업·변호사업 등 전문직 사업자는 업무용 승용차 중 사업자별로 1대를 제외한 나머지 승용차의 업무사용 금액
  a. 보험가입시 업무 사용금액＝업무용 승용차 관련비용X업무사용 비율
  b. 보험 미가입시 업무사용금액＝업무용 승용차 관련비용X업무사용 비율X50%(2024.1.1.부터 100% 불산입. 다만, 성실신고확인대상자 또는 전문직 업종 사업자가 아닌 경우 2026.1.1.부터 적용)
⑦ 업무용 승용차 관련비용 명세서 제출불성실가산세(소법 81의14) : 미제출시 필요경비 산입액의 1%
※ 불성실 제출 : 사실과 다르게 제출한 금액의 1%

Ⅵ 사업소득의 수입시기

1. 일반기준

(1) 총수입금액과 필요경비의 귀속연도

사업소득의 총수입금액과 필요경비의 귀속연도는 총수입금액과 필요경비가 확정된 날이 속하는 과세기간으로 한다(권리의무확정주의라고 함, 소법 39).

(2) 형태별 수입시기

사업소득에 대한 총수입금액의 형태별 수입시기는 다음과 같다(소령 48).

구 분	수입시기
(1) 상품 · 제품 등의 판매	그 상품 등을 인도한 날
(2) 시용판매	상대방이 구입의사를 표시한 날
(3) 위탁판매	수탁자가 그 위탁품을 판매하는 날
(4) 장기할부판매	① 원칙 : 그 상품 등을 인도한 날 ② 특례 　　㉠ 회수기일 도래기준에 의한 회계처리도 수용 　　㉡ 현재가치 평가에 의한 회계처리 수용
(5) 건설 · 제조기타용역(도급공사 및 예약매출 포함)의 제공	단기 : 완성기준. 진행기준에 의한 회계처리도 수용 장기 : 진행기준(원가법, 투입법, 산출법 중 선택 가능)
(6) 자산의 임대소득	계약에 따른 지급일(또는 지급일이 정해지지 않은 경우 지급 받은 날)
(7) 무인판매기에 의한 판매	무인판매기에서 현금을 인출하는 때
(8) 인적용역의 제공*	① 용역대가를 지급받기로 한 날과 ② 용역제공을 완료한 날 중 빠른 날. 단, 연예인 및 직업운동선수의 일신전속계약금은 계약기간에 따라 균등안분(월할계산)
(9) 부동산양도 　위 (1) 이외의 자산의 매매	대금청산일, 소유권이전등기일, 사용수익일 중 빠른 날
(10) 어음의 할인	그 어음의 만기일. 다만, 만기 전에 그 어음을 양도하는 때에는 그 양도일로 한다.

2. 기업회계기준과의 관계

거주자가 각 과세기간의 소득금액을 계산함에 있어서 총수입금액과 필요경비의 귀속연도와 자산·부채의 취득 및 평가에 관하여 일반적으로 공정·타당하다고 인정되는 기업회계의 기준을 적용하거나 관행을 계속적으로 적용하여 온 경우에는 소득세법 및 조세특례제한법에서 달리 규정하고 있는 경우를 제외하고는 당해 기업회계의 기준 또는 관행에 따른다(소법 39 ⑤).

VII 사업소득과 법인세법상 각 사업연도 소득금액의 차이

양자는 사업소득으로서 유사한 점이 있지만, 차이점에 특히 유의하여야 한다.

법인세법은 일반적으로 순자산증가설에 의해 과세하나, 소득세법은 소득원천설(유형별 포괄주의 포함)을 기초로 하여 과세소득을 결정하므로 다음과 같은 차이가 있다.

구 분	법인세법	소득세법
① 대표자의 인건비 등	손금산입	필요경비불산입, 해당 사업에 종사하는 대표자 가족 인건비는 필요경비 인정함
② 재고자산의 자가소비	규정없음(단, 부당행위계산부인 적용가능)	총수입금액에 산입(시가)
③ 출자자의 자금인출	가지급금 인정이자 계산(업무무관가지급금) 지급이자 손금불산입	법정자본금이 없으며, 인출가능
④ 이자수익과 배당금수익	각 사업연도소득에 포함	사업소득에서 제외함(단, 이자, 배당소득으로 별도과세됨)
⑤ 단기매매증권처분손익 (복식부기의무 아닌 자의 유형자산처분손익)	익금 또는 손금 가산	총수입금액, 필요경비 불산입 (단, 양도소득으로 과세되는 경우 있음)
⑥ 특례기부금 한도	기준소득금액X50%	기준소득금액X100%
⑦ 일반기부금 한도	특례기부금 등 손금산입후 소득금액X10%	특례기부금 등 손금산입후 소득금액X30(종교단체 10)%
⑧ 소득처분	의무적(유보, 사외유출 등)	규정없음(단, 유보는 관리함).
⑨ 지급이자 필요경비(손금) 불산입 유형 및 순서	① 채권자 불분명 지급이자 ② 지급받은 자 불분명 채권·증권이자 ③ 건설자금이자 ④ 업무무관자산 관련 지급이자	① 채권자 불분명 지급이자 ② 건설자금이자 ③ 초과인출금에 대한 지급이자 ④ 업무무관자산 관련 지급이자
⑩ 대손충당금	대여금 및 고정자산 매각대금 미수금 포함	대여금 및 고정자산 매각대금 미수금 제외

Example 5	다음 자료에 의해 개인 복식부기의무 사업자인 강남상사의 2025연도 사업소득 과세표준을 계산하시오. 아래 내용은 손익계산서에 이미 반영되어 있다. 세법상 이월결손금은 4,000,000원 있다(과거 10년이내 발생함).

(1) 당기순이익 : 16,220,000원
(2) 급료중 사업주 급여 4,000,000원과 배우자급여 2,000,000원이 포함되어 있으나 배우자는 당사(영업부)에서 근무하고 있다.
(3) 세금과 공과 중 벌과금이 500,000원이다.
(4) 이자와 배당수익은 5,000,000원이다.
(5) 유가증권처분손실은 150,000원이다.
(6) 대손충당금 중 필요경비 한도초과액 1,000,000원이다.

Answer

당기순이익		16,220,000원
가산 : 총수입금액산입, 필요경비불산입(+) :	사업주 급여	4,000,000
	벌 과 금	500,000
	유가증권처분손실	150,000
	대손충당금한도초과액	1,000,000
차감 : 총수입금액불산입, 필요경비산입(−) :	이자와 배당수익	5,000,000
사업소득금액		16,870,000
이월결손금		4,000,000
과세표준		12,870,000원

<문제의 핵심> 소득세 세무조정 능력을 검증함. 개인의 사업소득을 묻고 있으므로 이자와 배당소득은 별도로 과세되고 유형자산처분손익, 유가증권처분손익등도 일부 양도소득을 구성하는 경우가 있다. 비교목적으로 법인기업을 가정하면 사업주의 급여는 손금산입되며, 벌과금은 개인기업과 마찬가지로 손금불산입사항이다.

참고 법인을 가정하고 과세표준을 구해보자. 개인과 법인의 사업소득금액 차이 850,000원의 발생이유는?

당기순이익	16,220,000원
익금산입·손금불산입(+) : 벌과금, 대손충당금 한도초과	1,500,000
각사업연도 소득금액	17,720,000
이월결손금(−)	4,000,000
과세표준	13,720,000원

 실습 과제 Example 5를 이용하여 소득세법상 조정계산서(서식 46)을 작성하여 보시오.

■ 소득세법 시행규칙 [별지 제46호서식] <개정 2021.10.28.>

조 정 계 산 서

※ 뒤쪽의 작성방법을 읽고 작성하시기 바랍니다.　　　　　　　　　　　(앞 쪽)

①상　　　호		②사업자등록번호				－			－			
③성　　　명		④생　년　월　일										
⑤업　　　태	도소매	⑥종　　　목				문구용품						
⑦과세기간	．　．　．부터 ．　．　．까지	⑧주 업 종 코 드										
⑨소득구분		③⓪ 부동산임대업에서 발생한 사업소득					④⓪ 그 밖의 사업소득					

구　　　　　　분		금　　　　　　액
⑩결 산 서 상 당 기 순 이 익		16,220,000
소득조정 금　　액	⑪총수입금액산입 및 　필 요 경 비 불 산 입	5,650,000
	⑫필요경비산입 및 　총수입금액불산입	5,000,000
⑬차 가 감 소 득 (⑩＋⑪－⑫)		16,870,000
⑭기 부 금 한 도 초 과 액		
⑮기부금이월액 중 필요경비 산입액		
⑯해당 과세기간소득(⑬＋⑭－⑮)		16,870,000

세　　무　　대　　리　　인						
⑰성　　　명		⑱전화번호		⑲대리구분		1.기장　2.신고
⑳관리번호	－	㉑조정반번호		－		

　　　　　　　　　　　　　　　　　　　　　　　　년　　　　월　　　　일

　　　　　　　　신　고　인　　　　　　(서명 또는 인)

　　　　　　　　세무대리인　　　　　　(서명 또는 인)

세무서장 귀하

210㎜×297㎜(백상지 80g/㎡(재활용품))

(뒤쪽)

작 성 방 법

1. ⑧주업종 코드 : 해당되는 업종코드가 2 이상인 경우에는 주된 업종코드를 적습니다.

2. ⑩결산서상 당기 순이익란 : 재무상태표 및 손익계산서상의 당기 순이익을 적습니다.

3. ⑪총수입금액산입 및 필요경비 불산입 및 ⑫필요경비산입 및 총수입금액불산입란 : 소득금액조정합계표(별지
   제47호서식)상의 ⑦란 및 ⑧란의 합계액을 각각 적습니다. 이 경우 ⑪란의 필요경비불산입금액에는 ⑭
   란의 기부금 한도초과액은 포함되지 아니합니다.

4. ⑮기부금이월액 중 필요경비 산입액란 : 기부금조정명세서(별지 제56호서식)상의 ㉔란과 ㊼란의 금액을
   합계하여 적습니다.

Ⅷ 부동산임대소득

사업소득 중 부동산임대소득은 결손금 공제 등에서 일반 사업소득과 다른 취급을 하므로(소법 45②) 구분하여 설명한다.

1. 부동산임대소득의 범위

부동산임대소득이란 당해 연도에 발생한 다음의 소득을 말한다(소법 45②).

---

① 부동산*또는 부동산상의 권리(공익사업관련 지역권·지상권 제외)의 대여로 인하여 발생하는 소득
② 공장재단 또는 광업재단의 대여로 인하여 발생하는 소득
③ 광업권자·조광권자 또는 덕대(德大)**가 채굴에 관한 권리를 대여함으로 인하여 발생하는 소득

---

* 부동산에는 미등기부동산을 포함한다.
** 덕대 : 鑛主와 계약을 맺고 채광하는 사람

부동산임대소득은 위에서 열거한 자산의 임대소득에 한정하므로 다음과 같은 점에 유의하기 바란다.

(1) 지역권, 지상권의 대여소득

지역권·지상권(지하·공중에 설정된 권리 포함)의 설정·대여소득은 2018년부터 사업소득으로 분류된다(지상권을 양도한 경우 양도소득으로 과세. 지역권은 양도개념 없음). 다만, 공익사업과 관련하여 지역권·지상권을 설정하거나 대여한 소득은 영리목적의 사업소득으로 보기 어려우므로 기타 소득으로 과세한다.

참고 🖍 지역권과 지상권의 뜻

- 지역권(민법 291) : 타인의 토지를 자기 토지의 편익에 이용하는 권리(예 : 통행권, 용수사용권)
- 지상권(민법 279) : 건물 기타 공작물이나 수목을 소유하기 위해 타인의 토지를 사용할 수 있는 권리

(2) 공장재단 등에서 분리된 기계설비 등의 대여

공장재단으로서 공장전체를 임대하는 경우의 대여소득은 부동산임대소득으로 분류된다. 그러나 공장재단과 기계설비를 별도로 구분하여 임대하는 경우에 기계설비 대여소득은 사업소득으로 분류된다.

(3) 광업권자 등의 분철료

광업권자 등의 자본적 지출이나 수익적 지출의 일부 또는 전부를 제공하는 것을 조건으로 광업권·조광권 또는 채굴에 관한 권리를 대여하고 덕대 또는 분덕대로부터 받는 분철료는 사업소득으로 분류된다.

(4) 매매목적으로 취득한 부동산의 일시적 대여

부동산매매업자 또는 건설업자가 판매를 목적으로 취득한 토지 등의 부동산을 일시적으로 대여하고 얻은 소득은 부동산임대소득으로 본다.

(5) 광고용으로 사용되는 토지 등의 대가

광고용으로 토지·가옥의 옥상 또는 측면 등을 사용하게 하고 받는 대가는 부동산임대소득으로 본다.

2. 비과세 부동산임대소득

(1) 농지대여소득

논·밭을 작물생산에 이용하게 함으로 인하여 발생하는 소득(＝농지대여소득)에 대하여는 소득세를 과세하지 아니한다(소법 12).

* 전답을 주차장 등으로 사용하게 함으로 인하여 발생하는 소득은 과세가 됨에 유의하기 바란다.

(2) 주택임대소득

1주택을 소유하는 자의 주택임대소득에 대하여는 소득세를 과세하지 않는다. 다만, 고가주택 및 국외소재주택의 임대소득은 이를 비과세대상에서 제외한다(소법 12(2)).

여기서 '고가주택'이란 과세기간 종료일 또는 당해 주택의 양도일 현재 기준시가가 12억원을 초과하는 주택을 말한다(소법 12). 주택임대소득은 월세의 연간합계액을 총수입금액으로 계산해 소득세를 부과하고, 전세금이나 보증금은 과세하지 않는다.

> 주택임대에 따른 수입금액＝2주택 이상(또는 고가주택)의 월세수입

※다가구주택 : 1개의 주택으로 봄, 다세대주택 : 구분등기되는 다세대주택은 각각 1개의 주택으로 봄.

(3) 소규모주택 임대소득(소법 64의2 및 소령 122의2 ④) : 2019년부터 과세전환

2주택이상 보유자의 해당 과세기간의 총수입금액이 2천만원 이하인 자의 소득은 2019.1.1이후부터는 분리과세 적용 가능(종합과세와 분리과세 중 선택가능). 2천만원 초과자는 무조건 종합과세임.

> [분리과세 주택임대수입X(1－필요경비율*)－400만원**]X단일세율 14%

* 임대주택 등록자는 60%, 미등록자는 50%. 임대등록은 세무서와 지방자치단체 모두 등록하고, 보증금·임대료 증가액은 연 5% 미만일 것
** 임대주택 등록자는 400만원, 미등록자는 200만원; 사업자등록 유도 목적

3. 부동산임대소득금액의 계산

(1) 개요

부동산임대소득금액은 총수입금액에서 이에 대응하는 필요경비를 공제한 금액으로 한다.

> 부동산임대소득금액＝부동산임대소득 총수입금액*－필요경비

* 부동산임대소득 총수입금액＝부동산임대소득－비과세소득

그러나 실제로 부동산임대소득금액의 계산은 법인세법과 마찬가지로 손익계산서의 당기순이익에서 일정한 세무조정절차를 거쳐 산출하게 된다. 자세한 사항은 사업소득에서 설명하였다.

(2) 부동산임대소득의 총수입금액

부동산임대소득의 총수입금액은 부동산 등의 대여로 인하여 당해 연도에 수입하였

거나 수입할 금액의 합계액으로 한다(소령 51③).

> 총수입금액＝임대료와 선세금＋간주임대료＋보험차익＋관리비수입 등

(가) 임대료와 선세금(先貰金)

부동산을 임대하고 받는 임대료는 총수입금액에 산입하되, 선세금은 다음 산식에 의한 금액을 총수입금액으로 한다.

$$\text{선세금의 총수입금액}＝\text{선세금}\times\frac{\text{당해연도의 해당월수}}{\text{계약기간의 월수}}$$

1) 선세금(先貰金, 선수임대료)

선세금이란 임대계약기간 전체에 대한 임대료로서 미리 수령한 금액을 말한다.

2) 월수의 계산

월수의 계산은 당해 계약기간의 개시일이 속하는 달이 1월 미만인 경우에는 1월로 하고, 계약기간 종료일이 속하는 달이 1월 미만인 경우에는 이를 산입하지 않는다(초월 산입, 말월 불산입, 소칙 21).

(나) 간주임대료

1) 적용대상

거주자가 부동산 등을 대여하고 보증금・전세금 등을 받은 경우에는 간주임대료를 계산하여 부동산임대소득의 총수입금액에 산입한다(소법 25①). 다만, 주택의 간주임대료 계산대상은 3주택 이상을 소유하고 보증금 합계액이 3억원을 초과하는 경우 또는 고가주택(기준시가 12억원 초과) 2주택자의 보증금 등이 대통령령으로 정하는 금액을 초과하는 경우(2026. 1. 1.부터 시행)를 말한다. 이 경우 당해 주택에는 당해 주택에 부수되는 토지로서 건물이 정착된 면적의 5배(도시계획구역 밖의 경우는 10배) 이내의 토지를 포함한다. 간주임대료는 월세를 받는 경우(수입금액계상)와 임대보증금을 받는 경우(부채계상)의 과세형평성을 위해 마련된 제도이다.

2) 간주임대료의 계산

간주임대료는 다음 산식에 의하여 계산한다.

① 일반적인 경우

$$간주임대료=\left\{\begin{array}{c}당해\ 과세기간의\\보증금\ 등의\ 적수\end{array}-\begin{array}{c}임대용부동산의\\건설비상당액의\ 적수\end{array}\right\}\times\frac{1}{365\,(윤년은\,366)}\times정기예금이자율$$
$$-임대사업부분에서\ 발생한\ 금융수입(수입이자와\ 할인료\ 및\ 배당금)의\ 합계액$$

* 임대사업부분에서 발생한 수입이자와 할인료 및 배당금은 비치·기장한 장부나 증빙서류에 의하여 당해 임대보증금 등으로 취득한 것이 확인되는 금융자산으로부터 발생한 것에 한한다(이중과세 방지목적으로 차감해줌). 한편, 법인세법상 간주임대료 계산시에는 수입이자와 할인료 및 배당금 뿐만 아니라 신주인수권처분익과 유가증권처분익도 포함됨에 유의하기 바란다.

주의 법인세법과 부가가치세법상의 간주임대료 계산식의 차이점과 그 이유를 파악하여야 한다. 간주임대료가 '0'보다 적으면 "0"으로 본다.

② 주택과 주택부수 토지를 임대하는 경우(부부합산 3주택 이상)(소법 25)

$$간주임대료=\begin{array}{c}(해당과세기간\\보증금-3억원)의\\적수\end{array}\times\frac{60}{100}\times\frac{1}{365\,(윤년은\,366)}\times\begin{array}{c}정기예금\\이자율\end{array}-\left\{\begin{array}{c}해당과세기간\quad해당임대사업\\부문에서\ 발생한\ 수입이자와\\할인료\ 및\ 배당금의\ 합계액\end{array}\right\}$$

* 3주택(주거의 용도로만 쓰이는 면적이 1호 또는 1세대당 40㎡이하인 주택으로서 해당 과세기간의 기준시가가 2억원 이하인 주택은 2026년 12월 31일까지 주택수에 포함하지 아니함)이상을 소유하고 그 주택에 대한 보증금 등의 합계액이 2억원을 초과하는 경우만 간주임대료를 계산한다. 간주임대료액이 0보다 적은 때에는 없는 것으로 본다.
* 보증금 등을 받은 주택이 2주택이상인 경우에는 보증금 등의 적수가 가장 큰 주택의 보증금부터 순차적으로 뺀다.
* 정기예금이자율이란 금융회사 등의 정기예금이자율을 고려하여 기획재정부령으로 정하는 이자율을 말한다.
* 사업용건물과 달리 건축비(건물취득가액)를 공제하지 않는다.

3) 적수(積數)의 계산

총수입금액에 산입할 간주임대료 계산시 적수의 계산은 (편의상)매월말 현재의 임대보증금의 잔액에 경과일수를 곱하여 계산할 수 있다(소령 53③). 원칙적으로 적수란 일별로 누적합산된 수치를 말한다. 따라서 적수계산시 초일을 산입하고 말일을 불산입하는 것이다(초일불산입 원칙과 다름).

4) 임대용부동산의 건설비상당액 계산

임대용부동산의 건설비상당액이란 토지가액을 제외한 건축물의 가액을 말하며, 이에는 자본적 지출액을 포함하고, 재평가차액을 제외한 금액으로 한다.

5) 정기예금이자율

과세기간 종료일 현재 서울특별시에 본점을 둔 은행의 계약기간의 1년의 정기예금이자율의 평균을 감안하여 기획재정부령이 정하는 이자율을 말한다(3.5%, 소칙 23①, 2024년 기준).

(다) 보험차익

부동산임대소득이 있는 거주자가 당해 사업과 관련하여 당해 사업용 자산의 손실로 인하여 취득하는 보험차익은 총수입금액에 산입한다.

* 사업용 자산의 손실로 인한 보험차익은 사업소득에서도 총수입금애게 산입된다.

(라) 관리비수입과 공공요금

1) 관리비수입

관리비수입은 부동산임대소득의 총수입금액에 산입한다. 다만, 청소·난방 등의 사업이 객관적으로 구분되는 경우에는 청소비·난방비로 영수한 관리비는 사업소득으로 분류한다.

2) 공공요금

전기료·수도료 등의 공공요금은 총수입금액에 산입하지 아니함을 원칙으로 하되, 지급받은 금액이 납부액을 초과하는 금액은 총수입금액에 산입한다.

(3) 필요경비

부동산임대소득의 필요경비는 당해 연도의 총수입금액에 대응하는 비용으로서 일반적으로 용인되는 통상적인 것의 합계액으로 한다(사업소득의 필요경비규정 준용).

4. 부동산임대소득의 수입시기

부동산임대소득에 대한 총수입금액의 수입시기는 다음의 날로 한다(소령 48).

① 계약 또는 관습에 의하여 지급일이 정해진 것 : 그 정해진 날

② 계약 또는 관습에 의하여 지급일이 정해지지 아니한 것 : 그 지급을 받은 날

③ 임대차계약에 관한 쟁송(미지급임대료의 청구에 관한 쟁송을 제외한다)에 대한 판결·화해 등으로 인하여 소유자 등이 받게 되어 있는 이미 경과한 기간에 대응하는 임대료상당액(지연이자 기타 손해배상금을 포함) : 판결·화해 등이 있은 날. 다만, 임대료에 관한 쟁송의 경우 그 임대료를 변제하기 위하여 공탁된 금액에 대하여는 위 ①의 날로 한다.

Example 6	부동산 임대업을 영위하는 개인사업자의 경우 기장신고와 추계과세(기장하지 않은 경우 정부부과 과세방법) 중 어느 방법이 유리한지를 소득금액을 계산하여 비교하시오.(복식부기의무자가 아니라고 가정)

임대기간	2025. 1. 1~12. 31
월 임대료 수입	5,000,000원
월 관리비 수입	1,000,000원
임대보증금	5억원
상가취득가액(건물분)	2억원
1년 정기예금이자율	1.2%(가정)
임대보증금의 은행예금이자	10,000,000원
인건비 등 필요경비 합계	30,000,000원(이중 주요경비 15,000,000원)
가족사항	처와 자녀 2명
기준경비율	23.4%
단순경비율	33.5%

* 이 문제는 개인사업자에 관한 종합문제이다. 부동산 임대업의 경우 연간수입이 2,400만원 이상인 사업자가 기장하지 않은 경우 기준경비율로 추계과세한다. 기준경비율 적용대상자는 주요경비(매입비용, 급여, 임차료)는 반드시 증빙서류를 갖추어야 하며, 기타 경비도 수입금액의 일정비율을 경비로 인정하는 제도이다.

Answer

A. <소득금액을 추계결정하는 경우>

수입금액＝임대료＋관리비＋간주임대료

임대료＝5,000,000X12개월＝60,000,000

관리비＝1,000,000X12개월＝12,000,000
간주임대료＝5억X1.2%＝6,000,000원
총수입금액 : 78,000,000
소득금액＝수입금액－주요경비－(수입금액X기준경비율)
$\qquad$＝78,000,000－15,000,000－(78,000,000X23.4%)＝44,748,000원

※복식부기의무자인 경우는 기준경비율의 $\frac{1}{2}$ 적용해야 함.

B. <기장에 의한 경우>
임대료 및 관리비 : 추계의 경우와 동일
간주임대료＝(5억－2억)X1.2%－10,000,000＝0(음수이므로 0으로 봄)
총수입금액＝72,000,000원
소득금액＝72,000,000－30,000,000(필요경비)＝42,000,000원

C. <결론>
기장하는 경우 소득금액이 추계의 경우보다 적으므로 기장하는 것이 유리하다.

참고 기장의무와 기준경비율 적용대상자의 범위

구　　분	간편장부대상자	단순경비율 적용대상자
도소매, 부동산매매업 등	3억원 미만	60백만원 미만
제조업, 음식점업, 건설업 등	1.5억원 미만	36백만원
부동산임대업, 교육서비스업 등	75백만원 미만	24백만원

 * 간편장부 대상을 초과하는 개인사업자는 복식부기 의무자임(소법 160 및 소령 208 ⑤).
 ** 단순경비율을 초과하는 경우 기준경비율 적용대상자임(소령 143).
 *** 소규모 사업자(신규사업개시자, 직전 과세기간 수입금액이 4,800만원 미달하는 사업자,
　　 연말정산대상 사업소득있는 사업자)는 기장의무 면제(소령 147의2 ② 및 소령 132 ④)

참고 기장과 추계 신고의 차이
1) 장부기장 방법 : 복식장부(자기조정, 외부조정 신고 등), 간편장부 기장
2) 추계(추정하여 계산)에 의한 방법 : 무기장시 기준경비율, 단순경비율에 의해 신고

Ⅸ 원천징수대상 사업소득

일반적으로 사업소득은 원천징수를 하지 않고 세금계산서를 교부하나 예외가 있다.
원천징수대상 사업소득이란 사업소득 중 다음의 사업에서 발생하는 소득을 말한다
(소법 129 및 소령 184).

(1) 다음의 부가가치세 면세대상 용역공급에서 발생하는 소득(3% 원천징수)
　　① 의료보건용역(예, 치과기공사가 치과의원에 공급한 용역)
　　② 저술가·작곡가 등 일정한 자가 직업상 제공하는 인적용역. 다만, 계약기간 3년 이하의 거주자인 외국인 직업운동가는 20% 원천징수
(2) 법정 요건을 충족시킨 특정 봉사료수입금액(5% 원천징수)
　　음식·숙박용역 등의 공급가액과 구분된 봉사료 금액이 공급가액의 20%를 초과하는 경우

※ 위와 같이 원천징수한 후 소득자는 다음연도 5월까지 종합소득 확정신고를 하여야 한다(일부 보험모집인 등은 연말정산으로 종결함). 자세한 원천징수요령은 이 책의 제5편을 참고하기 바란다.

▶▷탐구학습　　사업소득 세무조사

[고소득 유튜버 7명, 소득 45억원 숨겼다 적발…10억원 추징]

국세청이 지난 1년여간 탈세 혐의가 짙은 유튜버에 대한 세무조사를 실시해 유튜버 7명이 총 45억원의 소득을 탈루한 사실을 적발한 것으로 확인됐다.

[2018년~2019년 9월 탈세혐의가 짙은 고소득 유튜버 세무조사 결과]

조사건수	적출금액	추징액
7건	45억	10억

* 징수세액은 징수절차가 완료되지 아니하여 현재 통계 생산 전

[자료 : 국세청(2019.10.)]

과세 당국에 적발된 일부 유튜버들의 사례이긴 하지만, 고소득 유튜버의 소득과 탈세 규모가 공개된 것은 이번이 처음이다.
국세청은 지난해 1명, 올해 6명 등 총 7명의 고소득 유튜버의 세금 탈루를 적발해, 이들에게 총 10억 원의 세금을 부과한 것으로 파악됐다.
구글코리아에 따르면 한국인이 만든 유튜브 채널 중 구독자가 10만명 이상인 곳은 2015년 367개, 2016년 674개, 2017년 1천275개 등으로 해마다 빠르게 늘고 있다.
이처럼 유튜버 등 인플루언서들이 광고, 후원, 상품판매 등으로 상당한 고소득을 올리는 경우가 적지 않지만, 과세당국은 '신종 사업자'라 할 수 있는 유튜버들의 정확한 소득 규모를 파악하는 데 어려움을 겪고 있다.
국내 유튜버 과세는 크게 두 가지로 나뉘는데, MCN(다중채널네트워크·유튜버 등에게 방송기획·제작·송출, 프로모션 등을 지원하고 수익을 배분하는 기업) 소속 유튜버는 원천징수하기 때문에 소득 파악이 상대적으로 쉽지만, 대다수에 해당하는 개인 유튜버는 종합소득을 자진신고 하지 않으면 과세 당국이 수익을 파악하기 어려운 구조다.
현재로선 유튜버의 국외 지급 소득과 관련해 한 사람당 연간 1만 달러 초과 외환 수취 자료를 한국은행에서 수집해 신고 안내, 세무조사 등에 활용하는 방법이 사실상 전부다. 유튜버의 광고 수입이 싱가포르에 소재한 구글 아시아지사에서 외환으로 송금되기 때문이다.

하지만 현재 외국환거래법과 거래 규정상 해외에서 국내로 송금되는 금액이 연간 1만 달러 초과일 때만 파악이 가능하기 때문에, 유튜버가 소득을 제3자 명의로 분산시키는 편법을 쓴다면 탈세를 막을 수 없는 허점이 있다는 지적이 나온다.

한편, 국세청은 유튜버 등 신종사업에 대한 업종코드를 신설해 지난달부터 적용하고 있다고 밝혔다. 이에 따라 유튜버 등 1인 방송인에 대한 소득 및 과세 규모는 내년 5월 종합소득세 신고 이후 파악이 가능할 것으로 보인다고 국세청이 의원실에 설명했다.

김△△ 의원은 "국세청이 업종코드를 신설해 과세규모를 파악한다 해도 결제한도 우회 등 과세망을 빠져나갈 구멍이 많은 상황"이라며 "성실하게 세금을 납부하는 1인 방송인과의 형평성을 위해서라도 신종 과세사각지대에 대한 세원 관리 방안을 강화해야 한다"고 말했다. 끝.

자료 : 동아일보, 2019.10.11

제4장

근로소득

▶ 학습목표

1. 근로소득에 포함되는 항목과 제외되는 항목(비과세 포함)을 구분할 수 있다.
2. 근로소득금액(총급여액－근로소득공제)을 구할 수 있어야 한다.
3. 급여지급시 소득세와 4대 사회보험료에 대해 원천징수 요령을 알아야 한다. 근로자와 사용자의 보험료 부담비율을 알아보자. 또한 4대보험 관리주체(공단)를 알아보자.
4. 「근로기준법」, 「임금채권보장법」, 「최저임금법」을 검색해보자.
5. 사업주는 근로자에게 임금명세(임금항목 및 공제내역 등)를 주어야 한다(2021.11.부터).
6. 연말정산은 제5편을 참고하여 학습한다.

I 근로소득의 구분

1. 근로소득의 범위

근로소득이란 근로계약에 의하여 근로를 제공하고 받는 금품으로서, 봉급·급료·임금·수당·상여 등 명칭이나 형식 여하에 불구하고 그 실질내용이 근로의 대가인 경우에는 근로소득에 포함된다.

근로소득은 해당 과세기간에 발생한 다음의 소득으로 구분한다(소법 20①).

① 근로의 제공으로 인하여 받은 봉급·급료·보수·세비·임금·상여·수당 등과 유사한 성질의 급여
② 법인의 주주총회·사원총회 등 의결기관의 결의에 따라 상여로 받는 소득
③ 「법인세법」에 따라 상여로 처분된 금액(인정상여라고 함)
④ 퇴직함으로써 받는 소득으로서 퇴직소득에 속하지 아니하는 소득
⑤ 종업원 등 또는 대학교직원이 지급받는 직무발명보상금*(연 700만원 초과액)

※ 퇴직후 받으면 기타소득으로 구분함.

2. 근로소득에 포함되는 항목(소령 38)

(1) 기밀비 · 교제비 · 여비 등의 명목으로 받는 금액

① 기밀비(판공비 포함) · 교제비 등의 명목으로 받는 것으로서 업무를 위하여 사용된 것이 분명하지 아니한 급여
② 여비의 명목으로 받는 연액 또는 월액의 급여

(2) 공로금 · 학자금 · 휴가비 등

① 종업원이 받는 공로금 · 위로금 · 개업축하금 · 학자금 · 장학금(종업원의 자녀가 사용자로부터 받는 학자금 · 장학금 포함) 등 이와 유사한 성질의 급여
② 퇴직으로 인하여 받는 소득으로서 퇴직소득에서 제외되는 퇴직위로금 · 퇴직공로금 등
③ 「법인세법시행령」 제44조 제4항에 따라 손금에 산입되지 않고 지급받는 퇴직급여
④ 휴가비 등

(3) 각종 명목의 수당 등

① 근로수당 · 가족수당 · 전시수당 · 물가수당 · 출납수당 · 직무수당 · 시간외근무수당 · 통근수당 · 개근수당 · 벽지수당 · 해외근무수당 등
② 보험회사 · 투자매매업자 또는 투자중개업자 등 금융기관의 종업원이 받는 집금(集金)수당과 보험가입자의 모집 · 증권매매의 권유 · 저축의 권장으로 인한 대가 · 기타 이와 유사한 성질의 급여
③ 급식수당 · 주택수당 · 피복수당 등
④ 기술수당 · 보건수당 · 연구수당 등

(4) 기타 회사로부터 제공받는 경제적 이익

① 출자임원이 사택을 제공받음으로써 얻는 이익(주주 아닌 임원과 종업원 제외).
② 주식매수선택권의 행사이익(적격스톡옵션인 경우 근로소득 과세방식과 양도소득 과세방식 중 선택 허용, 단 행사가액이 3년간 5억원 이하인 경우)
③ 종업원이 보험계약자이거나 종업원 또는 그 배우자 · 가족을 보험수익자로 하는 보험과 관련하여 사용자가 부담하는 보험료

④ 종업원이 주택의 구입 임차·자금을 저리 또는 무상으로 대여받음으로써 얻는 이익

※ 다음의 보험료 등은 근로소득에서 제외한다.

① 근로자퇴직급여보장법의 규정에 의한 퇴직보험 또는 퇴직일시금신탁

② 공제계약사업주가 건설근로자퇴직공제회에 납부한 공제부금

③ 임직원의 고의(중과실 포함) 외의 업무상 행위로 인한 손해의 배상청구를 보험금의 지급사유로 하고 임직원을 피보험자로 하는 보험의 보험료

3. 근로소득에 포함되지 아니하는 것

① 사업자가 종업원에게 지급한 경조금 중 사회통념상 타당하다고 인정되는 금액

② 퇴직급여로 지급하기 위하여 적립(근로자가 적립금액을 선택할 수 없는 경우 한정)되는 급여는 근로소득에 포함하지 아니한다.

③ 사내근로복지기금의 장학금(학자금), 무주택근로자의 주택보조금 등

Ⅱ 비과세 근로소득

다음의 소득은 비과세 근로소득으로 한다(소법 12).

1. 각종 법률에 의하여 받는 급여 등

① 복무 중인 병(兵)이 받는 급여

② 법률에 의하여 동원된 자가 동원직장에서 받는 급여

③ 「국민연금법」에 의하여 받는 반환일시금(사망시) 및 사망일시금

④ 「고용보험법」에 의하여 받는 실업급여, 육아휴직급여, 출산전후휴가급여(배우자 출산휴가급여 포함), 육아휴직수당

2. 본인 학자금

「초·중등교육법」 및 「고등교육법」에 의한 학교(외국에 있는 이와 유사한 교육기관을 포함) 및 「직업훈련기본법」에 의한 직업훈련시설의 입학금·수업료 기타 공납금 중

다음의 요건을 모두 갖춘 학자금(당해 연도에 납입할 금액을 한도로 한다)(소령 11)

① 당해 근로자가 종사하는 사업체의 업무와 관련있는 교육·훈련 목적일 것
② 사업체의 규칙 등에 의하여 정하여진 지급기준에 따라 지급받을 것
③ 교육·훈련기간이 6월 이상인 경우 교육·훈련 후 당해 교육기간을 초과하여 근무하지 아니하는 때에는 지급받은 금액을 반납할 것을 조건으로 할 것

※ 사내 규정에 의해 종업원의 자녀를 위해 지급되는 학자금은 과세대상근로소득에 포함

3. 실비변상적(實費辨償的) 성질의 급여(소령 12)

① 법령·조례에 의한 위원회 등의 보수를 받지 아니하는 위원(학술원 및 예술원의 회원 포함) 등이 받는 수당
② 「선원법」에 의하여 받는 식료
③ 일직료·숙직료 또는 여비로서 실비변상정도의 금액[종업원 소유차량(본인명의 임차차량 포함) **자가운전보조금 중 월 20만원 이내의 금액 포함**]
④ 법령·조례에 의하여 제복을 착용하여야 하는 자가 받는 제복·제모 및 제화
⑤ 병원·시험실·금융기관·공장·광산에서 근무하는 자 또는 특수한 작업이나 역무에 종사하는 자가 받는 작업복이나 그 직장에서만 착용하는 피복(被服)
⑥ 특수분야에 종사하는 군인이 받는 낙하산강하위험수당·수중파괴작업위험수당 등
⑦ 선원이 받는 월 20만원 이내의 승선수당과 경찰근무원이 받는 함정근무수당, 항공수당, 화재진화수당
⑧ 광산근로자가 받는 입갱수당 및 발파수당
⑨ 「유아교육법」, 「초·중등교육법」 및 「고등교육법」에 의한 교육기관의 교원 및 정부·지자체 출연기관연구원이 받는 연구보조비 중 월 20만원 이내의 금액
⑩ 방송·통신·신문사 등의 기자가 받는 취재수당 중 월 20만원 이내의 금액
⑪ 근로자가 벽지에 근무함으로 인하여 받는 월 20만원 이내의 벽지수당
⑫ 근로자가 천재·지변 기타 재해로 인하여 받는 급여
⑬ 지방이전 공공기관 공무원이나 직원에게 한시적으로 지급하는 월 20만원 이내 이전지원금
⑭ 국가 또는 지방자치단체가 지급하는 보육교사 근무환경개선비, 사립유치원 교사 인건비 등

⑮ 종교관련종사자가 소속 종교단체의 규약·승인에 따라 종교활동을 위해 사용목적으로 지급 받은 금액 또는 물품

4. 복리후생적 급여

① 종업원(소액주주 임원 포함) 등이 사택을 제공받음으로써 얻는 이익
② 중소기업 종업원이 주택의 구입·임차에 소요자금을 저리 또는 무상으로 받음으로써 얻는 이익
③ 종업원을 위한 단체순수보장성 보험료 중 연 70만원 이하의 금액
④ 공무원이 국가 또는 지방자치단체의 공무수행과 관련된 상금 및 부상으로 연 240만원 이내

5. 생산직근로자 등이 받는 야간근로수당 등

(1) 비과세 요건

① 공장 또는 광산에서 근로를 제공하는 생산 및 관련 종사자, 운전원 및 관련종사자, 어업을 영위하는 자, 단순 노무직 종사자(청소, 조리, 돌봄서비스, 텔레마케터 등)로 고용되어 근로를 제공하는 자일 것
② 월정액급여가 210만원 이하로서 직전과세기간 총급여액이 3,000만원 이하일 것

참고 월정급여액의 범위

급여총액－상여 등 부정기적인 급여－실비변상적급여－복리후생적급여－연장근로·야간근로수당 등

※ 매월 지급 상여는 정기급여로 보고, 식대는 실비변상적 급여가 아니므로 차감하지 않음.

③ 통상임금에 가산하여 받는 연장근로·야간근로·휴일근로수당일 것

(2) 비과세 금액

① 광산근로자·일용근로자 : 초과근로수당 등 전액 비과세
② '①' 외의 생산직근로자(선원 포함) : 연 240만원 비과세

6. 국외에서 근로를 제공하고 받는 급여

국외(남북교류 협력에 관한 법률에 의한 북한지역 포함)에서 근로를 제공하고 받는 다음의 급여(근로의 대가를 국내에서 받은 경우도 포함)는 비과세한다.

① 국외에서 근로를 제공(원양어업선박 또는 외국항행의 선박이나 항공기에서 근로를 제공하는 것 포함)하고 받는 보수 중 월 100만원(해외건설근로자 및 감리·설계업무 근로자, 외항선원과 원양어선원은 500만원) 이내의 금액

② 공무원과 재외공관장의 감독을 받는 자가 국외에서 근무하고 받는 수당 중 당해 근로자가 「국내에서 근무할 경우에 지급받을 금액 상당액」을 초과하여 받는 금액 중 실비변상적 급여

7. 건강보험료 등의 사용자부담금

각종 건강보험법·고용보험법·노인장기요양보험법에 의하여 국가·지방자치단체 또는 사용자가 부담하는 부담금

8. 근로자가 제공받는 식사 또는 식사대

① 사내급식 등을 통하여 근로자가 제공받는 식사 기타 음식물
② 식사·음식물을 제공받지 아니하는 근로자가 받는 월 20만원 이하의 식사대

9. 기타의 비과세 근로소득

① 외국정부(외국의 지방자치단체 및 연방국가의 지방정부 포함) 또는 국제연합과 그 소속기구의 기관에 근무하는 자로서 대한민국 국민이 아닌 자가 받는 급여
   ※ 다만, 상호면세주의에 따른다.

② 작전임무를 수행하기 위하여 외국에 주둔중인 군인·군무원이 받는 급여
③ 종군한 군인·군무원이 전사(전상으로 인한 사망을 포함)한 경우 그 전사한 날이 속하는 과세기간의 급여
④ 근로자 또는 그 배우자의6세 이하의 자녀보육관련 급여로 월 20만원 이내의 금액 (지급월 기준으로 20만원 초과시 근로소득임. 맞벌이부부 각각 적용)과 출생일 이후 2년 이내 출산지원금 전액

⑤ 직무발명 보상금으로서 연 700만원 이하의 보상금
⑥ 벤처기업 임직원의 주식매수선택권 행사이익(시가-행사가액)으로서 연간 2억원 이내이며, 누적한도는 5억원(24.12.31까지 부여분 행사시부터, 조특법 16의2)

Ⅲ 근로소득금액의 계산

1. 개요

근로소득금액은 총급여액에서 근로소득공제를 차감한 금액으로 한다.

> 근로소득금액=총급여액*-근로소득공제

* 총급여액이란 상여 등을 포함하고, 비과세소득을 제외한 금액이다.

2. 근로소득공제

(1) 일반근로자

근로소득이 있는 거주자에 대하여는 당해 연도의 총급여액(인정상여 포함)에서 다음의 금액을 공제한다. 다만, 당해 연도의 총급여액이 공제액에 미달하는 경우에는 당해 연도 총급여액을 공제액으로 한다(소법 47①).

총급여액	공 제 액
500만원 이하	총급여액X70%
500만원 초과 1,500만원 이하	350만원+(500만원을 초과하는 금액의 40%)
1,500만원 초과 4,500만원 이하	750만원+(1,500만원을 초과하는 금액의 15%)
4,500만원 초과 1억원 이하	1,200만원+(4,500만원을 초과하는 금액의 5%)
1억원 초과	1,475만원+(1억원을 초과하는 금액의 2%)

※ 2020년부터 근로소득공제 총액한도는 2천만원이다(총급여 3억 6,250만원 초과자는 한도에 걸림)

(2) 일용근로자

일용근로자의 근로소득공제액은 1일 15만원으로 한다(소법 47 ②).

참고 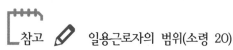 일용근로자의 범위(소령 20)

근로를 제공한 날 또는 시간에 따라 근로대가를 받는 경우. 다만, 동일 고용주에게 3개월 이상 (건설근로자는 1년) 고용되는 경우 일반근로자로 본다.

Ⅳ 근로소득의 과세방법

1. 일용근로자에 대한 과세방법

일용근로자의 근로소득은 종합소득과세표준에 합산하지 않고 다음 산식에 의하여 계산한 세액을 원천징수함으로써 납세의무가 종결된다(분리과세). 사업자는 매월별로 「일용근로소득 지급명세서」를 제출해야 하며, 미제출시 0.25%의 가산세를 부과한다.

$$원천징수소득세액 = [일급여액 - 150,000원] \times 6\% - 근로소득세액공제^*$$

* 산출세액X55%

Example 7	일용근로자를 7일 동안 일급 20만원에 고용하여 지급한 경우로서, 비과세소득이 없는 경우 소득세 등 원천징수세액은 얼마인가(지방소득세를 고려함)?

Answer
Ⅰ. 총지급액은 1,400,000원(200,000원X7일=1,400,000원)이다.
Ⅱ. 소득세(9,450원)는 다음과 같이 산정한다.
  (1) 근로소득금액 : 200,000원-150,000원=50,000원
    일용근로자는 1일 15만원을 근로소득공제하며 다른 공제사항은 없다.
  (2) 산출세액 : 50,000원X6%=3,000원
    (원천징수세율 6%를 적용한다)
  (3) 세액공제 : 3,000원X55%=1,650원
    (산출세액의 55%를 적용한다)
  (4) 소 득 세 : 3,000원-1,650원=1,350원
    ※ 약식 계산 : (200,000원-150,000원)X0.027=1,350원

(5) 원천징수할 소득세는 소득세의 7일 합계액 9,450원(1,350원X7일＝9,450원)이다.
Ⅲ. 지방소득세는 940원(135원X7일)이다(소득세의 10%를 적용한다).
Ⅳ. (답) 9,450＋940＝10,390원

참고 : 소득세 납부시 10원 미만의 끝수는 버린다(국고금관리법 47).

2. 근로소득자에 대한 과세방법

(1) 1월부터 12월까지의 매월분 근로소득

매월분의 근로소득을 지급할 때 당해 소득의 지급자가 「근로소득 간이세액표」에 의하여 계산된 소득세를 원천징수하여 **징수일이 속하는 달의 다음달 10일까지** 납부하여야 한다(소법 134①, 128). 다만, 1월부터 11월까지의 미지급급여는 해당 과세기간의 12월 31일에 지급한 것으로 보며, 12월분 급여를 미지급한 경우에도 다음 연도 2월말에 지급한 것으로 본다(소법 135①, ②). 따라서 미지급급여도 해당 과세기간의 연말정산 대상소득 및 지급명세서 작성 대상에 포함하고 원천징수하여야 한다.

 실습 과제

근로소득 간이 세액표(소령 별표2 참조)를 찾아서 월 급여 500만원, 배우자, 자녀2명(8세 이상 20세 이하)인 경우 원천징수액을 구해보자(급여구간 선정, 공제대상가족수 선정 유의할 것. 본인 포함 4명임). 또한 4대 사회보험료 징수액(종업원분/회사부담분)을 고려하여 급여지급시점과 원천징수액 등 납부시점의 분개를 하여 보시오(종업원수 150인 미만, 업종은 법무·회계 관련 서비스업 가정).

참고 ✏ 국세청 홈택스에서 (세금신고→원천세신고→근로소득 간이세액표 또는 자동조회 프로그램)활용, 국민건강보험공단(4대 보험료계산기) 프로그램을 활용하여 보자.

근로소득 간이세액표(소령 제189조 제1항 관련) 예시

(단위 : 원)

[비과세 및 학자금 제외](천원)		공제대상 가족 수							
이상	미만	1	2	3	4	5	6	7	8
4,920	4,940	324,250	295,550	227,530	208,780	190,030	171,280	152,530	133,780
4,940	4,960	327,050	298,340	230,110	211,360	192,610	173,860	155,110	136,360
4,960	4,980	329,860	301,130	232,690	213,940	195,190	176,440	157,690	138,940
4,980	5,000	332,660	303,920	235,270	216,520	197,770	179,020	160,270	141,520
5,000	5,020	335,470	306,710	237,850	**219,100**	200,350	181,600	162,850	144,100
5,020	5,040	338,270	309,500	240,430	221,680	202,930	184,180	165,430	146,680
5,040	5,060	341,080	312,290	243,010	224,260	205,510	186,760	168,010	149,260

* 위 근로소득 간이세액표는 2024년 2월 개정된 근로소득 간이세액표 시행일(2024.3.1.~본서 출판일 현재)이후 원천징수하는 분부터 적용되는 것으로 본서 출판 후 2025년 개정될 근로소득 간이세액표로 대체하는 것이 필요함.

(2) 연말정산

다음에 해당하는 때에는 원천징수의무자가 연말정산에 의하여 소득세를 원천징수한다(소법 134 ②).

① 당해 연도의 다음 연도 2월분 근로소득을 지급하는 때*
② 퇴직자의 퇴직하는 달의 근로소득을 지급하는 때

* 만일 2월분의 근로소득을 2월 말일까지 지급하지 아니하거나 2월분의 근로소득이 없는 경우에는 2월 말일로 한다.

실무   4대 사회보험 요약(연도중 개정 유의하여 계산)

	산 식	비 고
국민연금 보험료	기준소득월액의 9%(사용자 4.5%, 근로자 4.5%씩 부담), 지역가입자는 9% 본인부담	국민연금법 (1) 국민연금 급여수준 : 평균 월소득액의 40% 수준 (2) 기준소득월액 상하한선 : 39만원~617만원 (2024.7.1.~2025.6.30) ※ 보건복지부 고시 2024-6(24.1.18)
건강보험료	보수월액의 7.09%(사용자 3.545%, 근로자 3.545%씩 부담) ※건보료 정산 : 다음연도 4월	국민건강보험법 ※ 노인장기요양보험료 추가(08.7도입) : 보수월액의 0.9182%(사용자 0.4591%, 근로자 0.4591%씩 부담) ※원 단위 이하 버림
고용보험료	(1) 실업급여(사용자 0.9%, 근로자 0.9%씩 부담) : 22.7.1이후 (2) 고용안정 직업능력개발(기업의 규모에 따라 0.25%~0.85%를 사용자가 부담함)	(1) 고용보험법 (2) 고용보험 및 산업재해보상보험의 보험료징수 등에 관한 법률
산재보험료	업종에 따라 급여의 6/1000에서 185/1000까지 사용자가 부담	(1) 산업재해보상보험법 (2) 임금채권 보장법 (3) 고용노동부고시

참고자료 : 국민건강보험공단, 4대보험 계산기 활용

[해설] 근로소득 월별 원천징수 방법 실습과제

1. 예제

   10월분 급여 500만원, 배우자와 자녀 2명(8세이상 20세 이하)인 경우 소득세 원천징수세액과 4대보험 원천징수액을 구하고 ①10/25 급여지급시점과 ②11/10 원천징수액을 납부하는 시점의 분개를 하시오. 회사종업원은 150인 미만, 업종은 법률회계서비스업으로 가정하고 소득세 원천징수방법은 100%를 선택하였다.

2. 근로소득간이세액표(국세법령정보시스템의 소령 별표2 참조)

   (방법1) : 가족수는 본인포함, 배우자, 자녀 2명(모두 4명임), 여기에서 8세 이상 20세 이하 자녀 2명의 세액공제액을 차감해 줌. 『근로소득 간이세액표』에서 급여 500만원 구간에 가족수 4명란을 보면 원천징수 소득세는 219,100원임. 여기에서 자녀세액공제 29,160원을 차감하면 189,940원임.

개인지방소득세는 원천징수 근로소득세의 10%이므로 18,990원이 됨(10원 미만 버림)

소득세 등 징수합계＝189,940＋18,990＝208,930원

(방법2) : 국세청홈택스→세금신고→원천세신고→『근로소득간이세액표』 조회가능(프로그램도 있음)→월급여, 전체 가족수(4명), 8세 이상 20세 이하 가족수(2명)를 차례로 입력하면 세액(소득세와 지방소득세 포함)이 자동 산출됨(100%를 선택). 이 계산 프로그램에서는 자녀세액공제가 자동으로 차감된 수치임.

3. 4대보험료 징수(산재보험료는 사업주만 부담하고 종업원은 부담하지 않는다)

국민건강보험공단 홈페이지의 「4대 보험료 계산하기」에 입력하여 계산한다. 수작업으로 계산하여 검증할 수도 있다.

1) 국민연금보험료

월급여 500만원을 입력하면 한도액이 617만원(24.7부터 인상됨)이므로 한도이내 금액이다. 국민연금 본인부담금은 225,000원(4.5%)/회사부담분 225,000원(4.5%)

2) 고용보험료 : 종업원은 「실업급여부분」만 부담(0.9%)하고 사업주는 「고용안정보험」까지 부담(0.9%＋0.25%).

본인부담금 45,000/회사부담분 57,500원

3) 국민건강보험료(장기요양보험료 포함한 금액임)

(주)건강보험료 5,000,000원X3.545%＝177,250원

장기요양보험료 : 보수월액(5,000,000)의 0.9182%＝45,910(주의 : 사용자, 근로자 각각 0.4591% 부담하고(22,950원씩), 계산 후 원 단위는 버림)

본인부담금 200,200원/ 회사부담분 200,200원

4) 산재보험료(법무회계 관련 서비스업을 가정함, 보험료율은 급여의 7.26/1000) : 회사가 전부 부담한다.

계산식 : 급여 5,000,000X7.26/1000＝36,300원

본인부담분 0/ 회사부담분 36,300원

참고 〈4대 보험료 집계요약표〉

☞ 급여 월 500만원인 경우 가정(단위 : 원)

	종업원 부담	사업주 부담
국민연금	225,000	225,000
건강보험	177,250	177,250
노인장기요양 보험	22,950	22,950
고용보험	45,000	57,500
산재보험	0	36,300
합계	470,200	519,000

4. 회계처리(답안예시); 계정과목은 약간 달라질 수 있음.
   1) 2025/10/25 급여지급시 분개

(차) 급 여	5,000,000	(대) 현 금	4,320,870
		소득세 등 예수금	208,930
		(3대보험료)예수금	470,200

   2) 2025/11/10 세금과 보험료 납부시 분개

(차) 소득세 등 예수금	208,930	(대) 현 금	1,198,130
(3대보험료)예수금	470,200		
복리후생비(4대보험료)	519,000		

〈2024년 3월 이후 근로소득 간이세액표 적용방법 변경〉

1. 공제대상가족의 수를 산정할 때 본인 및 배우자도 각각 1명으로 보아 계산함.
2. 공제대상가족 중 8세 이상 20세 이하 자녀가 있는 경우의 세액은 근로소득 간이세액표의 금액에서 해당 자녀수 별로 다음 각 목의 금액을 공제한 금액으로 함. 다만, 공제한 금액이 음수인 경우의 세액은 0원으로 함.
   가. 8세 이상 20세 이하 자녀가 1명인 경우 : 12,500원
   나. 8세 이상 20세 이하 자녀가 2명인 경우 : 29,160원
   다. 8세 이상 20세 이하 자녀가 3명 이상인 경우 : 29,160원＋2명 초과 자녀 1명당 25,000원

* 위 근로소득 간이세액표 적용방법은 2024년 2월 개정된 근로소득 간이세액표 시행일(2024.3.1.~본서 출판일 현재)이후 원천징수하는 분부터 적용되는 것으로 본서 출판 후 2025년 개정될 근로소득 간이세액표에 따라 자녀세액공제액이 달라지므로 개정된 근로소득 간이세액표에 따라 수정하는 것이 필요함.

V 근로소득의 수입시기

근로소득의 수입시기는 다음과 같다(소령 49①).

구 분	수 입 시 기
급여	근로를 제공한 날
잉여금처분에 의한 상여	당해 법인의 잉여금처분결의일
인정상여	해당 사업연도 중 근로를 제공한 날
임원에 대한 퇴직소득 한도초과액	지급받거나 지급받기로 한 날
주식매수선택권	주식매수선택권을 행사한 날

Example 8	다음 자료를 이용하여 2025년도 총급여액과 근로소득공제액, 근로소득금액을 계산하시오. 근무기간은 1월 1일부터 12월 31일까지 계속 근로하였다.

(1) 급여상황
    ㉠ 월급여액 : 250만원
    ㉡ 상여금 : 연간 400%
    ㉢ 연차수당은 연말에 60만원 일괄 지급받음
    ㉣ 2025회계연도 법인세법상 세무조정시(2026년 3월 작성함) 상여로 처분된 금액(인정상여) : 200만원
    ㉤ 월 차량보조금 : 22만원
    ㉥ 매월 식대 25만원 지급받음(식사제공 없었음)
    ㉦ 경조금 규정에 의한 축의금 수입 : 30만원

Answer

1. 총급여액의 계산
    $(2,500,000 \times 12) + (2,500,000 \times 4) + 600,000 + 2,000,000 + 240,000$(차량유지비 과세분)
    $+ 600,000$(식대 과세분)$= 43,440,000$원
    ① 인정상여의 수입시기는 근로를 제공한 날임(잉여금처분일이 아님)
    ② 자가운전보조금은 월 20만원 비과세
    ③ 식대는 월 20만원 비과세
    ④ 총급여액에는 인정상여도 포함함.
2. 근로소득공제액 계산
    $7,500,000 + (43,440,000 - 15,000,000) \times 15\% = 11,766,000$원
3. 근로소득금액
    총급여 − 근로소득공제액 $= 43,440,000 - 11,766,000 = 31,674,000$원

제5장

연금소득

▶ 학습목표

1. 정부는 연금외 수령대신 노후준비를 위해 연금을 안정적으로 수령하도록 유도하고 있다.
2. 연금소득과세는 연금보험료로 소득공제 받은 부분과 운용수익을 대상으로 하고 있다.
3. 연금외 수령이나 중도해지시 과세는 연금과세보다 강화되어 있다(100세 시대를 맞아 연금소득보다 퇴직소득의 과세 강화하도록 체계 정비).
4. 금융감독원의 「퇴직연금 종합안내」와 「통합연금 포털」을 조회하여 개인 및 퇴직연금 정보를 활용하자.
5. 퇴직연금 지급기관은 어디인지 알아보자(공단, 금융회사).

I 연금소득의 범위

연금소득은 해당 과세기간에 발생한 다음의 소득으로 한다(소법 20의3①).

구 분	연금소득의 범위
(1) 공적연금 소득	① 국민연금 : 국민연금법에 의하여 지급받는 각종 연금[의무가입(18세~60세), 65세 수령, 10년이상 가입]
	② 공무원연금 등 : 공무원연금법·군인연금법·사립학교교직원연금법 또는 별정우체국법에 의하여 지급받는 각종 연금
(2) 사적연금 소득	③ 「근로자퇴직급여보장법」에 따라 지급받는 퇴직연금
	④ 개인연금 : 연금계좌에 가입하고 연금형태로 지급받는 소득

1. 공적연금소득

(1) 과세기준금액의 계산

해당 과세기간에 수령한 공적연금에 대하여 공적연금의 지급자 별로 2002년 1월 1일(과세기준일)을 기준으로 다음의 계산식에 따라 계산한 금액을 과세기준금액으로 한다.

구 분	과세기준금액
국민연금과 연계노령연금	연금수령액 × $\dfrac{\text{과세기준일 이후 납입기간의 환산소득* 누계액}}{\text{총 납입기간의 환산소득* 누계액}}$
그 밖의 공적연금소득	연금수령액 × $\dfrac{\text{과세기준일 이후 기여금 납입월수}}{\text{총 기여금 납입월수}}$

* "환산소득"이란 국민연금법에 따라 가입자의 가입기간 중 매년의 기준소득월액을 보건복지부장관이 고시하는 연도별 재평가율에 따라 연금수급 개시 전년도의 현재가치로 환산한 금액을 말한다.(소령 40 ⑤)

(2) 공적연금소득의 계산

공적연금소득(총연금액) = 과세기준금액 − 과세제외 기여금등

① 과세제외 기여금 등 : 과세기준일 이후에 연금보험료공제를 받지 않고 납입한 기여금 또는 개인부담금을 말하며, 퇴직일시금(퇴직소득세가 과세되었거나 비과세소득인 경우만 해당)을 반납하고 연금으로 수령하는 경우 반납한 일시금은 과세제외 기여금 등으로 본다.
② 과세제외 기여금등이 해당 과세기간의 과세기준금액을 초과하는 경우 그 초과하는 금액은 그 다음 과세기간부터 과세기준금액에서 뺀다.
③ 공적연금소득을 지급하는 자가 연금소득의 일부 또는 전부를 지연하여 지급하면서 지연지급에 따른 이자를 함께 지급하는 경우 해당 이자는 공적연금소득으로 본다.

2. 사적연금소득

(1) 연금계좌의 종류

연금계좌란 다음의 어느 하나에 해당하는 계좌를 말한다(소령 40의2 ①).

① 연금저축계좌 : 법령에서 정하는 금융회사 등과 체결한 계약에 따라 "연금저축"이라는 명칭으로 설정하는 계좌

② 퇴직연금계좌 : 퇴직연금을 지급받기 위하여 가입하여 설정하는 다음의 어느 하나에 해당하는 계좌

  ㉠ 근로자퇴직급여 보장법에 따른 확정기여형퇴직연금제도(DC) 또는 개인형퇴직연금제도(IRP)에 따라 설정하는 계좌

  ㉡ 과학기술인공제회법에 따른 퇴직연금급여를 지급받기 위하여 설정하는 계좌

(2) 연금보험료의 납입

연금계좌의 가입자는 다음의 요건을 갖추어 연금보험료를 납입할 수 있다(소령 40의2 ②).

① 연간 1천800만원 이내(연금계좌가 2개 이상인 경우에는 그 합계액을 말함)의 금액을 납입할 것. 이 경우 해당 과세기간 이전의 연금보험료는 납입할 수 없으나, 보험계약의 경우에는 최종납입일이 속하는 달의 말일부터 3년 2개월이 경과하기 전에는 그 동안의 연금보험료를 납입할 수 있다.

② 연금수령 개시를 신청한 날 이후에는 연금보험료를 납입하지 않을 것

(3) 연금수령의 요건

연금수령이란 연금계좌에서 다음의 3가지 요건을 모두 갖추어 인출하는 것을 말하며, 연금수령 외의 인출은 "연금외수령"이라 한다(소령 40의2③).

① 가입자가 55세 이후 연금계좌취급자에게 연금수령 개시를 신청한 후 인출할 것

② 연금계좌의 가입일로부터 5년이 경과된 후에 인출할 것. 다만, 과세이연 퇴직소득*이 연금계좌에 있는 경우에는 그러하지 아니하다.

  * 과세이연 퇴직소득이란 퇴직소득 과세이연규정에 따라 원천징수되지 아니한 퇴직소득(퇴직소득이 연금계좌에서 직접 인출되는 경우를 포함)을 말한다.

③ 연금수령한도 이내에서 인출할 것(단, 의료비 목적 등 인출은 제외하며 연금소득으로 봄)

연금수령한도를 초과하여 인출하는 금액은 연금외 수령하는 것으로 본다.

$$\text{연금수령한도} : \frac{\text{연금계좌의 평가액}}{(11 - \text{연금수령연차})} \times \frac{120}{100}$$

※ 연금가입 5년이상 & 55세 이상 되는 시점이 연금수령 1년차이며, 해마다 연차가 올라간다. 10년 이상 수령해야 세제상 불이익이 없다.

(4) 연금수령과 연금 외 수령의 구분, 연금계좌의 인출순서, 연금계좌의 이체 등 세부적인 사항은 관련법령을 참조하여야 한다(소령 40의2부터 40의4).

Ⅱ 비과세 연금소득

연금소득 중 다음 중 어느 하나에 해당하는 소득에 대하여는 소득세를 과세하지 않는다(소법 12(4)).

① 「국민연금법」・「공무원연금법」・「군인연금법」・「사립학교교직원연금법」 또는 「별정우체국법」에 따라 받는 유족연금, 장애연금, 상이연금, 연계노령유족연금
② 「산업재해보상보험법」에 따라 받는 각종 연금
③ 국군포로가 받는 연금

Ⅲ 연금소득금액

연금소득금액은 총연금액에서 연금소득공제를 한 금액으로 한다(소법 20의3③).

연금소득금액＝총연금액－연금소득공제액

(1) 총연금액

'총연금액'이란 연금소득의 합계액을 말한다. 다만, 연금소득에서 제외되는 소득과 비과세 연금소득은 포함하지 않는다(소법 20의3③). 2001.12.31 이전 불입분에 대한 연금소득은 비과세이다.

(2) 연금소득공제

연금소득이 있는 거주자에 대하여는 당해연도에 받은 총연금액(분리과세 연금소득 제외)에서 다음의 금액을 공제한다. 다만, 공제액이 900만원을 초과하는 경우에는 900 만원을 공제한다(소법 47의 2).

총연금액	연금소득공제액
350만원 이하	총연금액
350만원 초과 700만원 이하	350만원＋(총연금액－350만원)X40%
700만원 초과 1,400만원 이하	490만원＋(총연금액－700만원)X20%
1,400만원 초과	630만원＋(총연금액－1,400만원)X10%

실습 과제

1. 연금 소득 공제를 900만원 받는 경우 총 연금액은 얼마인가?
2. 공적 연금소득의 총 연금액이 연 8,000,000원인 경우 연금 소득금액은 얼마인가?

Ⅳ 연금소득에 대한 과세방법

(1) 원천징수

국내에서 연금소득금액을 지급하는 자는 그에 대한 소득세를 원천징수하여 그 징수일이 속하는 달의 다음달 10일까지 정부에 납부하여야 한다(소법 128①).

① 공적연금 : 「연금소득간이세액표」에 의한 원천징수 및 연금소득세액의 연말정산 (다음연도 1월 말일)으로 종결(소법 143의4)

② 사적연금 : 지급금액X3% ~ 5% 원천징수(소법 129). 익년도 5월 종합소득으로 합산과세.소액인 경우 원천징수로 종결됨.

나이(연금수령일 현재)	세율
70세 미만	5%
70세 이상 ~ 80세 미만	4%
80세 이상	3%

(2) 종합과세와 분리과세

1) 종합과세

연금소득은 원칙적으로 종합소득과세표준에 합산하여 과세한다. 따라서 이미 살펴본 연금소득에 대한 원천징수는 예납적 원천징수에 불과하며, 과세표준확정신고에 의해 정산된다. 다만, 공적연금소득만 있는 경우 연말정산으로 과세를 종결할 수 있다.

2) 선택적 분리과세

사적연금소득 합계액이 연 1,500만원 이하*인 경우에는 납세의무자의 선택에 따라 당해 연금소득을 종합소득과세표준에 합산하지 않고 분리과세를 적용받을 수 있다(소법 14③(9)). 단, 사적연금이 연 1,500만원을 초과하는 경우 15% 분리과세와 종합과세 중 선택할 수 있다(소법 64의4 신설).

* 개인연금저축＋퇴직연금 본인 추가납입액(세액공제 받은 부분과 운용수익)

3) 무조건 분리과세

① 이연퇴직소득을 연금으로 수령하는 경우
② 의료목적 또는 부득이한 인출요건에 해당되어 인출하는 경우

V 연금외 수령시 과세방법

연금의 중도인출·해지 등 연금외 수령시 과세방법은 다음과 같다.

구분	연금외수령시 과세
공적연금	① 공적연금 관련법에 따라 받는 일시금 : 퇴직소득으로 과세
	② 공적연금 관련법에 따라 받는 유족연금일시금 등 : 비과세
사적연금(연금계좌)	① 퇴직소득 과세이연분 일시금 수령시 : 퇴직소득으로 과세(55세 이후 연금으로 수령시에는 30% 감면. 단, 연금 실제 수령연차 10년 초과분은 40% 감면함) ※이연퇴직소득세X$\dfrac{\text{일시금 수령액}}{\text{이연퇴직소득}}$
	② 개인연금 자기불입분(세액공제 받은 부분)·운용수익 등 : 기타소득으로 과세(15%* 분리과세)

* 부득이한 사유로(가입자의 사망, 가입자나 부양가족의 3개월 이상 요양, 천재지변, 파산 등) 인출하는 경우 기타소득이 아닌 연금소득으로 분리과세한다(소령 20의2 및 소법 14 ③ 9 나목). 즉, 나이에 따라 3%~5% 과세함

Ⅵ 연금소득의 수입시기

연금소득에 대한 수입시기는 연금을 지급받거나 받기로 한 날로 한다(소령 50⑤).

① 공적연금소득 : 공적연금 관련법에 따라 연금을 지급받기로 한 날

② 사적연금소득 : 연금수령한 날

③ 그 밖의 연금소득 : 해당 연금을 지급 받은 날

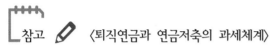

참고 〈퇴직연금과 연금저축의 과세체계〉

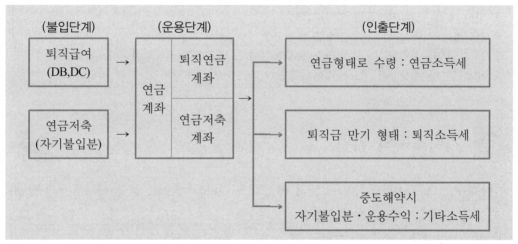

㈜ 퇴직일시금이 연금계좌로 지급·입금되는 경우에는 퇴직당시 퇴직소득세를 원천징수하지 않고 인출단계까지 소득세 과세를 이연한다.(제3편 퇴직소득세 참조)

제6장

기타소득

▶ 학습목표

1. 기타소득의 종류와 과세방법(분리과세, 선택적 분리과세, 종합과세)의 차이를 익힌다.
2. 기타소득중의 의제필요경비 80%(또는 60%)를 인정하는 항목을 예시할 수 있다.
3. 기타 소득 과세 최저한은 얼마일까?
4. 기타소득 지급시 원천징수영수증을 발급할 수 있다.
5. 2018년부터 종교인소득도 기타소득 또는 근로소득으로 원천징수하여야 한다.
6. 2025년부터 가상자산 양도·대여소득도 기타소득으로 과세한다.

I 기타소득의 범위

기타소득은 소득세법상 다른 소득에 속하지 아니하는 것으로 해당 과세기간에 발생한 다음의 소득을 말한다(소법 21①).

① 상금·현상금·포상금·보로금 또는 이에 준하는 금품

② 복권·경품권 기타 추첨권에 당첨되어 받는 금품

③ 「사행행위 등 규제 및 처벌 특례법」에 규정하는 행위(적법 또는 불법 무관)에 참가하여 얻은 재산상의 이익

④ 「한국마사회법」에 의한 승마투표권 및 「경륜·경정법」에 의한 승자투표권(勝者投票權) 등의 환급금

⑤ 저작자 또는 실연자(實演者)·음반제작자·방송사업자 **외의 자**가 저작권 또는 저작인접권의 양도 또는 사용의 대가로 받는 금품. 이는 저작권법에 의한 저작권 또는 저작인접권을 상속·증여 또는 양도받은 자가 그 저작권 또는 저작인접권을 타인에게 양도하거나 사용하게 하고 받는 대가를 말한다.

    ※ 저작자 등에게 귀속되면 사업소득으로 과세하고, 저작자 등 이외의 자에게 귀속되면 기타소득으로 과세한다.

⑥ 영화필름·라디오·텔레비전방송용 테이프 또는 필름, 기타 이와 유사한 자산이나 권리의 양도·대여 또는 사용의 대가로 받는 금품

⑦ 광업권, 어업권, 산업재산권, 산업정보, 산업상 비밀, 상표권, 영업권(점포임차권 포함), 토사석의 채취허가에 따른 권리, 지하수의 개발·이용권 기타 이와 유사한 자산이나 권리를 양도 또는 대여하고 그 대가로 받는 금품

⑧ 물품 또는 장소를 일시적으로 대여하고 사용료로서 받는 금품

　※ 물품 또는 장소의 사업적 대여소득 : 사업소득

⑨ 공익사업과 관련된 지역권·지상권(지하 또는 공중에 설정된 권리 포함)을 설정하거나 대여하고 받는 금품

⑩ 계약의 위약 또는 해약으로 인하여 받는 위약금과 배상금(주로 재산권 계약)

　※ 신체의 자유를 구속하거나 정신적인 고통에 대한 배상, 위자료 등은 소득세 과세대상에서 제외됨에 유의하기 바란다.(교통상해보상 등)

⑪ 유실물의 습득 또는 매장물의 발견으로 인하여 보상금을 받거나 새로 소유권을 취득하는 경우 그 보상금 또는 자산

⑫ 소유자가 없는 물건의 점유로 소유권을 취득하는 자산

⑬ 거주자·비거주자 또는 법인의 특수관계인이 그 특수관계로 인하여 당해 거주자 등으로부터 받는 경제적 이익으로서 급여·배당 또는 증여로 보지 아니하는 금품

　※ 다만, 소액주주인 우리사주조합원이 조합을 통하여 취득하는 주식의 취득가액과 시가와의 차액으로 인하여 발생하는 소득은 제외한다.

⑭ 슬롯머신(비디오게임 포함) 및 투전기(投錢機) 기타 유사한 기구를 이용하는 행위에 참가하여 받는 당첨금품·배당금품 또는 이에 준하는 금품

⑮ 문예·학술·미술·음악 또는 사진에 속하는 창작품에 대한 원작자로서 일시적으로 받는 소득으로서 다음에 해당하는 것. 다만, 독립된 자격으로 계속적이고 직접적으로 창작활동을 하고 얻는 소득은 사업소득으로 분류한다.

　㉠ 원고료
　㉡ 저작권사용료인 인세(印稅)
　㉢ 미술·음악 또는 사진에 속하는 창작품에 대하여 받는 대가

⑯ 재산권에 관한 알선수수료

⑰ 사례금

⑱ 소기업·소상공인 공제부금의 해지일시금

⑲ 인적용역을 일시적으로 제공하고 받는 대가(강연료, 심사료, 전문가보수, 고용관계 없이 받은 대가 등)

⑳ 법인세법에 따라 처분된 기타소득

㉑ 개인연금저축의 해지 일시금과 불입계약기간 만료 후 연금 외의 형태로 지급받는 금액

㉒ 퇴직전 부여받은 주식매수선택권을 퇴직후 행사하거나 고용관계 없이 주식매수선택권을 부여받아 이를 행사함으로써 얻는 이익. 종업원 또는 대학의 교직원이 퇴직한 후에 지급 받는 직무발명 보상금(단, 연 700만원까지 비과세)

㉓ 뇌물

㉔ 알선수재 및 배임수재에 의하여 받는 금품

㉕ 서화(書畵)·골동품의 양도로 발생하는 소득(양도가액이 개당 6천만원 이상, 골동품은 제작후 100년 초과된 것). 양도일 현재 국내 생존작가 작품 제외(소령 41⑭). 단, 사업장이 있거나 사업자등록을 한 경우 사업소득으로 봄.

㉖ 종교관련 종사자가 종교단체로부터 받은 소득(2018년 1월 이후 발생 소득부터 과세, 부칙 제1조, 2015.12.15)

※ 종교인 소득은 근로소득으로 원천징수하거나 과세표준 확정신고를 할 수 있음(소법 21③)

㉗ 가상자산을 양도하거나 대여 소득(2027년부터 과세시행 예정)

Ⅱ 비과세 기타소득

다음의 소득은 비과세 기타소득으로 한다(소법 12).

① 「국가유공자 등 예우 및 지원에 관한 법률」 등에 따라 받는 보훈급여금·학습보조비 및 「북한이탈 주민의 보호 및 정착지원에 관한 법률」에 의하여 받는 정착금·보로금(報勞金) 및 기타 금품

② 「국가보안법」에 따라 받는 상금과 보로금

③ 「상훈법」에 의한 훈장과 관련하여 받는 부상(副賞)과 소득세법 시행령 18조에 열거된 각종 상금과 부상(예, 체육상, 노벨상, 국가 또는 지방자치단체로부터 받는 상금과 부상)

④ 종업원 또는 대학 교직원이 퇴직한 후에 직무와 관련된 우수발명으로서 「발명진흥법」에 의한 직무발명에 대하여 사용자로부터 받는 보상금. 「산업교육진흥 및 산학협력촉진에 관한 법률」 제32조에 따른 산학협력단 보상금(예, 임원 직무 발명 포함됨). 단 연 700만원 이하의 보상금.

⑤ 「국군포로의 송환 및 대우 등에 관한 법률」에 따라 국군포로가 지급받는 정착금 과 그 밖의 금품

⑥ 「문화재보호법」에 따라 국가지정문화재로 지정된 서화·골동품 양도소득

⑦ 서화·골동품을 박물관 또는 미술관에 양도함으로써 발생하는 소득

⑧ 종교인 소득 중 종교활동비 등

⑨ 법령·조례에 따른 위원회의 보수를 받지 아니하는 위원(학술원 또는 예술원 포함) 등이 받는 수당

Ⅲ 기타소득의 과세방법

1. 분리과세

(1) 당연분리과세

① 각종 복권당첨소득 및 승마투표권·승자투표권(경륜·경정)의 환급금 : 원천징수 세율 20%(3억원 초과분은 30%)

② 서화·골동품 양도소득(소법14③) : 원천징수세율 20%(단, 사업장이 있는 경우 사업소득임)

③ 연금외 수령 소득 중 기타소득 : 원천징수세율 15%

④ 소기업·소상공인 공제부금 해지일시금 : 원천징수세율 15%

⑤ 가산자산소득(원천징수 하지 않음)

(2) 선택적 분리과세

연 300만원 이하의 기타소득금액으로서 원천징수된 금액(뇌물, 알선수재 및 배임수재에 의하여 받는 금품은 제외)은 거주자의 선택에 의하여 분리과세하거나 종합과세한다. 또한 ① 계약금이 대체된 위약금, 배상금(종합소득확정신고하며 분리과세 선택시 20% 세율 적용 특례, 소법 64의 3) ② 종업원 등 또는 대학 교직원이 근로와 관계 없거나 퇴직 후 지급받는 직무발명 보상금도 선택적 분리과세 한다.

Example 9	기타소득금액이 연간 300만원 이하인 경우에는 종합과세와 분리과세중 유리한 방법을 선택할 수 있다. 강연료의 기타소득금액이 300만원인 경우 강연료 총수입은 얼마이며 부담세액은 얼마인가? (강연료의 필요경비율은 60%, 기타소득 원천징수 세율은 20% 가정)

Answer
필요경비를 60% 인정하므로 강연료 총수입금액X(1−0.6)=3,000,000원이므로 강연료 총수입금액=7,500,000원
이 경우 원천징수 세액은 7,500,000(1−0.6)X20%=600,000원이다. 또한 이와 별도로 지방소득세가 소득세의 10%가 과세되므로 총 부담세액은 660,000원(총수입금액 7,500,000원의 8.8%)

2. 종합과세

분리과세를 제외한 일반적인 기타소득은 20% 세율로 원천징수한 후 종합소득에 합산하여 과세된다. 다만, 뇌물, 알선수재 및 배임수재에 의하여 받는 금품 및 가상자산소득은 무조건 종합소득에 합산하여 과세함에 유의하여야 한다.

3. 기타소득의 과세최저한

기타소득금액(총수입금액과 다름)이 ①건별로 5만원 이하인 때에는 당해 소득에 대한 소득세를 과세하지 아니한다(소법 84). 단, ②승마투표권 권면금액의 합계액이 10만원 이하이고 환급금이 단위투표금액의 100배 이하이면서 적중한 개별투표당 환급금이 200만원 이하인 때와 배당율이 100배 초과시에도 환급금이 10만원 이하인 때(즉, 10만원 이하 배당금은 무조건 비과세) ③복권당첨금 및 슬롯머신 등 당첨금품이 건별로 200만원 이하인 때에는 소득세를 과세하지 아니한다.

IV 기타소득금액의 계산

1. 개요

기타소득금액은 기타소득 총수입금액에서 이에 사용된 필요경비를 차감하여 계산한다.

> 기타소득금액＝기타소득 총수입금액*－필요경비

* 기타소득 총수입금액＝기타소득－비과세소득－분리과세소득

2. 필요경비

기타소득의 필요경비는 일반적으로 당해 연도의 총수입금액에 대응하는 비용의 합계액으로 하되, 특정 기타소득의 경우에는 총수입금액의 일정액을 필요경비로 인정한다(소령 87).

(1) 총수입금액의 80%를 필요경비로 의제하는 경우

다음의 기타소득은 (지급 증명 없어도)지급받은 금액의 80%를 필요경비로 한다(소령 87). 다만, 실제 소요된 필요경비가 80%를 초과하면 그 초과하는 금액도 필요경비에 산입한다.

① 공익법인이 주무관청의 승인을 얻어 시상하는 상금 및 부상과 다수가 순위 경쟁하는 대회에서 입상자가 받은 상금 및 부상

② 계약으로 인한 위약금과 배상금 중 **주택입주 지체상금**

(2) 총수입금액의 60%를 필요경비로 의제하는 경우

① 공익사업과 관련된 지상권·지역권을 설정하거나 대여하고 받는 금품

② 인적용역을 일시적으로 제공하고 받는 대가(강연료, 방송해설료, 심사료 등)

③ 일시적인 문예·학술·미술·음악·사진 등 창작소득(사업성이 있는 작가는 사업소득 임)

④ 산업재산권, 상표권, 영업권 등의 권리의 양도 및 대여로 인하여 발생하는 소득
(이는 필요경비가 확인되지 않거나 확인된 금액이 총수입금액의 60%에 미달하는
경우에 한함)
⑤ 통신판매 중개업자를 통한 연 수입 500만원 이하의 물품, 장소의 대여소득(초과시 사업
소득)

(3) 총수입금액의 90%를 필요경비로 의제하는 경우

① 받은 금액이 1억원 이하인 경우 : 90%
② 받은 금액이 1억원을 초과하는 경우 : 9천만원+1억원 초과금액의 80%(서화·골동품의
보유기간이 10년 이상인 경우에는 90%)

(4) 실제 발생 경비를 공제하는 기타소득

위에 열거한 사항 이외의 기타소득은 총수입금액에 대응하는 비용을 필요경비로 인
정한다.

Ⅴ 기타소득의 수입시기

기타소득에 대한 총수입금액의 수입시기는 일반적으로 그 지급을 받은 날로 한다(소령 50).
① 산업재산권 등 양도 또는 대여 : 대금청산일, 자산인도일, 사용수익일 중 빠른 날
② 계약금이 위약금으로 대체되는 경우 : 계약의 위약, 해약이 확정된 날
③ 법인세법상 처분된 기타소득 : 해당 사업연도 결산확정일
④ 연금계좌와 퇴직연금계좌에서 연금외 수령 : 연금외 수령한 날

Example 10	다음 소득 중 종합소득에 합산되는 기타소득(당연분리과세분 제외)에 대한 원천징수세액은 얼마인가? 단, 필요경비는 확인되지 않은 것으로 가정한다 (지방소득세 제외).

① 일시적인 문예창작소득	10,000,000
② 주택입주 지체상금	15,000,000
③ 산업재산권의 양도	20,000,000
④ 사례금	5,000,000
⑤ 복권당첨소득	1,000,000,000

Answer   (단위 : 천원)

과세유형		수입	필요경비	기타소득금액	원천징수세액
종합과세	①	10,000	6,000	4,000	800
	②	15,000	12,000	3,000	600
	③	20,000	12,000	8,000	1,600
	④	5,000	—	5,000	1,000
소 계			—	20,000	4,000

(요약) 종합과세되는 기타소득의 원천 징수세액은 4,000,000원이다. 복권당첨소득은 당연
분리과세소득이다.

<해설>
복권당첨소득 원천징수(당연분리과세)

최초 3억원X20%＝ 60,000,000원
나머지 7억원X30%＝ 210,000,000원
합계 270,000,000원

 실습
과제

위 사례를 이용하여 종합과세되는 기타소득 원천징수 영수증(별지 제23호)을 작
성하시오.

통계자료   2023년 사행산업 현황

자료 : 사행산업통합감독위원회 사행산업 통계, 2025. 1. 16 검색   (단위 : 억 원, %)

구분	카지노업[1]		경마	경륜	경정	복권	체육진흥투표권	소싸움경기	계
	강원랜드	외국인전용카지노							
총매출액	13,202	14,070	65,007	16,416	6,514	67,517	61,367	227	244,364
(비중)	5.4	5.8	26.6	6.7	2.7	27.6	25.1	0.1	100
순매출액[2]	13,202	14,070	17,442	4,589	1,819	32,612	22,487	76	106,297
(비중)	12.4	13.2	16.4	4.3	1.7	30.7	21.2	0.1	100
입장객수 (천명)	2,413	2,067	10,400	2,538	1,220	—	—	296	18,934

1) 카지노 총매출액은 관광 진흥법 시행령 제30조에 따라 순매출액(실 고객 지출액)으로 집계
2) 총매출액 – 환급금

1인당 평균베팅액3)(만원)		54.7	68	63	64.7	53	—	—	2.1	305.5
영업장 본장 수 (장외발매소)		1	16	3	3	1	8,438	6,453	1	14,916
		—	—	27	15	14	—	—	—	5
조세	국세	1,581	582	3,933	576	208	—	—	9.3	6,889.3
	지방세	138	159	9,407	2,319	912	—	—	34.4	12,969.4
	조세 합계	1,719	741	13,340	2,895	1,120	—	—	44.7	19,859.7
	순매출액 대비 조세 기여율	13.01	5.3	76.5	63.1		—			58.8	278.31
기금4)	전체	3,031	1,344	694	321	134	30,447	18,580	—	54,551
	순매출액 대비 기금 기여율	22.9	9.6	4.0	7.0	7.4	93.4	82.6	0	51.3

 탐구 과제

① 위 로또 당첨금에 대해 국가는 어느 정도의 세금을 징수했는지 추정해 보자. 각종 사행산업 통계정보(매출액, 환급금, 제세수입, 수익금)를 「사행산업통합감독위원회」의 통계정보를 검색해 보자.

② 사행사업의 운영결과 징수한 조세와 기금의 비중을 알아보자.

---

3) 총매출액/이용객수
4) 소싸움경기는 2021년 기준 이익금이 발생하지 않았으므로 기금 등의 출연 실적이 없음

제7장

소득금액계산의 특례

I 부당행위계산의 부인(否認)

(1) 개요

납세지 관할세무서장 또는 지방국세청장은 다음의 요건을 모두 충족한 경우 그 거주자의 행위 또는 계산에 관계없이 당해 연도의 소득금액을 새로 계산할 수 있다(소법 41). 이를 부당행위계산의 부인이라 한다. 조세회피를 방지하기 위한 규정이나 법률행위로는 적법·유효한 행위로 인정된다.

① 배당소득(출자공동사업자의 분배금에 한함)·**사업소득·기타소득 또는 양도소득**이 있는 거주자의 행위 또는 계산이

② 당해 거주자와 **특수관계인과의 거래**로 인하여

③ 당해 소득에 대한 조세의 부담이 **부당하게 감소**된 것으로 인정되는 때에 적용한다.

(2) 특수관계인의 범위

특수관계인의 범위는 다음과 같다(소령 98①, 국기령1의2).

구 분	특수관계인
(1) 친족관계	① 4촌 이내의 혈족 ② 3촌 이내의 인척 ③ 배우자(사실상의 혼인관계에 있는 자를 포함한다) ④ 친생자로서 다른 사람에게 친양자 입양된 자 및 그 배우자·직계비속 ⑤ 혼인 외 출생자의 생부나 생모(생계를 함께하는 자로 한정)
(2) 경 제 적 연관관계	① 임원과 그 밖의 사용인 ② 본인(개인)의 금전이나 그 밖의 재산으로 생계를 유지하는 자 ③ 위 ① 및 ②의 자와 생계를 함께하는 친족

구 분	특수관계인
(3) 경영지배 관 계	① 본인(개인)이 직접 또는 그와 친족관계 또는 경제적 연관관계에 있는 자를 통하여 법인의 경영에 대하여 지배적인 영향력을 행사하고 있는 경우^(*주) 그 법인(1차 지배관계 법인) ② 본인(개인)이 직접 또는 그와 친족관계, 경제적 연관관계 또는 위 ①의 관계에 있는 자를 통하여 법인의 경영에 대하여 지배적인 영향력을 행사하고 있는 경우^(*주) 그 법인(2차 지배관계 법인)

※ 경영지배기준[위 (*주)를 말한다]을 적용할 때 다음의 구분에 따른 요건에 해당하는 경우 해당 법인의 경영에 대하여 지배적인 영향력을 행사하고 있는 것으로 본다.

구분	경영지배기준
영리법인인 경우	㉠ 법인의 발행주식총수(또는 출자총액)의 30% 이상을 출자한 경우 ㉡ 임원의 임면권(任免權)의 행사, 사업방침의 결정 등 법인의 경영에 대하여 사실상 영향력을 행사하고 있다고 인정되는 경우
비영리법인 인 경우	㉠ 법인의 이사의 과반수를 차지하는 경우 ㉡ 법인의 출연재산(설립을 위한 출연재산만 해당한다)의 30% 이상을 출연하고 그 중 1인이 설립자인 경우

(3) 부당거래의 유형

조세의 부담을 부당하게 감소시킨 것으로 인정되는 거래(부당거래)의 유형은 다음과 같다(소령 98②). 다만, ①~③, ⑤의 경우 **시가와의 거래차액이 3억원 이상**이거나 **시가의 5% 이상**인 경우에 한한다.

① 특수관계인으로부터 시가보다 높은 가격으로 자산을 매입하거나, 특수관계자에게 시가보다 낮은 가격으로 양도한 때(고가 매입, 저가 양도)
② 특수관계인에게 금전 기타 자산 또는 용역을 무상 또는 낮은 이율 등으로 대부하거나 제공한 때. 다만, 직계존비속에게 주택을 무상을 사용하게 하고 직계존비속이 당해 주택에 실제로 거주한 경우를 제외한다.
③ 특수관계인으로부터 금전 기타 자산 또는 용역을 높은 이율 등으로 차용하거나 제공받은 때
④ 특수관계인으로부터 무수익자산을 매입하여 그 자산에 대한 비용을 부담하는 때
⑤ 기타 특수관계인과의 거래로 인하여 당해 연도의 총수입금액 또는 필요경비의 계산에 있어서 조세의 부담을 부당하게 감소시킨 것으로 인정되는 때

※ 시가산정 및 소득금액의 계산은 법인세법의 규정을 준용한다.(법칙43②, 법령89)

Ⅱ 공동사업의 소득분배

1. 의의

거주자가 공동사업을 경영하는 경우에는 약정된 손익분배비율에 의하여 분배되었거나 분배될 소득금액에 따라 각 거주자별로 당해 소득금액을 계산한다(소법 43②).

2. 공동사업

(1) 개요

공동사업이란 부동산임대소득·사업소득이 발생하는 사업을 2인 이상이 공동으로 경영하는 것을 말한다. 이러한 공동사업의 범위에는 경영에 참여하지 않고 출자만 하는 출자공동사업자가 있는 공동사업을 포함한다. 출자공동사업자에 대한 소득의 분배는 **배당소득으로 보아 25% 세율**로 원천징수한다.

공동사업의 소득금액은 다음과 같이 계산한다.

① 공동사업장을 1거주자로 보아 공동사업장별로 소득금액을 계산한다.
② 공동사업장별 소득금액을 공동사업자별 손익분배비율(없는 경우 지분비율)에 의하여 분배하여 각 거주자별로 소득금액을 계산한다.

  ※ 공동사업의 경우 소득세는 지분별 과세하지만 기타 세금(부가가치세, 사업소세 등)은 사업자 모두 연대납세의무가 있으므로 소득세 절감효과와 연대납세 의무에 따른 부담을 비교해 보아야 한다.

(2) 공동사업장에 대한 소득금액계산 등의 특례

공동사업장에 대한 소득금액의 계산 및 기타 특례규정의 내용은 다음과 같다.

1) 원천징수세액과 가산세의 배분

공동사업장에서 발생한 원천징수세액과 가산세는 당해 공동사업자의 손익분배 비율에 의하여 배분한다(소법 87①, ②).

2) 사업자등록 및 신고 등

공동사업자(출자공동사업자 포함), 약정한 손익분배비율, 대표공동사업자, 지분·출자 명세, 기타 필요한 사항을 신고한다(소법 87④).

3) 과세표준확정신고

공동사업자가 과세표준확정신고를 하는 때에는 과세표준확정신고서와 함께 당해 공동사업장에서 발생한 소득과 그 외의 소득을 구분한 계산서를 제출하여야 한다(소령 150⑥).

4) 소득금액의 결정·경정

공동사업장에 대한 소득금액의 결정·경정은 대표공동사업자의 주소지 관할세무서장이 하되, 국세청장이 특히 중요하다고 인정하는 것에 대하여는 사업장 관할세무서장 또는 주소지 관할지방국세청장이 한다(소령 150②).

※ 여기서 '대표공동사업자'란 당해 공동사업자 중 선임된 자 또는 그 지분 또는 손익분배의 비율이 가장 큰 거주자(그 지분 또는 손익분배의 비율이 같은 자가 있는 경우에는 관할세무서장이 그들 중에서 선임한 자)를 말한다(소령 150①).

3. 조세회피 목적의 공동사업 합산과세 특례

(1) 의의

사업소득이 발생하는 사업을 거주자 1인과 특수관계인이 공동으로 경영하는 경우로서 손익분배비율을 거짓으로 정하는 등의 사유에 해당하는 경우에는 위의 규정과 같이 분배하지 않고 손익분배비율이 큰 공동사업자(주된 공동사업자)의 소득금액으로 본다. 이를 공동사업 합산과세라 한다(소법 43③).

(2) 특수관계인의 범위

당해 과세기간 종료일 현재 거주자 1인과 생계를 같이 하는 친족으로서 국세기본법 시행령 제1조의2(친족관계, 경제적연관관계, 경영지배관계)를 준용한다.

(3) 주된 공동사업자

손익분배비율이 동일한 경우 다음 순서를 따라 정한다.

① 공동사업소득 외의 종합소득금액이 많은 자
② 직전 과세기간의 종합소득금액이 많은 자
③ 당해 사업에 대한 종합소득과세표준을 신고한 자. 다만, 무신고시는 관할세무서장이 정하는 자

(4) 연대납세의무

주된 공동사업자에게 합산과세되는 경우 당해 합산과세되는 소득금액에 대하여 기타의 공동사업자는 그의 손익분배비율을 한도로 연대납세의무를 진다(소법 2의2①단서).

Ⅲ 결손금과 이월결손금의 공제

1. 개념

결손금이란 사업별 소득금액 계산시 필요경비가 총수입금액을 초과하는 경우 동 금액을 말하며, 이월결손금이란 동 결손금이 다음연도 이후로 이월된 경우 이를 일컫는 말이다.

※ 1. 소득세법상 결손금과 이월결손금은 사업소득 · 부동산임대소득에서만 발생한다.
   2. 양도소득의 결손금은 양도차손이라 한다. 양도차손은 다른 자산의 양도차익에서 공제하되 미공제액은 이월공제되지 아니하고 소멸한다. 자세한 내용은 "제4편 양도소득세"에서 설명하기로 한다.

2. 결손금 및 이월결손금의 공제

(1) 결손금 공제

1) 사업소득의 결손금

사업소득에서 발생한 결손금은 종합소득금액 계산시 다음 순서로 공제한다.

① 근로소득	② 연금소득	③ 기타소득
④ 이자소득	⑤ 배당소득	

※ 당해 연도에 공제되지 못한 결손금은 다음 연도로 이월된다.

2) 부동산임대소득의 결손금

부동산임대소득에서 발생한 결손금(주택임대 결손금 제외)은 다른 소득에서 공제하지 아니하고 다음 연도로 이월된다.

(2) 이월결손금 공제

이월결손금은 당해 이월결손금이 발생한 연도의 종료일부터 **15년 이내**(2019. 12. 31 이전 연도는 10년)에 종료하는 과세연도의 소득금액계산시 먼저 발생한 이월결손금부터 순차로 공제한다.

1) 사업소득의 이월결손금

사업소득에서 발생한 이월결손금은 종합소득금액 계산시 법정순서(사업소득에서 우선 공제하고 나머지는 (1)의 결손금 공제순서에 의함)에 따라 다른 종합소득에서 공제가 가능하다.

2) 부동산임대소득의 이월결손금

부동산임대소득에서 발생한 이월결손금은 당해 소득금액(다음 연도에 부동산임대사업에서 소득이 발생한 경우)에서만 공제할 수 있다. 다만, 주택임대업은 다른 종합소득금액과 결손금·이월결손금 공제 가능하다(소법 45②).

(3) 결손금·이월결손금 공제순서

결손금이 발생하는 연도에 이월결손금이 있는 경우에는 해당 연도 결손금을 먼저 소득금액에서 공제한다.

(4) 납세자에게 종합과세되는 금융소득이 있는 경우

위 '(1)' 및 '(2)'의 규정에 의한 결손금 및 이월결손금의 공제에 있어서 소득세법 제62조[금융소득에 대한 종합과세시 세액계산의 특례]의 규정에 의한 세액계산을 하는 경우 종합과세되는 배당소득 또는 이자소득이 있는 때에는 그 배당소득 또는 이자소득 중 원천징수세율을 적용받는 부분(2천만원 이하)은 결손금 또는 이월결손금의 공제대상에서 이를 제외하며, 그 배당소득 또는 이자소득 중 기본세율을 적용받는 부분(2천만원 초과분)에 대하여는 납세자가 그 소득금액의 범위안에서(선택권을 갖고) 공제여부 및 공제금액을 결정할 수 있다(소법 45⑤).

(5) 이월결손금공제의 배제

당해 연도의 소득금액을 추계하는 경우에는 이월결손금공제를 배제한다. 다만, 천재·지변 기타 불가항력으로 인하여 장부·기타 증빙서류가 멸실되어 추계하는 경우에는 이월결손금공제를 적용한다.

Ⅳ 채권 등에 대한 소득금액계산 특례

채권 등에서 발생하는 이자와 할인액을 당해 채권 등의 상환기간 중에 보유한 거주자 또는 비거주자에게 그 보유기간별 이자상당액이 각각 귀속되는 것으로 보아 소득금액을 계산한다(소법 46①).

$$보유기간\ 이자상당액 = 액면가액 \times \frac{보유기간}{365} \times 이자율$$

1) 보유기간

당해 채권 등의 발행일(또는 직전 원천징수일)부터 이자 등의 지급일까지의 일수를 말한다(소법 133의2).

2) 이자율

채권 등의 액면이자율에 발생시의 할인율을 가산하고 할증률을 차감한 이자율로 한다.

3) 중도채권 매매시 원천징수의무자

채권 중도매매시 개인간은 원천징수하지 않으며, 법인 개입시에는 매수법인 또는 매도법인이 원천징수한다.

V 기타의 소득금액계산 특례

1. 상속의 경우 소득금액의 구분계산

상속의 경우 피상속인의 소득세 납세의무는 상속인에게 승계된다. 이 경우 피상속인과 상속인의 소득금액에 대한 소득세는 각각 구분하여 계산한다.

2. 신탁소득에 대한 소득금액의 귀속

신탁재산에 귀속되는 소득은 그 신탁의 수익자(수익자가 특정되지 아니하거나 존재하지 아니하는 경우에는 신탁의 위탁자 또는 그 상속인)에게 당해 소득이 귀속되는 것으로 보아 소득금액을 계산한다.

3. 중도해지로 인한 이자소득금액의 계산

종합소득과세표준 확정신고 후 예금 또는 신탁계약의 중도해지로 인하여 이미 경과한 과세기간에 속하는 이자소득금액이 감액된 경우 당해 이자소득금액의 계산에 있어서는 중도해지일이 속하는 과세기간의 종합소득금액에 포함된 이자소득금액에서 당해 감액된 이자소득금액을 차감할 수 있다. 다만, 국세기본법의 규정에 의하여 과세표준 및 세액의 경정을 청구한 경우에는 그러하지 아니하다(소법 46의2).

VI 동업기업에 대한 과세특례

1. 동업기업 과세특례의 의의(조특법 10절의 3)

동업기업(Partnership)이란 2명 이상이 영리를 목적으로 공동사업을 영위하기 위해 설립한 것으로서 인적회사 성격이 있는 단체를 말한다. 동업기업을 도관(導管)으로 보아(Pass-through entity) 동업기업에서 발생한 소득에 대해 동업기업 단계에서는 과세하지 않고, 이를 구성원인 동업자에게 귀속시켜 동업자별로 과세하는 제도로서 2009년

1월부터 적용한다. 동업기업을 소득계산 및 신고의 실체로 인정하므로 납세편의제고 및 과세행정의 효율성을 제고할 수 있다.

일반법인 과세와 동업기업 과세를 비교하면 일반법인에게 법인세과세 후 배당이 지급되면 주주에게 배당소득세를 과세하나(이중과세 일부조정), 동업기겁 과세에서는 동업기업에 대해 과세하지 않고, 소득이 동업자에게 배분되면 다른 소득과 합산하여(결손 발생시 다른 소득에서 공제) 과세하게 된다.

2. 동업기업의 유형

① 민법, 상법 및 기타 특별법에 따른 조합(자본시장과 금융투자업에 관한 법률의 투자조합은 제외함)
② 상법 및 기타 특별법에 따른 합명회사, 합자회사(투자 합자회사인 사모투자전문회사 포함)
③ 인적용역을 주로 제공하는 단체로서 일정한 요건을 갖춘 것(회계법인, 세무법인, 법무법인, 특허법인, 노무법인 등)

3. 소득과세방법

동업기업소득에 대해 동업기업단계에서는 비과세하고, 손익분배비율에 따라 동업자에 대해 배분하여 소득세(개인) 또는 법인세(법인)를 과세한다. 동업기업의 결손금을 손익분배비율에 따라 각 동업자에게 지분가액을 한도로 배분한다. 지분가액 한도를 초과하는 결손금은 15년간 이월하여 매년 지분가액 한도내에서 이월배분을 허용한다(조특법 100의18).

4. 지분의 양도시 양도소득과세

동업자가 동업기업 지분을 양도하는 경우 법인의 주식·출자지분을 양도한 것으로 보아 양도소득(양도가액 – 지분가액) 또는 각사업연도소득(법인 동업자의 경우)으로 과세한다.

5. 동업기업의 신고의무

동업기업은 과세연도 종료일이 속하는 달의 말일부터 3개월 되는 날이 속하는 달의 15일까지 소득계산·배분명세를 관할 세무서장에게 신고하여야 한다(조특법 100의 23).

한편 동업기업과세특례의 적용신청은 특례적용을 받으려는 최초의 과세연도 개시일(기업설립시에는 과세연도 개시일부터 1개월 이내)이전에 적용신청서를 납세지 관할 세무서장에게 제출하여야 한다(조특령 100의 16 ①).

제8장

종합소득 과세표준

I 종합소득 과세표준의 계산구조

종합소득 과세표준은 종합소득금액에서 종합소득공제를 차감한 금액으로 한다.

> 종합소득 과세표준＝종합소득금액－종합소득공제

II 종합소득공제

종합소득공제는 ① 인적공제(기본공제·추가공제)·② 연금보험료공제·③ 주택담보 노후연금 이자비용 공제 및 ④ 특별소득공제로 구분된다. 인적공제를 제외한 나머지 공제를 물적공제라고도 한다.

Ⅲ 인적공제

1. 개요

인적공제는 기본공제, 추가공제로 구분된다. 인적공제는 부양가족 상황에 따른 최저생활보장에 취지가 있다.

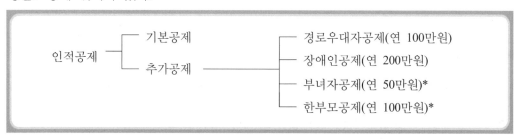

* 중복 불가

2. 기본공제

(1) 기본공제액

종합소득이 있는 거주자(자연인에 한함)에 대하여는 기본공제대상자에 해당하는 인원수에 1인당 **연 150만원**을 곱한 금액을 종합소득금액에서 공제한다(소법 50①).

$$기본공제액＝기본공제대상자의 수×150만원$$

(2) 기본공제대상자

기본공제대상자는 과세연도 종료일 현재 다음에 해당하는 자로 한다. 연령요건과 소득요건을 유의하여야 한다.

① 당해 거주자

② 배우자 : 연간소득금액이 100만원 이하인 사람(**총급여 500만원 이하의 근로소득**만 있는 배우자 포함), 연령요건 없음.

③ 생계를 같이하는 다음의 부양가족(배우자의 직계존속·형제자매 포함, **총급여 500만원 이하의 근로소득**만 있는 부양가족 포함)

　㉠ 직계존속 : 60세 이상인 사람으로서 연간소득금액이 100만원 이하인 사람(계부, 계모도 포함) → 부모, 조부모, 외조부모, 장인, 장모, 시부모 등

ⓛ 직계비속과 동거입양자(이들이 장애인이고 그 배우자도 장애인인 경우 배우자를 포함) : 20세 이하*인 사람으로서 연간소득금액이 100만원 이하인 사람

　* 20세가 되는 날이 속하는 과세기간까지 기본공제 대상자에 포함. 이하 같음.

ⓒ 형제자매 : 20세 이하 또는 60세 이상인 사람으로서 연간소득금액이 100만원 이하인 사람

ⓔ 국민기초생활보장법 제2조 제2호에 의한 수급자 : 연간소득금액이 100만원 이하인 사람(연령제한 없음)

ⓜ 위탁아동 : 6개월 이상 위탁 양육(18세 미만). 보호기간이 연장된 위탁아동 포함(20세 이하인 경우)

(3) 연간소득금액

연간소득금액은 해당 과세기간의 소득세법상의 모든 소득금액을 말한다. 따라서 작물재배업의 소득과 같은 미열거소득, 비과세소득, 분리과세소득은 제외하며 종합소득금액, 퇴직소득금액 및 양도소득금액(양도가액에서 필요경비 및 장기보유 특별공제 등을 차감한 금액)을 합하여 계산한다(소득집행 50－0－2).

※ 연간소득금액 100만원 이하의 의미
　－근로소득은 총급여가 500만원인 배우자·부양가족의 경우 기본공제 해당. 다른 소득금액의 경우 100만원 이하여야 함.
　－분리과세소득 (이자·배당소득) 2,000만원 이하 제외
　－일용근로소득만 있는 경우(분리과세로 종결됨) 제외
　－기타소득금액이 연간 300만원 이하로서 분리과세되는 금액 제외
　－연간 소득금액은 (종합소득금액＋퇴직소득금액＋양도소득금액)을 의미하므로 비과세소득·분리과세소득 및 미열거소득은 포함하지 않음(예시, 비과세 유족연금)

(4) 생계를 같이하는 부양가족

생계를 같이하는 부양가족이란 주민등록표상의 동거가족으로서 해당 과세기간 종료일 현재 해당 거주자의 주소·거소에서 현실적으로 생계를 같이하는 자를 말한다. 다만, 다음의 경우에는 생계를 같이하는 부양가족으로 본다(소법 53).
① 직계비속(직계비속은 무조건 생계를 같이하는 자로 본다)
② 직계비속을 제외한 동거가족의 경우에는 취학, 질병의 요양, 근무상·사업상 형편 등으로 본래의 주소·거소를 일시 퇴거한 경우

③ 부양가족 중 거주자(그 배우자 포함)의 직계존속이 주거의 형편에 따라 별거하고 있는 경우

(5) 연령요건

장애인은 연령요건을 적용하지 아니한다. 장애인은 ①「장애인 복지법」에 의한 장애인 ②「국가유공자 등 예우 및 지원에 관한 법률」에 의한 상이자 및 이와 유사한 자로서 근로능력이 없는 자 ③ 항시 치료를 요하는 중증환자를 말한다.

3. 추가공제

(1) 추가공제액

기본공제대상자가 다음 각호에 해당하는 경우 기본공제 외에 추가로 공제한다.

맞벌이부부의 경우 부양가족에 대해 기본공제를 신청한 근로자가 추가공제를 적용한다.(세액공제의 경우도 동일함)

(2) 추가공제의 종류와 대상자

추가공제의 종류와 대상자는 다음과 같다.

① 경로우대자공제 : 기본공제대상자 중 70세 이상인 자가 있는 경우(1인당 100만원)

② 장애인공제 : 기본공제대상자 중 장애인이 있는 경우(1인당 200만원 공제)

③ 부녀자공제 : 당해 거주자 본인이 ⓐ 배우자가 없는 여성으로서 부양가족이 있는 세대주이거나 ⓑ 배우자가 있는 여성인 경우(연 50만원 공제), 종합소득금액이 3천만원 이하자에 한함.

④ 한부모공제 : 해당거주자가 배우자가 없는 사람으로서 기본공제대상인 직계비속 또는 입양자가 있는 경우 연 100만원 공제(③과 중복시 ④로만 적용한다)

Example 11	최근 출산·입양 장려를 위해 다자녀 가구에 대해 지원을 확대하고 있다. 어떤 지원이 있는지 열거하여 보시오.

Answer
① 자녀 1인당 기본공제 : 150만원
② 영유아교육비 세액공제
③ 출산지원금 : 전액 비과세(출생일 후 2년 내)

④ 보육수당 비과세 : 월 20만원
⑤ 육아 휴직급여, 산전후 휴가급여 비과세(소법 12)
⑥ 다자녀 세액공제(8세 이상) : 자녀 1명은 25만원, 자녀2명은 55만원, 자녀 2명 초과는 55만원＋2명 초과 1명당 40만원
⑦ 출산・입양 세액공제 : 첫째 30만원, 둘째 50만원, 셋째 이상인 경우 연 70만원 세액공제

4. 인적공제대상자 여부의 판정특례

인적공제대상자에 해당하는지 여부의 판정은 당해 연도의 과세기간 종료일 현재의 상황에 의한다. 다만, 과세기간 종료일 전에 사망한 자 또는 장애가 치유된 자에 대하여는 사망일 전날 또는 치유일 전날의 상황에 의한다(소법 53④). 다만 적용대상 나이가 정하여진 경우에는 해당 과세기간 중에 해당 나이에 해당하는 날이 있는 경우에는 공제 대상자로 본다(소법 53⑤). 예를 들어 '20세 이하'란 만 20세가 속하는 과세기간까지 기본공제대상자에 포함한다.

5. 공제대상자가 중복되는 경우

(1) 일반적인 경우

공제대상가족이 중복되는 경우에는 당해 연도의 과세표준확정신고서・근로소득자 소득・세액공제신고서에 기재된 바에 따라 그 중 1인의 공제대상가족으로 한다.

(2) 중복공제신고를 한 경우

2 이상의 거주자가 공제대상가족을 중복공제하여 신고하거나, 어느 거주자의 공제대상가족인지 여부가 불분명한 경우에는 다음과 같이 인적공제를 적용한다(소령 106 ②).
① 거주자의 공제대상 배우자가 다른 거주자의 공제대상 부양가족에 해당하는 때에는 공제대상 배우자로 한다.
② 공제대상 부양가족이 중복되는 경우에는 직전 연도에 부양가족으로 공제받은 거주자의 공제대상 부양가족으로 한다.
③ 추가공제대상자가 중복되는 경우에는 ①, ②에 의하여 인적공제를 하는 거주자의 추가공제대상자로 한다.

(3) 사망 또는 출국의 경우

당해 연도의 중도에 사망하였거나 외국에서 영주하기 위하여 출국을 한 거주자의 공제대상가족이 상속인 등 다른 거주자의 공제대상가족에 해당하는 경우에는 그 자를 피상속인 또는 출국한 거주자의 공제대상가족으로 한다. 이 경우 피상속인 또는 출국한 거주자에 대한 인적공제액이 소득금액을 초과하는 때에는 그 초과액은 상속인 또는 다른 거주자의 당해 연도의 소득금액에서 공제할 수 있다(소령 106 ③, ④).

Example 12	다음의 자료에 근거하여 근로자 김현우의 소득공제액을 구하시오.

※ 김현우의 생계를 같이하는 부양가족사항

관계	성명	연령	참고사항
본인	김현우	48세	본인
배우자	이을순	42세	소득없음
부친	김홍도	71세	소득없음
아들	김수남	21세	소득없음. 대학생
딸	김수진	19세	근로소득금액 1,100만원(연간) 있음. 야간학교재학
처남	이동수	18세	장애인(소득없음)

Answer
- 배우자유무 – 유
- 부양가족공제 – 20세이하 : 1명, 60세이상 : 1명
- 추가공제 – 70세 이상 : 1명(부친), 장애인 : 1명(처남)
  따라서, 기본공제 : 근로자 본인, 배우자, 부양가족 2명 : 150만원×4인＝600만원
  추가공제 : 경로우대자(100만원), 장애인(200만원)
  공제합계＝9,000,000원

<해설>
부양가족공제는 연령제한과 소득금액제한이 있다. 장애인인 경우 연령제한이 없으며, 딸(김수진)은 근로소득금액(수입금액과 다르며 종합소득, 퇴직소득, 양도소득이 있는 경우 모두 해당함)이 100만원 초과하므로 공제대상에서 제외함.
장인, 장모, 배우자의 형제자매(처제, 시동생)는 생계를 같이하면 공제대상가족에 포함한다(서이 46013-12212, 2003. 12. 30). 그러나 직계비속 및 형제자매의 배우자(제수, 형수, 며느리, 사위, 조카 등)는 공제대상이 아님.

Example 13	(인적공제) 다음자료에 의하여 거주자 갑의 2025년도 귀속 종합소득과세표준의 계산 시 인적공제의 합계액을 계산하면 얼마인가?

① 갑(남, 48세)의 총급여액 : 80,000,000원
② 부양가족 현황 : 처(48세), 아들(22세, 장애인), 아들(15세), 딸(5세), 부친(69세), 장인(71세)
③ 부양가족은 생계를 같이하며 소득이 없다.

Answer

기본공제 7명X150만원=	1,050만원
장애인공제 :	200만원
경로우대자 공제(70세 이상) :	100만원
합계 :	1,350만원

Ⅳ 연금보험료공제(공적연금)

1. 개요

종합소득이 있는 거주자로서 공적연금 관련법에 따른 기여금 또는 개인부담금 등을 납부한 경우에는 해당 과세기간의 종합소득금액에서 당해 연도에 납부한 연금보험료 등의 전액을 공제하되, 연금보험료공제의 합계액이 종합소득금액을 초과하는 경우 그 초과하는 공제액은 이를 없는 것으로 한다(소법 51의3).

① 국민연금법에 의하여 부담하는 연금보험료(사용자부담금을 제외한다)
② 공무원연금법·군인연금법·사립학교교직원연금법 또는 별정우체국법에 의하여 근로자가 부담하는 기여금 또는 부담금

Ⅴ 주택담보 노후연금 이자비용공제

연금소득자가 주택담보노후연금을 지급 받는 경우 해당 과세기간에 발생한 이자비용상당액을 연 200만원 한도내에서 연금소득금액에서 공제한다(소법 51의4).

공제금액=Min(① 이자비용상당액 ② 200만원 ③ 연금소득금액)

※ 담보설정주택가격 : 가입 당시 기준시가 12억원 이하(소령 108의3)
※ 주택소유자 또는 배우자가 만 55세 이상(부부 중 연장자 기준) 가능

Ⅵ 특별소득공제

1. 사회보장 보험료 공제

근로소득이 있는 거주자가「국민건강보험법」,「고용보험법」,「노인장기요양보험법」에 따라 부담한 보험료는 전액 근로소득금액에서 공제한다(소법 52①).

2. 주택자금공제(소법 52)

근로소득이 있는 거주자(② 및 ③은 거주자인 외국인 근로자 포함)로서 주택청약종합저축은 **무주택세대주**(총급여 7천만원 이하자), 장기주택저당차입금 이자공제는 취득 당시 기준시가 6억원 이하(2024.1.1. 이후 차입분부터 적용)인 주택을 취득하는 경우 적용하므로 요건에 유의하여야 한다.

공제종류	공제금액(한도액)		
① 주택청약종합저축(조특법 87②) : 무주택자 ※ 2025.12.까지 가입분	저축 납입액(300만원 한도)X40%	①+② < 400만원 한도(A)	400만원 ~ 2,000만원 한도 (A+B)
② 주택임차자금 차입금 원리금상환액공제 　(소법 52 ④) : 무주택자	원리금 상환액(400만원 한도)X40%		
③ 장기주택저당차입금 이자상환액공제 　: 과세기간 종료일 현재 1주택 보유자	이자상환액[600만원(2,000만원*)] 한도(B)		

• 만기 15년 이상&고정금리&비거치식 분할방식으로 지급하는 경우 2,000만원으로 함(24.1.1이후 차입분부터 적용).
• 만기 15년 이상이고 고정금리 or 비거치식 분할상환 : 1,800만원(기타 800만원)
• 만기 10년 이상 15년 미만이고 고정금리 or 비거치식 분할상환 : 600만원

3. 신용카드 등 사용금액 소득공제(조특법 126의2)

1) 의의

근로소득자가 사업자로부터 2025년 12월 31일까지 재화 또는 용역을 제공받고 신용카드 등으로 대금을 결제하는 경우(국외 사용분 제외) 일정한 금액을 근로소득금액에서 공제하는데, 이를 '신용카드 등 사용금액에 대한 소득공제'라고 한다(조특법 126의2). 그 취지는 근로소득의 경우는 사업소득에 비하여 상대적으로 세원포착률이 높은 점을 감안하여 근로소득자의 세부담을 경감하고 사업자의 매출액을 양성화하고자 1999년 도입되었다.

2) 공제대상액

신용카드 등 사용금액의 소득공제액 : Min[③, ④]
① 신용카드 등 사용액의 구성순위
　　㉠ 신용카드
　　㉡ 현금영수증
　　㉢ 직불카드·선불카드 등
　　㉣ 도서·공연비·신문·박물관·미술관·영화관람료·수영장·체력단련장 시설이용료 지출액
　　㉤ 전통시장사용분
　　㉥ 대중교통이용분
② 기준금액 초과사용액(A)＝신용카드 등 사용액합계－총급여X25%
③ 신용카드 등 소득공제액＝A 중 [㉠X15%＋㉡X30%＋㉢X30%＋㉣X30%＋㉤X40%＋㉥X40%]
④ 한도액 : 기본한도 Min[③, 연300만원*]＋추가한도 Min[연300만원*, (전통시장사용분X40%＋대중교통이용분X40%＋도서·공연비X30%)]
　　*연간 총급여가 7천만원 초과자는 소득공제 한도가 축소됨(다음페이지의 표 참조).

※ 최저 사용금액은 총급여액의 25%이며, 차감 순서는 납세자에게 유리하게 공제율이 낮은 카드 사용액부터 차감한다. 즉, 위 ㉠부터 ㉥까지 순차적으로 차감한다. 신용카드 등 사용금액 합계액이 총급여액의 25%를 초과하지 못하면 소득공제를 하지 못한다. 기본공제액 계산 후 한도초과액이 발생하고, 전통시장·대중교통·도서공연비 등 사용액이 있는 경우 "추가공제액"을 계산하여 추가로 공제한다.

주 1) 신문구독료는 21.1.1. 이후 사용분부터 도서·공연비에 포함됨

참고 ✏ 신용카드 등 소득공제 한도액(추가공제의 통합 · 단순화)

공제한도 \ 총급여		7천만원 이하	7천만원 초과
기본공제 한도		300만원	250만원
추가공제한도	전통시장	300만원	200만원
	대중교통		
	도서공연 등		−

3) 공제대상 카드사용자의 범위

본인, 배우자 및 동거하는 직계존비속(형제자매는 해당안됨 유의)의 신용카드 등 사용액을 공제대상으로 한다. 다만, 연간 소득금액이 100만원을 초과하는 자가 사용한 신용카드 등 사용액은 제외한다(조특령 121의2 ③). 직불카드 등에는 기명식선불카드, 기명식 선불전자지급수단, 기명식전자화폐를 포함한다.

4) 공제대상 제외 카드사용액(조특법 126의2 ④)

① 사업소득 관련비용이 법인의 비용에 해당하는 경우
② 물품의 판매를 가장하는 비정상적 사용행위
③ 자동차 구매(단, 중고차 구입금액의 10%는 공제적용금액에 포함한다)
④ 근무전 신용카드 사용액
⑤ 기타 대통령령(조특령 121의 2 ⑥)으로 정한 경우(보험료, 교육비, 공과금, 기부금, 유가증권구입, 면세점 사용액, 세액공제받은 월세액 등). 단, 의료비, 취학전 아동 학원비, 교복구입비는 신용카드공제 가능(중복적용)

Example 14	근로소득자 한아름씨의 2025년도 총급여액이 48,000,000원이고 신용카드 사용액이 13,000,000원, 현금영수증 사용액 4,000,000원, 직불카드 사용액 5,000,000원, 전통시장사용분 3,000,000원, 대중교통사용분 1,000,000원인 경우 신용카드 등 사용금액에 대한 소득공제액은 얼마인가?

1. 먼저 최저사용금액(총급여X25%＝12,000,000원)을 구하여 공제율이 낮은 신용카드 사용액에서부터 순차적으로 차감한다.
2. 1에서 차감후 남은 잔액에 공제율(15%, 30%, 40%)를 곱한다.
3. 2에서 구한 소득공제액을 기본공제액 한도인 300만원 범위내에서 인정한다.
4. 3에서 한도초과액이 있는 경우 전통시장 사용액이나 대중교통 이용액 및 도서・공연비 등에 대해 추가적으로 인정할 금액을 계산한다.

Answer

1. 최저사용금액 초과액의 소득공제 가능액 합계 : 4,450,000원
   신용카드 : 최저사용금액 차감후 잔액 1,000,000X15%＝150,000
   현금영수증 : 4,000,000X30%＝1,200,000
   직불카드 : 5,000,000X30%＝1,500,000
   전통시장 : 3,000,000X40%＝1,200,000
   대중교통 : 1,000,000X40%＝400,000

2. 1의 공제액이 기본공제(300만원) 한도를 초과하므로 일반공제 한도인 300만원만 먼저 인정한다. 이때 한도초과액이 1,450,000원 발생하였다.

3. 한도초과액이 발생하면 전통시장이나 대중교통 사용액을 추가로 고려해서 인정해 준다. 전통시장 등 사용분 추가 공제액＝Min(기본한도초과액 145만원, 전통시장・대중교통 사용공제액 160만원, 300만원)＝1,450,000원

4. 총 신용카드 등 공제액 기본한도 : 3,000,000＋전통시장・대중교통 사용 추가분 1,450,000 ＝4,450,000원

5. 결론적으로 소득공제 가능액 4,450,000원 중 전액을 소득공제받을 수 있다.

Example 15	위 예제와 같이 급여총액은 48,000,000원이며 신용카드와 직불카드만 사용한 경우 신용카드 등 사용 소득공제액은 얼마인가(전통시장이나 대중교통 카드 사용액은 없다고 가정한다)?

신용카드 등 사용내역

사례	카드사용액
1	신용카드 13,000,000원; 직불카드 5,000,000원
2	신용카드 5,000,000원; 직불카드 13,000,000원
3	신용카드 13,000,000; 직불카드 15,000,000원

Answer

1. 최저사용금액 : 48,000,000X25%＝12,000,000원이므로 공제율이 낮은 신용카드 사용액부터 먼저 차감한 후 직불카드 사용액을 순차적으로 차감한다. 전통시장이나 대중교통 카드사용액이 없으므로 추가공제액은 없다.

사례	소득공제액 계산
1	(13,000,000－12,000,000)X15%＋5,000,000X30%＝1,650,000원
2	1,200만원을 차감해야 하므로 신용카드 500만원을 차감한 후 직불카드 700만원을 공제하면 직불카드 잔액은 600만원임. 600만원X30%＝180만원
3	(13,000,000－12,000,000)X15%＋15,000,000X30%＝4,650,000원(공제한도액이 300만원이므로 300만원까지만 인정함)

(답) (사례1) 1,650,000원
　　(사례2) 1,800,000원
　　(사례3) 3,000,000원

Example 16	총급여 4천만원인 근로자의 가장 효과적인 신용카드 등 지출방법을 설명하시오. 일반 신용카드와 체크카드 등 사용과, 전통시장사용, 대중교통이용, 도서공연비 사용을 모두 고려하시오(신용카드는 체크카드 보다 부가혜택이 크다고 가정).

Answer
1. 최저사용액 : 총급여액의 25%이므로 1천만원을 우선 신용카드로 사용한다.
2. 신용카드 등 소득공제 한도를 모두 공제받기 위한 조건을 고려한다.
   추가 체크카드 사용 : 1천만원X30%＝300만원
   전통시장 추가사용(신용카드) : 250만원X40%≒100만원
   대중교통 추가이용(신용카드) : 250만원X40%≒100만원
   도서공연비 추가사용(신용카드) : 334만원X30%≒100만원
3. 요약 : 총 신용카드 사용액은 2,834만원이 되고, 소득공제액은 600만원이다.

 실습 과제 | 국세청 홈택스의 「연말정산 자동계산」 프로그램에 신용카드 사용액을 입력하고 소득 공제액을 확인해 보자.

4. 소기업 · 소상공인 공제부금 소득공제(조특법 86의3)

노후, 폐업대비 자금마련을 위해 납입한 금액에 대해 해당 과세기간 사업소득금액(부동산임대업 소득금액 제외)에서 소득공제한다(노란우산공제).

• 공제한도(소득수준별 차등화)

사업소득금액/근로소득금액	공제 한도
4천만원 이하	600만원
4천만원~1억원	400만원
1억원 초과	200만원

※ 소규모 법인의 대표자로서 총급여 8천만원 이하 거주자인 경우 근로소득금액에서 공제 함.

Ⅶ 종합소득공제의 배제

다음에 해당하는 경우에는 종합소득공제를 적용하지 아니한다(소법 54).

① 분리과세이자소득, 분리과세배당소득, 분리과세기타소득만이 있는 자는 종합소득공제를 하지 아니한다.

② 과세표준확정신고를 하여야 할 자가 소득공제를 증명하는 서류를 제출하지 아니한 경우에는 기본공제 중 거주자 본인에 대한 분과 표준세액공제만을 적용한다. 다만, 그 서류를 나중에 제출한 경우에는 그러하지 아니하다.

③ 수시부과결정의 경우에는 거주자 본인에 대한 기본공제만을 적용한다.

④ **특별소득공제 종합한도(연 2,500만원)**를 초과하는 경우(조특법 132의2)의 초과금액

참고 소득공제와 세액공제의 차이점

소득공제	세액공제
총 소득에서 일정한 금액을 공제해 「세율이 과세되는 구간」을 줄여주는 것	세액이 산출된 후 세액의 일부를 줄여주는 것
• 인적공제 • 연금보험료 공제X공적연금 전액공제 • 소기업 · 소상공인 공제부금 공제 • 주택마련저축 납입액 소득공제 • 신용카드 등 사용금액 소득공제	• 자녀 세액공제 • 연금저축 세액공제 • 중소기업 청년 소득세 감면 • 보험료 · 의료비 · 교육비 · 기부금 세액공제 • 월세액 세액공제

참고 ✏ 소득공제 요약

아래 표는 근로자를 중심으로 소득공제 내용을 정리한 것이다. 본인 또는 가족이 절세할 수 있는 항목을 고려하면서 학습해야 이해가 쉬울 것이다. 매년 개정되는 부분이 많으니 반드시 세법원본을 확인하여 적용요건을 검토해야 한다.

구분			공제금액	공제요건
A. 인적 공제	기본 공제	본인	150만원	
		배우자	150만원	소득요건
		부양가족	150만원	소득, 나이요건(장애인은 나이제한 없음) 있음
	추가 공제	경로우대공제	100만원	70세이상
		장애인공제	200만원	
		부녀자공제	50만원	종합소득금액이 3천만원 이하
		한부모 공제	100만원	부녀자 공제와 중복 안됨
B₁. 연금보험료공제			전액	공적연금 관련법에 따른 기여금 또는 개인부담금
B₂. 주택담보 노후연금 비용공제			200만원 한도	가입당시 기준시가 12억원 이하
C. 특별 소득 공제	건강보험료, 고용보험료 등			전액(본인부담분)
	주택 자금 공제	① 주택청약종합저축 (300만원 한도) 등 *40%	400만원 한도	400−2,000만원 (고정금리, 비거치식 여부 조건)
		② 주택임차차입금 원리금 상환액 *40%		
		③ 장기주택저당차입금 이자*100%		
	조특법상 신용카드 등 공제	① 총급여의 25% 초과시 초과사용금액의 15%(직불카드, 현금영수증, 도서공연비 등은 30%, 대중교통비, 전통시장사용분은 40%)		
		② Min(300만원). 한도초과시, 대중교통, 전통시장, 도서공연비 등 사용분 공제액은 합산하여 300만원 한도 추가.		
		③ 총급여 7천만원 초과자 : 250만원 한도(추가공제는 200만원)		
	개인의 벤처투자조합 출자에 대한 소득공제	−벤처기업 −창업후 3년내 중소기업 ※ 2025.12.31.까지 적용(조특법 16)		−출자액의 30−100%(3,000만원 이하 인 투자금액은 100%, 3,000만원 초과분 70%, 5천만원 초과분 30%) −창투조합을 통해 간접투자 : 10% −공제한도 : 종합소득금액의 50% −소득공제 종합한도대상 제외
	특별소득공제 종합한도 초과 배제(조특법 132의2)			2,500만원 초과하는 금액(인적공제, 건강보험료, 벤처기업 등 투자 등 제외)

기 출 문 제

01 다음 자료를 이용하여 소득세법상 거주자 A씨(남성, 32세)의 2025년도 귀속 종합소득세 확정신고시 종합소득과세표준 금액은 얼마인가?(분리과세가 가능한 소득은 분리과세함)

(81회, 세무회계2급)

1. 소득금액 자료

사업소득금액	2,000만원
기타소득금액	200만원
양도소득금액	500만원

2. 소득공제 자료

구 분	나이(만)	비 고
배우자	40세	총급여 연간 600만원 있음.
부 친	80세	2025년 1월 2일 사망함. 총급여 연간 300만원 있음.
딸	16세	소득 없음.

1,450만원(14,500,000원)

종합소득금액 : 2,000만원(기타소득은 분리과세(300만원 이하), 양도소득은 종합소득이 아님)

기본공제 : 1,500,000X3명(본인, 부친, 딸) = 4,500,000원(배우자는 총급여 500만원 초과하므로 제외)

추가공제 : 1,000,000원(70세이상)

과세표준 : 2,000만원 – 550만원 = 1,450만원

02 소득세법상 (   )안에 공통으로 들어갈 숫자를 적으시오.   (80회, 세무회계2급)

연금소득이 있는 거주자에 대해서는 해당 과세기간에 받은 총 연금액에서 일정금액을 공제한다. 다만, 공제액이 (   )원을 초과하는 경우에는 (   )원을 공제한다.

900만, 소득세법 제47조의2①

03 중소기업인 제조업을 영위하는 거주자 A의 2025년 귀속(1.1~12.31)분 총매출액이 5억원인 경우 소득세법상 기업업무추진비 한도액을 계산하면 얼마인가?

(80회, 세무회계 2급)

 37,500,000원 소득세법 제35조, (36,000,000X12/12) + (500,000,000X30/10,000)

04 소득세법령상 거주자의 연금소득에 대한 설명으로 옳지 않은 것은?(2019, 9급공무원)

① 공적연금 관련법에 따라 받는 각종 연금도 연금소득에 해당한다.

② 연금소득금액은 해당 과세기간의 총연금액에서 법령에 따른 연금소득공제를 적용한 금액으로 한다.

③ 연금소득공제액이 9백만 원을 초과하는 경우에는 9백만 원을 공제한다.

④ 공적연금소득만 있는 자는 다른 종합소득이 없는 경우라 하더라도 과세표준확정신고를 하여야 한다.

 ❹

공적연금소득에 대한 원천징수의무자가 다음연도 1월분 공적연금소득을 지급할 때 해당과세기간 연금소득금액에 대한 연말정산을 하여야 한다(소법 143의4).

05 (종합소득공제) 다음 자료를 이용하여 거주자 갑의 2025년도 종합소득공제액을 계산하면 얼마인가? (단, 소득공제의 종합한도나 조세특례제한법상의 소득공제는 고려하지 아니하고, 주어진 자료 이외에 종합소득공제 배제 사유는 없음) (2019, CTA 1차)

(1) 본인 및 가족의 현황(소득현황란에 기재된 소득이외의 소득은 없음)

구분	연령	소득현황	비고
본인	51세	총급여액 60,000,000원	무주택자이고 부녀자 아님
배우자	47세	총급여액 4,000,000원의 근로소득	별거중임
부친	80세	사업소득금액 10,000,000원	
모친	75세	작물재배업에서 발생하는 소득 15,000,000원	2025.2.8 사망
장녀	21세	소득금액 합계액 2,000,000원	장애인
장남	18세	소득없음	장애인

※ 가족들은 모두 갑과 생계를 같이 한다.

(2) 기타 갑이 지출하였거나 갑이 근무하고 있는 회사가 부담한 사항은 다음과 같다.

　가. 국민건강보험법에 따른 국민건강보험료 3,600,000원

　　(본인부담분 1,800,000원, 회사부담분 1,800,000원)

　나. 고용보험법에 따른 고용보험료 1,000,000원

　　(본인부담금 500,000원, 회사부담분 500,00원)

　다. 생명보험 보험료 : 1,000,000원

(1) 인적공제 : 본인, 배우자, 모친, 장남 등 4명X1,500,000 = 6,000,000원
(2) 추가공제: 모친 경로우대, 장남 장애인공제: 3,000,000원
(3) 기타 소득공제 사항: 국민건강보험료 본인부담분·고용보험료 본인부담분=2,300,000원
(4) 생명보험 보험료는 소득공제가 아닌 세액공제 항목임.

06 다음 중 소득세법상 종합소득세 신고시 거주자 갑이 적용할 수 있는 인적공제와 추가공제의 합계액은 몇 원인가? (93회, 세무회계2급)

종합소득금액이 2,400만원인 거주자 甲(33세, 남자)씨의 동거가족은 아래와 같다.
· 乙 : 72세 (아버지, 소득 없음)

4,000,000원= 甲 기본공제 1,500,000원+乙 기본공제 1,500,000원+乙 경로우대자 추가공제 1,000,000원
소득세법 제50조, 제51조

07 소득세법상 아래의 빈칸에 들어갈 내용은 무엇인가? (95회, 세무회계2급)

해당 과세기간에 종합소득과세표준을 계산할 때 합산하는 종합소득금액이 (　)원 이하인 거주자가 배우자가 없는 여성으로서 부양가족이 있는 세대주이거나 배우자가 있는 여성인 경우 연 50만원의 부녀자공제를 적용한다.

30,000,000 또는 3,000만 또는 3천만
소득세법 제51조 제1항

08 소득세법상 다음 괄호 안에 들어갈 내용은 무엇인가?　　　　(91회, 세무회계2급)

> 종합소득세 신고시 기본공제대상자인 생계를 같이 하는 부양가족의 나이요건은 직계존속 (　　)세 이상, 직계비속 20세 이하이다.

풀이
60
소득세법 제50조 제1항

09 다음은 소득세법상 종합소득공제에 대한 설명이다. 아래의 괄호 안에 들어갈 알맞은 숫자를 쓰시오.　　　　(102회, 세무회계2급)

> 해당 거주자가 배우자가 없는 사람으로서 기본공제대상자인 직계비속 또는 입양자가 있는 경우 해당 거주자의 해당 과세기간 종합소득금액에서 연 (　　　　)원을 추가로 공제한다.

풀이
1,000,000

10 다음 중 소득세법상 거주자 갑(甲)의 기본공제대상자에 해당하지 않는 자는?(단, 제시된 소득 외에 다른 소득은 없으며, 다른 기본공제요건은 충족한다.) (101회, 세무회계2급)

① 총급여액 5백만원인 배우자
② 식량작물재배업소득 1천만원인 아버지
③ 퇴직소득 7백만원인 어머니
④ 국내은행예금이자 1천5백만원인 자녀

풀이　❸
소득세법 제50조, 부양가족의 연간 소득금액 합계액이 100만원 이하여야 한다. 연간 소득금액 합계액은 종합소득, 퇴직소득, 양도소득의 소득금액을 합하여 계산한다. 비과세소득이나 분리과세소득만 있는 경우 소득금액 요건을 충족한 것으로 본다.

제9장

종합소득세의 계산

▶ 학습목표

1. 소득세 누진세율 구조를 이해하자.
2. 종합과세되는 금융소득이 있는 경우 세액계산특례가 있다.
3. 직장공제회 초과 반환금에 대한 세액계산 특례와 취지를 이해해야 한다.

I 종합소득 산출세액의 계산구조

1. 계산구조

종합소득 산출세액은 다음 산식에 의하여 계산한다.

> 종합소득 산출세액＝종합소득 과세표준X기본세율

2. 기본세율(＝누진세율)

기본세율은 최저 6%에서 최고 45%까지의 8단계 초과누진세율로 구성되어 있다. 기본세율은 종합소득뿐만 아니라 퇴직소득의 산출세액 계산시에도 적용된다. 현행 소득세법상 기본세율은 다음과 같다(소법 55 ①).

과 세 표 준	세 율
1,400만원 이하	과세표준의 6%
1,400만원 초과 5,000만원 이하	84만원＋(1,400만원을 초과하는 금액의 15%)
5,000만원 초과 8,800만원 이하	624만원＋(5,000만원을 초과하는 금액의 24%)
8,800만원 초과 1억 5천만원 이하	1,536만원＋(8,800만원을 초과하는 금액의 35%)
1억 5천만원 초과 3억원 이하	3,706만원＋(1억 5천만원을 초과하는 금액의 38%)
3억원 초과 5억원 이하	9,406만원＋(3억원을 초과하는 금액의 40%)
5억원 초과 10억원 이하	1억 7,406만원＋(5억원을 초과하는 금액의 42%)
10억원 초과	3억 8,406만＋(10억원을 초과하는 금액의 45%)

Ⅱ 금융소득 종합과세시 세액계산특례

1. 의의

거주자의 종합소득 과세표준에 금융소득(이자소득과 배당소득)이 포함되어 있는 경우에는 종합과세시 세액과 분리과세시 세액을 비교하여 큰 금액을 산출세액으로 한다. 이를 '금융소득종합과세시 세액계산 특례'라 한다. 과세형평상 종합과세시 산출세액이 분리과세시 금융소득 세부담(원천징수 14%)보다 적어서는 안되기 때문이다.

2. 금융소득 종합과세시 종합소득 산출세액

종합소득에 합산되는 이자소득과 배당소득이 있는 경우에는 다음과 같이 종합소득 산출세액을 계산한다(소법 62). 이 때 원천징수된 세액은 기납부세액으로 공제받게 된다.

(1) 종합과세되는 금융소득이 2천만원을 초과하는 경우
  종합소득산출세액 = MAX(① 일반산출세액, ② 비교산출세액)

  ① (종합소득과세표준 − 2천만원) × 기본세율 + 2천만원 × 14%

  ② (종합소득과세표준 − 금융소득금액(A^+)) × 기본세율 + 금융소득 총수입금액(A_0)[*] × 14%(비영업대금의 이익은 25%)[*]

(2) 종합과세되는 금융소득이 2천만원 이하인 경우
  종합소득산출세액(=비교산출세액) = (종합소득과세표준 − 금융소득금액) × 기본세율 + 금융소득 총수입금액 × 14%(비영업대금의 이익은 25%)

* Gross−up 이전 금액임(A_0).

Ⅲ 직장공제회 초과반환금에 대한 세액계산특례

1. 개요

직장공제회 초과반환금에 대한 산출세액의 계산은 다음에 의한다(소법 63). 퇴직소득과 유사하며, 완납적원천징수로 종결되는 무조건 분리과세 대상소득이다.

(1) 과세표준 = $\dfrac{\text{직장공제회}}{\text{초과반환금}}$ − $\dfrac{\text{직장공제회}}{\text{초과반환금}}$ ×40% − 납입연수공제

(2) 산출세액 = $\left[\left(\text{과세표준} \times \dfrac{1}{\text{납입연수}}\right) \times \text{기본세율}\right] \times \text{납입연수}$

※ 한국교직원공제회, 군인공제회, 행정공제회, 과학기술인공제회, 건설근로자공제회, 경찰공제회, 소방공제회, 어린이집안전공제회 등.

2. 납입연수공제

납입연수공제는 다음과 같다. 이 경우 납입연수가 1년 미만인 경우 1년으로 한다.

납 입 연 수	공 제 액
5년 이하	30만원×납입연수
5년 초과 10년 이하	150만원＋ 50만원×(납입연수− 5년)
10년 초과 20년 이하	400만원＋ 80만원×(납입연수−10년)
20년 초과	1,200만원＋120만원×(납입연수−20년)

참고 ✏ 직장공제회 초과반환금 분할지급시 세액계산(소령 120)

분할지급된 초과반환금의 납부할 세액 = $\dfrac{\text{일시불 수령시 납부할 세액}}{\text{분할지급 횟수}}$

※ 분할지급 기간 동안 원본 등에 추가로 발생하는 반환금 추가이익도 공제회 반환금으로 봄.

<table>
<tr><td rowspan="6">소득세 기본 누진 세율</td><td>과세표준</td><td>세 율</td></tr>
<tr><td>1,400만원 이하</td><td>6%</td></tr>
<tr><td>1,400만원 초과 5,000만원 이하</td><td>84만원＋1,400만원 초과 금액 15%</td></tr>
<tr><td>5,000만원 초과 8,800만원 이하</td><td>624만원＋5,000만원 초과 금액 24%</td></tr>
<tr><td>8,800만원 초과 1.5억원 이하</td><td>1,536만원＋8,800만원 초과 금액 35%</td></tr>
<tr><td>1.5억원 초과 3억원 이하</td><td>3,706만원＋1.5억원 초과금액 38%</td></tr>
</table>

<table>
<tr><td rowspan="6">근로 소득 공제액</td><td>총급여액</td><td>공 제 액</td></tr>
<tr><td>500만원 이하</td><td>총급여액의 70%</td></tr>
<tr><td>500만원 초과 1,500만원 이하</td><td>350만원＋ 500만원 초과 금액의 40%</td></tr>
<tr><td>1,500만원 초과 4,500만원 이하</td><td>750만원＋1,500만원 초과 금액의 15%</td></tr>
<tr><td>4,500만원 초과 1억원 이하</td><td>1,200만원＋4,500만원 초과 금액의 5%</td></tr>
<tr><td>1억원 초과</td><td>1,475만원＋1억원 초과 금액의 2%</td></tr>
</table>

거주자 나근면씨의 2025년 귀속 종합소득세를 계산하기 위한 다음의 자료를 토대로 각 물음에 답하되 그 계산근거를 구체적으로 명시하시오(제61회 세무회계 1급 수정).

※ 특별한 언급이 없는 한 다음의 세율과 공제액은 모든 문제에 적용한다.

Example 17

1. 나근면씨의 2025년 귀속 근로소득 및 이자·배당소득의 내역
   ① 비영업대금이익 10,000,000원
   ② 국외은행 예금이자(국내에서 원천징수되지 않았음) 5,000,000원
   ③ 국내 비상장법인으로부터의 현금배당금 10,000,000원
   ④ 국내은행 정기예금이자 10,000,000원
   ⑤ 근로소득 총급여액 70,000,000원

2. 나근면씨와 생계를 같이하는 가족의 현황

	연령(만)	연간 소득 현황	비고
배우자(처)	42세	사업소득금액 1,000,000원	별거중임
장남	19세		
차남	15세		
부친	70세	양도소득금액 3,000,000원	
모친	62세		
여동생	35세	정기예금 이자 6,000,000원	

3. 나근면씨의 본인부담분 국민건강보험료, 고용보험료 및 국민연금보험료 납부액은 각각 연 1,000,000원, 연 200,000원, 연 800,000원이다.

4. 나근면씨와 기본공제대상자의 신용카드 등 사용내역

구분	신용카드(원)	직불카드(원)	현금영수증(원)	합계(원)
전통시장 사용분	2,500,000	200,000	800,000	3,500,000
대중교통 이용분	300,000	30,000	–	330,000
위 외의 사용분	13,500,000	1,000,000	1,300,000	15,800,000
합 계				19,630,000

5. 기타 나근면씨가 지출한 공제 대상 내역
　① 사립대학교에 연구비로 기부한 금액 15,000,000원
　② 부친 의료비 7,000,000원
　③ 장남 대학교 등록금 9,000,000원

<물음1> 금융소득금액을 계산하시오.
<물음2> 근로소득금액을 계산하시오.
<물음3> 종합소득공제액을 소득공제별로 각각 구분하여 계산하시오.
<물음4> 종합소득 과세표준이 **82,711,000원**이라 가정하고 산출세액을 계산하시오.
<물음5> 종합소득 세액공제액을 세액공제별로 각각 구분하여 계산하시오.

Answer
<물음1> (5점)
금융소득금액 : 10,000,000＋5,000,000＋(10,000,000X1.10)＋10,000,000＝36,000,000원

<물음2> (5점)　　・ 근로소득공제 : 12,000,000＋(70,000,000－45,000,000)X5%＝13,250,000
　　　　　　　　　・ 근로소득금액 : 70,000,000－13,250,000＝56,750,000원

<물음3> (10점)
(1) 인적공제　① 기본공제 : 5X1,500,000＝7,500,000
　　　　　　　② 추가공제 : －
(2) 특별소득공제 : 건강보험료 등 소득공제 : 1,000,000＋200,000＝1,200,000
(3) 연금보험료 공제 : 800,000(국민연금)
(4) 신용카드 등 사용금액에 대한 소득공제

구분	사용액	최저사용액	공제대상사용액	공제율	공제액
전통시장·대중교통 사용분	3,830,000	1,700,000	2,130,000	40%	852,000
직불카드·현금영수증사용분	2,300,000	2,300,000	–	30%	–
신용카드사용분	13,500,000	13,500,000	–	15%	–
합계	19,630,000	17,500,000	2,130,000		852,000

* 최저사용액 : 70,000,000X25%＝17,500,000(신용카드 사용분부터 위쪽으로 순차적으로 차감한다.)
　* 소득공제액 :　　852,000＝Min(852,000, 3,000,000)
　　㈜기본한도를 초과하지 않으므로 추가한도를 고려할 필요 없음.
　* 소득공제의 종합한도 : 852,000 〈 25,000,000 (∴한도초과 없음)

(5) 소득공제 합계액 : 7,500,000＋1,200,000＋800,000＋852,000＝10,352,000원

<물음4> (5점)

산출세액 : MAX [① , ②]＝12,090,640

① 20,000,000×14%＋{(82,711,000－20,000,000)×24%－5,760,000}＝12,090,640원

② {(82,711,000－36,000,000)×15%－1,260,000}＋(10,000,000×25%＋25,000,000×14%)

＝11,746,650원

(주) 세율표는 편의상 속산표(차감형식)로 적용하였으나, 기본세율표 적용과 동일한 결과를 보임.

<물음5> (10점)

(1) 배당세액공제 : MIN [10,000,000×10%, (12,090,640－11,746,650)]＝<u>343,990원</u>

(2) 근로소득 세액공제 : MIN [660,000[주1] , 715,000＋{(7,397,777[주2]－1,300,000)×30%}]

＝<u>660,000원</u>

(주1) 구간별 한도액 : MAX [660,000 , {740,000－(70,000,000－33,000,000)×$\frac{8}{1000}$}]

＝660,000

(주2) 근로소득산출세액 : 12,090,640×(56,750,000/92,750,000)＝7,397,777원

(3) 자녀세액공제 : <u>550,000원</u>(8세 이상 2명)

(4) 특별세액공제 : <u>4,335,000원</u>

① 의료비 세액공제 : (7,000,000－2,100,000)×15%＝735,000

＊ 기준미달 의료비 : 0－70,000,000×3%＝(－)2,100,000

＊ 연령·소득제한 없음

② 교육비 세액공제 : 9,000,000×15%＝1,350,000

③ 기부금세액공제 : 15,000,000×15%＝2,250,000

(5) 한도액 검토 : 한도 초과액 없음

① 특별세액공제 한도액 : MIN [7,397,777 , (735,000＋1,350,000)]

② 종합소득세액공제의 한도액 : MIN [12,090,640 , (735,000＋1,350,000＋2,250,000)]

(6) 세액공제 합계액 : 343,990＋660,000＋550,000＋4,335,000＝5,888,990원

참고 ✏ 소득세율 속산표

과세표준	기본세율	누진공제액
0～1400만원 이하	6%	0
1,400만원초과～5,000만원 이하	15%	126만원
5,000만원초과～8,800만원 이하	24%	576만원
8,800만원초과～1억5천만원이하	35%	1,544만원
1억5천만원초과～3억원 이하	38%	1,994만원

주) 누진공제액이 표시된 세율표이며 앞에 기술한 기본세율표 계산결과와 동일함.

Example 18	근로소득만 있는 거주자 나근로씨(여성, 무주택 세대주, 총급여액 70,000,000원)의 2025년 자료를 토대로 각 물음에 답하되 그 계산과정을 명시하시오. [81회, 세무회계 1급]

부양 가족	· 배우자 : 1988년 3월 25일생 · 모친 : 1949년 1월 21일생(장애인) · 자녀1 : 2011년 9월 9일생 · 자녀2 : 2014년 10월 10일생 · 부친 : 1948년 2월 2일생(2025년 3월 10일 사망) · 부양가족은 모두 생계를 같이하고, 소득이 없다.
보험료 등	· 건강보험료, 고용보험료 납부액 : 2,000,000원 · 소득공제대상 국민주택임차자금 원리금 상환액 : 12,000,000원 · 국민연금보험료 납부액 : 2,100,000원 · 본인 및 부양가족의 신용카드 등 사용액(모두 신용카드 등 사용금액 소득공제 대상이며, 도서·공연사용분은 없다) －신용카드 사용분 : 20,000,000원(전통시장 및 대중교통 사용분 제외) －전통시장 사용분 : 4,000,000원 －대중교통 사용분 : 2,000,000원 －직불카드 사용분 : 5,000,000원 －현금영수증 사용분 : 6,000,000원

<물음 1> 종합소득금액을 계산하시오.
<물음 2> 인적공제액을 계산하시오.
<물음 3> 인적공제 이외의 소득공제를 계산하시오.

Answer
<물음 1> (2점)
종합소득금액 : 총급여액－근로소득공제
$70,000,000 － [12,000,000 ＋ (70,000,000 － 45,000,000) \times 5\%] ＝ 56,750,000원$

<물음 2> (3점)
인적공제 : ①＋②＝13,000,000원
① 기본공제 : 6명×1,500,000원＝9,000,000원 (본인, 배우자, 부친, 모친, 자녀1, 자녀2)
② 추가공제 : 경로우대공제 2명(2,000,000원)＋장애인공제(2,000,000)＝4,000,000원

<물음 3> (10점)
물적공제 : ①＋②＋③＝13,500,000원 (2점)
① 건강보험료 등 및 연금보험료 공제 : 2,000,000＋2,100,000＝4,100,000원 (2점)

② 주택자금공제 : MIN[12,000,000X40%, 4,000,000]＝4,000,000원 (3점)
③ 신용카드소득공제 : 5,400,000원
 ・최저사용금액 : 70,000,000X25%＝17,500,000
 ・신용카드 등 사용액 합계 : 37,000,000
 ・초과사용금액 : 37,000,000－17,500,000＝19,500,000
 ・초과사용금액의 구성 : 4,000,000＋2,000,000＋5,000,000＋6,000,000＋2,500,000＝19,500,000
 ・공제가능액 : 전통, 대중(6,000,000)X40%＋직불, 현금영수증(11,000,000)X30%＋
    신용카드(2,500,000)X15%＝6,075,000원 (4점)
 ・기본공제한도 : MIN[공제가능액, 3,000,000]＝3,000,000원
 ・한도 추가액 :
  MIN{[(6,075,000－3,000,000), [min(6,000,000X40%, 3,000,000)]]}＝2,400,000원 (2점)
 ・신용카드공제액 : 3,000,000＋2,400,000＝5,400,000원 (2점)

제10장

종합소득 자진납부세액

▶ **학습목표**

1. 자진납부세액의 계산구조를 충분히 익힌 후 연말정산이나 종합소득세신고 준비를 하여야 한다.
2. 세액공제는 그 대상요건과 계산방법을 익혀야 한다. 세액계산이 어려우면 대신 취지를 익히자.
3. 소득세법상 각종 의무를 불이행 하는 경우 가산세가 있다(국기법상 가산세와 별도).
4. 국세청의 홈텍스 「연말정산 자동계산」, 「연말정산 미리보기」, 「세금 모의계산」을 활용하여 절세에 활용하자.

I 종합소득 자진납부세액의 계산구조

종합소득 자진납부세액의 계산구조는 다음과 같다.

종합소득 산출세액	
(-) 세 액 감 면	
(-) 세 액 공 제	
종합소득 결정세액	
(+) 가 산 세	
종합소득 총결정세액	
(-) 이 미 납 부 한 세 액	중간예납세액, 원천징수세액, 수시부과세액
종합소득 자진납부세액	

Ⅱ 세액감면

1. 근로소득에 대한 세액감면

종합소득금액 중 정부간의 협약에 의하여 우리나라에 파견된 외국인이 그 쌍방 또는 일방 당사국의 정부로부터 받는 급여가 있는 경우에는 세액감면을 적용한다(소법 59의5). 예) 외국인 기술자, 원어민 교사

2. 사업소득에 대한 세액감면

거주자 중 대한민국의 국적을 가지지 아니한 자와 비거주자가 선박·항공기의 외국항행사업으로부터 얻은 소득이 있는 경우에는 세액감면을 적용한다.

   * 상호면세주의(외국에서도 우리나라 사업자에게 동일하게 감면하는 경우)에 의한다.

3. 중소기업 취업자 소득세 감면(조특법 30, 2026.12.31.까지 취업자)

① 근로계약 체결일 현재 15세~34세인 청년, 60세 이상자, 장애인
② 취업일로부터 3년간, 70% 감면(청년은 5년간 90%)
③ 과세기간별 200만원 감면 한도(조특법 30)

   * 대상업종 : 농어업, 제조업, 도매업, 컴퓨터학원 등

4. 중소기업 특별세액 및 조세특례제한법상 세액감면(조특법 7)

업종과 규모에 따라 소득세액의 5%~30% 감면

   * 세부내용은 법인세법에서 학습하기 바람.

5. 감면세액

감면세액은 다음과 같이 계산한다. 감면세액은 이월공제되지 않는다.

$$\text{감면세액} = \text{종합소득 산출세액} \times \frac{\text{감면대상 소득금액}}{\text{종합소득금액}} \times \text{감면율}$$

6. 세액감면과 세액공제의 적용순서

소득세의 감면과 세액공제가 동시에 적용되는 경우에는 납세자에 유리하도록 다음 순서에 따른다(소법 60).
① 소득세의 감면(이월공제 안됨)
② 이월공제가 인정되지 아니하는 세액공제
③ 이월공제가 인정되는 세액공제(이월된 금액을 해당연도 발생액보다 먼저 적용함)

Ⅲ 세액공제

소득세법상 세액공제의 종류를 요약하면 다음과 같다. 이 중 이월공제가 허용되는 것은 외국납부세액공제와 특별세액공제 중 기부금세액공제가 있다.
① 배당세액공제 : 이중과세 방지
② 기장세액공제 : 기장 유도(간편장부 대상자 대상)
③ 외국납부세액공제 : 이중과세 방지(10년간 이월공제 가능)
④ 재해손실세액공제 : 납세 곤란(사업자 대상)
⑤ 근로소득세액공제 : 근로 촉진 / 사업자와의 형평성
⑥ 자녀세액공제 : 출산과 양육 지원
⑦ 연금계좌세액공제 : 노후 대비(사적연금 대상)
⑧ 특별세액공제 : 실비 일부 보상

1. 배당세액공제

(1) 의의

거주자의 종합소득금액에 Gross-up금액이 가산된 배당소득금액이 합산되어 있는 경우에는 당해 Gross-up금액을 종합소득 산출세액에서 공제한다. 이를 배당세액공제

라 한다(소법 56).

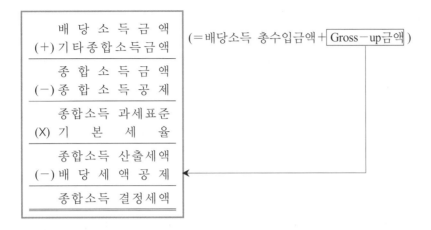

(2) 배당세액공제액

배당세액공제액은 Gross-up금액으로 하되 다음의 금액을 한도로 한다.

> 배당세액공제액=MIN(①,②)

① 귀속법인세=가산대상 배당소득총수입금액×10%
② 한도액=일반산출세액 (A) - 비교산출세액(B). 따라서 최소 B는 납부해야 함. 즉, 분리과세된 금액보다 적어서는 안된다는 취지임.

2. 기장세액공제

(1) 개요

간편장부대상자가 과세표준확정신고를 함에 있어서 **복식부기**에 따라 비치·기장한 장부에 의하여 소득금액을 계산하고 기업회계기준을 준용하여 작성한 재무상태표·손익계산서와 그 부속서류, 합계잔액시산표, 세무조정계산서 등을 제출하는 경우에는 다음 산식에 의한 금액을 종합소득산출세액에서 공제한다. 다만, 공제세액이 100만원을 초과하는 경우에는 100만원을 공제한다(소법 56의2).

> 기장세액공제액= $\dfrac{종합소득}{산출세액}$ × $\dfrac{기장한\ 사업소득금액의\ 합계액}{종합소득금액}$ ×20%

* 간편장부 대상자(소법 160③) : 신규사업자 또는 직전연도 수입액 기준 미달자(소령 208 ⑤)

① 도소매업, 어업·광업 등 : 3억원 미달
② 제조업, 음식숙박업 등 : 1억 5천만원 미달
③ 부동산임대업, 서비스업 : 7천 500만원 미달

* 간편장부 양식(국세청고시 2021-33, 21.7.21)

일자	계정 과목	거래 내용	거래처	수입(매출)		비용 (원가관련 매입포함)		사업용 유형자산 및 무형자산 증감(매매)		비고
				금액	VAT	금액	VAT	금액	VAT	

주의 ① 복식부기의무자가 간편장부 소득금액 계산서를 첨부하여 신고하면 무신고로 봄(소기통 70-131-2)
② 전문직 사업자는 2007년부터 간편장부대상자가 될 수 없음(소령 143 ⑦).

Example 19

기장은 왜 해야 하나?
법인과 일정규모 이상 개인사업자는 복식부기 의무자이다. 소규모 사업자를 위해서 간편장부(매출, 비용, 고정자산 등 기재)를 기장하면 장부를 기장한 것으로 간주하며, 복식부기 의무자가 간편장부를 기장하면 무기장 가산세를 부담하게 된다. 연간 수입금액이 4,800만원 미만인 소규모 사업자는 기장의무가 면제되는데, 간편장부 대상자가 복식부기 장부를 작성하면 어떤 혜택이 있을까?

Answer
복식장부 기장시 혜택은 다음 3가지가 있다.
① 기장세액공제 : 산출세액의 20%이며 한도액은 100만원이다.
② 이월결손금 공제 : 결손이 발생하는 경우 15년내 발생한 소득에서 공제 가능함
③ 기타 필요경비 인정 : 감가상각비나 준비금을 필요경비로 인정한다.

Example 20

(추계사업소득계산)
다음은 가구제조업을 영위하는 복식부기의무자인 거주자 갑의 2025년도 사업소득과 관련된 자료이다. 이 자료를 이용하여 갑의 추계신고를 위한 2025년도 사업소득금액을 계산하시오. (단, 조세부담의 최소화를 가정함)

(1) 제조업 매출액은 90,000,000원이며, 매출액과는 별도로 당해 사업과 관련하여 지방자치단체로부터 지급받은 보조금 10,000,000원이 있다.

(2) 당해 사업과 관련된 필요경비로서 증명서류에 의하여 지출한 것이 확인되는 것은 다음과 같다.
가. 재화 매입비용 10,000,000원(사업용 고정자산 매입비용 5,000,000원 포함)

나. 사업용 고정자산(기계설비)에 대한 임차료 3,000,000원

다. 종업원의 급여 10,000,000원과 퇴직급여 2,000,000원

(3) 기획재정부령으로 정하는 배율은 3.4배로 가정하며, 배율을 적용하여 소득금액을 계산하는 것으로 한다.

(4) 복식부기의무자인 갑은 단순경비율 적용대상자가 아니며, 기준경비율과 단순경비율은 각각 20%와 60%로 가정한다.

(5) 천재·지변 기타 불가항력으로 장부 기타 증명서류가 멸실되어 추계조사결정하는 것은 아니며, 「부가가치세법」상 신용카드 등의 사용에 따른 세액공제규정에 따라 공제받은 부가가치세액은 없다.

Answer
1. 총수입금액=매출액+국고보조금=100,000,000원
2. 주요경비=재화매입비(고정자산제외)+임차료+급여와 퇴직금=20,000,000원
3. 기준경비율에 의한 소득금액=매출액-주요경비-매출액X기준경비율X50%(복식부기의무자)=100,000,000-20,000,000-1억X20%X50%=70,000,000원
4. 단순경비율에 의한 소득(배율감안)=(1억-1억X60%)X3.4배=136,000,000원

해답) 기준경비율에 의한 소득금액과 단순경비율에 의한 소득금액 중 작은 금액인 7천만원으로 신고가능.

**실습
과제**

위 예제를 이용하여 추계소득금액 계산서(별지 40 (1)일부)를 작성해 보자.

3) 기준경비율과 단순경비율(소령 145)

① 경비율 제정

기준경비율 또는 단순경비율은 국세청장이 규모와 업황에 있어서 평균적인 기업에 대하여 업종과 기업의 특성에 따라 조사한 평균적인 경비 비율을 참작하여 「기준경비율심의회」의 심의를 거쳐 결정한 경비율로 한다.

② 경비율 고시

　국세청장은 소득세법 제80조 제3항의 단서, 같은법 시행령 제143조 제3항, 제145조 제3항의 위임에 따라 소득금액의 추계결정 또는 경정을 하는 경우에 적용할 경비율을 정하여 고시한다.

③ 예시(음식점 및 주점업 중, 2023년 귀속 경비율)

　음식/치킨, 코드 552107, 단순경비율 86.1%, 기준경비율 10.5%

소득세법 시행규칙 별지 제40(1)(일부발췌)

(35쪽 중 제25쪽)

⑱ 추계소득금액계산서(기준경비율 적용대상자용)

가. 소득금액 계산

① 소 득 구 분 코 드			( )	( )	계( )
② 일 련 번 호					
③ 사 업 장 소 재 지					
④ 과 세 기 간					. . .부터
					. . .까지
⑤ 상 호					
⑥ 사 업 자 등 록 번 호					
⑦ 업 태 / 종 목			/	/	/
⑧ 업 종 코 드					
⑨ 총 수 입 금 액					100,000,000
기준소득금액	필요경비	주요경비	⑩ 기초재고자산에 포함된 주요경비		
			⑪ 당기에 지출한 주요경비(=㉞)		20,000,000
			⑫ 기말 재고자산에 포함된 주요경비		
			⑬ 계 (⑩+⑪-⑫)		20,000,000
		기준경비율에 의하여 계산한 경비	⑭ 기준경비율(%)		20%X50%
			⑮ 금액(⑨X⑭)		10,000,000
		⑯ 필요경비 계 (⑬+⑮)			30,000,000
	⑰ 기준소득금액 (⑨-⑯)("0"보다 작은 경우 "0"으로 적음)				70,000,000
비교소득금액	단순경비율에 의하여 계산한 소득금액	⑱ 단순경비율(%)			60%
		⑲ 금액[⑨X(1-⑱)]			40,000,000
	⑳ 비교소득금액 (⑲X기획재정부령으로 정한 배율)				136,000,000
㉑ 소득금액 (⑰ 또는 ⑳ 중 적은 금액)					70,000,000

나. 당기 주요경비 계산명세(소득구분별·사업장별)

구 분	계(A) (=B+C+D)		정규증명서류 수취금액 (B)		주요경비지출 명세서 작성금액(C)		주요경비지출명세서 작성제외금액(D)
매입비용	㉒	5,000,000	㉓	5,000,000	㉔	㉕	
임 차 료	㉖	3,000,000	㉗	3,000,000	㉘	㉙	
인 건 비	㉚	12,000,000	㉛	12,000,000	㉜	㉝	
계(㉞=⑪)	㉞	20,000,000	㉟	20,000,000	㊱	㊲	

첨부자료	주요경비지출명세서 1부

(2) 공제배제

다음에 해당하는 경우에는 기장세액공제를 배제한다.

① 비치·기장한 장부에 의하여 신고하여야 할 소득금액의 20% 이상을 누락하여 신고한 경우

② 기장세액공제와 관련된 장부 및 증빙서류를 당해 과세표준확정신고기간 종료일부터 5년간 보관하지 아니한 경우. 다만, 천재·지변·화재·전화 등 부득이한 사유에 해당하는 경우에는 그러하지 아니하다.

(3) 무기장의 경우

소규모사업자(소령 132④)를 제외하고는 무기장 가산세 20%를 부과한다. 기장하지 않고 세무신고하는 것을 추계(推計)신고라고 하며, 무기장 사업자는 기준경비율(단순경비율 포함) 제도를 적용하여 과세한다. 기장신고시 사업소득금액은 수입금액에서 필요경비를 차감한다.

사 업 소득금액	기준경비율	① 수입금액－주요경비(증빙수취분)－수입금액X기준경비율 ② [수입금액－(수입금액X단순경비율)]X2.8(3.4)배 * ①, ② 중 소득금액이 작은 것으로 신고할 수 있음 * ② 간편장부대상자 2.8배, 복식부기의무자 3.4배(소칙 67)
	단순경비율	수입금액－(수입금액X단순경비율)

※ 단순경비율 적용대상자(소령 143)

　도소매, 부동산 매매업 : 6,000만원 미만

　제조업, 음식·숙박업, 건설업 등 : 3,600만원 미만

　부동산임대업, 교육서비스업 : 2,400만원 미만(단, 수리 및 기타개인서비스업 중 인적용역 사업자는 3,600만원)

　* 직전과세기간 수입금액기준

　** 단순경비율 기준금액 초과시 기준경비율 적용

　*** 단순경비율 적용 배제자

　　① 의사·약사

　　② 변호사·회계사 등 간이과세가 배제되는 전문직

　　③ 현금영수증 가입의무자가 미가입시

　　④ 신용카드(현금영수증) 가맹 사업자가 신용카드(현금영수증) 발급거부시

※ 주요경비 : 매입비용(사업용고정자산 제외), 임차료, 종업원 급여와 퇴직금

※ 복식부기의무자는 기준경비율의 50%를 적용한다.

3. 외국납부세액공제

(1) 의의

거주자의 종합소득금액 또는 퇴직소득금액에 「국외원천소득」이 포함되어 있는 경우에는 당해 국외원천소득에 대한 외국납부세액을 종합소득 산출세액에서 공제한다. 이를 외국납부세액공제라 한다(소법 57). 사업소득에 대한 외국납부세액공제는 세액공제방법과 필요경비 산입 방법 중에서 선택하여 적용받을 수 있으나, 사업소득 외의 종합소득에 대한 외국 납부세액은 세액공제방법에 따라 공제한다. 국제적인 이중과세 문제를 조정하기 위한 제도이다.

(2) 외국납부세액의 범위

외국납부세액의 범위는 다음과 같다.

1) 직접외국납부세액

거주자의 국외원천소득에 대하여 외국정부에 의하여 과세된 다음의 세액을 말한다. (소령 117)
① 개인의 소득금액을 과세표준으로 하여 과세된 세액과 그 부가세액
② ①과 유사한 세목에 해당하는 것으로서 소득 외의 수입금액 또는 기타 이에 준하는 것을 과세표준으로 하여 과세된 세액

2) 간접외국납부세액

해외자회사로부터 받은 **수입배당금액**이 포함되어 있는 경우(배당금 익금불산입이 적용되지 않은 경우에 한함) 출자자인 거주자에게 부과된 외국소득세액 중 해당 수입배당액에 대응하는 것(소법 57 ④)

3) 의제외국납부세액

국외원천소득이 있는 거주자가 조세조약의 상대국에서 당해 국외원천소득에 대하여 소득세를 감면받은 세액 상당액은 조세조약이 정하는 범위 안에서 세액공제 또는 필요경비산입의 대상이 되는 외국소득세액으로 본다(소법 57 ③). 외국의 감면효과를 국내의 소득세 계산시 유지하기 위한 제도임.

(3) 외국납부세액 공제액

외국납부세액은 국외원천소득에 대한 종합소득 산출세액을 한도로 한다. 이 경우 국외 사업장이 2개 이상의 국가에 있는 때의 공제한도는 국가별로 구분하여 이를 계산하는 방법(국가별한도제)을 적용한다(소령 117 ⑦).

$$외국납부세액공제\ 한도액 = Min \begin{cases} ① \ 외국납부세액^* \\ ② \ 종합소득\ 산출세액 \times \dfrac{국외원천소득금액}{종합소득금액} \end{cases}$$

* 외국납부세액의 원화환산은 당해 외국납부세액을 납부한 때의 「외국환관리법」에 의한 기준환율 또는 재정환율에 의한다(소칙 60 ②).

(4) 이월공제

공제한도를 초과하는 외국납부세액은 당해 과세기간의 **다음 사업연도부터 10년 이내(2020년 이전 5년)**에 끝나는 사업연도에 이월하여 그 이월된 과세기간의 공제한도 범위 안에서 공제받을 수 있다. 2021. 1이후 신고시 이월공제기간(5년)이 경과하지 않는 분부터 적용하고, 공제기간내 미공제 외국납부세액 이월액은 공제기간 종료 다음연도에 손금산입 한다(소법 57).

4. 재해손실세액공제

(1) 의의

사업자가 해당 사업연도에 천재지변이나 그 밖의 재해로 인하여 자산총액의 20% 이상에 상당하는 자산을 상실한 경우에는 사업소득세액에 자산상실비율로 곱한 금액을 산출세액에서 공제한다. 이를 재해손실세액공제라 한다(소법 58).

(2) 적용대상자

적용대상자는 사업소득이 있는 사업자이다.

(3) 재해손실세액공제액

재해손실세액공제액은 다음 산식에 의하여 계산한다.

$$재해손실세액공제액 = 사업소득세액 \times 자산상실비율$$

1) 사업소득세액

사업소득에 대한 다음의 세액으로서 배당세액공제, 기장세액공제 및 외국납부세액공제를 적용한 후의 소득세액을 말한다(소법 58 ①).

① 재해발생일 현재 부과하지 아니한 소득세와 부과된 소득세로서 미납된 소득세액

② 재해발생일이 속하는 과세기간의 소득에 대한 소득세액

한편, 사업소득에 대한 소득세 산출세액은 종합소득 산출세액에 사업소득금액이 종합소득금액에서 차지하는 비율을 곱하여 계산한 금액으로 한다.

$$사업소득세액 = 종합소득\ 산출세액 \times \frac{사업소득금액}{종합소득금액}$$

2) 자산상실비율의 계산

자산상실비율의 계산은 다음 산식에 의한다.

$$자산상실비율 = \frac{상실자산가액}{상실전\ 자산가액(토지가액\ 제외)}$$

다만, 집단적으로 재해가 발생한 경우에는 위의 산식에 불구하고 재해발생지역의 관할세무서장이 조사하여 관할지방국세청장의 승인을 얻은 자산상실비율에 의하여 계산한다(소법 58 ⑦, 소령 118 ④).

① 자산가액의 범위 : 위 산식에서 자산가액이라 함은 다음에 해당하는 것을 말한다 (소령 118 ①).

　ㄱ 사업용 자산(토지를 제외함)

　ㄴ 상실한 타인소유의 자산으로서 그 상실에 대한 변상책임이 당해 사업자에게 있는 것

　ㄷ 재해손실세액공제를 하는 소득세의 과세표준금액에 이자소득금액·배당소득금액이 포함되어 있는 경우에는 그 소득금액과 관련되는 예금·주식 기타의 자산

② 자산가액의 계산 : 자산상실비율계산시 자산가액은 재해발생일 현재의 장부가액에 의하여 계산하되, 장부가 소실 또는 분실되어 장부가액을 알 수 없는 경우에

는 납세지 관할세무서장이 조사확인한 재해발생일 현재의 가액에 의하여 이를 계산한다(소령 118 ②).

5. 근로소득세액공제

(1) 의의

근로소득이 있는 거주자에 대해서는 근로소득세액의 일정액을 공제한다. 이를 근로소득세액공제라 한다(소법 59).

(2) 근로소득세액공제액

1) 근로소득세액공제율

근로소득세액공제액은 근로소득에 대한 종합소득 산출세액에 공제율을 곱한 금액으로 하되, 총급여액에 따른 공제 한도가 있다.

근로소득에 대한 종합소득 산출세액	공 제 액
130만원 이하	산출세액의 55%
130만원 초과	71만5천원+130만원을 초과하는 금액의 30%

여기서 근로소득에 대한 종합소득 산출세액은 다음 산식에 의하여 계산한 금액을 말한다.

$$근로소득에 \ 대한 \ 종합소득 \ 산출세액 = 종합소득 \ 산출세액 \times \frac{근로소득금액}{종합소득금액}$$

2) 근로소득세액 공제 한도

공제세액이 각호의 금액을 초과하는 경우 초과금액은 없는 것으로 한다. 중산층의 세부담이 증가하지 않도록 고려하여 설정하였다.

총급여	세액공제 한도		
3,300만원 이하	74만원		
3,300만원 초과 7,000만원 이하	MAX[①,②]	① 74만원$-$[(총급여액$-$3,300만원)X$\frac{8}{1,000}$]	② 66만원
7,000만원 초과 1억 2천만원 이하	MAX[①,②]	① 66만원$-$[(총급여액$-$7,000만원)X$\frac{1}{2}$]	② 50만원
1억 2천만원 초과	MAX[①,②]	① 50만원$-$[(총급여액$-$1억 2천만원)X$\frac{1}{2}$]	② 20만원

 실습 과제

근로소득 외의 다른 종합소득이 없는 근로자의 2025년도 총급여액이 5,000만원이고 산출세액이 180만원인 경우 소득세법상 근로소득세액공제액은 얼마인가?

Answer
660,000원 (소득세법 59조) : Min[660,000원, 715,000원$+$(180만원$-$130만원)X30%]

※한도액 계산 : 740,000$-$(5,000만원$-$3,300만원)X$\frac{8}{1,000}$$=$604,000(66만원보다 적으므로 66만원 적용함)

6. 자녀세액공제(소법 59의2)

자녀양육관련 각종 소득공제를 통합하여 세액공제로 전환하였다. 종합소득이 있는 거주자의 기본공제 대상자에 해당하는 자녀 및 손자녀 수에 따라 다음 금액을 산출세액에서 공제한다(7세까지는 아동수당을 지급하므로 자녀세액공제 배제함).

(1) 기본공제대상 자녀 또는 손자녀가 있는 경우(8세 이상 해당)

① 자녀 1명 : 25만원
② 자녀 2명 : 55만원
③ 자녀 3명 초과 : 55만원$+$2명 초과 1명당 40만원
　※ 자녀장려세제(CTC)와 중복 불가

(2) 해당과세기간에 출산·입양 자녀가 있는 경우 : 첫째는 30만원, 둘째는 50만원, 셋째 이상인 경우 70만원

7. 연금계좌 세액공제(소법 59의3)

거주자가 저축불입계약기간 만료 후 연금의 형태로 지급받는 저축으로서 조세특례제한법에 의한 개인연금저축(2000.12.31까지 가입분) 또는 연금저축(2001.1.1 이후 가입분)에 가입하는 경우에는 다음의 금액의 12%(총급여 5,500만원 이하자 또는 종합소득금액 4천5백만원 이하자는 15%)를 당해연도에 공제한다.

	개인연금저축 대상액	연금저축 대상액
대상	2000년 12월 31일까지 가입한 개인연금저축	2001년 1월 1일 이후에 가입한 연금저축
공제액	개인연금저축 소득공제＝ MIN ┌ 당해연도 저축불입액X40% └ 한도액 : 연 72만원*	연금저축 세액공제 대상액＝ MIN ┌ 당해연도 저축불입액X100% └ 한도액 : 연 600만원*

* 당해연도의 연금저축불입액과 근로자퇴직급여 보장법에 따라 근로자가 납입하는 개인형퇴직연금계좌(IRP)의 합계액이 연 900만원을 초과하는 때에는 그 초과하는 금액은 이를 없는 것으로 한다.

예시	연금저축(A)	퇴직연금(B)	공제금액(만원)
	0	900	900
	400	500	900
	600	300	900
	900	0	600

주 1) 한도 A＜600

     A＋B＜900

주 2) 연금계좌＝연금저축계좌＋퇴직연금계좌

주 3) ISA계좌 만기시 개인·퇴직연금 계좌에 추가납입 허용 및 세제혜택(소법 59의3 ③, ④)

     추가납입액의 10%(300만원 한도)

참고 ✏ 연금저축 vs. 개인형 IRP 비교

구　　분	연금저축 (신탁, 펀드, 보험)	개인형IRP
가입자격	제한 없음 (미성년자, 주부 포함)	근로소득자 및 자영업자
세법상 연간 납입액[주1] 인정한도	600만원	900만원
	▶ 연금저축·개인형IRP 합하여 연간 납입액을 900만원까지 인정 • 연간 납입액 인정한도의 13.2% ~ 16.5%를 세액공제	
담보대출	제한없음	불가능
중도인출	제한없음[주3]	제 한(법상 사유만 가능)[주2]
수수료	(신탁) 신탁보수(일할부과) (펀드) 펀드보수(일할부과) (보험) 납입단계에서 先차감* * 운용기간과 무관	자산·운용관리수수료(일할부과) 펀드운용시 펀드보수 별도 부과

주1) 가입자가 연금계좌(연금저축, 개인형IRP)에 연간 납입가능한 금액은 1,800만원
주2) 무주택자 주택구입 · 전세자금 · 6개월이상 요양 · 파산 · 개인회생 등(근로자퇴직급여보장법 시행령 §18②)
주3) 중도해약시 납입원금과 운용수익에 대해 16.5%의 소득세 추징함.

8. 특별세액 공제(소법 59의4)

　2014년부터 종전의 소득공제를 단계적으로 세액공제로 전환하기 시작하였다. 의료비, 교육비, 기부금(1천만원 초과분은 30%)은 대상액의 15%, 연금계좌 납입액과 보장성보험료는 대상액의 12%를 세액공제한다.

　한편 특별소득공제와 특별세액공제(정치자금기부금, 우리사주조합 기부금 세액공제 제외) 및 월세액 세액공제의 신청이 없는 경우에는(또는 표준세액 공제보다 적은 경우) 근로자는 13만원, 성실사업자는 12만원, 근로소득이 없는 거주자로서 종합소득이 있는 자는 7만원(예, 공적연금 수령자)을 **표준세액공제**로 종합소득 산출세액에서 공제한다.

　특별세액공제는 주로 근로소득이 있는 거주자(일용근로자 제외)에게 적용한다.

(1) 보험료세액공제

보험료세액공제는 다음 금액의 12%(장애인 전용 보험은 15%)로 한다.

보장성 보험료(100만원 한도)＋장애인전용보장성보험료(100만원 한도)

1) 보장성 보험료

근로자가 지출한 기본공제대상자를 피보험자로 하는 보험 중 만기에 환급되는 금액이 납입보험료를 초과하지 아니하는 것으로서 다음의 보험계약에 의한 보장성보험료를 말한다.

① 생명보험
② 상해보험
③ 화재・도난 기타의 손해를 담보하는 가계에 관한 손해보험
④ 수산업협동조합법・신용협동조합법 또는 새마을금고법에 의한 공제
⑤ 주택임차 보증금 반환 목적 보험・보증(보증금이 3억원 초과시 제외)

2) 장애인 전용 보장성 보험료

기본공제대상자 중 장애자를 피보험자 또는 수익자로 하는 장애인전용보장성보험의 보험료(만기에 환급되는 금액이 납입보험료를 초과하지 않는 것에 한한다)

※ 장애인전용보험장성보험이란 보험계약 또는 보험료납입영수증에 장애인전용보험으로 표시된 것을 말한다.

3) 중복적용배제

위 1), 2)의 규정이 동시에 해당되는 경우에는 그 중 하나만을 선택하여 적용한다(소법 52 ⑭).

(2) 의료비세액공제

근로자가 기본공제대상자(연령・소득금액의 제한을 받지 아니한다)를 위하여 당해 연도에 직접 지급한 의료비(외국 의료기관 제외)가 있는 경우에는 다음의 의료비공제대상액에 15%(난임시술비는 30%, 미숙아・선천성 이상아 의료비는 20%)를 적용한다.

참고 　　성실자영업자(모든 성실신고확인대상 사업자 포함) 의료비 및 교육비 공제(조특법 122의 3)

근로자와 자영사업자간의 소득공제 형평을 도모하고, 자영업자 과표 양성화 유도를 위해 성실사업자 요건(직전 3년간 평균 수입의 50% 이상 신고, 체납사실이 없을 것, 2년 이상 계속사업 등)을 갖춘 경우 공제 허용함. (2026년 12월 31일이 속하는 과세기간까지 적용)

1) 의료비대상액

의료비대상액은 다음과 같다(①＋②). 총 의료비 사용액이 최저사용금액(총급여액의 3%)에 미달하면 의료비 공제 대상액을 인정하지 않는다.

① 본인·6세 이하인 부양가족·65세 이상인 부양가족, 장애인, 난임시술비 및 미숙아·선천성이상아 의료비, 건강보험산정특례자(중증질환자 등) : 의료비전액－기타 기본공제 대상자의 의료비금액이 총급여액의 3%에 미달하는 금액 : A형

② 기타 기본공제대상자 : [의료비－당해 연도 총급여액X3%](연 700만원 한도) : B형

2) 당해 연도 총급여액

총급여액이란 상여 등을 포함하고, 비과세소득을 제외한 금액이다.

3) 공제대상의료비

① 질병의 예방 및 치료에 지출한 의료비와 의약품(건강진단비 및 한약 포함) 구입비
② 산후조리원 비용(한도 : 200만원)
③ 장애인 보조기기 구입비 또는 임차비용
④ 시력보정용 안경, 콘텍트렌즈 구입비용(1인당 연 50만원 한도)
⑤ 보청기 구입비용
⑥ 「노인장기요양보험법」에 따라 지출한 본인 일부부담금
⑦ 장애인활동지원급여 비용 중 실제 지출한 본인부담금

※ 공제 불능 의료비(소령 118의 5 ② 및 종합소득집행기준 59의4－118의5－1)
　① 미용·성형수술을 위한 비용
　② 건강증진을 위한 의약품 구입비용
　③ '출산전 진료비' 또는 사내복지기금 지원금으로 지출한 진료비
　④ 외국 의료기관에 지출한 비용
　⑤ 실손의료 보험금으로 지급받은 금액

4) 중복공제

의료비세액공제대상액과 신용카드소득공제대상액은 2008년 귀속 근로소득 연말정산부터 중복적용이 가능하다.

Example 21	근로자 김씨의 의료비지출액은 다음과 같다. 특별공제되는 의료비 세액공제는 얼마인가?

① 배우자의 수술비   100,000원
② 본인 의약품구입비(치료목적)   600,000원
③ 본인 정밀건강진단비   1,000,000원
※ 연간급여액   30,000,000원

Answer

1) 의료비공제대상액

   A형 의료비 해당액 : 본인, 6세이하 또는 65세이상 부양가족, 장애인, 중증질환자 등의 의료비

   B형 의료비 해당액 : 기타 기본공제 대상자의 의료비

   A형 의료비 : 1,600,000원
   B형 의료비 :   100,000원
   A형 의료비＋MIN(B형 의료비 지출액－급여액의 3%, 7,000,000원)
   ＝1,600,000＋(－800,000)＝800,000원

<핵심> B형 의료비의 부족액을 A형 의료비 지출액에서 공제해주어야 함. 유형별 의료비 지출액에 따라 한도계산에 유의해야 한다. B형 의료비 최대 인정 한도는 700만원이다. 의료비 문제는 몇 가지 유형이 있을까?

2) 의료비세액공제액
   800,000X15%＝120,000원

Example 22	다음 자료에서 소득세법상 의료비세액공제 계산시 포함되는 의료비 합계액은?

1. 시력보정용 안경 구입비용   100만원
2. 장애인 보장구 임차비용   50만원
3. 국외의료기관에 지출한 의료비용   70만원
4. 보청기 구입비용   60만원
   －의료비세액공제가 가능한 근로소득자임.

Answer
시력보정용안경(50만원)＋장애인보장구(50만원)＋보청기(60만원)＝160만원, 소득세법시행령 118조의5.
• 안경구입비는 1명당 50만원까지 인정

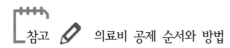

참고   의료비 공제 순서와 방법

의료비 유형	공제 대상 한도계산
B형의료비(A형 제외 부양가족)	(B형의료비－급여3%)가 (＋)이면 A와 합산함
	(B형의료비－급여3%)가 (－)이면 A에서 차감함.
	(B형의료비－급여3%)가 700만원 초과시 700만원까지만 인정하여 A와 합산함
A형의료비(본인, 6세 이하·경로자인 부양가족, 장애인, 난임시술)	전액인정
총 의료비(A＋B)	공제대상 의료비(위 산식 이용)

㈜1. 외국에서 사용한 의료비 제외
  2. 미용·성형비용 제외
  3. 의료비를 직접 부담한 자가 공제 받음.
  4. B형의료비 한도를 먼저 계산하며, 한도는 최대 700만원이며, A형의료비는 무제한임.
  5. 세액공제이므로 공제대상의료비에 15%(난임시술비는 30%)를 곱하여야 함

(3) 교육비세액공제

1) 개요

근로소득자가 지출한 「유아교육법」, 「초·중등교육법」(평생교육법 포함), 「고등교육법」 또는 특별법에 의하여 설립된 학교 (평생교육시설, 독학사 과정 포함) 및 국외교육기관의 학생, 영유아보육법에 의한 보육시설의 영유아 및 취학 전 아동을 위하여 지급한 입학금·수업료·기타 공납금의 교육비와 보육비용 및 과외교습비(취학전 아동의 학원 및 체육시설은 1주 1회 이상 과정만 해당함)는 교육비세액공제를 적용한다. 다만, 소득세 또는 증여세가 비과세되는 다음의 장학금 또는 학자금을 받은 경우에는 동 금액을 차감한 금액을 공제대상액으로 한다. 이는 비과세 혜택과 교육비공제의 이중혜택을 방지하기 위한 것이다(소령 118의 6). 2017년부터 학자금 대출의 원리금 상환액도 교육비 세액공제 가능하다(이미 직계존속 등이 교육비공제 받은 경우 중복 안됨).

① 사내근로복지기금법에 의한 사내근로복지기금으로부터 받은 장학금 등
② 재학중인 학교로부터 받은 장학금 등
③ 근로자인 학생이 직장으로부터 받은 장학금 등
④ 그 밖에 각종 단체로부터 받은 장학금 등

$$교육비 세액공제액=(교육비 등-장학금 등)X15\%$$

* 공제대상 교육비
　① 수업료·입학금 등 공납금 및 수능응시료·대입전형료
　② 급식비, 교과서대금, 방과후학교수업료, 교복구입비(연 50만원), 체험학습비(연 30만원) 등

2) 공제대상자 및 공제대상액

공제대상자 및 공제대상액을 살펴보면 다음과 같다.

공제대상자	공제대상액(한도)
거주자 본인*	전액 공제(대학원 포함)
기본공제대상자인 배우자·직계비속· 형제자매 및 입양자**	① 대학생 : 1명당 연간 900만원(대학원생 제외) ② 초·중·고등학생 : 1명당 연간 300만원 ③ 유치원아·영유아·취학전아동 : 1명당 연간 300만원

* 대학생 및 대학원생의 경우에는 대학 또는 대학원의 1학기 이상에 상당하는 교육과정에 등록한 자를 포함한다. 2007년 1월부터 대학의 시간제 등록 학점취득비용도 포함된다.

** 기본공제대상자는 연령의 제한을 받지 아니하나 소득금액의 제한은 받는다. 직계존속에 대한 교육비는 공제대상이 아니다(장애인 특수교육비 제외).

참고　특별세액공제시 기본공제대상자의 범위

(1) 보험료공제대상액 : 연령요건 및 소득금액요건의 제한을 모두 받는다.
(2) 의료비공제대상액 : 연령요건 및 소득금액요건의 제한을 받지않는다(누구든지 아플 수 있음을 상기하라).
(3) 교육비공제대상액 : 연령요건의 제한을 받지 아니하나 소득금액의 제한은 받는다.

3) 공제대상 항목

　초·중·고등학생의 학교급식비·교과서대·방과후 학교 수강료(학교 내·외 도서구입비 포함하고 재료비 제외)·교복구입비(중, 고등학생으로서 학생 1명당 50만원 이내), 체험학습비(1인당 연 30만원)도 교육비 공제가 가능하다(소령 118의 6).

　※ 제외 : 기숙사비, 어학연수비, 유치원 방과후 과정 재료비

(4) 장애인 특수교육비공제

기본공제대상자인 장애인(소득금액의 제한을 받지 아니한다)의 재활을 위하여 지출한 특수교육비는 전액 공제대상액이 된다.

(5) 기부금세액공제

거주자(공제대상 배우자 및 부양가족 지급분 포함·나이제한 없음)가 공익법인(또는 공익단체)에 특례기부금, 일반기부금을 지출한 경우에는 다음의 기부금세액공제를 적용한다(소법 59의 4 ④). 기부 활성화 지원을 위해 나이제한 폐지함.

> 기부금세액공제액＝기부금대상액X15%(단, 1천만원 초과분은 30%, 2025.12.31.까지 3천만원 초과분은 40%)

> 기부금대상액＝MIN(특례기부금, 한도액)＋MIN(우리사주조합기부금, 한도액) ＋MIN(일반기부금, 한도액)－필요경비에 산입한 기부금

① 특례기부금 대상액 : 기준소득금액X100%

- 법인세법상 법정기부금 대상과 동일
- 국가등에 무상 기증
- 사립학교 등에 기부
- 사회복지공동 모금회·적십자사 기부
- 정치자금기부금(10만원까지는 $\frac{100}{110}$ 세액공제. 조특법 76 ①)

② 우리사주조합기부금 대상액 : (기준소득금액－한도 내의 특례기부금)X30%(조특법 88의4 ⑬)

- 우리사주조합원이 아닌 사람이 우리사주조합에 지출한 기부금(예, 대주주 기부금) : 본인만 적용

③ 일반기부금 대상액 : (기준소득금액－한도 내의 특례기부금－ 우리사주조합기부금) X30%(단, 종교단체는 10%)

- 법인세법상 일반기부금대상과 동일
- 노동조합비 등
- 종교단체 기부금
- 불우이웃돕기 성금

여기에서 '기준소득금액'이란 다음과 같이 계산된다(소법 59의4 ④).

$$기준소득금액 = \left(종합소득금액 + \dfrac{필요경비에}{산입한\ 기부금} - \dfrac{원천징수세율\ 적용}{금융소득금액^*} \right)$$

* 누진세율 적용이 아닌데 세액공제해주면 형평성 문제 발생.

이 경우 부동산임대소득 또는 사업소득이 있는 자로서 당해 연도의 소득금액계산시 필요경비로 산입한 기부금 지출액은 기부금공제대상액에서 제외한다.

[기부금 대상 한도액]

구 분	개 념
(1) 특례기부금 한도액	기준소득금액×100%
(2) 우리사주조합기부금 한도액	$\left(\dfrac{기준}{소득금액} - \dfrac{한도내의}{특례기부금} \right) \times 30\%$
(3) 일반기부금 한도액	• 종교단체기부금이 없는 경우 $\left(\dfrac{기준}{소득금액} - \dfrac{한도내의}{특례기부금} - \dfrac{한도\ 내의}{우리사주조합기부금} \right) \times 30\%$ • 종교단체기부금이 있는 경우 $\left(\dfrac{기준}{소득금액} - \dfrac{한도내의}{특례기부금} - \dfrac{한도\ 내의}{우리사주조합기부금} \right) \times 10\%$ $+ MIN(①, ②)$ ① $\left(\dfrac{기준}{소득금액} - \dfrac{한도내의}{특례기부금} - \dfrac{한도\ 내의\ 우리}{사주조합기부금} \right) \times 20\%$ ② 종교단체 외에 지급한 일반기부금

④ 이월공제

특례기부금, 일반기부금 한도 초과액은 모두 **10년간 이월공제** 가능하다(소법 34⑤, 우리사주조합 기부금, 정치자금 제외). 기부금 세액공제 순서는 이월된 기부금(당해연도 기부금 한도미달액 발생시)을 먼저 공제하고 해당연도 기부금을 공제한다(소령 79).

9. 월세 세액공제(조특법 95의 2)

• 무주택 세대주(외국인 근로자로서 거주자)로서 총급여 8,000만원 이하 근로자(종합소득금액 7천만원 이하인 성실사업자 등 포함)

- 월세지급액(연 1,000만원 한도)의 15% 공제[단, 총급여 5.5천만원(종합소득금액 4.5천만원) 이하자는 17%]
- 배우자(기본공제대상자) 등이 월세계약을 체결한 경우 및 준주택 중 다중생활시설 (고시원)을 적용대상에 추가함.
- 확정일자 규정 삭제하고, 전입신고(필수) 이후에 지출분 세액공제대상
- 국민주택규모의 주택(오피스텔 포함)이거나 기준시가 4억원 이하인 주택
- 월세계약 만료후에도 경정청구 가능(5년내)

참고 🖊 조특법상 세액공제

1) 모든 거주자(본인 명의만 해당)

정치자금 세액공제(10만원 한도로 $\frac{100}{110}$을 곱한 금액이며 초과액은 15%(3천만원 초과시 25% 세액공제함) : 조특법 76①

2) 사업소득이 있는 거주자
   ① 연구 및 인력개발비 세액공제 : 조특법 10
   ② 성실사업자(성실신고확인 대상자 포함) 교육비·의료비 세액공제 : 조특법 122의3

3) 전자신고에 대한 세액공제 : 종합소득세 과표신고시 2만원 공제(조특법 104의8)

4) 전자고지 세액공제 : 납세자가 전자송달 방법으로 납부고지서의 송달을 신청하는 경우(소득세 중간 예납세액 1천원 공제)

10. 전자계산서 발급·전송에 대한 세액공제(소법 56의3)

- 대상 : 직전연도 총수입금액이 3억원 미만인 개인사업자
- 공제한도 : 연간 100만원(발급건수당 200원)
- 적용기한 : 2022.7.1.~2027.12.31.

11. 고향사랑기부금(조특법 58)

- 대상 : 거주자
- 공제한도 : ① 10만원 이하인 경우 : 100/110 공제
  ② 10만원 초과 2,000만원 이하인 경우 : ①+(기부금-10만원)X15% 공제
- 세액공제한도 : 종합소득 산출세액

Ⅳ 근로장려세제

1. 의의

저소득 근로자(working poor)의 근로를 장려하고 영세사업자(간이과세 배제 전문직 제외)와 저소득 종교인의 소득을 지원하기 위해 근로장려세제(Earned Income Tax Credit)를 적용하여 근로장려금을 국세기본법을 준용하여 환급한다(종합소득세 확정신 고기한 내에 관할 세무서장에게 신청). 신고기한 후 3월내 결정하고 결정 후 20일내 지급한다(2008. 1. 1.부터 시행, 조특법 제2장 제10절의 2). 기한후 신청기간은 6.1~ 11.30까지이며 정기신청금액의 95%를 지급한다(조특법 100의 7). 2019년부터 근로소 득만 있는 자는 상·하반기 소득기준으로 반기별 신청(상반기 9월 1일~15일, 하반기 다음연도 3월 1일~15일)이 선택 가능하다(12월에 1차 35% 지급, 다음 해 6월 정산함).

* 장려세제의 효과
- 저소득층 근로유인제공
- 일용직, 영세사업자 소득인프라 확충
- 선진복지국가 진입

2. 근로장려금 신청자격(모두 충족 필요)

① 연간 총소득이 결혼 및 맞벌이 여부에 따라 총소득금액(사업소득은 업종별 조정 율로 감액) 2,200만원~4,400만원 미만(총소득요건)

② 배우자 또는 18세 미만의 부양자녀가 있을 것. 단, 배우자나 부양자녀가 없는 단 독가구(청년 근로 빈곤층 포함).

③ 현금·토지·건물·자동차·전세금·금융재산·회원권(골프, 승마 등) 등의 재산 의 합계액이 2.4억원 미만(재산요건). 재산평가시 부채는 차감하지 않음. 단, 재산 이 1.7억원 이상 2.4억원 미만인 경우 장려금의 50% 지급(가구원 합계 기준)

④ 거주자 또는 배우자가 전문직 사업자인 경우 신청 불가(조특법 100의3 ①), 연도 말 현재 상용근로자로서 월급여 500만원 이상인 자 신청 불가(조특령 100의2 ④)

⑤ 부양자녀나 배우자 없어도 70세 이상 직계존속(직계존속의 배우자, 사망한 배우 자의 직계존속 포함) 부양시 홑벌이 가구 인정

⑥ 중증장애인 단독가구 연령 제한 없이 신청 허용

3. 근로장려금의 산정(조특법 100의5)

근로를 유인할 수 있도록 일정 소득까지는 근로장려금을 지급하고, 근로의욕이 감퇴되지 않도록 일정소득을 넘는 경우에는 서서히 지원금액을 줄이도록(점감이라 함) 하였다.

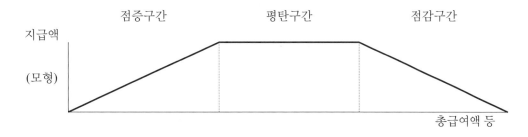

[지급액 및 지급구간]

- 단독가구

총급여액등	근로장려금
400만원 미만	총급여액등×400분의 165
400만원 이상 900만원 미만	165만원
900만원 이상 2,200만원 미만	165만원－(총급여액등－900만원)×1,300분의 165

- 홑벌이 가구

총급여액등	근로장려금
700만원 미만	총급여액등×700분의 285
700만원 이상 1,400만원 미만	285만원
1,400만원 이상 3,200만원 미만	285만원－(총급여액등－1,400만원)×1,800분의 285

- 맞벌이 가구

총급여액등	근로장려금
800만원 미만	총급여액등×800분의 330
800만원 이상 1,700만원 미만	330만원
1,700만원 이상 4,400만원 미만	330만원－(총급여액등－1,700만원)×2,700분의 330

참고 ✏ '가구'의 의미(조특법 100의3 ⑤)

1. 단독가구 : 배우자와 부양자녀 및 70세 이상 직계존속이 모두 없는 가구
2. 홀벌이 가구 : ① 신청인 또는 배우자의 총급여가 연간 300만원 미만
               ② 배우자 없이 부양자녀가 있는 가구 또는 배우자 없이 70세 이상 직계존속이 있는
                  가구(연간 소득금액 100만원 이하)
               ③ 주민등록표상 동거가족으로서 현실적으로 생계를 같이하는 경우
3. 맞벌이 가구 : 신청인과 배우자의 소득합계가 각각 연간 300만원 이상인 가구

4. 계산사례

계산방법은 각 구간의 특성에 따라 다음과 같이 계산한다.

－점증구간 : 총급여액 등X점증률
   * (예시) 맞벌이 가족가구로서 총급여액 등이 500만원인 경우
       : 206.25만원＝500X330/800

－평탄구간 : 최대지급액
   * (예시) 맞벌이 가족가구로서 총급여액 등이 1,000만원인 경우 : 330만원

－점감구간 : 최대지급액－(총급여액 등－평탄구간 한도액)X점감률
   * (예시) 맞벌이 가족가구로서 총급여액 등이 2,000만원인 경우
       : 293.33만원＝330만원－(2,000만원－1,700만원)X330/2,700

참고 ✏ 자녀장려금(CTC 제도)

① 만 18세 미만의 부양자녀가 있고 ② 부부합산 연소득 7,000만원 미만인 가구에 ③ 자녀 1인당 최대 100만원 지급(조특법 100의 29) : 소득세법상 자녀세액공제와 중복 배제(차감지급), 재산요건 2.4억원 미만. 1.7억원 이상이면 50% 감액

1. 홀벌이 가족가구인 경우 : 다음 각 목의 구분에 따라 계산한 금액

목별	총급여액 등	자녀장려금
가	2천 100만원 미만	부양자녀의 수X100만원
나	2천 100만원 이상 7천만원 미만	부양자녀의 수X[100만원－(총급여액 등－2,100만원)X4,900분의 50]

2. 맞벌이 가족가구인 경우 : 다음 각 목의 구분에 따라 계산한 금액

목별	총급여액 등	자녀장려금
가	2천 500만원 미만	부양자녀의 수X100만원
나	2천 500만원 이상 7천만원 미만	부양자녀의 수X[100만원－(총급여액 등－2,500만원)X4,500분의 50]

* 반기 근로장려금 신청시 동일 과세기간의 자녀장려금도 신청한 것으로 의제함(조특법 100의 30)

5. 근로장려금과 부녀자 추가공제 중복 허용

6. 근로장려금 최저금액

산정액 1만 5천원 미만인 경우 지급하지 않으며, 산정액이 1만5천원 이상 3만원(점증구간 해당자는 10만원) 미만인 경우 3만원(점증구간 해당자는 10만원)을 지급한다(조특법 100의7③).

V 성실신고확인제도

1. 제도의 취지

성실신고확인제도는 업종별로 해당 과세기간 수입금액이 일정기준을 초과하는 고소득 개인사업자가 종합소득세 신고시 사업소득금액 신고금액의 적정성 여부를 세무대리인으로 하여금 검증받도록 의무화하는 제도를 말한다(소령 133). 확정신고 기한이 6월 말로 연장된다. 성실신고확인제도는 2011년 귀속 소득신고부터 적용되었다.

2. 대상

업종	사업수입금액 (2013년)	사업수입금액 (2014년부터)	사업수입금액 (2018년부터)
(가) 농업 등 1차산업, 부동산 매매업, 도소매, 광업 등	30억원 이상	20억원 이상	15억원 이상
(나) 제조업, 숙박업, 음식업, 건설업, 전기가스수도업, 운수업 및 창고, 정보통신업 등	15억원 이상	10억원 이상	7.5억원 이상
(다) 부동산임대업, 사업서비스업, 교육서비스업, 보건 및 사회복지업 등	7.5억원 이상	5억원 이상	5억원 이상

주) 업종이 여러개인 경우 판정 방법은?

$$주업종 수입금액 + 주업종 외 수입금액 \times \frac{주업종 기준수입금액}{주업종 외 기준수입금액}$$

3. 인센티브/제재 적용내용

(1) 혜택

- 성실신고 확인비용의 60%까지 공제(120만원 한도, 법인사업자는 150만원 한도)(조특법 126의6)
- 성실신고 확인대상 사업자는 교육비, 의료비 공제, 월세 세액공제(조특법 122의3)
- 결손사업자의 성실신고확인 세액공제액 5년 이월공제 허용(조특법 144①)
- 확정신고기한 연장 : 다음 연도의 5.1~6.30(소법 70의2)

(2) 제재

- 성실신고 확인서 미제출시 산출세액의 5% 또는 총수입금액의 0.02% 중 큰 금액의 가산세 부과(소법 81의2)
- 미신고시 세무조사 대상에 추가 가능(국기법 81의6③)
- 추계신고자의 경우 미제출시 Max(① 무신고 가산세, ② 무기장 가산세)+성실신고확인서 미제출 가산세 적용

VI 가산세

소득세법상 가산세를 요약하면 다음과 같다. 2007년부터 세법상의 의무위반 정도에 따라 가산세를 차등하여 부과하고, 모든 세목에 공통적으로 적용할 수 있는 가산세 규정을 국세기본법에 규정하고 있다. 각 세법의 개별 가산세 규정은 개별세법 별로 추가로 규정하고 있다(소법 81).

〈국세기본법의 가산세〉

종 류	요 건	가 산 세 액
(1) 신고불성실 가 산 세	과세표준확정신고의 무신고·과소신고 ※ 부당과소신고 사례(조처법 3 ⑥) ① 이중장부 작성 등 거짓기장 ② 거짓증빙 작성 및 수취 ③ 장부와 기록의 파기 ④ 재산은닉 및 소득·수익·행위의 조작	① 일반적인 경우 일반과소신고 대상금액[*]×10%(부정과소신고 40%) * 소득별 산출세액 × $\frac{무신고·과소신고소득금액}{소득별 소득금액(종합·퇴직)}$ − 무신고·과소신고소득금액에 대하여 원천징수된 원천징수세액 ** 무신고의 경우 20%(부당무신고 40%) ② 복식부기의무자인 경우 복식부기의무자의 경우에는 위 ①과 수입금액의 0.07%(부정무신고인 경우 0.14%) 중 큰 금액
(2) 납부지연 가 산 세	확정신고세액의 미납부 또는 미달납부	미납부·과소납부세액×1일 0.022%×경과일수
	환급받을 세액의 초과환급시	초과환급세액×1일 0.022%×경과일수
	납부고지서에 따른 납부기한까지 완납하지 않은 경우	미납부·미달납부세액×3% (납부고지서 상 납부기한까지 완납하지 않은 경우에 한정)
(3) 원천징수 불성실가산세	원천징수세액의 미납부·미달납부	Min(㉠, ㉡) ㉠ 미납부(미달납부)세액×미납일수×0.022% ＋미납부세액×3% ㉡ 미납부(과소납부)세액×50%(납세고지일까지는 10%)

〈소득세법의 가산세〉: 소법 81조~81조의13 참조

종 류	요 건	가 산 세 액
(1) 보고불성실 가산세 ＊2021년부터 간편장부 대상자와비사업 자도 적용 (신규사업자, 간이과세자 제외)	1) 지급명세서제출 불성실 가산세 : 지급조서를 기한 내에 미제출·제출된 지급조서의 내용이 불분명한 경우 ※ 종교인 소득은 2020년부터 적용	미제출·불분명 지급금액×1%(제출기한 경과 후 3개월 이내에 제출시에는 0.5%)
	2) 계산서(전자계산서) 불성실 가산세 : 계산서를 미교부, 필요적 기재사항의 전부·일부가 미기재되거나 사실과 다른 경우	• 부실기재한 공급가액×1% • 미교부 : 2%(지연교부 1%)
	3) 매출·매입처별계산서합계표 불성실가산세 : 매출·매입처별계산서합계표의 미제출·부실기재	미제출·부실기재한 공급가액×0.5%(제출기한 경과 후 1월 이내에 제출시에는 0.3%)
	4) 계산서 미발급·가공발급, 위장계산서 수취 가산세	공급가액×2%(다음연도 1월 25일까지 지연발급시 1%)
(2) 증명서류불비 가산세	복식부기의무자(간편장부대상자 포함)가 경비 등을 지출하고 세금계산서 등 외의 영수증을 증빙으로 수취한 경우	증명서류 미수취금액×2% ※ 간이과세자 제외, 건당 3만원 이하 제외
(3) 영수증수취 명세서 미제출 가산세	복식부기의무자가 영수증수취명세서를 미제출하거나 제출한 명세서가 불분명한 경우	미제출·불분명기재한 지급액×1%
(4) 무기장 가산세	간편장부대상자 또는 복식부기의무자가 장부를 비치하지 않거나 허위로 기장하는 경우	소득별 산출세액$\times\dfrac{무기장금액}{소득금액}\times20\%$ ※ 단, 수입금액 4,800만원 미만의 소규모사업자는 제외
(5) 근로소득 간이 지급 명세서 미제출 가산세	반기별로 제출의무 일용근로소득, 원천징수대상 사업소득(매월 제출)	미제출·불분명 지급 금액×0.25% (기한후 3개월 이내 제출(일용근로자 사업소득은 1개월 내 제출시) : 0.125%)
(6) 기부금 영수증 불성실가산세	① 기부금액이 사실과 다른 경우 ② 기부자별 발급내역을 작성·보관하지 않은 경우	㉠ 실제 금액과 차이금액×5% ㉡ 미작성·보관금액×0.2%

종　류	요　건	가 산 세 액
(7) 사업용계좌 신고·사용 불성실 가산세	복식부기의무자가 재화나 용역의 매매, 인건비·임차료 지급 시 사업용 계좌를 사용하지 않은 경우(소법 160의5)	① 미사용금액X0.2% ※ 사업용 계좌 개설(추가, 변경) 신고 의무 : 과세기간 개시일로부터 6개월 이내 ② 미개설·미신고시 총수입금액X0.2%
(8) 사업장현황 신고 불성실 가산세	면세 사업자(의료업, 약사업 등)가 무신고나 미달신고한 경우 (겸영사업자도 포함)	미달신고금액X0.5%
(9) 신용카드 매출전표 및 현금영수증 발급 불성실 가산세	① 현금영수증 가맹점 미가입 ② 발급거부·허위발급 　(현금영수증 발급 대상금액이 5천원 미만인 경우 제외)	① 수입금액X1% → 직전 연도 2,400만원 이상 소비자상대업종＋전문직 가입의무(소령 210의 3) ② 해당금액X5%(최소 건당 5천원) ③ 고소득 전문직 등 현금영수증 미발급 금액 X20%(10일 이내 자진신고시 10%) ※ 현금영수증 의무 발급 업종 : 건당 10만원 이상, 지정 업종(소령 별표 3의3)
(10) 성실신고 확인서 미제출 가산세	일정규모 이상 고소득 사업자	Max(①, ②) ① 종합소득산출세액X$\dfrac{\text{사업소득금액}}{\text{종합소득금액}}$X5% ② 사업소득 총수입금액의 0.02%
(11) 전자세금 계산서 전송 의무화	• 법인사업자 • 개입사업자 중 직전 과세기간 총수입금액(과세＋면세) 연간 8천만원 이상 2024. 7. 1. 이후 공급부터 발급 의무 • 의무발급명세전송 기간(과세기간말 다음달 25일까지)	지연(미)전송 가산세 : 0.3%(0.5%)
(12) 공동사업자 등록 불성실 가산세	• 사업자등록 미등록·거짓등록 • 공동사업 무신고·거짓신고	미등록·거짓등록 수입금액X0.5% 무신고·거짓신고 수입금액X0.1%

※ 기타 가산세 : 특정외국법인 유보소득 계산명세서 미제출, 주택임대사업자 미등록, 국외전출자 주식보유현황 미신고 가산세, 업무용 승용차 관련비용 명세서 미제출 가산세(복식부기의무자 대상, 간편장부대상자 제외)

Ⅶ 이미 납부한 세액

이미 납부한 세액이란 과세기간 중에 예납적으로 미리 납부한 소득세액을 말한다. 이러한 이미 납부한 세액은 자진납부세액 계산시 차감되며, 그 종류는 다음과 같다.

① 중간예납세액 : 사업소득자 중간예납기간(1.1 ~ 6.30), 납부기한 11.30
② 원천징수세액 : 제5편 「원천징수」 참조할 것
③ 수시부과세액 : 소득세 포탈 우려가 있는 경우 부과한다(소법 82)
④ 예정신고세액 : ㉠ 부동산 매매업자의 토지 등 매매차익 예정신고납부세액
                 ㉡ 거주자의 양도소득 예정 신고 납부(소법 106)

 **참고** 🖊 세액공제 요약

구분	종류	대상	한도
소득세법상 세액공제	근로소득 세액공제	근로소득자	(공제액) 산출세액 130만원 이하 : 55% 130만원 초과분 : 30%	(공제한도 : 산식적용) −총급여 3300만원 이하 : 74만원 −3300만원초과분부터 7천만원 이하 : 66~74만원 −7천만원 초과 : 50~66만원 −1.2억원 초과 : 50~20만원

세액공제 세부항목은 수시로 개정되므로 실무 적용시 관련 개정세법 조문을 반드시 확인하여야 한다.

구분	종류	대상	한도	
소득세법상 세액공제	근로소득 세액공제	근로소득자	(공제액) 산출세액 130만원 이하 : 55% 130만원 초과분 : 30%	(공제한도 : 산식적용) −총급여 3300만원 이하 : 74만원 −3300만원초과분부터 7천만원 이하 : 66~74만원 −7천만원 초과 : 50~66만원 −1.2억원 초과 : 50~20만원
	자녀세액 공제	종합소득자	1) 기본 자녀세액 공제(8세이상만 해당) 자녀 1명 : 25만원, 2명 : 55만원, 3명째부터 55만원 +2명초과 1명당 40만원 2) 출산, 입양공제 : 첫째 30만원, 둘째 50만원, 셋째 이상 70만원	
	연금계좌 세액공제	종합소득자	납입액(600만원 한도)의 12%	총급여 5500만원(종합소득금액 4천5백만원) 이하자는 15% 특례
	특별세액 공제	주로 근로자에게 적용		
		보험료	보장성보험료	대상 지출액의 12%(장애인 전용 보험료는 15%)
		의료비	한도 있음	대상 지출액의 15%
		교육비	한도 있음	대상 지출액의 15%
		기부금	특례기부금, 일반기부금	15%(1천만원 초과분은 30%, 24년 한시적으로 40%)

구분	종류	대상	한도
		표준세액공제	특별소득공제 및 특별세액공제를 신청하지 않은 근로자는 13만원, 성실사업자는 12만원, 기타 종합소득신고자는 7만원 공제함
조특법상 세액공제와 감면	정치자금 세액공제 (조특법 76)		10만원까지 100/110 세액공제. 초과액은 15%(3천만원 초과분은 25%) 공제. 사업자인 경우 10만원까지 세액공제하고 초과액은 손금 산입함 (공제한도는 기준소득금액의 100%), 본인만 해당
	성실사업자 또는 성실신고 확인대상 사업자에 대한 의료비 등 세액공제 (조특법 122의3)		의료비, 교육비등의 15%공제. 적용시한은 2026년말.
	월세액 세액공제 (조특법 95의2)	월세 지급액 (연 1,000만원 한도)의 15% (또는 17%)	무주택 세대주로서 총급여 8천만원 이하자(종합소득금액 7천만원 이하), 국민주택규모(오피스텔 포함) 임차, 총급여 5.5천만원 이하자는 17%

| 통계자료 | 국세통계로 보는 주요지표 |

구분		2018년 귀속	2021년 귀속
근로자수	연말정산 신고자	1,858만명	1,996만명
	일용근로자	777만명	692만명
과세기준 미달자 비율 (결정세액이 없는자)		38.9%(722만명)	35.2%(704만명)
종합소득세 신고자수 (비사업자신고자)		691만명(84만5천명)	933만명(146만명)
퇴직소득 신고자 수		283만1천명	330만명
양도소득세 신고자산 순위		토지(53만4천건), 주택(25만6천건), 부동산 권리(7만6천건), 주식(3만8천건)	토지(2만5천건), 건물(1만3천건), 주식(35만건), 파생상품(1만4천건)
외국인 근로자 국가별 순위		중국(20만5천명), 베트남(4만3천명), 네팔(3만3천명), 인도네시아(3만1천명)	중국(18만9천명), 베트남(4만1천명), 네팔(2만8천명), 미국(2만4천명)
장려금 수령가구	근로장려금	388만5천 가구	510만 가구
	자녀장려금	84만8천 가구	72만 가구

자료 : 국세통계연보(2022년, 2019년판, 일부발췌)

기 출 문 제

01 소득세법상 이자소득에 대한 설명이다. 잘못된 것은?

① 직장공제회 초과반환금

② 비영업대금의 이익

③ 개인연금저축 중 연금형태로 지급받는 이익

④ 보험기간이 10년 미만인 저축성보험의 보험차익

❸ 개인연금저축의 이익은 연금소득이다(소득세법 20조의3).

02 소득세법상 이자소득의 수입시기에 관한 내용이다. 바르게 짝지어지지 않은 것은?

① 통지예금의 이자 : 인출일

② 저축성보험의 보험차익 : 보험금 환급금의 지급일 단, 기일전 해지시 해지일

③ 기명인 양도가능 채권의 이자와 할인액 : 그 지급받는 날

④ 직장공제회 초과반환금 : 약정에 따른 공제회반환금의 지급일

❸ 소득세법시행령 45조, 기명인 경우 약정에 따른 이자지급 개시일임.

03 다음 중 소득세법상 이자소득에 해당하지 아니하는 것은?

① 계약의 위약 또는 해약으로 인한 손해배상금의 법정이자

② 국가나 지방자치단체가 발행한 채권 또는 증권의 이자와 할인액

③ 국외에서 받는 예금의 이자

④ 외상매출금을 소비대차로 전환하여 지급기일을 연기하고 받는 연체이자

❶ 계약의 위약 또는 해약으로 인한 손해배상금의 법정이자는 기타소득으로 본다.

04 다음 중 소득세법상 과세되지 않는 것은?

① 저축성 보험(만기10년 이상)에 대한 보험차익 1,000만원

② 계약의 위약으로 인한 손해배상금 수령액 500만원

③ 주택복권 당첨소득 2,000만원

④ 외국의 법률에 의한 건설이자의 배당 300만원

풀이 ❶ 저축성 보험의 보험차익이 10년 이상인 것은 소득세 과세대상이 아니다.

05 소득세법상 배당소득의 Gross-up 요건에 대한 설명이다. 잘못된 것은?

① 법인세가 과세된 잉여금을 재원으로 하는 배당소득

② 내국법인으로부터의 배당소득

③ 종합과세되는 배당소득 중 누진세율이 적용되는 배당소득

④ 감자차익처럼 자본잉여금을 그 재원으로 할 것

풀이 ❹ 자본잉여금 중 일부만이 Gross-up대상이며, 감자차익의 경우 Gross-up대상이 아니다. (소득세법 17)

06 다음 중 소득세법상 그로스업(배당가산) 대상이 아닌 배당소득은?

① 내국법인으로부터 받는 이익이나 잉여금의 배당 또는 분배금

② 법인으로 보는 단체로부터 받는 배당금 또는 분배금

③ 법인세법에 따라 배당으로 처분된 금액

④ 외국법인으로부터 받는 배당소득

풀이 ❹ 소득세법 17

07 다음은 소득세법상 배당소득의 Gross-up 요건에 대한 설명이다. 잘못된 것은?

① 자본잉여금 중 감자차익을 그 재원으로 할 것

② 내국법인으로부터의 배당소득

③ 종합과세되는 배당소득 중 누진세율이 적용되는 배당소득

④ 법인세가 과세된 잉여금을 재원으로 하는 배당소득

❶ 자본잉여금 중 일부만이 (Gross - up)대상이 된다. 감자차익의 경우 (Gross - up)대상이 아니다. (소법 17조)

08 소득세법상 무조건 종합과세대상인 금융소득은?

① 비실명금융소득   ② 국외에서 받은 금융소득

③ 직장공제회 초과반환금   ④ 비영업대금의 이익

 ❷ 국외에서 받는 금융소득은 원천징수가 되지 않았기 때문에 무조건 종합과세한다.

09 소득세법상 거주자의 배당소득의 귀속시기에 대한 설명 중 틀린 것은?

① 잉여금 처분에 의한 배당 : 잉여금 처분결의일

② 법인세법에 의하여 배당으로 처분된 금액 : 법인세 신고일

③ 무기명 주식의 배당 : 지급을 받은 날

④ 출자공동사업자의 배당 : 과세기간 종료일

 ❷ 법인세법에 의하여 배당으로 처분된 인정배당의 수입시기(귀속시기)는 해당 사업연도의 결산확정일이다.(소령 제46조)

10 소득세법상 배당소득의 수입시기로 잘못된 것은?

① 무기명주식의 이익이나 배당 : 그 지급을 받은 날

② 잉여금의 처분에 의한 배당 : 당해 법인의 당해 사업연도의 결산확정일

③ 법인세법에 따라 처분된 배당 : 당해 법인의 당해 사업연도의 결산확정일

④ 합병으로 인한 의제배당 : 합병등기일

 ❷ 잉여금의 처분에 의한 배당은 당해 법인의 잉여금처분결의일이 수입시기임(소득세법시행령 46)

11 다음 빈칸에 들어갈 알맞은 말을 고르시오.

이자소득과 배당소득으로서, 그 소득의 합계액이 (　　)이하이고, 원천징수된 것은 종합소득 과세표준에 포함하지 않는다.

① 1,000만원　　　　　　　② 2,000만원
③ 3,000만원　　　　　　　④ 4,000만원

 ❷ 소법 제14조 제3항 제6호

12 소득세법상 이자·배당소득의 수입시기로 잘못 짝지어진 것은?

① 정기예금의 이자 : 실제로 이자를 지급받는 날
② 잉여금 처분에 의한 배당 : 잉여금처분 결의일
③ 법인세법에 의하여 처분된 배당 : 당해 법인의 사업연도 결산확정일
④ 기명채권의 이자와 할인액 : 그 지급을 받은 날

❹ 무기명의 경우 그 지급을 받은 날이며, 기명채권은 약정에 따른 이자지급 개시일 (소득세법 시행령 제45조 및 제46조)

13 다음 중 소득세법상 배당소득금액의 수입시기로 바르지 않은 것은?

① 기명주식에 대한 잉여금 처분에 의한 배당 : 잉여금처분결의일
② 법인세법에 의하여 처분된 배당 : 해당사업연도의 결산확정일
③ 해산 : 잔여재산가액을 분배한 날
④ 감자 : 감자 결의일

❸ 해산 : 잔여재산가액이 확정된 날 (소령46조)

14 다음 중 소득세법상 한도규정 없이 전액 사업소득의 필요경비로 인정받는 것은?

① 감가상각비　　　　　　　② 기업업무추진비
③ 대손충당금　　　　　　　④ 복리후생비

 ❹

15 소득세법상 비과세 소득에 해당하지 아니하는 것은?

① 임지(林地)의 임목(林木)의 벌채 또는 양도로 발생하는 소득

② 대통령령으로 정하는 농가부업소득

③ 1주택자의 주택임대소득(고가주택 및 국외소재 주택은 제외)

④ 대통령령으로 정하는 실비변상적인 성질의 급여

 ❶ 조림기간이 5년 이상인 임목의 양도로 인하여 발생하는 소득으로서 연 600만원 이하의 금액에 대하여만 비과세한다. (소득세법 제12조 제1항 제2호 마목)

16 3주택을 소유하고 있는 부동산임대업자인 홍길동씨는 아파트 15평을 보증금 없이 2025년 6월 10일부터 1년간 임대하는 조건으로 선세금 12,000,000원을 받고 임대하였다. 소득세법상 홍길동씨의 2025년 부동산임대에 의한 사업소득의 총수입금액은 얼마인가? (단, 부가가치세는 고려하지 말 것)

① 7,000,000원   ② 8,000,000원

③ 9,000,000원   ④ 10,000,000원

 ❶ 12,000,000X7/ 12 = 7,000,000원

17 소득세법상 비과세되는 사업소득이 아닌 것은?

① 논·밭을 작물생산에 이용하게 함으로써 발생하는 소득

② 5년 미만 조림한 임목(林木)의 벌채 또는 양도로 발생하는 소득

③ 일정규모 이하의 농가부업소득

④ 국내 1주택 소유자의 주택(부수토지 포함, 고가주택 제외) 임대소득

 ❷ 5년 이상 조림한 임목의 벌채·양도소득으로써 연 600만원 이하의 소득금액은 비과세 한다.

18 소득세법상 사업소득에 관한 설명 중 틀린 설명은?

① 사업소득에는 분리과세대상소득이 있으므로 해당 사업소득에 대하여는 분리과세로 종결한다.

② 복식부기의무자가 아닌 경우 고정자산처분이익은 사업소득의 총수입금액에 산입하지 아니한다.

③ 사업소득의 총수입금액과 필요경비의 귀속연도는 총수입금액과 필요경비가 확정된 날이 속하는 연도로 한다.

④ 조림기간이 5년 이상인 산림의 벌채 또는 양도로 발생하는 소득으로서 연 6,000,000원의 이하의 금액은 비과세소득이다.

풀이

❶ 사업소득에는 분리과세대상소득이 없으므로 사업소득금액은 모두 종합소득에 합산하여 과세한다.
(소득세법 19)

19 다음 자료를 보고 거주자 이차남씨의 사업소득에 대한 총수입금액을 계산하면?

- 사업수입금액 : 50,000,000원(매출환입 5,000,000원 포함)
- 거래상대방으로부터 받은 판매장려금 : 3,000,000원
- 가사용으로 소비된 재고자산 : 2,000,000원(시가), 1,800,000원(원가)
- 사업과 관련된 자산수증이익 : 300,000원

① 48,000,000원   ② 50,100,000원

③ 50,300,000원   ④ 55,300,000원

풀이

❸ (50,000,000 - 5,000,000) + 3,000,000 + 2,000,000 + 300,000 = 50,300,000원
- 매출에누리와 환입, 매출할인금액은 총수입금액에서 제외한다.
- 판매장려금 수령액은 총수입금액에 가산한다.
- 재고자산을 가사용으로 소비할 경우 시가를 총수입금액에 산입하고, 동 재고자산의 원가는 매출원가로 필요경비에 산입한다. (소득세법 25, 26)

20 다음은 제조업을 경영하는 사업자 박가연씨의 제8기(2025.1.1.~2025.12.31.) 손익계산서에 반영되어 있는 수익항목에 관한 자료이다. 제8기 소득세법상 사업소득의 총수입금액을 산출하면 얼마인가?

· 총매출액 : 150,000,000원
· 관세환급금 : 2,000,000원
· 전년도로부터 이월된 소득금액 : 20,000,000원
· 사업과 관련된 자산수증이익 : 17,000,000원
· 부가가치세액 매출세액 : 12,000,000원

① 150,000,000원   ② 167,000,000원
③ 169,000,000원   ④ 171,000,000원

 ❸ 사업소득상 총수입항목은 총매출액, 관세환급금, 사업과 관련된 자산수증이익이다. (소득세법 제24조)

21 제조업을 영위하는 사업자 갑의 제5기(2025.1.1.~12.31.)의 손익계산서에 반영되어 있는 수익항목에 관한 자료이다. 제5기 사업소득의 총수입금액은 얼마인가?

(1) 총매출액   : 120,000,000원
(2) 거래처로부터 받은 판매장려금   : 5,000,000원
(3) 가사용으로 사용한 재고자산의 원가 : 7,000,000원(시가 10,000,000원)
(4) 공장건물의 화재로 인한 보험차익   : 3,000,000원
(5) 사업과 무관한 채무면제이익   : 2,000,000원(시가)

① 125,000,000원   ② 132,000,000원
③ 135,000,000원   ④ 138,000,000원

 ❹ (1)+(2)+(3의 시가)+(4)=138,000,000원

22 거주자 김씨는 수년간 계속하여 TV 광고출연을 하고 있는 유명 연예인으로서, 2025.1.10. 연예인 자격으로 (주)H사와 2년간 TV광고출연에 대한 일신전속계약을 체결함과 동시에 전속계약금 2억원을 일시에 현금으로 수령하였다. 김씨의 TV 광고출연과 관련하여 실제로 소요된 필요경비가 없을 때 소득세법상 김씨의 해당 전속계약금에 관한 설명으로 옳은 것은?

① 전속계약금은 기타소득으로서 2025년에 귀속되는 총수입금액은 2억원이다.
② 전속계약금은 사업소득으로서 2025년에 귀속되는 총수입금액은 1억원이다.
③ 전속계약금은 사업소득으로서 2025년에 귀속되는 총수입금액은 2억원이다.
④ 전속계약금은 기타소득으로서 수령한 금액의 70%는 필요경비로 인정된다.

 ❷ 연예인이 사업활동과 관련하여 받는 전속계약금은 사업소득금액으로 계약기간이 1년을 초과하는 일신전속계약에 대한 대가를 일시에 받는 경우에는 계약기간에 따라 해당대가를 균등하게 안분한 금액을 각 과세기간 종료일에 수입한 것으로 하며, 월수의 계산은 해당 계약기간의 개시일이 속하는 날이 1개월 미만인 경우에는 1개월로 하고, 해당 계약기간의 종료일이 속하는 달이 1개월 미만인 경우에는 이를 산입하지 아니한다.

23 소득세법상 상품의 시용판매에 대한 사업소득총수입금액의 수입시기는?

① 대금을 청산한 날
② 그 상품 등을 인도한 날
③ 상품의 영수증을 발행한 날
④ 상대방이 구입의 의사를 표시한 날

 ❹ 소득세법 제39조 3항

24 소득세법상 사업소득금액 계산시 필요경비에 산입할 수 없는 것은?

① 비지정기부금
② 건강보험료 중 사용자부담분
③ 판매수수료
④ 직원의 퇴직금

 ❶ 소법33

25 소득세법상 사업소득의 계산에 있어 총수입금액에 불산입 되는 것이 아닌 것은?

① 거주자가 소득세 또는 지방소득세 소득분을 환급받았거나 환급받을 금액 중 다른 세액에 충당한 금액
② 거주자의 자산수증이익이나 채무면제이익 중 이월결손금의 보전에 충당된 금액
③ 관세환급금 등 필요경비로서 지출된 세액이 환입되었거나 환입될 금액
④ 부가가치세의 매출세액

 풀이 ❸ 소득세법 26, 소득세법시행령 51③

26 소득세법상 비과세소득에 대한 설명이다. 다음 중 비과세사업소득에 해당하지 않는 것은?

① 논·밭을 작물 생산에 이용하게 함으로써 발생하는 소득
② 1개의 주택을 소유하는 자의 주택임대소득(기준시가가 12억원을 초과하는 주택 및 국외에 소재하는 주택의 임대소득은 제외)
③ 축산·양어 등 연 5천만원 이하의 농가부업소득
④ 조림기간 5년 이상인 임지의 임목의 벌채 또는 양도로 발생하는 소득으로서 연 600만원 이하의 금액

 풀이 ❸ 축산, 양어 등 연 3천만원 이하의 농가부업소득은 비과세임(소득세법 12조, 소득세법시행령 8의2)

27 다음 중 소득세법상 근로소득이 아닌 것은?

① 근로를 제공함으로써 받는 봉급·급료·보수·세비·임금·상여·수당과 이와 유사한 성질의 급여
② 임원 아닌 종업원이 사택을 제공받아 얻는 이익
③ 법인의 주주총회·사원총회 또는 이에 준하는 의결기관의 결의에 따라 상여로 받는 소득
④ 근무기간 중에 종업원이 주식매수선택권 행사로 얻은 이익

 풀이 ❷ 소득세법 제20조, 소득세법시행규칙 10①

28 소득세법상 근로소득에 대한 설명이다. 근로소득에 해당하지 않는 것은?

① 근로를 제공함으로써 받는 봉급·급료·보수·세비·임금·상여·수당과 이와 유사한 성질의 급여

② 법인의 주주총회·사원총회 또는 이에 준하는 의결기관의 결의에 따라 상여로 받는 소득

③ 법인세법에 따라 상여로 처분된 금액

④ 퇴직함으로써 받는 소득으로서 퇴직소득에 속하는 소득

풀이 ❹ 소득세법 제20조

29 다음 중 일용근로자의 소득에서 공제할 수 있는 것은?

① 기본공제   ② 보험료공제
③ 의료비공제   ④ 근로소득공제

풀이 ❹ 일용근로자는 소득에서 1일 150,000원의 근로소득공제만 받는다.

30 다음 보기 중 소득세법상 비과세 근로소득에 해당하는 것은?

① 월 20만원이내의 실비변상적인 자가운전보조금

② 출자임원(대주주)이 주택을 제공받음으로써 얻는 이익

③ 기밀비로서 업무를 위하여 사용된 것이 분명하지 아니한 급여

④ 근로수당·직무수당 기타 이와 유사한 성질의 급여

풀이 ❶ 소득세법 시행령 제12조

31 소득세법상 일용근로자에 대한 과세방법에 대한 설명으로 옳은 것은?

① 근로소득공제액은 1일 8만원이다.   ② 원천징수세율은 3%이다.
③ 종합소득공제를 적용할 수 있다.   ④ 근로소득세액공제가 적용된다.

풀이 ❹ 소법 제34조 제3항

32 소득세법상 근로소득의 수입시기에 대한 설명이다. 바르게 짝지어지지 않은 것은?

① 급여 : 근로를 제공한 날
② 잉여금처분에 의한 상여 : 당해 법인의 잉여금처분결의일
③ 인정상여 : 당해 법인의 결산확정일
④ 근로소득에 해당하는 퇴직위로금 : 지급받거나 지급받기로 한 날

 ❸ 소득세법시행령 49, 인정상여의 수입시기는 해당 사업연도 중 근로를 제공한 날임

33 다음은 (주)세한의 영업부장 '김세무'씨의 7월분 급여명세이다. 소득세법상 '김세무'씨의 7월분 근로소득 '총급여액'을 계산하면?

> · 기본급 : 3,000,000원
> · 직책수당 : 1,000,000원
> · 상여금 : 800,000원
> · 보육수당 : 100,000원(만5세 자녀 보육수당)
> · 식대 : 300,000원(회사에서 식사제공 없음)
> · 자가운전보조금 : 300,000원(본인명의 차량을 회사업무용으로 사용하고, 실비를 지급받지 않음)

① 5,000,000원 ② 5,100,000원
③ 5,200,000원 ④ 5,300,000원

 ❶ 비과세소득금액 : 100,000원(보육수당) + 200,000원(식대) + 200,000원(자가운전보조금) = 500,000원
총급여액 : 5,500,000원 - 500,000원(비과세소득금액) = 5,000,000원

34 근로소득자 곽주영 씨의 10월 급여내역이다. 소득세법상 과세되는 근로소득은?

> (1) 기본급 : 2,000,000원
> (2) 식 대 : 400,000원(회사에서 식사를 제공하지 않음)
> (3) 휴가비 : 800,000원
> (4) 자가운전보조금 : 400,000원(본인의 차량으로서 회사업무를 위해 개인차량을 사용 중이다.)

① 2,000,000원 ② 2,300,000원
③ 3,000,000원 ④ 3,200,000원

④ 기본급, 휴가비 등은 모두 과세소득이다. 한편, 식대는 회사에서 식사를 제공하고 있지 않은 경우 월 200,000원까지 비과세, 자가운전보조금은 요건 충족시 경우 월 200,000원까지 비과세다.

35

(주)한세는 거주자 박한만씨에게 일용근로소득에 대한 일당으로 250,000원을 지급할 예정이다. 소득세법상 원천징수할 세액을 계산하면?

① 1,350원

② 2,700원

③ 4,050원

④ 4,950원

 ② 원천징수세액 : {(250,000원 - 150,000원)×6%}×(1 - 0.55) = 2,700원

36

다음 중 소득세법상의 소득구분이 틀린 것은?

① 공익사업과 관련된 지역권을 설정 또는 대여하고 받는 금품 : 기타소득

② 사업용 고정자산과 함께 양도하는 영업권 : 양도소득

③ 직장공제회 초과반환금 : 기타소득

④ 연금저축에 가입하고 연금형태로 지급받는 소득 : 연금소득

 ③ 이자소득임

37

재산권과 관련한 계약의 위약 또는 해약을 원인으로 법원의 판결에 의해 지급받는 손해배상금에 대한 법정이자는 소득세법상 어느 소득에 해당하는가?

① 이자소득

② 연금소득

③ 근로소득

④ 기타소득

 ④ 계약의 위약 또는 해약으로 인하여 발생하는 소득은 기타소득이다. (소법 제21조)

38

다음 중 최소한 수입금액의 60%를 필요경비로 적용받을 수 있는 것으로 묶은 것은?

> (a) 재산권에 관한 알선수수료
> (b) 공익사업과 관련된 지역권을 설정하고 받은 금품
> (c) 일시적인 문예창작소득
> (d) 사례금

① (a), (b)　　　　　　　② (b), (c)

③ (b), (d)　　　　　　　④ (c), (d)

 ❷ 소득세법 제21조 제1항 제6호

39

다음 중 소득세법상 반드시 거주자의 종합소득에 합산하여야 하는 기타소득을 고르면?

> (ㄱ) 알선수재에 의하여 받는 금품
> (ㄴ) 서화의 양도로 발생하는 소득
> (ㄷ) 국가보안법에 따라 받는 상금
> (ㄹ) 계약의 위약으로 인한 위약금 중 계약금이 위약금으로 대체되는 것

① (ㄱ), (ㄴ)　　　　　　② (ㄱ), (ㄷ)

③ (ㄱ), (ㄹ)　　　　　　④ (ㄴ), (ㄷ)

 ❸ 해당소득은 원천징수 없이 종합과세 대상소득에 해당 된다. (소법 127조 제1항 제6호)

40

다음은 거주자 A씨의 2025년 소득과 관련된 자료이다. 해당 자료를 토대로 소득세법상 종합소득금액을 계산하면 얼마인가?

> · 정기적금이자 : 12,000,000원
> · 국내 주권상장법인의 주식보유에 따른 현금배당금 : 8,000,000원
> · 고용관계 없는 일시적 강연료수입액 : 20,000,000원

① 8,000,000원　　　　　② 24,220,000원

③ 40,000,000원　　　　　④ 44,000,000원

구　　분	금　　액
이자, 배당소득금액	금융소득합계가 2,000만원 이하이므로 종합과세되지 않음
기타소득금액	8,000,000원[= 20,000,000원*(1 - 60%)]
종합소득금액	8,000,000원

41 소득세법상 소득의 구분에 대한 설명 중 가장 옳은 것은?

① 회사원이 저술하고 받은 원고료는 사업소득이다.

② 공무원이 저술하고 받은 원고료는 기타소득이다.

③ 고용관계가 없는 자가 다수인에게 일시적으로 강연하고 받은 원고료는 사업소득이다.

④ 저작권을 상속받은 자가 저작권을 사용하게 하고 받는 저작권사용료는 양도소득이다.

 ❷ 소득세법 제4조

42 소득세법상 거주자가 분리과세를 선택하지 않은 경우 종합소득에 합산되는 기타소득금액은?(단, 필요경비는 확인되지 아니한다)

> • 복권당첨소득 : 20,000,000원
> • 고용관계 없는 자가 받는 강연료 : 5,000,000원
> • 광업권 대여소득 : 15,000,000원

① 1,000,000원　　　　　　　　② 3,000,000원

③ 4,000,000원　　　　　　　　④ 8,000,000원

 ❹ 무조건분리과세 : 복권당첨소득(20% 원천징수로 과세종결)

기타소득금액 : 강연료소득 5,000,000원X(1 - 0.6) = 2,000,000원

광업권 대여소득 : 15,000,000원X (1 - 0.6) = 6,000,000원

합 계 : 8,000,000원 (소득세법 제21조)

43 다음 중 소득세법상 부당행위계산부인의 대상소득이 아닌 것은?

① 출자공동사업자에 대한 배당소득

② 연금저축의 해지일시금

③ 산업재산권의 대여소득

④ 이사회결의에 의해 지급받은 직원 퇴직위로금

❹ 근로소득은 부당행위계산부인의 적용대상이 아님

44 다음은 소득세법상 결손금공제에 관한 설명이다 잘못된 것은?

① 2025년에 발생한 결손금은 15년간 공제가 가능하다.

② 부동산임대사업(주택임대업 제외)에서 발생한 결손금은 당해연도 종합소득 과세표준에서 공제할 수 있다.

③ 장부가 기장되지 않아 소득금액을 추계결정하는 경우에는 이월결손금 공제를 받을 수 없다.

④ 사업소득에서 발생한 이월결손금은 당해연도의 사업소득금액, 근로소득금액, 연금소득금액, 기타소득금액, 이자소득금액, 배당소득금액에서 순차적으로 공제된다.

 ❷ 부동산임대사업(주택임대업 제외)에서 발생한 결손금은 당해연도 종합소득과세표준에서 공제하지 않고 다음연도로 이월시킨다.(소법 45조)

45 소득세법상 결손금공제에 관한 설명으로 옳지 않은 것은?

① 사업소득(부동산임대업 제외)의 결손금은 다른 소득금액과 통산하고 통산 후 남은 결손금은 다음연도로 이월시킨다.

② 2025년 발생한 이월결손금은 발생연도 종료일부터 15년 내에 종료하는 과세기간의 소득금액 계산시 먼저 발생한 것부터 순차로 공제한다.

③ 부동산임대업 이외의 사업에서 발생한 결손금은 해당 과세기간의 근로소득금액, 연금소득금액, 기타소득금액, 배당소득금액, 이자소득금액의 순서로 종합소득금액에서 공제한다.

④ 부동산임대업에서 발생한 결손금(주택임대업 제외)은 다른 소득금액에서 공제하지 아니하고 이월하여 15년간 부동산임대업에서 발생한 소득금액에서 공제한다.

 ❸ 부동산임대업소득금액, 근로소득금액, 연금소득금액, 기타소득금액, 이자소득금액, 배당소득금액 순서로 공제한다.(소득세법 45조)

46 다음 중 소득세법상 결손금 및 이월결손금 공제에 대한 내용으로 틀린 것은?

① 세법에서 정하는 중소기업을 영위하는 거주자는 해당과세기간의 종합소득금액에서 결손금을 공제하고도 남은 사업소득 결손금은 직전 과세기간으로 소급공제를 신청할 수 있다.

② 부동산임대업 이외의 사업의 결손금은 근로소득금액, 연금소득금액, 기타소득금액, 이자소득금액, 배당소득금액의 순서로 공제한다.

③ 종합과세되는 이자소득과 배당소득 중 원천징수세율이 적용되는 부분에 대해서도 사업소득의 결손금과 이월결손금을 공제할 수 있다.

④ 부동산임대업(주택임대업 제외)에서 발생한 이월결손금은 다른 종합소득금액에서 공제하지 아니하고 부동산임대사업에서 발생한 소득금액에서 공제한다.

 풀이 ❸ 종합과세되는 이자소득과 배당소득 중 원천징수세율이 적용되는 부분에 대해서는 사업소득의 결손금과 이월결손금을 공제할 수 없다.(소득세법 45조)

47 다음 중 종합과세되는 금융소득(이자소득＋배당소득)만 있는 거주자가 적용받을 수 있는 소득공제는?

① 경로우대자공제   ② 보험료공제
③ 교육비공제   ④ 의료비공제

 풀이 ❶ 경로우대자공제 : 추가공제
특별세액공제(보험료공제, 교육비공제, 의료비공제) : 근로소득자에게 적용됨.(소법 제52조)

48 다음 중 종합소득 과세표준 계산시 종합소득금액에서 차감되는 것은?

① 근로소득공제   ② 연금계좌세액공제
③ 퇴직소득공제   ④ 연금보험료공제

풀이 ❹ 소법 제52조

49 다음 중 소득세법상 기본공제대상자 판정시 연령제한을 받는 자는?

① 본인   ② 배우자
③ 직계존속   ④ 형제자매(단, 장애인)

❸ 소법 제50조 제1항 제3호

50 소득세법상 소득공제 중 그 성격이 다른 것은?

① 부녀자공제 ② 경로우대자공제
③ 교육비세액공제 ④ 장애인공제

 ❸ 교육비 세액공제는 인적공제가 아닌 물적 공제 중 하나이다. (소득세법 제50조·제51조·제51조의2)

51 소득세법은 고소득자에 대한 과도한 소득공제 적용을 배제하기 위하여 주택자금공제·신용카드 등 특정 항목의 공제합계에 대하여 상한을 두는 특별소득공제의 종합한도 제도를 2013년에 새로이 신설하였다. 소득세 특별공제 종합한도 금액은 얼마인가?

① 2,000만원 ② 2,500만원
③ 3,000만원 ④ 4,000만원

 ❷ 조세특례제한법 제132조의2

52 소득세법상 의료비 공제에 관한 설명으로 잘못된 것은?

① 기본공제대상자(연령 및 소득요건은 고려 안함)를 위하여 지출하여야 한다.
② 의료비 지출액이 총급여액의 5%를 초과해야만 공제 받을 수 있다.
③ 기타의료비 세액공제대상액의 연간 한도액은 700만원이다.
④ 미용·성형수술 및 보신용 한약 구입액은 공제대상 의료비에 해당하지 않는다.

 ❷ 일반 의료비 지출액이 총급여액의 3%를 초과해야 하며, 기준에 미달하는 경우 본인 등 의료비 지출액에서 차감하고 적용할 수 있다. (소득세법 제52조 제2항)

53 다음 중 소득세법상 지정기부금에 해당하는 것은?

① 정치자금 기부액

② 우리사주조합에 지출하는 기부금

③ 불우이웃을 돕기 위하여 지출하는 기부금

④ 국가나 지방자치단체에 무상으로 지출하는 기부금

풀이 ❸ 소득세법 시행령 제80조

54 소득세법상 과세표준 확정신고를 하여야 할 근로자가 특별소득공제 및 특별세액공제를 증명하는 서류를 제출하지 않은 경우에 적용할 표준세액공제 금액으로 옳은 것은?

① 5만원 ② 7만원

③ 10만원 ④ 13만원

풀이 ❹ 표준세액공제 13만원을 적용한다(소득세법 제59의4 제9항).

55 다음 중 소득세법상 예외없이 근로소득자에게만 적용되는 소득공제 또는 세액공제항목은?

① 기부금 공제 ② 의료비 공제

③ 교육비 공제 ④ 신용카드 등 사용금액에 대한 공제

풀이 ❹ 성실신고사업자는 의료비 공제 및 교육비 공제가 허용됨(조특법 122조의3, 조특법 126조의2)

56

총급여액이 4,000만원인 경우, 아래 근로소득공제표를 참조하여 소득세법상 근로소득금액을 계산하면 얼마인가?

총급여액	근로소득공제액
500만원 이하	총 급여액X70%
500만원 초과 1,500만원 이하	350만원＋(500만원 초과금액X40%)
1,500만원 초과 4,500만원 이하	750만원＋(1,500만원 초과금액X15%)
4,500만원 초과 1억원 이하	1,200만원＋(4,500만원 초과금액X5%)
1억원 초과	1,475만원＋(1억원 초과금액X2%)

① 11,215,000원 　　　　　　　　② 11,555,000원
③ 28,750,000원 　　　　　　　　④ 35,540,000원

❸ • 근로소득공제액 : 750만원＋(4,000만원－1,500만원)X15%＝11,250,000원
　 • 근로소득금액 : 40,000,000원－11,250,000원＝28,750,000원 (소득세법 47)

57

다음 중 소득세법상 연말정산이 가능한 사업소득자에 해당하지 않는 것은?

① 독립된 자격으로 보험가입자의 모집 및 이에 부수되는 용역을 제공하고 그 실적에 따라 모집수당 등을 받는 자
② 「방문판매 등에 관한 법률」에 의하여 방문판매업자를 대신하여 방문판매업무를 수행하고 그 실적에 따라 판매수당 등을 받거나 후원방문판매조직에 판매원으로 가입하여 후원방문판매업을 수행하고 후원수당 등을 받는 자
③ 저술가·작곡가 등 일정한 자가 직업상 제공하는 인적용역
④ 독립된 자격으로 일반 소비자를 대상으로 사업장을 개설하지 않고 음료품을 배달하는 계약배달 판매 용역을 제공하고 판매실적에 따라 판매수당 등을 받는 자

❸ 소득세법 144의2, 소득세법시행령 137

58

종합소득 과세표준의 계산에 있어서 반드시 합산하여야 하는 것은?

① 일용근로자의 급여
② 실비변상적인 급여
③ 국내에서 지급하는 저축예금의 이자
④ 고용관계가 없는 자가 다수인에게 강연하고 지급받는 강연료로서 수입금액이 연 1,600만원인 경우

❹ 연간 기타소득금액 합계가 3,000,000원을 초과하면 반드시 종합소득에 합산하여 신고해야 한다.

59 다음 중 소득세법상 기본공제 대상자(본인의 소득공제 금액이 최대가 되도록 함)는 몇 명인가?

> ㉠ 본인 : 근로소득자
> ㉡ 배우자 : 사업소득금액이 120만원 있음
> ㉢ 아들 : 만 24세 장애인이며 방송출연으로 사업소득금액 90만원 있음
> ㉣ 딸 : 금년 만 20세 대학생, 소득이 없음
> ㉤ 누이 : 생계를 같이하며 금년에 만 60세이며 소득이 없음

① 1명　　　　　　② 2명
③ 3명　　　　　　④ 4명

 ❹ 배우자는 연간 소득금액이 100만원을 초과하기 때문에 기본공제 대상자가 아니며, 나머지 가족은 모두 공제대상이다.

60 현행 소득세법상 종합소득세의 세율은 초과누진세율구조로 이루어져있다. 다음 중 종합소득세 최고세율과 최저세율간의 차이는?

① 29%　　　　　　② 32%
③ 36%　　　　　　④ 39%

 ❹ 45% - 6% = 39% 소법 제55조 제1항

61 다음 중 소득세법상 세액공제에 해당하지 않은 것은?

① 기부정치자금 세액공제　　② 배당 세액공제
③ 근로소득 세액공제　　　　④ 기장 세액공제

 ❶ 기부정치자금 세액공제는 조세특례제한법상 세액공제이다. (조세특례제한법 제76조 제1항)

62 소득세법상 간편장부 대상자와 복식부기의무 대상자 판정의 기준이 되는 업종별 직전과세기간 수입금액으로 바르게 짝지어진 것을 고르시오.

업 종 별	수입금액 기준
농업·임업 및 어업, 광업, 도매 및 소매업, 부동산매매업, 그 밖에 나목 및 다목에 해당되지 아니하는 사업	가
제조업, 숙박 및 음식점업, 전기·가스·증기 및 수도사업, 하수·페기물처리·원료재생 및 환경복원업, 건설업, 운수업, 출판·영상·방송통신 및 정보서비스업, 금융 및 보험업	나
부동산임대업, 전문·과학 및 기술서비스업, 사업시설관리 및 사업지원서비스업, 교육서비스업, 보건업 및 사회복지서비스업, 예술·스포츠 및 여가 관련 서비스업, 협회 및 단체, 수리 및 기타 개인서비스업, 가구내고용활동	다

	가	나	다
①	2,400만원	3,600만원	6,000만원
②	6,000만원	3,600만원	2,400만원
③	7,500만원	1억5천만원	3억원
④	3억원	1억5천만원	7,500만원

 ❹ 소득세법 시행령 제208조 제5항

63 소득세법에 의한 종합소득세 차감납부세액의 계산 산식으로 잘못된 것은?

① 산출세액＝과세표준X세율
② 차감납부세액＝총 결정세액－기납부세액
③ 결정세액＝산출세액－세액감면－세액공제
④ 총 결정세액＝결정세액－가산세

❹ 총결정세액＝ 결정세액+ 가산세이다.

64 소득세법상 세액공제 중 이월공제를 적용 받을 수 있는 것은?

① 배당세액공제   ② 기장세액공제

③ 외국납부세액공제   ④ 근로소득세액공제

 ❸ 소법 57③ 5년간 이월공제

65 다음 중 조세특례제한법상 '중소기업에 대한 특별세액감면비율'이 아닌 것은?

① 10%   ② 20%

③ 30%   ④ 40%

 ❹ 조특법 제7조①2

66 다음 중 소득세법상 비과세사업소득에 해당하지 않는 것은?

① 논·밭을 작물 생산에 이용하게 함으로써 발생하는 소득

② 기준시가가 12억원을 초과하는 1개의 주택을 소유하는 자의 주택임대소득

③ 농어민 등이 부업으로 경영하는 민박으로 연간 3천만원 이하의 농가부업소득

④ 농어촌지역(읍·면)에서의 연간 1,200만원 이하의 전통주의 제조에서 발생하는 소득

❷ 소득세법 제12조. 1세대1주택 양도소득세 비과세 기준 금액(12억원)과 일치함.

67 다음 중 소득세법상 부당행위계산부인의 대상소득이 아닌 것은?

① 출자공동사업자에 대한 배당소득

② 연금저축의 해지일시금

③ 산업재산권의 대여소득

④ 기밀비 명목으로 받는 것으로서 업무를 위해 사용된 것이 분명하지 아니한 급여

❹ 근로소득은 부당행위계산부인의 적용대상이 아님

68 다음 중 소득세법상 비과세 이자소득에 해당하는 것은?

① 단기저축성보험의 보험차익   ② 공익신탁법에 따른 공익신탁의 이익

③ 직장공제회 초과반환금   ④ 환매조건부 채권 증권의 매매이익

 ❷ 소득세법 12⑴

69 다음 중 소득세법상 비과세 근로소득이 아닌 것은?

① 일직료, 숙직료 또는 여비로서 실비변상 정도의 지급액

② 육아휴직 급여

③ 대학생이 대학교에서 근로를 대가로 지급받는 장학금

④ 월정액급여 2백만원 이하인 사무직근로자가 연장근로를 하여 통상임금에 더하여 받는 급여 중 연 240만원 이하의 금액

 ❹ 소득세법12조 3호, 소득세법 시행령 17조4항

70 다음 중 소득세법상 사업소득을 계산할 때 총수입금액에 산입되는 것은?

① 가사용으로 사용한 재고자산의 가액

② 복식부기의무자가 아닌 사업자가 기계장치를 처분시 발생하는 유형자산처분이익

③ 사업과 무관한 채무면제이익

④ 소득세 환급액

 ❶ 소령51③

71 다음 중 소득세법상 사업소득 필요경비에 해당하는 것은?

① 벌금, 과료와 과태료   ② 국세징수법상 가산금과 강제징수비

③ 채권자가 불분명한 차입금의 이자   ④ 사업용 자산에 대한 임차료

 ❹ 채권자 불분명 차입금 이자, 건설자금관련 차입금 이자 등은 필요경비불산입 항목이다.(소법 제33조)

72 다음 중 소득세법상 사업소득금액 계산과 관련이 없는 것은?

① 외상매입금이나 미지급금을 약정기일 전에 지급함으로써 받는 할인액

② 거래의 위약 또는 해약을 원인으로 법원 판결에 의하여 받는 손해배상금에 대한 법정이자

③ 거래상대방으로부터 받는 장려금

④ 물품을 매입할 때 대금의 결제방법에 따라 에누리되는 금액

 ❷ 기타소득

73 다음 중 소득세법상 사업소득금액을 계산할 때 필요경비로 산입되지 않는 것은?

① 업무와 관련하여 고의 또는 중대한 과실로 타인의 권리를 침해한 경우에 지급되는 손해배상금

② 총수입금액을 얻기 위하여 직접 사용된 부채에 대한 지급이자

③ 사업용 고정자산의 감가상각비

④ 직장가입자로서 부담하는 사용자 본인의 국민건강보험료

 ❶ 소득세법 33, 소득세법시행령 55①, 경과실로 인한 손해배상금은 필요경비 산입함.

74 소득세법상 공동사업과세에 관한 설명으로 틀린 것은?

① 특수관계인간 공동사업에서 발생한 소득금액은 해당 공동사업을 경영하는 각 거주자간에 약정된 손익분배비율이 거짓인 경우에도 각 공동사업자 별로 분배한다.

② 가산세로서 공동사업자에 관련되는 세액은 공동사업자의 손익분배비율에 따라 배분한다.

③ 공동사업장에 대해서는 해당 공동사업자을 1사업자로 보아 사업자는 소득금액을 계산할 수 있도록 증거서류 등을 갖추어 두어야 한다.

④ 공동사업자에 발생한 소득금액에 대해서 원천징수된 세액은 각 공동사업자의 손익분배비율에 따라 배분한다.

 ❶ 특수관계인간 손익분배비율을 거짓으로 정하는 경우 해당 특수관계인의 소득금액은 그 손익분배비율이 큰 공동사업자의 소득금액으로 본다.

75 다음 자료에 의하여 소득세법상 사업소득금액을 계산하면(복식부기의무자가 아님)?

1. 손익계산서상 당기순이익 : 80,000,000원
2. 손익계산서에 반영되어 있는 금액
   · 대표자급여 : 40,000,000원
   · 토지처분이익 : 15,000,000원

① 80,000,000   ② 105,000,000
③ 120,000,000   ④ 135,000,000

 ❷ 105,000,000 = 80,000,000 + 40,000,000 − 15,000,000

76 다음 중 소득세법상 원천징수되는 소득세가 가장 작은 것은?

① 대학교수가 TV토론방송 출연하고 500,000원을 받았다.
② 일용근로자가 일당 200,000원을 받았다.
③ 슬롯머신에 500원을 투입하여 당첨금으로 1,000,000원을 받았다.
④ 공익사업과 관련된 지상권을 대여하고 1,000,000원을 받았다.

 ❸ ① (500,000원 − 500,000원X60%)X20% = 40,000원
② (200,000원 − 150,000원)X6%X(1 − 55%) = 1,350원
③ 당첨금이 2백만원 미만이므로 과세최저한 규정의 적용받음
④ (1,000,000원 − 1,000,000원X60%)X20% = 80,000원

77 다음 중 소득세법상 특례기부금에 해당되지 않는 것은?

① 국방헌금과 위문금품
② 특별재난지역을 복구하기 위하여 자원봉사한 경우 그 용역의 가액
③ 사립학교가 운영하는 병원에 시설비·교육비·연구비로 지출하는 금액
④ 사회복지법인에 지출하는 기부금

 ❹ 소법34② 소령 80 일반기부금에 해당

78 **다음은 소득세법상 기본공제 대상자에 대한 설명이다. 옳지 않은 것은?**

① 부양가족이 장애인인 경우 나이 및 소득금액의 제한을 받지 않는다.

② 소득자 본인은 항상 기본공제대상이다.

③ 배우자는 거주자와 생계를 같이하지 아니하는 경우에도 공제기본요건을 충족하면 기본 공제를 적용받을 수 있다.

④ 종합소득이 있는 거주자에 대해서는 기본공제 대상자에 해당하는 자의 수에 1명당 연 150만원을 곱하여 계산한 금액을 종합소득금액에서 공제한다.

 ❶ 부양가족이 장애인인 경우 나이의 제한은 받지 아니하나 소득금액의 제한은 받는다.

79 **소득세법상 거주자에 대한 소득공제 중 그 성격이 다른 하나는?**

① 기본공제   ② 표준세액공제

③ 경로우대공제   ④ 부녀자공제

 ❷ 기본공제, 경로우대공제, 부녀자공제는 인적공제에 해당하며, 표준세액공제는 특별세액공제에 해당된다.

80 **소득세법상 종합소득공제 중 특별세액공제에 관한 설명이다. 잘못된 것은?**

① 교육비 공제는 나이의 제한을 받지 않는다.

② 사업소득자는 일체 특별공제를 받지 못한다.

③ 근로자 본인과 65세 이상인 자 및 장애인을 위한 의료비는 한도에 관계없이 전액을 공 제받을 수 있다.

④ 보험료공제란 근로자가 부담하는 보장성 보험의 보험료 중 연간 1,000,000원 이내의 금 액을 대상으로 세액공제하는 것을 말한다.

 ❷ 성실사업소득자는 표준세액공제 또는 신고유형에 따라 교육비 및 의료비 특별세액공제를 받을 수 있다. (소득세법 59의4⑨ 조특법 122의3①)

81 소득세법상 거주자의 기본공제대상자 판정시, 생계를 같이하는 부양가족의 범위에 대한 설명으로 틀린 것은?

① 주민등록표상의 동거가족으로서, 해당 거주자의 주소 또는 거소에서 현실적으로 생계를 같이 하는 사람으로 한다.

② 공제대상 부양가족 여부의 판정은 원칙적으로 해당 과세기간의 종료일 현재의 상황에 따른다.

③ 동거가족이 사업상 형편에 따라 본인의 주소 또는 거소에서 일시 퇴거한 경우에는 생계를 같이하는 부양가족으로 보지 않는다.

④ 부양가족 중 거주자의 직계존속이 주거 형편에 따라 별거하고 있는 경우에는 주민등록 여부에 불구하고 생계를 같이 하는 가족으로 본다.

 ❸ 대통령령으로 정하는 사유에 해당할 때에는 일시 퇴거한 경우에도 생계를 같이 하는 사람으로 본다. (소득세법 53)

82 소득세법상 다음 자료에서 종합소득 과세표준은 얼마인가?

- 종합소득금액 : 70,000,000원　　　· 종합소득공제 : 20,000,000원
- 세액공제 : 300,000원　　　　　　· 가산세액 : 100,000원

① 59,700,000원　　　　　　　　② 59,900,000원
③ 50,000,000원　　　　　　　　④ 70,000,000원

 ❸ 70,000,000원 - 20,000,000원 = 50,000,000원

83 다음 중 소득세법상 거주자의 부당행위계산에 대한 부인규정이 적용되지 않는 소득은?

① 출자공동사업자의 배당소득　　　② 기타소득
③ 사업소득　　　　　　　　　　　④ 이자소득

 ❹ 입증되는 필요경비가 인정되지 않는 이자소득 · 배당소득(출자공동사업자의 배당소득 제외) · 근로소득 · 연금소득 · 퇴직소득은 부당행위계산규정 적용되지 아니한다. (소득세법 41)

84 소득세법상 납세지 관할 세무서장 또는 지방국세청장은 "일정한 소득"이 있는 거주자의 행위 또는 계산이 그 거주자와 특수관계인과의 거래로 인하여 그 소득에 대한 조세 부담을 부당하게 감소시킨 것으로 인정되는 경우에는 그 거주자의 행위 또는 계산과 관계없이 해당 과세기간의 소득금액을 계산할 수 있다. 위의 "일정한 소득"에 해당하지 않는 것은?

① 이자소득   ② 공동출자사업자에 따른 배당소득

③ 사업소득   ④ 기타소득

 ❶ 소득세법 제41조

85 다음 중 각 빈칸에 들어갈 용어로 적절하지 않은 것은?

> · 종합소득 과세표준 ＝종합소득금액−(a)
> · 종합소득 산출세액 ＝종합소득과세표준×(b)
> · 종합소득 결정세액 ＝종합소득산출세액−(c)
> · 종합소득 총결정세액＝종합소득결정세액＋(d)

① a : 소득공제   ② b : 기본세율

③ c : 기납부세액   ④ d : 가산세

 ❸ 소법 제15조. c에는 세액공제 및 감면이 옳음.

86 소득세법상 종합소득공제의 배제에 관한 설명이다. 옳지 않은 것은?

① 분리과세 이자소득, 분리과세 배당소득만 있는 자에 대해서는 종합소득공제를 적용하지 아니한다.

② 분리과세 연금소득과 분리과세 기타소득만 있는 자에 대해서는 종합소득공제를 적용하지 아니한다.

③ 과세표준확정신고를 하여야 할 자가 인적공제 및 특별공제대상임을 증명하는 서류를 제출하지 아니한 경우에는 기본공제 중 거주자 본인에 대한 분과 표준공제만을 공제하며 과세표준확정신고 여부와 관계없이 그 서류를 나중에 제출한 경우에도 공제되지 아니한다.

④ 수시부과 결정의 경우에는 기본공제 중 거주자 본인에 대한 분만 공제한다.

풀이 ❸ 과세표준확정신고를 하여야 할 자가 인적공제 및 특별공제대상임을 증명하는 서류를 제출하지 아니한 경우에는 기본공제 중 거주자 본인에 대한 분과 표준공제만을 공제한다. 다만, 과세표준확정신고 여부와 관계없이 그 서류를 나중에 제출한 경우에는 그러하지 아니하다.(소득세법 54②)

87 소득세법상 ( )안에 들어갈 숫자는?

간편장부대상자가 종합소득 과세표준확정신고를 할 때, 복식부기에 따라 기장한 경우에는 ( )%를 기장세액공제하며 그 한도액은 1,000,000원이다.

① 10   ② 20

③ 30   ④ 50

풀이 ❷ 소득세법 56조의2①

88 다음 보기에서 소득세에 대한 세액감면규정과 세액공제규정이 동시에 적용되는 경우 그 적용순서를 올바르게 나열한 것은?

a. 이월되지 않는 세액공제
b. 이월되는 세액공제 중 이전과세기간에서 이월된 미공제액
c. 이월되는 세액공제 중 해당과세기간에 발생한 세액공제
d. 해당과세기간에 대한 세액감면

① a-b-c-d   ② d-c-b-a

③ a-d-c-b   ④ d-a-b-c

풀이 ❹ 소득세법 60①

89 다음 중 소득세법상 세액공제에 대한 설명으로 옳지 않은 것은?

① 외국납부세액공제는 이중과세조정을 목적으로 한다.

② 근로소득세액공제의 한도액은 100만원이다.

③ 간편장부대상자가 복식부기에 의해 기장하는 경우 기장세액공제는 기장된 소득에 대한 산출세액의 20%를 공제하며 그 한도액은 100만원이다.

④ 재해손실세액공제는 재해로 사업용 자산총액의 20% 이상을 상실한 경우 적용한다.

풀이 🔍 **②** 소득세법 59 ②. 근로소득세액공제한도는 총급여 수준에 따라 20~74만원이다.

90 다음은 소득세법상 세액공제에 대한 설명이다. 가장 잘못된 것은?

① 신규사업자는 원칙적으로 기장세액공제를 적용받을 수 있다.

② 기타소득에 대한 외국납부세액은 세액공제방법만 적용받을 수 있다.

③ 재해손실세액공제시 자산상실비율의 계산은 1사업장 단위로 계산한다.

④ 공제한도를 초과한 외국납부세액은 10년간 이월공제 받을 수 있다.

풀이 🔍 **③** 자산상실비율의 계산은 사업자별로 자산총액을 기준으로 하여 사업자의 소득별로 계산하는 것이므로 1 사업장 단위로 계산하지 아니한다(소통 58 - 0…1)

91 소득세법상 기준경비율 적용 시 주요 경비가 아닌 것은?

① 매입비용(사업용 고정자산 매입비용 제외)

② 사업용 고정자산에 대한 임차료

③ 종업원의 급여

④ 이자비용

풀이 🔍 **④** 소득세법시행령 143

92 다음 중 거주자의 종합소득 과세표준확정신고시 기납부세액으로 공제될 수 없는 것은?

① 중간예납세액   ② 수시부과세액

③ 원천징수세액   ④ 지방소득세액

풀이 🔍 **④** 소득세법 76③

93 다음 중 소득세법상 소규모사업자에게도 적용되는 가산세는?

① 지급명세서제출 불성실가산세   ② 무기장가산세

③ 적격증명서류 미수취가산세   ④ 영수증수취명세서 미제출가산세

 ❶ 소득세법 제81조의11

94 다음 중 소득세법상 적격증빙미수취 가산세(2%)가 적용되는 증명서류는?

① 간이영수증　　　　　　　　　② 현금영수증
③ 세금계산서　　　　　　　　　④ 계산서

 ❶ 소법 제81조 제4항, 소법 제160조의2 제2항

95 다음 빈칸에 들어갈 알맞은 금액을 고르시오.

> 해당 과세기간에 신규로 사업을 개시하였거나, 직전 과세기간의 사업소득 수입금액이
> (　　　　　) 미만인 사업자에 대하여는 소득세법상 무기장가산세를 적용하지 않는다.

① 1,200만원　　　　　　　　　② 2,400만원
③ 3,600만원　　　　　　　　　④ 4,800만원

 ❹ 소법 제81조의5, 소령 제147조의2 제2항, 소령 제132조 제4항

96 다음 〈보기〉에서 다음 소득세법상 세액공제의 공통적인 특징으로 올바른 것은?

〈보기〉	・외국납부세액공제	・배당세액공제

① 근로소득자의 세부담 경감 목적　　② 이중과세조정을 위한 목적
③ 사업자에 대한 조세지원　　　　　④ 근거과세를 통한 공평과세의 목적

 ❷

주관식 문제

소득세법 강의(이해와 신고실무)

01 다음 빈 (　　) 안에 들어갈 알맞은 숫자는?

> 2025년 귀속 소득세법상 국외 등의 건설현장 등에서 근로를 제공하고 받는 보수의 경우에는 월 (　　)만원 이내의 금액은 비과세 급여로 한다.

 정답 500 또는 오백 (소득세법시행령 16)

02 다음 (　　)에 들어갈 숫자는 무엇인가?

> 소득세법상 의료비 공제를 적용할 때(모든 요건 충족 가정) 시력보정용 안경 또는 콘택트렌즈 구입을 위하여 지출한 비용으로서 기본공제대상자(연령 및 소득금액의 제한을 받지 않음) 1인당 연 (　　)만원 이내의 금액을 의료비 공제한다.

 정답 50(소령 118의 ①)

03 총급여 5,000만원(연간급여액에서 비과세소득 차감한 금액)인 근로자 나민지가 2025.1.1.~ 2025.12.31. 동안 본인 의료비로 800만원, 배우자(만50세) 의료비 100만원을 지출한 경우 해당연도 의료비 공제 대상액은 얼마인가?

 정답 7,500,000원 또는 750만원

본인 65세 이상, 장애인 제외한 기본공제대상자 위해 지출한 의료비 : 100만원 - (급여 5,000만원 X3%) = - 50만원
본인의료비 - 기본공제대상자의료비지출이 총급여 3%에 미달하는 금액 : 800만원 - 50만원 = 750만원

유제 배우자의 의료비 지출액이 500만원 또는 1000만원인 경우 의료비공제 대상액은?

04 다음 자료에 의해 소득세법상 사업소득금액을 계산하면 얼마인가(복식부기의무자 아님)?

(1) 손익계산서상 당기순이익 : 200,000,000원
(2) 손익계산서에 반영된 금액
 • 본인급여 : 30,000,000원　　　　• 사업주 부담 직원국민연금보험료 : 3,000,000원
 • 이자수익 : 500,000원　　　　　　• 기계장치처분이익 : 500,000원

  정답 229,000,000원
(당기순이익+ 본인급여 – 이자수익 – 기계장치처분이익) = 229,000,000원

05 ㈜한솔의 종업원 A씨(임원 아닌 종업원)의 다음 자료에 기초하여 2025년 귀속 근로소득 총급여액을 계산하면 얼마인가?

(1) 급여의 합계액 : 30,000,000원
(2) 상여의 합계액 : 5,000,000원
(3) 사택을 제공받음으로써 얻은 이익 : 6,000,000원
(4) 주식매수선택권행사이익(벤처기업 아님) : 12,000,000원
(5) 자녀에 대한 학자금수령액 : 2,000,000원

  정답 49,000,000원 [30,000,000+5,000,000+12,000,000+2,000,000 = 49,000,000원]

06 다음은 소득세법상 재해손실세액공제에 대한 설명이다. (　　)에 들어갈 숫자는 무엇인가?

사업자가 해당 연도 중 천재지변 그 밖의 재해로 인하여 자산총액의 (　　)% 이상에 상당하는 자산을 상실하여 납세가 곤란하다고 인정되는 경우에는 재해손실세액공제를 적용받을 수 있다.

  정답 20 (소득세법 58)

07 다음은 소득세법상 업종별 복식장부와 간편장부의 소득금액기준 중 하나에 대한 설명이다. (   )에 들어갈 숫자는?

> 소득세법상 부동산임대업 사업자로서 직전 과세기간 수입금액이 (   )만원 이상인 자는 복식부기로 장부를 기장하여야 한다.

 정답 7,500(소령 208 ⑤)

08 다음 (   )에 들어갈 숫자는?

> 소득세법상 일용근로자에 대한 근로소득 공제액은 1일 (   )만원으로 한다.

정답 15 (소득세법 제47조②)

09 고용관계 없이 다수인에게 강연을 하고 강연료로 25만원을 받은 경우 소득세법상 기타소득 금액은 얼마인가?

정답 100,000원
기타소득금액 = 250,000X(1 - 60%) = 100,000원

10 다음 자료를 이용하여 소득세법상 거주자 A씨(남성이며 50세임)의 2025년도 귀속 종합소득과세표준 계산시 공제되는 인적공제액의 합은?

구 분	나이(만)	비 고
배우자	40세	소득없음
부친	80세	2025년 1월 20일 사망함
장인	68세	주거형편상 별거하고 있으며, 소득 없음
장남	21세	장애인이며, 사업소득금액 5,000,000원 있음
장녀	16세	소득 없음

 정답 850만원(8,500,000원)
기본공제 : 1,500,000X5명(본인, 배우자, 부친, 장인, 장녀)
추가공제 : 1,000,000X1명(부친) = 1,000,000원
합계 : 8,500,000원

11 소득세법상 연금소득공제에 대한 설명이다. 다음 (㉠)에 알맞은 것은?

> 연금소득이 있는 거주자에 대해서는 해당 과세기간에 받은 총연금액(분리과세연금소득은 제외하며, 이하 이 항에서 같다)에서 다음 표에 규정된 금액을 공제한다. 다만, 공제액이 (㉠)원을 초과하는 경우에는 (㉠)원을 공제한다.

총연금액	공 제 액
350만원 이하	총연금액
350만원 초과 ~ 700만원 이하	350만원+(350만원을 초과하는 금액의 100분의 40)
700만원 초과 ~ 1,400만원 이하	490만원+(700만원을 초과하는 금액의 100분의 20)
1,400만원 초과	630만원+(1,400만원을 초과하는 금액의 100분의 10)

 풀이

정답 9,000,000 또는 900만 또는 9백만 (소득세법 47의2①)

12 다음 중 소득세법상 수입금액의 60%를 필요경비로 적용받을 수 있는 것으로 묶인 것은?

(a) 복권당첨금   (b) 공익사업 관련 지역권을 설정하고 받은 금품
(c) 일시적인 문예창작소득   (d) 사례금

① (a), (b)　　　　　　　② (b), (c)
③ (b), (d)　　　　　　　④ (c), (d)

  풀이

정답 ②
소득세법 제21조 제1항 제6호

13 다음은 김서울씨의 2025년도 소득자료이다. 김서울씨의 2025년도 종합소득금액은 얼마인가?

> • 이자소득금액 : 은행예금이자 5,000,000원
> • 배당소득금액 : 주권상장법인으로부터 받은 배당소득 3,000,000원
> • 사업소득금액 : 건설업 6,000,000원, 부동산임대업 2,000,000원

① 8,000,000원　　　　　② 16,000,000원
③ 10,000,000원　　　　　④ 12,000,000원

정답 ①

금융소득은 이자소득 5,000,000원과 배당소득 3,000,000원의 합계액 8,000,000원이므로 분리
과세
사업소득금액 = 6,000,000 + 2,000,000 = 8,000,000원
종합소득금액 = 8,000,000원

14 다음 자료에 의하여 근로자 오세효씨의 2025년 인적공제 합계액을 구하면 얼마인가?

구 분	연 령	장애인 여부	비 고
본 인	45세		총급여액 : 60,000,000원
아 내	38세		근로소득 총급여액 : 300만원
자 녀	1세	장애인	해당과세기간에 출생

  정답 6,500,000원 〈소득세법 50조〉
  ㉠ 기본공제 : 1,500,000X3 = 4,500,000원
    아내 급여의 경우 500만원까지 배우자 공제 가능함.
  ㉡ 추가공제 : 2,000,000원(장애인 공제)   ㉢ 인적공제 합계 : 6,500,000원

15 다음은 거주자 A씨의 소득자료이다. 이를 토대로 소득세법상 과세대상 이자소득금액을 계산하시오.(단, 종합과세, 분리과세여부는 고려하지 않는다)

- 환매조건부 채권, 증권의 매매차익 : 10,000,000원
- 정기예금이자 : 4,000,000원
- 외상매출금의 회수지연에 따른 연체이자 : 12,000,000원
- 공익신탁이익 : 6,000,000원

 정답 14,000,000원
  • 4,000,000 + 10,000,000 = 14,000,000원
  • 정기예금이자 하고 환매조건부 채권, 증권의 매매차익은 이자소득이고, 공익신탁이익은 비과세,
    외상매출금 회수지연에 따른 연체이자는 사업소득이다.

16 다음 자료에 의하여 거주자인 오세민씨(컴퓨터 프로그램 개발자로 ㈜세무 근로자임)의 기타소득 금액을 구하면 얼마인가?(단 필요경비는 확인되지 않는다, 답은 원 단위로 표시할 것)

> • 미래대학에서 수행한 컴퓨터 관련 특별강의에 대한 강연료 : 3,000,000원
> • 컴퓨터 프로그램자격시험 출제위원으로 일시적으로 받은 출제수당 : 4,000,000원
> • 컴퓨터 산업에 기여한 공로로 국가로부터 받은 상금 : 1,000,000원

  정답 2,800,000원
• 국가로부터 받은 상금은 비과세임 (소득세법 21조)
• (3,000,000 + 4,000,000) - (3,000,000 + 4,000,000)X60% = 2,800,000

17 고용관계 없이 강연하고 받은 특강료가 1,000,000원인 경우, 소득세 원천징수세액은 얼마인가?

  정답 80,000원
• 1,000,000X(1 - 60%)X20% = 80,000원

18 다음 자료에 의하여 종합소득세 자진납부세액을 구하면 얼마인가?

> • 종합소득산출세액 : 40,000,000원   • 세액감면 : 2,000,000원
> • 가산세 : 1,000,000원   • 세액공제 : 1,000,000원
> • 중간예납세액 : 8,000,000원

 정답 30,000,000원
• 40,000,000원 - 2,000,000원 - 1,000,000원 + 1,000,000원 - 8,000,000원 = 30,000,000원

19 소득세법상 기업업무추진비한도액 계산에 대한 설명이다. 다음 (   )에 알맞은 숫자는?

> 중소기업 지원을 위하여 중소기업의 기업업무추진비 필요경비산입 기본한도 금액을 2020년 1월 1일부터 영구적으로 기존 2,400만원에서 (   )만원 으로 인상하였다.

  정답 3,600 〈소득세법 35조〉

20

다음 자료에 의하여 거주자 김씨의 2025년도 종합소득금액을 구하면 얼마인가? 단, 모든 소득은 국내에서 발생한 것으로 세법에서 정한 원천징수는 적법하게 이루어졌으며, 필요경비는 확인되지 않는다.

> • 상표권의 양도로 인한 대가 : 5,000,000원　　• 은행예금이자 : 5,000,000원
> • 유실물의 습득으로 인한 보상금 : 5,000,000원

 정답 7,000,000원
- 상표권양도대가 : 5,000,000 X (1 - 0.6) = 2,000,000원
- 유실물습득보상금 : 5,000,000원
- 합계 : 7,000,000원

21

다음 (가)에 해당하는 금액은 얼마인가?

> 소득세법상 일정요건을 갖춘 해당 거주자가 배우자가 없는 여성으로서, 기본공제대상 부양가족이 있는 세대주이거나 배우자가 있는 여성인 경우, 해당 과세기간 종합소득금액에서 기본공제 외에 연 50만원의 부녀자추가공제를 적용받을 수 있다. 이 경우 이 부녀자추가공제를 적용 받을 수 있는거주자는 해당 과세기간에 종합소득과세표준을 계산할 때 합산하는 종합소득금액이 (가)이하인 거주자로 한정한다.

 정답 3,000만원 또는 30,000,000원 (소득세법 51)

22

소득세법상 근로소득이 없는 거주자로서 종합소득이 있는 사람(성실사업자는 제외)이 받을 수 있는 표준세액공제금액은 연 얼마인가?

 정답 7만원 또는 70,000원 (소득세법 59조의 4 ⑨)

23 다음 소득세법상 세액공제중 근로소득이 있는 거주자가 공제할 수 있는 세액공제를 모두 고르시오. (81회, 세무회계 2급)

① 기장세액공제　　　　② 재해손실 세액공제　　　　③ 외국납부세액공제
④ 보험료 세액공제　　　⑤ 의료비 세액공제　　　　　⑥ 교육비 세액공제

  정답 ③, ④, ⑤, ⑥ (외국납부세액공제, 보험료세액공제, 의료비 세액공제, 교육비 세액공제)
① 재해손실세액공제와 기장세액공제는 사업자가 대상임. 외국납부세액공제는 모든 거주자 대상.
② 근로소득이 있는 거주자가 가능한 소득세법상 세액공제는 근로소득세액공제, 외국납부세액공제, 연금계좌세액공제, 자녀세액공제, 특별공제(보험료세액공제, 의료비세액공제, 교육비세액공제, 기부금세액공제)

24 근로소득이 있는 거주자가 소득이 없는 직계비속의 교육비를 다음과 같이 지급한 경우 소득세법상 교육비 세액공제 대상금액은 얼마인가? (79회, 세무회계2급)

• 중학생 1인 : 120만원　　　　　• 고등학생 1인 : 280만원
• 대학생 1인 : 1,000만원　　　　 • 대학원생 1인 : 1,500만원

  정답 1,300만원, 13,000,000원, 천삼백만원
중학생 120만원＋고등학생 280만원＋대학생 900만원＋대학원생 공제대상 아님
＝13,000,000원

25 다음 자료에 의하여 거주자 김한공 씨의 2025년도 종합과세 대상 금융소득금액을 계산하면 얼마인가?(단, 아래의 금액은 원천징수 전의 금액이며, 원천징수는 적절하게 이루어졌다.) (TAT1급, 2020)

가. 국내에서 받은 정기예금 이자 : 　　　　8,000,000원
나. 타인에게 금전을 대여하고 받은 이자 : 　10,000,000원
다. 내국법인으로부터 받은 현금배당 : 　　 3,000,000원

  정답 • 금융소득금액 총수입금액 : 8,000,000원＋10,000,000원＋3,000,000원＝21,000,000원
조건부 과세대상 합계액이 2천만원을 초과하므로 종합과세한다.
• Gross-up 금액＝Min[3,000,000원, (21,000,000원－20,000,000원)]X10%＝100,000원
∴ 금융소득금액＝21,000,000원＋100,000원＝21,100,000원

26 다음은 제조업을 영위하는 개인사업자(복식부기의무자) 김한공 씨의 2025년 손익계산서에 반영된 자료이다. 소득세차감전순이익이 50,000,000원인 경우 김한공 씨의 2025년 사업소득금액을 계산하면 얼마인가?(단, 세부담 최소화를 가정한다.)

(TAT1급, 2020)

가. 사업용 자산(기계장치) 처분이익 :	10,000,000원
나. 사업과 관련된 자산수증이익 :	8,000,000원
(이 중 3,000,000원은 이월결손금 보전에 충당함)	
다. 김한공 씨의 급여 :	20,000,000원
라. 유가증권처분손실 :	1,000,000원

정답 • 50,000,000원(소득세차감전순이익) - 3,000,000원(이월결손금 보전에 충당) + 20,000,000원 (대표자 급여) + 1,000,000원(유가증권처분손실) = 68,000,000원
• 수증이익 중 이월결손금 보전에 충당한 금액은 사업소득금액 계산 시 차감함
• 김한공 씨 급여는 근로소득에 해당하므로 사업소득금액 계산 시 가산함
• 유가증권처분손실은 사업관련성이 없으므로 사업소득금액 계산 시 가산함
• 복식부기의무자의 사업용자산처분이익은 총수입금액으로 인정되므로 세무조정 불필요함.

27 다음 자료를 이용하여 거주자 김한공 씨의 2025년도 귀속 종합소득금액을 계산하면 얼마인가?(단, 세법에서 규정된 원천징수는 적법하게 이루어졌으며, 필요경비는 확인되지 않는다.)

(TAT2급, 2020)

가. 근로소득금액 :	30,000,000원
나. 국내은행 예금이자 :	5,000,000원
다. 산업재산권의 양도가액 :	20,000,000원
라. 비상장주식의 양도가액 :	10,000,000원

정답 • 30,000,000원(근로소득금액) + 20,000,000원(산업재산권 양도가액)X(1 - 60%)
= 38,000,000원
• 국내은행 예금이자는 2천만원 이하이므로 분리과세된다.
• 비상장주식의 양도가액은 양도소득으로 분류과세된다.

28 소득세법상 일용근로자의 근로소득은 종합소득과세표준에 합산하지 않고 원천징수로서 과세를 종결한다. 1일 급여액에서 차감하는 일용근로자의 근로소득공제액은 몇 원인가?

(91회, 세무회계2급)

풀이

정답 150,000원 (또는 15만원)

- 소득세법 제47조 제2항

29 소득세법상 괄호 안에 들어갈 알맞은 숫자를 쓰시오. (96회, 세무회계2급)

아래의 기타소득은 최소 (　　)%의 추정 필요경비율이 적용된다.
① 공익법인이 주무관청의 승인을 받아 시상하는 상금 및 부상과 다수가 순위 경쟁하는 대회에서 입상자가 받는 상금 및 부상
② 계약의 위약 또는 해약으로 인하여 받는 위약금과 배상금 중 주택입주지체상금

풀이

정답 80

- 소득세법 시행령 제87조

30 소득세법상 다음의 괄호 안에 들어갈 내용은 무엇인가? (96회, 세무회계2급)

복식부기의무자는 업무용승용차에 대한 감가상각비를 계산할 때 정액법을 상각방법으로 하고, 내용연수를 (　　)년으로 하여 계산한 금액을 감가상각비로 하여 필요경비에 산입해야 한다.

풀이

정답 5

- 소득세법 시행령 제78조의3 제3항, 복식부기의무자가 업무용승용차에 대하여 감가상각비를 계산할 때 정액법을 상각방법으로 하고, 내용연수를 5년으로 하여 계산한 금액을 감가상각비로 하여 필요경비에 산입하여야 한다(5년 강제 정액 상각).

31 다음 자료를 이용하여 소득세법상 거주자 김성실씨의 2025년 총급여액을 계산하시오. (91회, 세무회계2급)

김성실씨(회계관리직)의 2025년 연간 급여내역(직전 연도 총급여액은 23,000,000원)

① 기본급	월	2,000,000원
② 식대(현물 식사를 제공받지 않음)	월	250,000원
③ 연장근로수당		5,000,000원

① 24,600,000원　② 25,800,000원　③ 29,600,000원　④ 30,800,000원

정답 ③ 29,600,000원=[기본급 2,000,000원+식대(250,000-200,000원)]X12개월+연장근로
수당 5,000,000원

• 소득세법 제20조 및 제12조, 시행령 제17조, 연장근로수당은 생산직 및 그 관련 직무에 종사하는 근로자로서 직전 연도 총급여액이 3천만원 이하인 근로자에 한하여 비과세한다.

32 다음 (가) 안에 들어갈 알맞은 답을 적으시오. (92회, 세무회계2급)

기장세액공제는 간편장부대상자가 과세표준확정신고를 할 때 복식부기에 따라 기장하여 소득금액을 계산하고 서류를 제출하는 경우 해당 장부에 의하여 계산한 사업소득금액이 종합소득금액에서 차지하는 비율을 종합소득 산출세액에 곱하여 계산한 금액의 100분의 (가)에 해당하는 금액을 종합소득 산출세액에서 공제한다.

정답 20
• 소득세법 제56조의2

33 빈칸에 들어갈 내용은 무엇인가? (92회, 세무회계2급)

성실신고확인대상 개인사업자가 성실신고확인서를 제출하는 경우에 성실신고 확인에 직접 사용한 비용의 100분의 60에 해당하는 금액을 과세연도의 소득세에서 공제한다. 다만 공제세액의 한도는 ( )원의 범위에서 정한다.

정답 120만 또는 1,200,000
• 조세특례제한법 제126조의6

34 소득세법상 다음의 괄호 안에 들어갈 알맞은 숫자는 무엇인가? (94회, 세무회계2급)

배당세액공제액=Min(①, ②)
① 귀속법인세=조정대상 배당소득 총수입금액X( )%
② 한도액=종합소득산출세액-비교산출세액

정답 11
• 소득세법 제17조 제3항 및 제56조 제1항

35 소득세법상 다음의 괄호 안에 들어갈 금액은 얼마인가? (94회, 세무회계2급)

근로소득이 있는 거주자로서 특별세액공제, 특별소득공제 및 월세액에 대한 세액공제 신청을 하지 아니한 사람에 대해서는 연 (   )원을 종합소득산출세액에서 공제한다.

풀이

정답 130,000 또는 13만
• 소득세법 제59조의4 제9항

36 소득세법상 다음 괄호 안에 들어갈 내용은 무엇인가? (95회, 세무회계2급)

사업자가 사업과 관련하여 다른 사업자로부터 재화 등을 공급받고 적격증명서류(세금계산서, 계산서 등)를 받지 않거나 사실과 다른 적격증명서류를 받은 경우에는 미수취·불분명분 금액의 (   )%를 가산세로 해당 과세기간의 종합소득결정세액에 더하여 납부하여야 한다.

풀이

정답 2
• 소득세법 제81조의6, 적격증명서류수취불성실가산세는 미수취·불분명분 금액의 2%를 결정세액에 더하여 납부하여야 한다.

37 〈기타소득금액〉 다음 자료에 의하여 거주자 甲의 2025년 귀속 종합소득에 합산되는 기타소득금액을 계산하면 얼마인가? (세무사 1차, 2013 수정)

(1) 甲의 2025년 귀속 소득내역은 다음과 같다.
  • 고용관계 없이 다수인에게 강연을 하고 받은 강연료 : 250,000원
  • 신문에 원고를 기고하고 받은 원고료 : 3,000,000원
  • 복권에 당첨되어 받은 금품 : 4,000,000원
  • 공익사업과 관련된 지역권을 대여하고 받은 대가 : 10,000,000원
  • 사업용 고정자산과 함께 영업권을 양도하고 받은 대가 : 20,000,000원
  • 산업재산권을 양도하고 받은 대가 : 5,000,000원(확인된 필요경비 4,500,000원)
(2) 甲의 소득은 모두 국내에서 일시적으로 발생한 것이며, 소득에 대한 필요경비는 자료에서 별도로 명시한 것을 제외하고는 확인되지 않는다.
(3) 甲의 소득에 대한 원천징수는 적법하게 이루어졌고, 위에 제시된 금액들은 원천징수세액을 차감하기 전의 금액이며, 갑은 기타소득에 대하여 종합과세를 선택했다고 가정한다.

(1) 소득금액 계산

내역	수입금액	필요경비	소득금액	판정
강연료	250,000	150,000	100,000	종합과세
원고료	3,000,000	1,800,000	1,200,000	종합과세
복권	4,000,000			분리과세
지역권 대여	10,000,000	6,000,000	4,000,000	종합과세
사업용 고정자산 포함 영업권 양도				양도소득으로 과세
산업재산권	5,000,000	4,500,000 (실경비)	500,000	종합과세

정답 (2) 기타 소득금액 합계액이 5,800,000원임.(기타소득금액이 300만원을 초과하므로 종합과세함)
복권은 무조건 분리과세이므로 종합과세 판정시 제외한다.

38 〈이자와 배당소득〉 거주자 甲의 2025년 소득자료가 다음과 같을 때, 이자소득과 배당소득으로 소득세가 과세되는 금액의 합계액은 얼마인가? (단, 주어진 자료 이외에는 고려하지 않으며 다툼이 있으면 판례에 따름)　　　　　　　　(세무사 1차, 2016 수정)

(1) 법령으로 정한 직장공제회 초과반환금 13,000,000원(국내에서 받았으며, 원천징수는 적법하게 이루어짐)
(2) 법원의 판결에 의한 손해배상금 30,000,000원(법정이자 5,000,000원 포함)
(3) 2025년 초에 대여한 비영업대금의 원금 30,000,000원과 그에 대하여 발생한 이자 3,000,000원 중 채무자의 파산으로 인하여 2025. 12. 1. 32,000,000원만 회수하고 나머지 채권은 과세표준확정신고 전에 회수 불능사유가 발생하여 회수할 수 없는 것으로 확정됨
(4) 내국법인이 발행한 채권을 만기 전에 중도 매도함에 따른 매매차익 40,000,000원(채권 매입은 2025. 1. 1.이고 채권 매도는 2026. 1. 1.이며, 보유기간의 이자상당액 15,000,000원 포함)

 (1) 이자소득이다(13,000,000원)
(2) 손해배상금과 법정이자는 기타소득이다.
(3) 징수한 이자만 이자소득으로 합산(2,000,000원)
(4) 중도채권 자기보유기간분은 이자소득이다(15,000,000원)

정답 13,000,000+2,000,000+15,000,000=30,000,000원

39

〈근로소득〉 2025.2.1.에 생애 최초로 입사한 거주자 甲(생산직근로자임)의 다음의 자료를 이용한 2월분 급여 중 비과세 근로소득의 합계는 얼마인가? (단, 상여금 및 연장근무수당 이외에는 매월 동액이 지급되며, 주어진 자료 이외에는 고려하지 않음)

(세무사 1차, 2016 수정)

〈甲의 2월 급여내역〉		
항 목	금 액	비 고
(1) 급 여	1,100,000원	
(2) 상여금	500,000원	부정기적인 상여임
(3) 자가운전보조금	250,000원	甲 소유의 차량을 업무수행에 이용하고 시내출장 등에 소요된 실제여비를 받는 대신에 그 소요경비를 사규에 의한 지급기준에 따라 받는 금액임
(4) 식사대	150,000원	회사는 무상으로 중식을 제공하며 이와 별도로 지급된 식사대임
(5) 자녀보육수당	300,000원	甲의 3세 및 5세인 자녀 보육과 관련된 수당임
(6) 연장근무수당	250,000원	「근로기준법」에 따른 연장근무로 인한 통상임금에 더한 지급액이며 당월 외에는 연장·야간·휴일근무수당은 없음
계	2,400,000원	

풀이

비과세근로소득을 구하는 문제이다. 월정 급여액은 210만원 이하인 자에 해당한다.

(3) 자가운전보조금 : 월 20만원 한도 비과세

(4) 식사대는 무상으로 중식제공하였으므로 모두 과세

(5) 자녀보육수당 : 월 20만원 한도 비과세(1인만 적용)

(6) 생산직근로자 연장근무수당 : 연간 240만원 한도이므로 25만원 모두 비과세

정답 20만원+20만원+25만원=65만원(650,000원)

40 〈소득세종합문제〉 다음 자료에 의하여 거주자 甲의 2025년 귀속 종합소득세 확정신고시 납부할 세액을 계산하면 얼마인가? (세무사 1차, 2013 수정)

(1) 甲의 2025년 종합소득에 관한 자료는 다음과 같다.
- 근로소득금액 : 50,000,000원(총급여 62,900,000원)
- 사업소득금액 : 30,000,000원
- 종합소득공제 : 5,000,000원
- 근로소득에 대한 원천징수세액 : 2,000,000원

(2) 甲은 법인 A의 경리부장으로 근무하고 있다. 甲의 소득은 모두 국내원천소득이며, 甲은 간편장부대상자로서 과세표준확정신고를 함에 있어 사업소득금액 전액을 복식부기에 따라 비치·기장한 장부에 의하여 계산하여 신고한다.

(3) 종합소득과세표준이 5,000만원 초과 8,800만원 이하인 경우의 종합소득산출세액 계산식은 다음과 같다.

624만원+(과세표준−5,000만원)×24%

 풀이

(1) 과세표준 = 50,000,000 + 30,000,000 − 5,000,000
    = 75,000,000원

(2) 산출세액 = 6,240,000 + (75,000,000 − 50,000,000)×0.24
    = 12,240,000원

(3) ① 근로소득에 대한 산출세액 : $12,240,000 \times \frac{50,000,000}{80,000,000} = 7,650,000$원

② 근로소득세액공제 : 715,000 + (7,650,000 − 1,300,000)×30% = 2,620,000(한도 고려전 금액)

③ 세액공제 한도적용 = 740,000 − [(62,900,000 − 33,000,000)×$\frac{8}{1000}$]
    = 500,800원(66만원보다 적으므로 66만원 공제함)

※ 총급여액이 62,900,000원 이므로 위 공식을 이용한다. 이 구간의 최저보장액은 66만원이다.

(4) 기장세액공제 : $12,240,000 \times \frac{30,000,000}{80,000,000} \times 20\% = 918,000$원

정답 자진납부세액 = 산출세액 − 근로소득세액공제 − 기장세액공제 − 원천징수세액
    = 12,240,000 − 660,000 − 918,000 − 2,000,000
    = 8,662,000원

41 거주자 갑의 2025년 자료이다. 갑의 종합소득공제액은 얼마인가?　(2019, CPA 1차)

(1) 본인 및 부양가족 현황은 다음과 같다.

관 계	연령	소 득
본 인(여성)	38세	총급여액 60,000,000원
배우자	40세	「고용보험법」에 따라 수령한 육아휴직 급여 6,000,000원
부 친	72세	일시적 강연으로 수령한 금액 8,000,000원
모 친	67세	수도권 밖의 읍·면 지역에서 전통주를 제조함으로써 발생한 소득금액 8,000,000원
장 남	16세	소득 없음
장 녀(장애인)	5세	소득 없음

(2) 국민건강보험료 및 노인장기요양보험료 본인부담분 600,000원과 국민연금보험료 본인부담분 1,500,000원을 납부하였다.

(3) 부친과 모친은 주거형편상 별거하고 있으며, 장남은 기숙사 생활로 별거하고 있다.

풀이

1) 기본공제대상자 : 본인(여성), 배우자, 모친, 장남, 장녀 등 5명; 750만원
2) 추가공제 : 장녀(장애인); 200만원
3) 국민건강보험료 등 : 60만원
4) 국민연금보험료 : 150만원

정답 종합소득공제액; 1) + 2) + 3) + 4) = 11,600,000원

1) 본인은 종합소득금액이 3천만원을 초과하므로 부녀자공제 적용불가
2) 부친의 종합소득금액이 100만원을 초과하므로 인적공제와 추가공제 적용불가
   * 800만원(1 - 60%) = 320만원
3) 전통주 제조소득은 1,200만원까지 비과세이므로 모친 종합소득금액은 0이다.

42 다음은 거주자 갑이 2025년에 주식회사A에 근무하면서 지급받은 급여 등에 관련된 자료이다. 거주자 갑의 2025년 총급여액은 얼마인가? (단, 주어진 자료 이외에는 고려하지 않음) (2019, CTA 1차)

(1) 연간급여 합계액(30,000,000원)
(2) 연간 상여 합계액(10,000,000원)
(3) 상여 소득처분 금액(2,000,000원) : 주식회사 A는 2025.3.20.에 2024.1.1.~12.31 기간의 법인세를 신고하면서 익금산입한 금액 중 2,000,000원은 갑을 귀속자로 하는 상여로 소득처분하였다.
(4) 연간 급여 및 상여외의 갑의 주식매수선택권 행사로 인한 이익(12,000,000원) : 주식매수선택권은 주식회사 A의 100%모회사인 주식회사 B발행 주식을 대상으로 한 것으로서, 2025.5.5. 행사하였다. 주식회사 A와 B는 모두 벤처기업이 아니다.
(5) 연간 급여 외에 식대(3,600,000원) : 주식회사 A는 구내식당을 운영하고 있지 아니하며 식대를 월 300,000원씩 금전으로 지급하고 있다.

 풀이

상여 소득처분 금액은 근로자의 근무기간인 2024년도 귀속 근로소득이므로 제외한다.
식대는 월 20만원을 비과세 처리한다.

정답 (1)30,000,000 + (2)10,000,000 + (4)12,000,000 + (5)1,200,000 = 53,200,000원

퇴직소득세

제3편

제 1 장 퇴직소득세

제1장

퇴직소득세

▶ **학습목표**

1. 「근로자 퇴직급여 보장법」, 「근로기준법」상의 퇴직금 관련규정을 숙지한다.
2. 회사의 퇴직급여 규정에 따라 임직원의 퇴직금을 정확히 계산할 수 있다.
3. 퇴직소득세 계산구조와 연분연승법을 이해한다. 퇴직소득은 장기간 형성된 소득이므로 평균과세장치로서 연분연승법을 적용한다.
4. 퇴직금과 퇴직연금의 과세상의 차이를 알아보자. 퇴직연금을 권장하는 정책의 배경을 알아보자(퇴직연금 유형별 차이점 이해).
5. 「금융감독원 퇴직연금 종합안내」, 「고용노동부 퇴직연금」을 검색해 보자.
6. 2016.1.1이후 퇴직소득 과세방식은 정률공제(40%)가 폐지되고, 소득 수준별로 차등 과세된다(소법 48, 55).
7. 고용노동부의 「퇴직금 계산기」와 국세청 홈택스의 「퇴직소득 세액계산 모의계산 프로그램」을 활용하자.

I 퇴직소득의 구분

1. 퇴직소득의 범위

퇴직소득은 해당 과세기간에 발생한 다음의 소득으로 한다(소법 22①).

구분	퇴직소득의 범위
퇴직일시금	사용자 부담금을 기초로 하여 '현실적인 퇴직'을 원인으로 지급받는 소득 → 명칭 여하에 관계없이 근로대가로서 퇴직을 원인으로 지급받는 소득을 모두 포함 : 퇴직위로금 등도 퇴직소득에 포함됨.
공적연금 일시금	공적연금 관련법에 따라 받는 일시금* : 2002년 1월 1일 이후에 납입된 연금 기여금 및 사용자 부담금을 기초로 하거나 2002년 1월 1일 이후 근로의 제공을 기초로 하여 받은 일시금에 한한다.
기타 (소령 42의 2)	① 「과학기술인공제회법」에 따라 지급받는 과학기술발전장려금 ② 「건설근로자의 고용개선 등에 관한 법률」에 따라 지급받는 퇴직공제금 ③ 종교관련 종사자가 현실적인 퇴직을 원인으로 종교단체로부터 지급 받는 소득

* 공적연금 일시금(퇴직소득)을 지급하는 자가 퇴직소득의 일부 또는 전부를 지연하여 지급하면서 지연지급 에 대한 이자를 함께 지급하는 경우에는 해당 이자를 퇴직소득에 포함한다.

2. 특수한 경우의 퇴직소득 구분

(1) 현실적인 퇴직이 아닌 경우에 지급받는 퇴직금

현실적인 퇴직이 아닌 경우에 퇴직금 명목으로 지급한 금액은 업무와 관련없는 가지 급금으로 간주한다. 현실적인 퇴직이란 고용계약에 의한 근로관계가 실질적으로 종료 되는 것을 의미한다.

* 현실적인 퇴직으로 보는 경우. 단, 퇴직급여를 실지로 받지 아니한 경우에는 퇴직으로 보지 아니할 수 있다 (소령 43).
  ① 종업원이 임원이 된 경우
  ② 법인의 합병·분할 등으로 관계회사로 전출한 경우
  ③ 법인의 상근임원이 비상근임원이 된 경우
  ④ 비정규직근로자가 정규직근로자로 전환된 경우
**현실적인 퇴직이 아닌 경우의 예시(소기통 22-0-1)
  ① 임원이 연임된 경우
  ② 법인의 대주주 변동으로 전 근로자에게 퇴직금을 지급하는 경우
  ③ 기업의 제도·사정으로 퇴직금을 매년 지급하는 경우(근로자퇴직급여보장법에 따른 중간정산 제외)
  ④ 2개 이상의 사업장이 있는 사용자의 근로자가 다른 사업장으로 전출하는 경우

(2) 해고예고수당

사용자가 30일 전에 예고하지 아니하고 근로자를 해고하는 경우 근로기준법에 의하여 지급되는 해고예고수당은 퇴직소득으로 본다(소기통 22-0-2).*

* 사용자는 근로자를 해고(경영상 이유에 대한 해고를 포함한다)하고자 할 때에는 적어도 30일 전에 그 예고를 하여야 하며 30일 전에 예고를 하지 아니한 때에는 30일분 이상의 통상임금을 지급하여야 한다. 다만, 천재 ·지변 기타 부득이한 사유로 사업계속이 불가능한 경우 또는 근로자가 고의로 사업에 막대한 지장을 초래 하거나 재산상 손해를 끼친 경우에는 그러하지 아니하다(근로기준법 26).

(3) 임원에 대한 퇴직공로금·퇴직위로금 등

임원(종업원 제외)에 대한 퇴직공로금·퇴직위로금 등은 다음과 같이 구분한다(소법 20①4, 소령 38①13호, 소령 42의2).
  ① 퇴직급여지급기준 등에 의하여 지급하는 경우 : 퇴직소득으로 본다.
  ② 위 '①' 외의 경우 : 근로소득으로 본다.

Ⅱ 비과세 퇴직소득

비과세 퇴직소득을 열거하면 다음과 같다(소법 12).

① 「산업재해보상법」에 따라 근로의 제공으로 인한 부상·질병 또는 사망과 관련하여 근로자나 그 유가족이 받는 위자(위로)의 성질이 있는 급여(예 : 과로 심근경색 사망, 업무관련 없는 질병 제외).

② 「국민연금법」, 「공무원연금법」 등 각종 법률에 의하여 받는 사망일시금·장해보상금·유족일시금 등

Ⅲ 퇴직소득세의 계산

1. 퇴직소득금액의 계산

퇴직소득금액은 퇴직을 사유로 받은 금액의 합계액에서 비과세소득과 근로소득에 속하는 금액을 차감한 금액으로 한다. 다만, 임원의 퇴직소득금액은 한도액이 있다.

> 퇴직소득금액＝퇴직급여액－비과세소득

> 퇴직급여액＝퇴직 일시금－근로소득

2. 임원의 퇴직소득금액 계산특례

2012.1.1 이후에 퇴직하는 임원의 경우에는 2012.1.1 이후에 근속한 기간을 대상으로 하는 퇴직금에는 한도액의 제한이 있다. 한도를 초과하는 금액은 근로소득으로 본다(소법 22③)

> 임원의 퇴직소득금액 한도액＝2019년 이전 3년(2017~2019년)간 총급여액의 연평균 환산액 X1/10X2012.1.1.~2019.12.31까지 근무기간*X3배
> ＋퇴직전 3년간 총급여액의 연평균 환산액X1/10X2020.1.1. 이후 근무기간X2배

* 근무기간은 개월 수로 계산하며, 1개월 미만인 경우 1개월로 본다(소령 42의2⑥).
** 총급여액은 근무기간 중 해외현지법인에 파견되어 국외에서 지급받는 급여 포함
*** 정관에 따른 2011년 12월 31일 퇴직 가정 퇴직소득금액은 전액 인정

임원의 퇴직급여액에서 근로소득으로 보는 금액은 다음과 같다.

임원의 간주 근로소득＝퇴직급여액－2011.12.31 퇴직가정시 퇴직소득금액
－임원의 퇴직소득금액 한도액

주의 법인세법상 임원퇴직금은 정관에 규정된 금액을 전액 손금산입할 수 있다.

Ⅳ 퇴직소득세 계산구조
(2016.1.1.이후 발생하는 퇴직소득의 경우 계산방식)

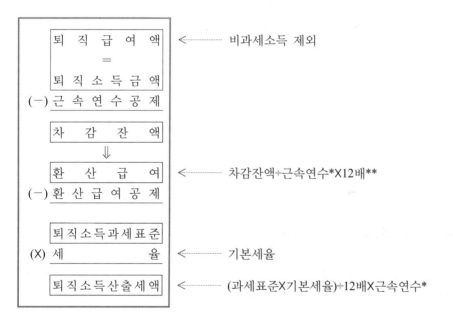

* 연분연승법 : 먼저 근속연수로 나누고(연분) 나중에 근속연수를 곱해 줌(연승).

** 환산급여 계산시 12배를 하는 이유는 1년치 퇴직소득은 통상 1개월 급여에 해당하므로 퇴직소득을 1년의 소득(연봉)으로 환산하기 위함임.

① 근속연수 공제(소법 48)

근속연수	공제액
5년 이하	100만원X근속연수
5년 초과 10년 이하	500만원＋200만원X(근속연수－5년)
10년 초과 20년 이하	1,500만원＋250만원X(근속연수－10년)
20년 초과	4,000만원＋300만원X(근속연수－20년)

* 근속연수 계산시 1년 미만의 기간이 있는 경우 이를 1년으로 봄(소법 48①).

② 환산급여 공제(소법 48)

환산급여	공제액
800만원 이하	환산급여X100%
800만원 초과 7,000만원 이하	800만원＋(800만원 초과분)X60%
7,000만원 초과 1억원 이하	4,520만원＋(7,000만원 초과분)X55%
1억원 초과 3억원 이하	6,170만원＋(1억원 초과분)X45%
3억원 초과	1억 5,170만원＋(3억원 초과분)X35%

③ 퇴직소득 과세표준

㉠ 환산급여＝(퇴직소득금액－근속연수공제)X$\dfrac{12}{근속연수}$

㉡ 퇴직소득과세표준＝환산급여－환산급여공제

④ 퇴직소득 산출세액

퇴직소득과세표준X기본세율X$\dfrac{근속연수}{12}$

1. 퇴직소득 과세방법

(1) 원칙

퇴직소득은 원천징수의무자가 그 지급할 퇴직소득과세표준에 원천징수세율을 적용하여 원천징수함으로써 납세의무가 종결된다. 따라서 퇴직소득만 있는 거주자는 별도의 퇴직소득 과세표준확정신고 절차가 요구되지 않는다.

(2) 퇴직연금계좌 이체시 과세이연

연금외 수령하기 전까지 원천징수하지 않는다.

(3) 퇴직소득세의 정산

퇴직소득을 받을 때 하나의 계약에서 이미 지급받은 퇴직소득을 합산하여 정산한 소득세를 원천징수한다(소법 148 ①).

2. 퇴직소득의 원천징수

(1) 원천징수 방법 및 원천징수영수증의 발급

원천징수의무자가 퇴직소득을 지급할 때에는 그 퇴직소득과세표준에 원천징수세율을 적용하여 계산한 소득세를 원천징수한다(소법 146조 ①). 그리고 퇴직소득을 지급하는 원천징수의무자는 그 지급일이 속하는 달의 다음달 말일까지 퇴직소득의 금액과 그 밖에 필요한 사항을 적은 원천징수영수증을 퇴직소득을 받은 사람에게 발급하여야 한다(소법 146조 ③).

다만, 아래의 이연퇴직소득에 대한 소득세를 원천징수하지 아니한 때에는 그 사유를 함께 적어 퇴직소득을 받는 사람에게 원천징수영수증을 발급하여야 한다(소법 146조 ③ 단서). 또한 2022년 4월부터 지급하는 퇴직금은 개인형퇴직연금계좌(IRP)로 지급하여야 한다(55세 이후지급 제외, 근로자퇴직급여보장법 9②)

1) 이연퇴직소득 계산 대상 요건

거주자의 퇴직소득이 다음 중 하나에 해당하는 경우에는 해당 퇴직소득에 대한 소득세를 연금외수령 하기 전까지 원천징수하지 아니한다. 이 경우 소득세가 이미 원천징수된 경우 해당 거주자는 원천징수세액에 대한 환급을 신청할 수 있다(소법 146조 ②).

① 퇴직일 현재 연금계좌에 있거나 연금계좌로 지급되는 경우

② 퇴직하여 지급받은 날부터 60일 이내에 연금계좌에 입금되는 경우

2) 이연퇴직소득세의 계산

① 이연퇴직소득세는 다음에 따라 계산한 금액으로 한다(소령 202조의2 ①). 과세이연 방식이 아닌 세액이연 방식으로 전환되었다.

$$이연퇴직소득세 = 퇴직소득 \ 산출세액 \times \frac{연금계좌로 \ 이전되는 \ 퇴직소득}{퇴직소득금액^*}$$

* 환급하는 경우의 퇴직소득금액은 이미 원천징수한 세액을 뺀 금액으로 한다.

② 이연퇴직소득을 연금외수령하는 경우 원천징수의무자는 다음에 따라 계산한 이연퇴직소득세를 원천징수하여야 한다.(소령 202조의 2 ②, ③)

→ 2013.2.15.이 속하는 과세기간에 발생한 퇴직소득을 연금외수령하는 분부터 적용한다.(2013.2.15. 영 부칙 27조)

$$원천징수액 = 연금외수령 \ 당시 \ 이연퇴직소득세^{*1} \times \frac{연금외수령한 \ 이연퇴직소득}{연금외수령한 \ 당시 \ 이연퇴직소득}$$

*1. (해당 연금외수령 전까지의 이연퇴직소득세 누계액 − 인출퇴직소득 누계액에 대한 세액^{*2})

*2. 이연퇴직소득세 누계액 $\times \dfrac{인출퇴직소득 \ 누계액}{이연퇴직소득 \ 누계액}$

주의 퇴직소득 과세이연방식의 변경

종전에는 퇴직급여액의 80% 이상을 퇴직일로부터 60일 이내에 과세이연계좌에 입금하는 경우 해당 퇴직급여액을 지급받을 때까지 퇴직소득으로 보지 않는 '소득이연' 방식이였으나, 퇴직소득이 연금계좌로 지급되거나 지급받은 날부터 60일 이내에 연금계좌에 입금되는 경우 그 이전된 퇴직소득에 대한 퇴직소득세를 계산한 후 원천징수하지 않는 '세액이연' 방식으로 변경하였다.

3. 퇴직소득의 수입시기(소령 50 ②)

① 원칙 : 퇴직한 날

② 국민연금법에 따른 일시금, 건설근로자의 퇴직공제금 : 소득을 지급받은 날

③ 소기업·소상공인 공제에서 발생하는 퇴직소득 : 실제로 소득을 받은 때

Example 1	퇴직소득세의 산출 거주자 乙은 A 법인에 2012.9.1 입사하여 13년 2개월 근무한 후 2025.10.31 퇴직하였다. 퇴직급여 지급규정에 의해 산출된 퇴직소득은 150,000,000원 이다. 노사합의서에 의거 조기퇴직자를 위한 퇴직위로금 50,000,000원을 추가로 지급받았다. 乙의 퇴직소득 산출세액은 얼마인가?

1) 기본세율

과 세 표 준	세 율
1,400만원 이하	과세표준의 6%
1,400만원 초과 5,000만원 이하	84만원＋(1,400만원을 초과하는 금액의 15%)
5,000만원 초과 8,800만원 이하	624만원＋(5,000만원을 초과하는 금액의 24%)
8,800만원 초과 1억 5천만원 이하	1,536만원＋(8,800만원을 초과하는 금액의 35%)
1억 5천만원 초과 3억원 이하	3,706만원＋(1억 5천만원을 초과하는 금액의 38%)
3억원 초과 5억원 이하	9,406만원＋(3억원을 초과하는 금액의 40%)
5억원 초과 10억원 이하	1억 7,406만원＋(5억원을 초과하는 금액의 42%)
10억원 초과	3억 8,406만＋(10억원을 초과하는 금액의 45%)

2) 근속연수에 따른 공제

근 속 연 수	공 제 액
5년 이하	100만원X근속연수
5년 초과 10년 이하	500만원＋200만원X(근속연수－5년)
10년 초과 20년 이하	1,500만원＋250만원X(근속연수－10년)
20년 초과	4,000만원＋300만원X(근속연수－20년)

3) 환산급여 공제

환산급여	공제액
800만원 이하	환산급여X100%
800만원 초과 7,000만원 이하	800만원＋(800만원 초과분)X60%
7,000만원 초과 1억원 이하	4,520만원＋(7,000만원 초과분)X55%
1억원 초과 3억원 이하	6,170만원＋(1억원 초과분)X45%
3억원 초과	1억 5,170만원＋(3억원 초과분)X35%

Answer

2020년부터는 종전 퇴직소득세 규정과 경과규정이 종료되어 새로운 퇴직소득세 규정만을 적용한다(환산급여 방식).

A. 개정세법에 의한 퇴직소득세 계산 : 12배수 적용함

    (1) 퇴직소득세 과세표준＝(퇴직급여－근속연수공제)÷근속연수X12배수－환산급여공제

        (표 참조)

        ＝[(200,000,000－25,000,000)÷근속연수(14년)X12]－84,200,000＝150,000,000－84,200,000

        ＝65,800,000원

    (2) 산출세액의 계산

        (과세표준X기본세율)÷12배수X근속연수＝10,032,000÷12X14년＝11,704,000원

B. 답 : 11,704,000원

C. 주의사항

    ① 과세표준과 산출세액 계산시 항목별(서식번호)로 소수점 이하는 버린다.

    ② 근속연수는 1년 미만 근무기간이 있으면 1년으로 본다.(13년 2개월은 14년으로 봄)

실습 과제

1. 이 예제를 이용하여 퇴직소득세 원천징수 영수증(별지서식 24호)을 작성해 보자.

2. 국세청홈택스의 세무업무별 서비스(모의계산)에서 「2025년 퇴직소득 세액계산 프로그램」을 이용하여 원천징수세액을 검증해보자.

V 소득세법상 퇴직일시금과 퇴직연금의 세무처리

근로자 퇴직급여보장법에 의한 퇴직연금을 일시금으로 지급받는 경우에는 퇴직소득에 해당되며, 연금으로 지급받는 경우만 연금소득으로 과세(원천징수)한다.

※ 세법상 연금수령의 요건(소령 40의2 ③)

    ① 55세 이후 연금개시 신청

    ② 연금계좌 가입일로부터 5년 경과(단, 이연퇴직소득이 연금계좌에 있는 경우 제외) 후 인출

    ③ 연금수령 한도 내에서 인출

$$※ \ 연금수령 \ 한도 = \frac{연금계좌 \ 평가액}{11 - 연금수령연차} \times 120\%$$

1. 퇴직급여 제도

(1) 일시 수령을 선택한 경우

회사가 퇴직소득으로 원천징수함.

(2) 타회사의 확정기여형(DC) 연금제도나 IRP(개인형 퇴직연금제도, Individual Retirement Pension)제도로 이체 신청한 경우

과세이연에 해당하며 퇴직소득에 해당하지 않음

* IRP : 근로자가 이전시 퇴직연금 유지를 위한 연금통산장치로 이용되며, 10인 미만 사업체 적용을 위한 특례 제도로도 이용되고 있다.

2. 확정급여형 연금제도(DB)

확정급여형 연금제도(Defined Benefit Pension)란 퇴직시 지급할 급여수준·내용을 노사가 사전에 약정하고, 근로자가 퇴직시 사용자는 사전에 약정된 퇴직급여를 지급하는 제도이다. 사용자가 적립금을 운용하는 주체이다.

(1) 일시금을 선택한 경우

퇴직소득에 해당되어 회사에서 퇴직소득으로 원천징수

(2) 연금을 선택한 경우

연금소득에 해당하며 연금수령시 DB사업자가 연금소득으로 3% ~ 5% 원천징수함.

(3) IRP로 입금을 신청한 경우

과세이연에 해당되어 퇴직소득에 해당하지 않음.

3. 확정기여형 연금제도(DC)

확정기여형 연금제도(Defined Contribution Pension)란 기업의 부담금 수준을 노사가 사전에 확정하고, 근로자가 일정 연령에 도달하면 운용결과에 따라 퇴직급여를 수령하는 제도이다. 근로자가 적립금 운용의 책임을 진다.

(1) 일시금을 선택한 경우

DC사업자가 퇴직소득으로 원천징수함.

(2) 연금을 신청한 경우

연금소득에 해당하여 DC사업자가 연금소득으로 원천징수함.

(3) 타회사의 DC나 IRP제도로 입금을 신청한 경우

퇴직소득에 해당하지 않음.

4. 적립금 운용방법

현행 퇴직연금제도에서는 근로자 자산의 안정성을 보장하고 제도시행 초기라는 점을 고려하여 투자가능 금융상품을 제한적으로 열거하고 위험자산별 투자한도 등을 정하고 있다.

또한, 확정기여형 및 개인퇴직계좌의 경우 퇴직연금 자산의 안정적 운용을 위하여 적립금 운용방법을 제시할 때 반기마다 1회 이상 위험과 수익구조가 서로 다른 세가지 이상의 적립금운용방법을 제시하도록 하고 있다(근로자퇴직급여보장법 제21조).

Ⅵ 퇴직금중간정산제도와 연봉제

1. 개요

퇴직연금제도가 점차 일반화되고 있으나, 일부기업은 연봉제와 함께 퇴직금 중간정산을 실시하는 경우가 있어 이를 소개하고자 한다.

근로자퇴직급여보장법 제8조 제2항 및 시행령 제3조에 의하면 근로자가 퇴직하기 전에 주택구입 등 대통령령이 정하는 사유(전세금지출, 질병, 파산선고, 임금피크제 실시 등)로 계속 근로한 기간에 대한 퇴직금을 미리 정산하여 지급할 수 있으며, 이 경우 현실적인 퇴직으로 보아 퇴직급여를 실제로 지급한 경우 손금에 산입한다(법령 44②3). 퇴직금을 중간정산한 후 퇴직금 산정을 위한 계속 근로기간은 정산시점부터 새로이 계산한다. 다만, 2013.1.1 세법개정으로 퇴직자의 전체 근속기간을 기준으로 세액을 계산한 후 '중간 정산 퇴직소득세액'을 기납부세액으로 차감하는 방식을 적용한다(소법 148).

2. 연봉제 관련 세법 통칙

(1) 법기통 26-44…5 연봉액에 포함된 퇴직금의 처리

다음 각호의 요건을 모두 갖춘 연봉계약에 의하여 그 계약기간이 만료되는 시점에 퇴직금을 지급한 경우에도 영 제44조 제2항 제3호의 규정에 의한 현실적인 퇴직으로 본다. 다만, 퇴직급여를 연봉액에 포함하여 매월 분할 지급하는 경우 매월 지급하는 퇴직급여상당액은 당해 사용인에게 업무와 관련없이 지급한 가지급금으로 본다(개정 2008.7.25).

① 불특정다수인에게 적용되는 퇴직급여지급규정에 사회통념상 타당하다고 인정되는 퇴직급여가 확정되어 있을 것

② 연봉액에 포함된 퇴직급여 액수가 명확히 구분되어 있을 것

③ 계약기간이 만료되는 시점에 퇴직급여를 중간정산받고자 하는 사용인의 서면요구가 있을 것

참고 ✎ 2023년도 퇴직연금 적립 및 운용 현황

퇴직연금 총 적립금 382.4조원, 5년간 2배 성장

〈2023년도 퇴직연금 적립금 운용현황 통계〉

◆ 적립금은 **382.4조원**으로 전년(335.9조원) 대비 **13.8%** 증가

◆ 연간수익률은 **5.26%**로 전년(0.02%) 대비 **5.24%p** 상승

◆ 총비용부담률은 **0.372%**로 전년(0.392%) 대비 **0.02%p** 감소

◆ 연금수령 비중은 **10.4%**로 전년(7.1%) 대비 **3.3%p** 증가

【 적립금 현황 】

'23년말 퇴직연금 적립금은 전년말(335.9조원) 대비 **46.5조원(13.8%↑)** 증가한 총 **382.4조원**으로 최근 **5년간 2배** 규모로 성장하였다.

구 분	2018	2019	2020	2021	2022	2023
적립금(조원)	190.0	221.2	255.5	295.6	335.9	382.4
증감률(%)	12.8	16.4	15.5	15.7	13.6	13.8

'23년말 제도유형별 적립금 현황

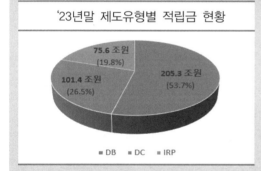

'22~'23년 제도유형별 적립금 비중 변화

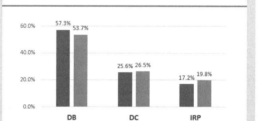

【 연간수익률 】

퇴직연금 연간수익률*은 **5.26%**로 전년(0.02%) 대비 5.24%p 상승하였으며, **최근 5년 및 10년간 연환산 수익률은 각각 2.35%, 2.07%**로 전년 대비 각각 0.84%p, 0.14%p 상승한 것으로 나타났다.

* 연간 수익률 추이(%) : ('19) 2.25 → ('20) 2.58 → ('21) 2.00 → ('22) 0.02 → ('23) 5.26

제도유형별로는 **DB 4.50%, DC 5.79%, IRP 6.59%**로 실적배당형 비중이 가장 높은 **IRP**가 가장 높은 수익률을 기록하였으며, 모든 제도의 수익률이 전년 대비 상승*하였다.

* '22년 제도유형별 연간수익률(%) : 확정급여형 1.51, 확정기여형 △1.21, 개인형IRP △3.14

【 연금수령 】

2023년에 **퇴직연금 수령이 시작된 계좌**(529,664좌) 중 연금수령 비중은 전년(7.1%) 대비 3.3%p 증가한 **10.4%**이며 퇴직연금 제도 도입 이후 처음으로 **10%**를 돌파하였다.

* 수급 개시 계좌 중 연금수령 비율(%) : ('21) 4.3 → ('22) 7.1 → ('23) 10.4

자료 : 금융감독원 보도자료 발췌. 2024. 5. 17.

■ 소득세법 시행규칙[별지 제24호서식(2)] <개정 2024. 3. 22.>　　　　　　　　　　　　　　(2쪽 중 제1쪽)

퇴직소득원천징수영수증/지급명세서

([ ]소득자 보관용 [ ]발행자 보관용 [ ]발행자 보고용)

거주구분	거주자1 / 비거주자2
내·외국인	내국인1 / 외국인9
종교관련종사자 여부	여 1 / 부 2
거주지국	거주지국코드
징수의무자 구분	사업장1/공적연금사업자3

관리번호 [   ]

징수의무자	① 사업자등록번호		② 법인명(상호)		③ 대표자(성명)
	④ 법인(주민)등록번호		⑤ 소재지(주소)		
소득자	⑥ 성 명		⑦ 주민등록번호		
	⑧ 주 소			⑨ 임원 여부	[ ]여 [ ]부
	⑩ 확정급여형 퇴직연금 제도 가입일			⑪ 2011.12.31.퇴직금	

귀 속 연 도	부터 까지	⑫ 퇴직사유	[ ]정년퇴직 [ ]정리해고 [ ]자발적 퇴직 [ ]임원퇴직 [ ]중간정산 [ ]기 타

	근 무 처 구 분	중간지급 등	최종	정산
퇴직급여현황	⑬ 근무처명			
	⑭ 사업자등록번호			
	⑮ 퇴직급여			
	⑯ 비과세 퇴직급여			
	⑰ 과세대상 퇴직급여(⑮-⑯)			

	구 분	⑱ 입사일	⑲ 기산일	⑳ 퇴사일	㉑ 지급일	㉒ 근속월수	㉓ 제외월수	㉔ 가산월수	㉕ 중복월수	㉖ 근속연수
근속연수	중간지급 근속연수									
	최종 근속연수									
	정산 근속연수									

과세표준계산	계 산 내 용	금 액
	㉗ 퇴직소득(⑰)	
	㉘ 근속연수공제	
	㉙ 환산급여 [(㉗-㉘) × 12배/정산근속연수]	
	㉚ 환산급여별공제	
	㉛ 퇴직소득과세표준(㉙-㉚)	

퇴직소득세액계산	계 산 내 용	금 액
	㉜ 환산산출세액(㉛× 세율)	
	㉝ 퇴직소득 산출세액(㉜× 정산근속연수/12배)	
	㉞ 세액공제	
	㉟ 기납부(또는 기과세이연) 세액	
	㊱ 신고대상세액(㉝-㉞-㉟)	

이연퇴직소득세액계산	㊲ 신고대상세액(㊱)	연금계좌 입금명세					㊳ 퇴직급여(⑰)	㊴ 이연 퇴직소득세 (㊲×㊳/㊳)
		연금계좌취급자	사업자등록번호	계좌번호	입금일	㊳계좌입금금액		
		㊵ 합 계						

납부명세	구 분	소득세	지방소득세	농어촌특별세	계
	㊷ 신고대상세액(㊱)				
	㊸ 이연퇴직소득세(㊴)				
	㊹ 차감원천징수세액(㊷-㊸)				

위의 원천징수세액(퇴직소득)을 정히 영수(지급)합니다.

년   월   일

징수(보고)의무자

(서명 또는 인)

세 무 서 장　　　　　　　　　귀하

210mm×297mm[백상지80g/㎡ 또는 중질지80g/㎡]

작 성 방 법

1. 퇴직소득자가 「소득세법」 제12조제5호아목에 따른 "종교관련종사자"에 해당하며, 원천징수의무자가 「소득세법」 제22조 제1항 제3호 및 동법 시행령 제42조의2 제4항 제4호의 퇴직소득을 원천징수하는 경우에만 "종교관련종사자 여부"란에 여 1을 선택합니다.

2. 거주지국과 거주지국코드는 비거주자에 해당하는 경우에만 적으며, 국가표준화기구(ISO)가 정한 국가별 ISO코드 중 국명약어 및 국가코드를 적습니다.

3. 원천징수의무자가 근로를 제공받은 사업장의 지위로서 원천징수하는 경우에는 '사업장1'을, 공적연금 관련법에 따른 연금사업자의 경우에는 '공적연금사업자3'을 체크합니다. 연금계좌 취급자가 지급하는 퇴직소득은 연금계좌 원천징수영수증을 제출해야 합니다.

4. 원천징수의무자는 퇴직소득 해당 과세기간의 다음 연도 3월 10일까지(휴업 또는 폐업한 경우에는 휴업일 또는 폐업일이 속하는 달의 다음 다음 달 말일을 말합니다)까지 이 서식을 제출합니다.

5. 징수의무자란의 ④ 법인(주민)등록번호는 소득자 보관용에는 적지 않습니다.

6. 소득자란의 임원 여부 ⑨에서 임원은 「법인세법 시행령」 제40조제1항 각 호의 어느 하나의 직무에 종사하는 사람을 말합니다. ⑨에서 임원으로 표시하는 경우 ⑪ 2011.12.31.퇴직금 란에 해당 임원이 "2011년 12월 31일에 퇴직하였다고 가정할 때 지급받을 퇴직소득금액"을 적습니다.

7. ⑩ 확정급여형 퇴직연금제도 가입일란: 해당 퇴직자가 확정급여형 퇴직연금제도의 가입자인 경우만 적습니다.

8. 퇴직급여현황(⑬~⑰)의 작성방법은 다음과 같습니다.

   가. ⑬ 근무처명 및 ⑭ 사업자등록번호란: 해당 퇴직자의 근무처를 적습니다. 중간지급 등란에는 현 근무처의 퇴직 전 중간지급, 퇴직금의 분할지급 또는 퇴직으로 해당 연도에 이미 발생한 퇴직금이 있는 경우 그 퇴직금이 발생한 근무처 및 사업자등록번호를 적습니다.

   나. ⑮ 퇴직급여, ⑯ 비과세퇴직급여, ⑰ 과세대상 퇴직급여란: 사용자에게 퇴직으로 지급받은 퇴직소득(임원의 경우 임원퇴직소득 한도초과금액은 제외합니다)과 퇴직소득 중 비과세퇴직소득을 적습니다.

9. 근속연수(⑱~㉖)의 작성방법은 다음과 같습니다.

   가. ⑱ 입사일란: 해당 근무처에서 근로를 제공하기 시작한 날을 적습니다.

   나. ⑲ 기산일란: 해당 근무처에서 근로를 제공하기 시작한 날을 적습니다. 다만, 중간지급을 받은 경우 중간지급 받은 날의 다음 날을 적습니다.

   다. ⑳ 퇴사일란: 퇴직한 날(「소득세법 시행령」 제43조제2항에 따라 퇴직한 날로 보는 경우를 포함합니다)을 적습니다.

   라. ㉓ 제외월수란: 퇴직금 산정 시 근속연수에서 제외된 기간의 월수를 적습니다.

   마. ㉔ 가산월수란: 「소득세법 시행령」 제105조제2항에 따른 근속연수가 입사일·퇴사일로 계산한 근속연수와 다른 경우 가산해야 하는 월수를 적습니다.

10. 퇴직소득세액 계산방법(㉗~㊱)의 작성방법은 다음과 같습니다.

   가. ㉗ 퇴직소득란: ⑰ 과세대상 퇴직급여를 적습니다.

   나. ㉚ 환산급여별공제란: 환산급여에 따라 아래의 공제액을 적습니다.

구분 \ 환산급여	8백만원 이하	8백만원 초과 7천만원 이하	7천만원 초과 1억원 이하	1억원 초과 3억원 이하	3억원 초과
환산급여공제	환산급여의 100%	8백만원+ (8백만원 초과분의 60%)	4천520만원+ (7천만원 초과분의 55%)	6천170만원+ (1억원 초과분의 45%)	1억5천170만원+ (3억원 초과분의 35%)

   다. ㉜ 환산산출세액란: ㉛ 퇴직소득과세표준에 세율을 적용하여 산출한 값을 적습니다.

   라. ㉞ 세액공제란: 「소득세법」 제57조에 따라 거주자의 퇴직소득금액에 국외원천소득이 합산되어 있는 경우로서 그 국외원천소득에 대하여 외국에서 외국소득세액을 납부하였거나 납부할 것이 있을 때에는 해당 금액을 기재합니다.

11. 이연퇴직소득세액 계산(㊲~㊶)은 「소득세법」 제146조제2항에 따라 퇴직급여액을 연금계좌에 입금(이체)하여 퇴직소득세 징수를 하지 않은 경우에 작성합니다.(거주자인 경우만 작성합니다)

   가. ㊳ 계좌입금금액란: 과세이연계좌에 입금(이체)한 금액을 적습니다. 다만, 징수 후 환급하는 경우 해당 거주자가 과세이연계좌신고서에 입금 금액으로 표기한 금액을 적습니다.

   나. ㊴ 퇴직급여란: ⑰ 퇴직급여를 적습니다. 다만, 징수 후 환급하는 경우 퇴직급여액에서 처음 원천징수한 소득세 등을 차감한 금액을 적습니다.

   다. ㊵ 이연퇴직소득세란: ㊲ 신고대상세액에 연금계좌 입금비율(㊳ 계좌입금금액 / ㊴ 퇴직급여)을 곱하여 산정합니다.

12. 납부명세(㊷~㊹)의 작성방법은 다음과 같습니다.

   가. ㊷ 신고대상세액란: 퇴직소득세액계산에서 산출된 ㊱ 신고대상세액을 적습니다.

   나. ㊸ 이연퇴직소득세란: 이연퇴직소득세로 계산된 세액(㊵)을 적습니다.

   다. ㊹ 차감원천징수세액란: ㊷ 신고대상세액에서 ㊸ 이연퇴직소득세를 차감한 값을 적습니다.

210mm×297mm[백상지80g/㎡ 또는 중질지80g/㎡]

기 출 문 제

01 다음 중 소득세법상 퇴직소득에 대한 설명으로 가장 옳지 않은 것은?

① 국민연금법에 따라 사망으로 인하여 받는 반환일시금은 비과세된다.
② 퇴직연금 일시금은 퇴직소득으로 본다.
③ 퇴직급여지급규정 등에 의하지 않은 명예퇴직은 퇴직소득으로 본다.
④ 원칙적으로 퇴직소득의 수입시기는 현실적 퇴직을 한날로 본다.

풀이 ❸ 퇴직급여지급규정 등에 의하지 않은 것은 근로소득으로 본다.

02 다음 중 소득세법상 퇴직소득항목이 아닌 것은?　　　　(82회, 세무회계 3급)

① 공적연금 관련법에 따라 받는 일시금
② 사용자 부담금을 기초로 하여 현실적인 퇴직을 원인으로 지급받는 소득
③ 과학기술인공제회법에 따라 지급받는 과학기술발전장려금
④ 종교관련종사자가 종교단체로부터 지급받는 소득

풀이 ❹ 소득세법 제22조 제1항, 소득세법 시행령 제42조의 2 제4항, 종교관련종사자가 현실적 퇴직을 원인으로 종교단체로부터 지급받는 소득

03 다음 중 소득세법상 퇴직소득에 해당하지 않는 것은?　　　　(제80회, 세무회계2급)

① 공적연금 관련법에 따라 받는 일시금
② 사용자 부담금을 기초로 하여 현실적인 퇴직을 원인으로 지급받는 소득
③ 「건설근로자의 고용개선 등에 관한 법률」 제14조에 따라 받는 퇴직공제금
④ 「한국교직원공제회법」에 따라 설립된 한국교직원공제회로부터 받는 초과반환금

풀이 ❹ 한국교직원공제회는 교원공제제도에 기초한 특별법에 의하여 설립된 교직원 복지기관으로 간주

04 다음 중 소득세법상 「퇴직판정의 특례」에 관한 설명으로 가장 옳지 않은 것은?

① 종업원이 임원이 된 경우로서 퇴직급여를 실제로 지급받은 경우에 퇴직으로 보지 않을 수 있다.

② 「근로자퇴직급여 보장법 시행령」제3조 제1항 [퇴직금의 중간정산 사유]에 해당하는 경우로서 퇴직급여를 미리 지급받은 경우에는 퇴직한 것으로 본다.

③ 법인의 상근임원이 비상근임원이 된 경우로서 퇴직급여를 실제로 받지 아니한 경우에는 퇴직으로 보지 않을 수 있다.

④ 「근로자퇴직급여 보장법」제38조에 따라 퇴직연금제도가 폐지되어 퇴직급여를 미리 지급받은 경우에는 퇴직한 것으로 본다.

❶ 소득세법시행령 제43조 [퇴직판정의 특례]

① 법 제22조 제1항 제2호를 적용할 때 다음 각 호의 어느 하나에 해당하는 사유가 발생하였으나 퇴직급여를 실제로 받지 않은 경우는 퇴직으로 보지 않을 수 있다.

  1. 종업원이 임원이 된 경우

  2. 합병·분할 등 조직변경, 사업양도, 직·간접으로 출자관계에 있는 법인으로의 전출 또는 동일한 사업자가 경영하는 다른 사업장으로의 전출이 이루어진 경우

  3. 법인의 상근임원이 비상근임원이 된 경우

  4. 비정규직근로자가 정규직근로자로 전환된 경우

② 계속근로기간 중에 다음 각 호의 어느 하나에 해당하는 사유로 퇴직급여를 미리 지급받은 경우(임원인 근로소득자를 포함하며, 이하 "퇴직소득중간지급" 이라 한다)에는 그 지급받은 날에 퇴직한 것으로 본다.(2013.02.15 개정)

  1. 「근로자퇴직급여 보장법 시행령」제3조 제1항 각 호의 어느 하나에 해당하는 경우

  2. 삭제

  3. 「근로자퇴직급여 보장법」제38조에 따라 퇴직연금제도가 폐지되는 경우

05 소득세법상 퇴직소득의 수입시기이다. 옳지 않은 것은?

① 잉여금처분에 따른 퇴직급여의 경우에는 해당 법인의 잉여금 처분결의일

② 과세이연계좌로 이체 또는 입금된 퇴직급여액을 다시 지급받는 경우는 퇴직한 날

③ 확정기여형 퇴직연금 및 개인퇴직계좌에서 중도인출금을 지급받는 경우에는 소득을 지급받는 날

④ 연금을 수급하던 자가 연금계약의 중도해지 등으로 일시금을 지급받는 경우에는 소득을 지급받는 날

❷ 소득세법시행령 50②

06 다음 중 소득세법상 퇴직소득에 대한 설명으로 옳은 것은? (93회, 세무회계2급)

① 종업원이 연임이 된 경우에는 무조건 퇴직으로 본다.

② 공무원연금법에 따라 받은 일시금은 기타소득에 해당한다.

③ 임원의 퇴직소득 중 법인세법에 따른 임원 퇴직급여 한도초과액으로 손금불산입된 금액은 근로소득에 해당한다.

④ 퇴직소득에 대한 총수입금액의 수입시기는 원칙적으로 퇴직급여를 실지로 지급받는 날로 한다.

풀이

❸ 소득세법 시행령 제38조 제1항
① 현실적인 퇴직으로 보지 않는다.
② 퇴직소득에 해당한다.
④ 원칙적 수입시기는 퇴직한 날이다.

양도소득세

제 **4** 편

제1장

총 설

▶ 학습목표

1. 양도소득세는 매우 복잡한 분야이므로, 학생 자신이 부자가 되어 부동산 등을 직접 양도하였다고 가정하고 세금을 얼마나 납부할 것인지 생각하면 학습에 도움을 줄 것이다.
2. 양도소득세의 계산구조를 이해한다.
3. 비과세와 감면 요건은 적용에 유의해야 한다. 1세대 1주택(일시적 2주택 포함)은 실무상 중요한 과제이다.
4. 조정지역 내 부동산(조합원 입주권)등 양도시 비과세요건과 특례세율은 매우 복잡하므로 유의해야 한다.
5. 다양한 양도소득세 세율과 적용시기에 유의한다.
6. 국외자산도 양도소득세 과세대상이다.
7. 국세청 홈텍스의 「모의계산」 프로그램을 활용하여 간편하게 계산해보자.

Ⅰ 양도소득세의 개념

양도소득세는 토지 등의 양도로 인한 소득을 과세대상으로 분류과세하는 소득세를 말한다.

Ⅱ 양도소득세의 과세대상

양도소득세 과세대상자산은 다음에 열거된 자산에 한한다.

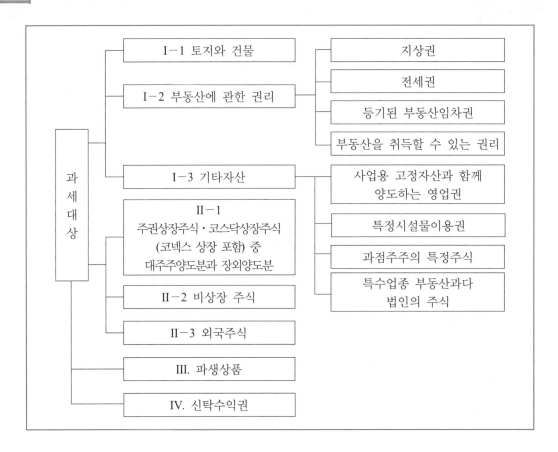

1. 토지와 건물

토지란 지적법에 의하여 지적공부에 등록하여야 할 지목에 해당하는 것을 말한다. 건물에는 건물에 부속된 시설물과 구축물이 포함된다(소법 94 ①).

2. 부동산에 관한 권리

부동산에 관한 권리란 지상권·전세권·등기된 부동산임차권·부동산을 취득할 수 있는 권리를 말한다.

* 부동산을 취득할 수 있는 권리의 예

　① 아파트당첨권

　② 지방자치단체·한국토지주택공사가 발행하는 토지상환채권 및 주택상환사채(2013.5.24 개정)

　③ 부동산매매계약을 체결한 자가 계약금만 지급한 상태에서 양도하는 권리

3. 기타자산

(1) 사업용 고정자산과 함께 양도하는 영업권

여기서 사업용 고정자산이란 토지·건물·부동산에 관한 권리를 말하며, 영업권에는 다음의 것을 포함한다(소법 94 ① 4호).

① 영업권을 별도로 평가하지 않았으나 사회통념상 영업권이 포함되어 양도된 것으로 인정되는 것

② 행정관청으로부터 인가·허가·면허 등을 받음으로써 얻는 경제적 이익

참고 ✏ 영업권의 소득구분

① 영업권의 양도
 • 일반적인 양도 : 기타소득
 • 사업용 고정자산과 함께 양도하는 영업권 : 양도소득
② 영업권의 대여 : 기타소득

(2) 과점주주의 특정주식

특정주식이란 다음의 요건을 모두 충족하는 주식을 말한다.

요 건	내 용
① 부동산비율기준	$\dfrac{\text{토지·건물·부동산에 관한 권리의 합계액}}{\text{당해 법인의 자산총액}} \geqq 50\%$
② 소유지분비율기준	$\dfrac{\text{주주 1인과 그 특수관계인의 소유주식 등의 합계액}}{\text{당해 법인의 주식 등의 합계액}} > 50\%$
③ 주식양도비율기준	$\dfrac{\text{주식 1인과 그 특수관계인이 양도한 주식 등의 합계액}}{\text{당해 법인의 주식 등의 합계액}} > 50\%$

(3) 특수업종 부동산 과다법인의 주식

특수업종 부동산 과다법인의 주식의 주식이란 다음의 요건을 모두 충족하는 주식을 말한다.

요 건	내 용	
① 부동산비율기준	$\dfrac{\text{특수관례법인의 토지 · 건물 · 부동산에 관한 권리의 합계액}}{\text{특수관계 법인의 자산총액}}$	$\geqq 80\%$
② 업종기준	다음 시설을 건설 · 취득하여 직접 경영하거나 분양 · 임대한 사업 ㉠ 골프장, ㉡ 스키장, ㉢ 휴양콘도미니엄, ㉣ 전문휴양시설	

(4) 특정시설물이용권

특정시설물이용권이란 다음에 해당되는 것을 말하며, 골프회원권 · 콘도미니엄회원권 · 헬스클럽이용권 등이 이에 해당한다.

① 특정시설물을 배타적으로 이용하거나 일반이용자에 비하여 유리한 조건으로 이용할 수 있도록 약정한 단체의 일원이 된 자에게 부여되는 시설물이용권

② 특수업종 부동산 과다법인의 주식 등을 소유하는 것만으로 특정시설물을 배타적으로 이용하거나 일반이용자에 비하여 유리한 조건으로 시설물이용권을 부여하는 경우 당해 주식 등

(5) 토지, 건물과 함께 양도하는 이축권

이축권이란 「개발제한구역의 지정 및 관리에 관한 특별조치법」 제12조 제1항 2호 및 제3호의 2에 따라 이축할 수 있는 권리임(소법 94 ① 4호)

4. 주권상장법인 · 코스닥상장법인(코넥스법인 포함)주식 중 대주주분 양도분과 장외양도분

주권상장법인 또는 코스닥상장법인의 주식은 다음 중 어느 하나에 해당하는 것에 한하여 양도소득세 과세대상이 된다(소법 94 ①(3)).

① 대주주가 양도하는 것. 여기서 '대주주'란 특수관계에 있는 주주(최대주주가 아닌 경우 본인 보유 주식으로 한정, 소령 157)의 소유주식과 합산하여 직전 사업연도 종료일 현재 당해 발행주식총수의 1%(코스닥상장법인과 코넥스상장 법인의 주식은 2%) 이상 또는 **시가총액** 50억원 이상의 주식을 소유하고 있는 주주를 말한다.

② 유가증권시장 또는 코스닥시장에서의 거래에 의하지 않고 양도하는 것

〈상장주식 대주주 과세대상 범위 개정〉

	2018.4.1 이후	2020.4.1 이후	현재까지
유가증권	1% 또는 15억원 이상	1% 또는 10억원 이상	1% 또는 50억원 이상
코스닥	2% 또는 15억원 이상	2% 또는 10억원 이상	2% 또는 50억원 이상
코넥스	4% 또는 10억원 이상	좌 동	4% 또는 50억원 이상

＊특수관계자 : 배우자, 4촌 이내 혈족, 3촌 이내의 인척 등(소령 157)

현재 주권상장법인 상장주식·코스닥 상장주식(코넥스 상장주식 포함)의 양도소득에 대하여는 이러한 대주주 양도분과 장외양도분을 제외하고는 양도소득세를 과세하지 않고 있다.

5. 비상장주식

주권상장법인 또는 코스닥상장법인(코넥스 상장법인 포함)이 아닌 법인의 주식은 모두 양도소득세 과세대상이 된다. 다만, 소액주주가 협회장시장(Korea Over The Counter)를 통해 양도하는 주식은 제외한다(소법 94 ①).

6. 외국주식

① 외국에서 발행한 주식
② 내국법인 발행 주식으로서 해외증권시장에 상장된 주식

7. 파생상품

① KOSPI 200 선물·옵션(미니 코스피 200 선물·옵션 포함), 해외 파생상품시장에서 거래되는 장내 파생상품, 코스피 200ELW(Equity Linked Warrant) 등 모든 주가지수관련 파생상품
② 세율 : 탄력세율 10%

8. 신탁수익권

신탁의 이익을 받을 권리의 양도로 인해 발생하는 소득

 양도의 개념

1. 양도의 정의

양도란 자산에 대한 ① 등기·등록에 관계없이 ② 매도·교환·대물변제·법인에 대한 현물출자 등으로 인하여 ③ 그 자산이 유상으로 사실상 이전되는 것을 말한다(소법 88 ①).

참고 📝 부담부증여

> 부담부증여란 수증자가 증여자의 채무를 부담하는 조건으로 증여받는 것을 말한다. 이 경우에는 증여가액 중 수증자가 부담하는 채무액에 상당하는 부분은 그 자산이 유상으로 사실상 이전되는 것이므로 양도로 본다.

2. 양도로 보지 아니하는 경우

(1) 양도담보

채무의 변제를 담보하기 위하여 양도담보계약을 체결한 경우에는 형식적인 소유권 이전에 불과하므로 양도로 보지 아니한다(소령 151). 그러나 당해 자산이 채무의 변제에 충당된 경우에는 그 충당된 때에 양도한 것으로 본다.

* 양도담보의 경우에는 다음의 요건을 모두 갖춘 계약서의 사본을 과세표준확정신고서에 첨부하여 신고하여야 한다.

  ① 당사자간에 채무의 변제를 담보하기 위하여 양도한다는 의사표시가 있을 것

  ② 당해 자산을 채무자가 원래대로 사용·수익한다는 의사표시가 있을 것

  ③ 원금·이율·변제기간·변제방법 등에 관한 약정이 있을 것

(2) 환지처분으로 지목·지번이 변경되거나 체비지로 충당되는 경우

토지구획정리사업법 기타 법률의 규정에 의한 환지처분으로 지목 또는 지번이 변경되거나 체비지(시행자가 개발사업의 재원마련을 위해 매각할 수 있는 땅)로 충당되는 경우에는 양도로 보지 아니한다.

(3) 형식상의 소유권 이전

다음의 경우에는 형식상의 소유권 이전에 불과하므로 양도로 보지 아니한다.
① 법원의 확정판결에 의한 신탁해지를 원인으로 소유권 이전등기를 하는 경우
② 매매원인무효의 소에 의하여 그 매매사실이 원인무효로 판시되어 환원된 경우
③ 공동소유의 토지를 소유자 지분별로 단순히 분할만 하는 경우

Ⅳ 비과세양도소득

1. 개요

다음 소득에 대하여는 양도소득세를 비과세한다(소법 89와 94).

---

① 파산선고에 의한 처분으로 인하여 발생하는 소득
② 농지의 교환 또는 분합으로 인하여 발생하는 소득
③ 고가주택이 아닌 1세대 1주택의 양도로 인하여 발생하는 소득
④ 협회장외시장(K-OTC)을 통한 소액주주의 비상장 중소·중견기업 주식 양도 소득

---

* 미등기자산에 대하여는 비과세 규정을 적용하지 아니한다.
** 조특법상 8년 이상 자경농지 양도세 감면(조특법 69)과 농지대토 양도세 감면(조특법 70)이 있음. 감면한도는 개인별로 연간 1억원임(5년 합산 2억원 한도)(조특법 133).

2. 파산선고에 의한 처분으로 인하여 발생하는 소득

파산선고에 의한 처분으로 인하여 발생하는 소득에 대하여는 양도소득세를 과세하지 아니한다.

*「채무자 회생 및 파산에 관한 법률」참조

3. 농지의 교환 또는 분합으로 인하여 발생하는 소득

다음 중 하나에 해당하는 농지의 교환 또는 분합으로서 당해 교환 또는 분합하는 쌍방토지가액의 차액이, 가액이 큰 편의 4분의 1 이하인 경우에는 양도소득세를 과세하지 아니한다(소령 153①).

① 국가·지방자치단체가 시행하는 사업으로 인하여 교환 또는 분합하는 농지

② 국가·지방자치단체가 소유하는 토지와 교환 또는 분합하는 농지

③ 경작상 필요에 의하여 교환하는 농지. 다만, 교환에 의하여 새로이 취득하는 농지를 3년 이상 농지소재지에 거주하면서 경작하는 경우에 한한다.

④ 「농어촌정비법」·「농지법」·「한국농어촌공사 및 농지관리기금법」 또는 「농업협동조합법」에 의하여 교환 또는 분합하는 농지

4. 1세대 1주택의 양도로 인한 양도소득세 비과세(소령 154)

(1) 의의

양소소득세가 비과세되는 1세대 1주택이란 ① 1세대가 ② 양도일 현재 국내에 1주택을 보유하고 있는 경우로서 ③ **보유기간이 2년**(취득 당시 조정지역의 경우 보유기간 중 거주기간 2년 이상) 이상인 것을 말한다. 다만, 1세대가 2주택 이상을 보유한 경우(일시적 2주택 제외) 다른 주택을 모두 양보하고 최종적으로 2주택만 보유한 날로부터 기산한다.

* 조정지역 : 서울 전 지역, 부산·경기 일부지역, 세종시

(2) 1세대

1세대란 거주자 및 그 배우자가 그들과 동일한 주소·거소에서 생계를 같이 하는 가족과 함께 구성하는 집단을 말한다.

* 다음의 경우에는 배우자가 없는 경우에도 1세대로 본다(미혼자는 아래의 경우를 제외하고는 단독세대 불인정).

① 당해 거주자의 연령이 30세 이하인 경우

② 배우자가 사망하거나 이혼한 경우

③ 소득세법상 소득이 국민기초생활보장법의 규정에 따른 최저생계비수준 이상으로써 소유하고 있는 주택 또는 토지를 관리·유지하면서 독립된 생계를 유지할 수 있는 경우. 다만, 미성년자의 경우를 제외하되, 미성년자의 결혼·가족의 사망 등의 사유로 1세대의 구성이 불가피한 경우에는 그러하지 아니하다.

(3) 1주택

1) 주택의 개념

주택이란 상시 주거용으로 사용하는 건물을 말하며, 도시지역은 주택정착면적의 5배 (또는 3배) 이내(도시지역 밖의 토지는 10배 이내)의 부수토지를 포함한다.

* 이 경우 용도의 구분은 공부상 용도가 아닌 사실상의 용도에 따라 판단하며, 건축법상 허가여부·등기여부 와는 무관하다. 한편, 다가구주택을 가구별로 분양하지 않고 당해 다가구주택을 하나의 매매단위로 하여 1 인에게 양도하거나, 1인으로부터 취득하는 경우에는 이를 단독주택으로 본다(소령 155 ⑮).

** 2022.1.1. 양도부분부터 도시지역 중 수도권 내 주거·상업·공업지역은 3배로 축소함. 수도권 내 녹지지역 은 5배

2) 겸용주택의 주택구분

겸용주택이란 주택의 일부에 점포 등 다른 목적의 건물이 설치되어 있거나 동일 지 번상에 주택과 다른 목적의 건물이 설치되어 있는 경우의 주택을 말한다. 겸용주택은 다음과 같이 주택을 구분한다(소령 154 ③, ④).

구 분	건 물	주택의 부수토지(비과세대상)
주택면적 > 상가 등의 면적	전부를 주택으로 간주	주택정착면적의 5배* (도시지역 외 10배) 이내
주택면적 ≤ 상가 등의 면적	주택만 주택으로 간주	MIN ┌ ① 부수토지X $\dfrac{주택면적}{건물면적}$ └ ② 주택정착면적X5배(10배)

* 수도권 도시지역 내 주거·상업·공업(녹지지역 외)은 3배.(22.1.1. 이후 양도분부터)

실습 과제

겸용주택의 면적과 부수토지 면적을 제시하고 비과세면적을 계산해 보자.

3) 고가주택의 비과세 제외

고가주택은 1세대 1주택에 해당되는 경우에도 양도소득세의 비과세규정을 적용하지 아니한다. 여기서 "고가주택"이란 양도 당시의 주택과 부수토지의 양도가액이 실지거 래가액으로 12억원을 초과하는 주택을(조합원입주권 포함) 말한다(소법 89 및 소령 160). 단, 12억원 초과 겸용주택은 주택과 주택외 부분을 분리하여 과세함.

4) 1주택 요건과 1세대 2주택의 비과세 특례

① 1주택 요건 : 1주택이란 양도일 현재 양도하는 주택 외에 다른 주택을 소유하고 있지 아니한 경우의 당해 주택을 말한다. 이 경우 1주택 여부는 '양도시점'을 기준으로 판정한다. 재개발·재건축사업시 조합원 입주권도 주택수 계산에 포함한다(일반분양입주권 포함, 2022.1.1. 이후 취득분부터).

② 1세대 2주택의 비과세특례 : 다음의 경우에는 1세대 2주택인 경우에도 1세대 1주택으로 보아 양도소득세를 비과세한다(소령 155).

ㄱ 거주이전을 위한 일시적인 2주택의 경우 : 1세대 1주택에 해당하는 자가 그 주택을 양도하기 전에 다른 주택을 취득(자기가 건설하여 취득한 경우를 포함)함으로써 일시적으로 2주택이 된 경우 종전의 주택을 취득한 날로부터 최소한 1년이상 지난 후 다른 주택을 취득하고, 그 다른 주택을 취득한 날부터 3년 이내에 종전의 주택을 양도하는 경우에는 이를 1세대 1주택으로 보아 비과세 규정을 적용한다.

ㄴ 상속에 의한 2주택의 경우 : 1주택을 소유한 1세대(상속개시일 현재 무주택세대 포함)가 상속에 의하여 2주택이 된 경우 상속받은 주택을 양도하는 때에는 일반주택과 동일하게 양도소득세를 과세하고, 일반 주택을 양도하는 때에는 상속주택은 없는 것으로 보아 1세대 1주택으로 비과세 규정을 적용한다.

ㄷ 직계존속의 동거봉양을 위한 일시적인 2주택의 경우 : 1세대 1주택에 해당하는 자가 1세대 1주택에 해당하는 60세 이상의 직계존속(배우자의 직계존속을 포함)을 동거봉양하기 위하여 세대를 합침으로써 1세대 2주택이 된 경우 합친 날부터 10년 이내에 먼저 양도하는 주택(당해 주택의 보유기간이 2년 이상인 것에 한한다)은 이를 1세대 1주택으로 보아 비과세한다.

ㄹ 혼인으로 인한 일시적인 2주택의 경우 : 1세대 1주택에 해당하는 자가 1세대 1주택에 해당하는 자와 혼인함으로써 1세대 2주택이 된 경우 그 혼인한 날부터 10년 이내에 먼저 양도하는 주택(당해 주택의 보유기간이 2년 이상이 것에 한한다)은 이를 1세대 1주택으로 보아 비과세 한다.

ㅁ 지정문화재 및 등록문화재인 주택의 소유로 인한 2주택의 경우 : 국내에 지정문화재 및 등록문화재에 해당하는 주택과 일반주택을 각각 1개씩 소유하고 있는 1세대가 일반주택을 양도하는 경우에는 국내에 1개의 주택을 소유하고 있는 것으로 보아 1세대 1주택 비과세 규정을 적용한다.

ㅂ 농어촌주택 보유로 인한 2주택의 경우 : 농어촌주택(귀농주택, 이농주택, 상속주택 등)과 일반주택을 국내에 각각 1개씩 소유하고 있는 1세대가 일반주택을 양도하는 경우에는 국내에 1개의 주택을 소유하고 있는 것으로 보아 1세대 1

주택 비과세 규정을 적용한다.

ㅅ 장기저당 담보주택의 양도 : 1세대 1주택자가 장기저당담보주택을 그 담보주택의 계약기간(10년 이상) 만료 후에 양도하는 경우에는 1세대 1주택 비과세 요건 중 거주기간의 요건을 적용하지 않는다.

(4) 보유요건

양도일 현재 당해 주택의 보유기간이 2년 이상(취득당시 조정지역은 보유기간 중 거주기간 2년 이상)이어야 한다. 다만, 다음의 경우에는 보유기간의 제한을 받지 아니한다(소령 154①). 다만, 2주택 이상을 보유한 1세대가 1주택 외의 주택을 모두 처분한 후 1주택을 보유하게 된 날로부터 보유기간을 기산한다.

구 분	내 용
거주기간 5년 이상	임차일부터 양도일까지의 거주기간이 5년 이상인 임대주택법에 의한 건설임대주택을 취득하여 양도하는 경우
거주기간 1년 이상	취학·근무상 형편·질병의 요양 기타 부득이한 사유(학교폭력 피해로 인한 전학)로 세대전원이 다른 시·군으로 주거를 이전하는 경우
보유기간의 제한이 없는 경우	① 주택과 그 부수토지가 공익사업을 위한 토지 등의 취득 및 보상에 관한 법률 기타 법률에 의하여 수용되는 경우(사업인정고시일전 취득분에 한함) ② 해외이주법에 의한 해외이주로 세대전원이 출국하는 경우('출국일 현재 1주택을 보유하고 있는 경우로써' 출국 후 2년 이내에 양도하는 경우에 한함) ③ 1년 이상 계속하여 국외거주를 필요로 하는 취학·근무상 형편으로 세대전원이 출국하는 경우(출국 후 2년 이내 양도하는 경우에 한함)

1) 보유기간의 계산

보유기간은 취득일부터 양도일까지의 기간으로 한다. 다만, 양도일로부터 소급하여 10년 이내에 배우자로부터 증여받은 경우에는 증여한 배우자의 당초 취득일부터 양도일까지로 한다.

2) 거주기간의 계산

거주기간은 주민등록표상의 전입일로부터 전출일까지의 기간으로 한다.

3) 보유기간·거주기간의 통산

보유·거주 중에 소실·도괴·노후 등으로 인하여 멸실되어 재건축한 주택은 그 멸실된 주택과 재건축한 주택의 보유기간·거주기간을 통산한다.

V 자산의 취득시기·양도시기

1. 일반적인 경우

양도소득세 과세대상 자산의 취득시기·양도시기는 다음과 같다(소령 162).

구 분	취득시기 및 양도시기
(1) 원칙적인 경우	① 대금청산일 ② 대금청산일이 불분명한 경우 : 등기부·등록부 또는 명부 등에 기재된 등기접수일 또는 명의개서일 등
(2) 대금청산일 이전에 소유권 이전 등기·등록을 한 경우	등기부·등록부·명부 등에 기재된 등기접수일
(3) 장기할부조건의 경우	소유권이전등기접수일·인도일 또는 사용수익일 중 빠른 날
(4) 자기가 건설한 건축물의 경우	① 사용승인서 교부일 ② 사용검사전에 사실상 사용하거나 사용승인을 얻은 경우에는 그 사실상 사용일·사용승인일 ③ 무허가 건축물은 사실상 사용일
(5) 상속·증여에 의하여 취득한 자산	상속개시일 또는 증여를 받은 날
(6) 민법상 점유로 인한 부동산 소유권의 취득의 경우	당해 부동산의 점유를 개시한 날
(7) 공익사업을 위해 수용된 경우	대금을 청산한 날, 수용의 개시일, 소유권이전 등기 접수일 중 빠른 날. 다만, 소유권 소송으로 보상금이 공탁된 경우에는 소유권 소송 판결 확정일.
(8) 완성·확정되지 아니한 자산의 양도·취득시	대금청산일까지 완성·확정되지 아니한 경우에는 당해 목적물이 완성·확정된 날
(9) 환지처분으로 취득한 토지	환지 전의 토지의 취득일
(10) 특정주식을 양도하는 경우	주주 1인과 특수관계인의 주식양도비율이 50% 이상이 되는 날

제2장

양도소득세의 계산

I 양도소득세의 계산구조

양도소득세의 계산구조는 다음과 같다. 단계별로 계산되는 금액의 용어를 유의하라.

양 도 가 액	
(−) 취 득 가 액	양도자산별로 계산
(−) 기 타 필 요 경 비	
① 양 도 차 익	토지·건물의 양도차익X(6%~30% 또는 24%~80%)
(−) 장 기 보 유 특 별 공 제	
② 양 도 소 득 금 액	연 250만원(부동산 등, 주식, 파생상품 자산 그룹별로 각각 적용)
(−) 양 도 소 득 기 본 공 제	
③ 양 도 소 득 과 세 표 준	
(X) 양 도 소 득 세 율	
④ 양 도 소 득 산 출 세 액	
(−) 세 액 공 제	외국납부세액공제
(−) 세 액 감 면	조세특례제한법상 세액감면
⑤ 결 정 세 액	
(+) 가 산 세	신고불성실가산세·납부불성실가산세·기장불성실가산세
(−) 이 미 납 부 한 세 액	예정신고납부세액
⑥ 자 진 납 부 세 액	

실무 양도소득세 신고시 필수서류

가. 민원인 제출 대상
① 취득 및 양도시 매매계약서
② 자본적지출액, 양도비 증빙, 감가상각비 명세서
③ 대주주에 해당하는 경우 주식거래 내역서
나. 공무원 확인 대상(행정정보이용 동의시 민원인 제출 생략)
① 토지·건물 등기부등본
② 토지대장·건축물대장

Ⅱ 양도차익

1. 계산구조

양도차익의 계산구조는 다음과 같다.

$$양도차익 = 양도가액 - 취득가액 - 기타필요경비$$

2. 양도가액과 취득가액의 적용기준

양도소득세의 계산에 있어 양도차익은 실지거래가액에 의한다.

(1) 개요

양도차익을 계산함에 있어서 양도가액을 실지거래가액(또는 매매사례가액·감정가액)에 의하는 때에는 취득가액도 실지거래가액(또는 매매사례가액·감정가액·환산취득가액)에 의하고, 양도가액을 기준시가에 의하는 때에는 취득가액도 기준시가에 의한다.

구 분	양도가액과 취득가액의 신청가액	비 고
(1) 토지·건물 (2) 부동산에 관한 권리	① 원칙 : 실지거래가액	
	② 예외 : 기준시가	정부결정·경정시 실지거래가액을 인정 또는 확인할 수 없는 경우에는 매매사 례 가액 → 감정가액 → 환산취득가액 → 기준시가
(3) 기타자산 (4) 주식과 출자지분*	실지거래가액	

* ① 상장주식·코스닥상장주식·코넥스상장주식 중 대주주양도분과 장외양도분

  ② 비상장·비등록주식을 말한다.

(2) 토지·건물 및 부동산에 관한 권리의 양도가액과 취득가액

토지·건물 및 부동산에 관한 권리의 양도가액과 취득가액은 양도당시 및 취득당시의 실지거래가액에 의한다(소법 96 ①).

양도소득세 과세를 실제소득에 맞게 정상화하여 소득 종류간 형평성을 제고하는 응능부담원칙 실현을 위하여 토지·건물 등의 양도소득에 대하여 실거래가 과세를 전면시행하게 되었다.

실거래과세는 2007년 1월 1일 이후 양도하는 분부터 적용한다. 그러나 실지거래가액으로 양도차익을 계산할 수없는 특수한 상황이 발생할 경우 기준시가를 과세자료로 참고 할 수 있을 것이므로 소득세법에서는 기준시가를 어떻게 산정하는지에 대한 규정을 그대로 두고 있다(소법 100 ①).

(3) 기타자산과 주식·출자지분의 양도가액과 취득가액

기타자산과 주식·출자지분의 취득가액과 양도가액은 양도당시와 취득당시의 실지거래가액에 의한다(소법 96②, 97 ① (1) (나)). 다만, 주식매수선택권을 행사하여 취득한 주식을 양도하는 때에는 주식매수선택권을 행사하는 당시의 시가를 그 주식의 취득가액으로 한다.

(4) 실지거래가액을 인정 또는 확인할 수 없는 경우 : 추계방법

납세지 관할세무서장 또는 지방국세청장은 양도소득 과세표준과 세액을 결정 또는 경정하는 경우에는 위에 설명된 방법에 의하여 양도가액과 취득가액을 산정하여야 한다(소법 114 ⑦). 신고의무자가 신고를 하지 아니한 경우에는 실지거래가액 소명여부 등을 고려하여(양도소득세액이 300만원 미만, 소령 176⑤) 등기부에 기재된 거래가액으로 추정하여 결정할 수 있다(소법 114 ⑤). 다만, 양도가액 또는 취득가액을 실지거래가액에 의하는 경우로서 장부 기타 증명서류에 의하여 당해 자산의 양도당시 또는 취득당시의 실지거래가액을 인정 또는 확인할 수 없는 경우에는 다음의 방법을 순차적으로 적용하여 양도가액 또는 취득가액을 산정할 수 있다(소법 114 ⑦, 소령 176의 2 ③).

> ① 매매사례가액 ⇨ ② 감정가액 ⇨ ③ 환산취득가액 ⇨ ④ 기준시가

3. 취득가액

(1) 실지거래가액을 적용하는 경우

실지거래가액을 적용하는 경우 취득가액은 소득세법의 규정에 의한 자산의 취득가액으로 한다.

참고 소득세법상 감가상각비와 현재가치할인차금의 취급(이중공제 방지목적)

① 감가상각비 : 양도자산 보유기간 중 그 자산의 감가상각비로서 소득세법상 사업자의 부동산 임대소득·사업소득의 소득금액계산상 필요경비에 산입하였거나 산입할 금액이 있는 때에는 이를 취득가액에서 공제한다(소법 97 ③).
② 현재가치할인차금 : 현재가치할인차금은 취득가액에 포함하되, 당해 양도자산의 보유기간중 현재가치 할인차금상각액을 소득세법상 사업자의 부동산임대소득·사업소득의 소득금액계산상 필요경비에 산입하였거나 산입할 금액이 있는 때에는 이를 취득가액에서 공제한다.

참고 법인세법상 감가상각비와 현재가치할인차금의 취급

법인세법에서는 법인이 현재가치할인차금의 상각액 또는 감가상각비를 각 사업연도 소득금액계산시 손금에 산입한 경우에도 동 금액을 취득가액에서 차감하지 아니한다. 기업회계기준에 따라 계상한 현재가치할인차금은 취득가액에 포함하지 아니하므로(법령 72 ④), 회사가 결산서상 현재가치 평가를 수행한 경우 이를 인정함.

(2) 기준시가를 적용하는 경우

기준시가를 적용하는 경우 취득가액은 취득당시 기준시가로 한다.

4. 기타필요경비

(1) 개요

기타 필요경비는 다음과 같이 구분하여 계산한다.

실지거래가액에 의해 계산하는 경우	추계방법에 의해 계산하는 경우
취득가액(실지거래가액)	취득가액 (매매사례가액, 감정가액, 환산취득가액 또는 기준시가)
기타의 필요경비 : 자본적 지출액, 양도비	기타의 필요경비 : 개산공제

* 양도비 : 계약서작성비용, 공증비용, 인지대, 소개비, 세무대리비용

(2) 필요경비 개산공제(概算控除)

필요경비에 대한 개산공제액은 다음과 같다(소령 163 ⑥).

구 분		개산공제액
(1) 토지와 건물		취득당시의 개별공시지가 또는 국세청 고시가격X3% (미등기양도자산은 0.3%)
(2) 부동산에 관한 권리	① 지상권·전세권·등기된 부동산임차권	취득당시의 기준시가X7%
	② 부동산을 취득할 수 있는 권리	취득당시의 기준시가X1%
(3) 기타자산 (4) 주식·출자지분		

Example 1	부설악이 당해 연도에 양도한 다음의 자료를 토대로 자산별 양도차익을 계산하되 그 계산과정을 설명하시오.

(단위 : 원)

구 분		토지(미등기)	지상권	비상장주식
양	실 지 거 래 가 액	–	–	50,000,000
도	매 매 사 례 가 액	320,000,000	180,000,000	–
당	감 정 가 액	270,000,000	–	–
시	기 준 시 가	240,000,000	150,000,000	40,000,000
취	실 지 거 래 가 액	–	–	–
득	매 매 사 례 가 액	200,000,000	–	–
당	감 정 가 액	180,000,000	–	35,000,000
시	기 준 시 가	150,000,000	120,000,000	30,000,000
• 양도일자		2025.10.10	2025.11.11	2025.12.12
• 취득일자		2009. 5. 5	2010 6. 6	2011. 7. 7
• 자본적지출액 등		15,600,000	6,800,000	1,500,000

Answer

구 분	토지(미등기)	지 상 권	비상장주식
양 도 가 액	(매) 320,000,000원	(매) 180,000,000원	(실) 50,000,000원
취 득 가 액	(매) 200,000,000원	(환) 144,000,000원	(환) 37,500,000원
기타필요경비	450,000원[주1]	8,400,000원[주2]	300,000원[주3]
양 도 차 익	119,550,000원	27,600,000원	12,200,000원

(주1) 150,000,000X0.3%＝ 450,000원

(주2) 120,000,000X 7%＝8,400,000원

(주3) 30,000,000X 1%＝ 300,000원

<해설> 이 문제는 자산 유형별 필요경비 계산 요령과 환산취득가액 계산요령을 묻고 있다.

Ⅲ 양도소득금액

1. 계산구조

양도소득금액의 계산구조는 다음과 같다.

> 양도소득금액＝양도차익 – 장기보유특별공제

2. 장기보유특별공제

(1) 적용대상

장기보유특별공제는 ①토지·건물로서 ②등기되고 ③보유기간 3년 이상인 자산 및 조합원 입주권에 한하여 적용된다.

단, 미등기자산과 중과대상 주택 양도시 장기보유특별공제가 배제된다(소법 95②).

※비사업용토지는 장기보유공제가 허용되며, 보유기간은 토지 취득일부터 기산한다(소법 95 ④).

(2) 장기보유 특별공제액(소법 95)

등기된 토지·건물의 장기보유 특별공제액의 계산은 3년 이상 보유시 다음과 같다.

① 일반 토지·건물 : 3년 이상 4년 미만 보유시 6%, 연 2%씩 증가, 최대 30%(15년 이상 보유시 공제)

② 양도소득세가 과세되는 1세대 1주택 : 연도별로 「보유기간 연 4%＋거주기간 연 4%」씩 증가, 최대 80%(거주기간이 2년~3년은 8% 적용), 거주하지 않은 경우 최대 30% 적용

보유기간	공제율(%)	거주기간	공제율(%)
3년 이상 4년 미만	12	2년 이상 3년 미만 (보유기간 3년 이상에 한정)	8
		3~4년	12
4~5년	16	4~5년	16

보유기간	공제율(%)	거주기간	공제율(%)
5~6년	20	5~6년	20
6~7년	24	6~7년	24
7~8년	28	7~8년	28
8~9년	32	8~9년	32
9~10년	36	9~10년	36
10년 이상	40	10년 이상	40

Example 2 소득세법 제95조에서 규정하고 있는 장기보유 특별공제의 1. 적용대상자산 및 적용제외 자산 2. 공제율에 대하여 간단하게 기술하시오.

Answer
1. 적용대상자산 및 적용제외 자산
   (1) 적용대상자산
       3년 이상 보유한 토지 또는 건물
   (2) 적용제외자산
       ① 3년 미만 보유한 토지 또는 건물
       ② 부동산에 관한 권리, 기타자산, 주식 등
       ③ 미등기양도자산
       ④ 양도소득세 중과되는 주택 양도
2. 공제율
   3년 이상 6%, 4년 이상 8%부터 매년 경과시 마다 2% 가산하여 15년 이상 30%로 하되 1세대 1주택인 고가주택의 경우는(2년 이상 거주시) 보유기간과 거주기간을 고려하여 매년 (보유기간 4%＋거주기간 4%)씩 가산하여 최대 80%로 한다.

3. 양도소득금액 계산특례

(1) 고가주택의 양도소득금액 계산

고가주택의 양도소득금액 계산은 다음과 같다(소령 160).

① 고가주택의 양도차익＝전체양도차익$\times \dfrac{\text{양도가액} - 12억 원}{\text{양도가액}}$

② 고가주택의 장기보유특별공제＝전체 장기보유특별공제액$\times \dfrac{\text{양도가액} - 12억 원}{\text{양도가액}}$

③ 고가주택의 양도소득금액＝① － ②

(2) 부담부증여의 양도소득금액 계산

부담부증여의 경우 양도소득금액의 계산은 다음과 같다(소령 159).

> ① 양도가액＝양도 당시 자산가액$\times\dfrac{\text{채무인수액}}{\text{증여가액}}$
>
> ② 취득가액＝취득 당시 자산가액$\times\dfrac{\text{채무인수액}}{\text{증여가액}}$

(3) 배우자 및 직계존비속으로부터 증여받은 자산에 대한 이월과세

거주자(수증받은자)가 양도일부터 소급하여 10년 이내에 그 배우자로부터 증여받은 토지・건물・특정시설물 이용권・부동산을 취득할 수 있는 권리의 양도에 대한 양도차익을 계산함에 있어서 취득가액은 당해 자산을 증여한 배우자의 당초 취득시의 취득가액으로 한다. 이 경우 거주자가 증여 받은 자산에 대하여 납부하였거나 납부할 증여세 상당액은 필요경비에 산입한다(소법 97의2①). 단, 이월과세를 적용한 양도세액이 미적용 양도세액 보다 적은 경우 이월과세 적용을 배제한다.

> 증여세 상당액＝상속세및증여세법상 증여세
>
> 산출세액$\times\dfrac{\text{양도한 당해 자산의 증여세 과세가액}}{\text{상속세및증여세법상 증여세 과세가액}}$

참고 ✏ 배우자간 증여

부부간 증여세 공제 한도가 3억원에서 6억원으로 확대되어(상증법 53), 다주택자인 경우 배우자에게 증여 후 배우자가 양도하는 경우에는 증여가액이 취득가액이 된다. 이 경우에도 증여후 10년이 경과하여야 절세가 가능하다. 그렇다면 상가 증여시 발생되는 추가비용은 무엇일까?
① 건강보험료 부담
② 상가 취득세 부담
③ 10년내 양도시 증여혜택 배제

(4) 부당행위계산의 부인

1) 특수관계인과 거래에 대한 부당행위계산부인

납세지 관할세무서장 또는 지방국세청장은 양도소득이 있는 거주자의 행위 또는 계산이 그 거주자와 특수관계인과 거래로 인하여 당해 소득에 대한 조세의 부담을 부당하게 감소시킨 것으로 인정되는 때에는 그 거주자의 행위 또는 계산에 관계없이 당해 연도의 소득금액을 계산할 수 있다. 다만, 시가와 거래가액의 차액이 3억원 이상이거나 시가의 5% 이상인 경우로 한정한다(소령 167 ③).

2) 증여후 5년 이내 양도의 부당행위계산부인(증여후 양도거래)

양도소득에 대한 소득세를 부당하게 감소시키기 위하여 특수관계인에게 자산을 증여한 후 그 자산을 증여받은 자가 그 증여일부터 10년 이내에 이를 타인에게 양도한 경우에는 증여자가 그 자산을 직접 양도한 것으로 본다. 이 경우 당초 증여받은 자산에 대하여는 상증법의 규정에도 불구하고 증여세를 부과하지 아니한다(소법 101).

심화   이월과세와 증여후 양도거래의 비교

항 목	이월과세	증여후 양도거래
① 증여자와의 관계	배우자 및 직계존비속	특수관계인
② 대상자산	토지·건물 또는 시설물 이용권	양도소득세 과세대상 자산
③ 양도일까지 기간	10년	10년
④ 납세의무자	수증받은 배우자	증여자
⑤ 부당행위계산 부인	X	○
⑥ 증여세의 처리	필요경비로 공제	증여세를 부과하지 않음
⑦ 연대납세의무	X	○
⑧ 관련 법규	소법 97의 2 ① (양도소득 필요경비 계산특례)	소법 101 ② (양도소득의 부당행위계산 부인)

IV 양도소득 과세표준

1. 계산구조

양도소득 과세표준의 계산구조는 다음과 같다.

양도소득 과세표준＝양도소득금액 － 양도소득 기본공제(연 250만원)

2. 양도소득 기본공제(소법 103)

양도소득 기본공제는 양도소득이 있는 거주자에 대하여 다음 각호의 소득별로 당해 연도의 양도소득금액에서 각각 연 250만원을 적용한다. 다만, 미등기자산은 양도소득 기본공제를 적용하지 아니한다.

① 토지・건물, 부동산에 관한 권리 및 기타자산의 양도소득금액

② 주식(국내와 해외주식 포함) 및 출자지분의 양도소득금액

③ 파생 상품의 거래・행위로 발생하는 소득

④ 신탁수익권의 양도소득

　＊ 양도소득 기본공제는 먼저 양도하는 자산의 양도차익에서부터 순차로 공제한다(소법 103 ②).

3. 양도차손익의 통산

당해 연도에 수개의 자산을 양도한 경우 양도소득금액은 다음의 자산별로 구분하여 계산한다.

① 토지・건물, 부동산에 관한 권리, 기타자산

② 주식(국내, 해외주식 통산 허용) 및 출자지분

이 경우 ① 내지 ②의 각 소득금액을 계산함에 있어서 발생하는 결손금(양도차손)은 다른 구분의 소득금액과는 통산하지 아니한다(소법 102).

＊ 예를 들어, ①에서 발생한 결손금(양도차손)은 ②에서 공제할 수 없는 것이다.
　이를 요약하면 다음과 같다.

　1차 통산 : ①・②의 자산별로 같은 세율을 적용 받는 자산의 양도소득금액에서 먼저 공제한다.
　　　　　　 이 경우 결손금(양도차손)이 다 공제되지 않으면 다음 단계(2차통산)로 넘어간다.

　2차 통산 : 서로 다른 세율 적용별 양도소득금액의 비율에 따라 1차 통산 후의 결손금을 통산한다.

V 양도소득 산출세액

1. 계산구조

양도소득 산출세액의 계산구조는 다음과 같다.

> 양도소득세 산출세액＝양도소득세 과세표준×양도소득세율

2. 양도소득세율(소법 104)

　양도소득세율은 다음과 같다(기본세율은 종합소득세율과 동일함). 이와 같이 다양한 세율을 적용하는 이유는 주택의 거주목적의 실수요자가 아니거나 토지를 생산적 용도로 사용하지 않고 재산증식의 수단으로 이용하는 경우에 부동산 투기수요를 억제하여 부동산 시장을 안정화하고 투기이익을 환수하기 위한 목적이다.

구　분			세　율
(1) 토지·건물·부동산에 관한 권리	등기자산	① 2년 이상 보유	기본세율(분양권은 60%)
		② 1년 이상 2년 미만 보유	주택 및 조합원입주권은 60%(위 외의 자산 40%)
		③ 1년 미만 보유	주택 및 조합원입주권 70%(위 외의 자산 50%)
		④ 조정지역* 부동산(2주택 이상, 비사업용토지) 양도(21.6.1 이후)	기본세율＋20% (3주택 이상은 30%)
		⑤ 비사업용 토지 또는 기타자산 중 비사업용 토지 보유현황을 감안하여 정하는 자산	기본세율＋10%
	미등기자산		70%
(2) 기타자산	특정주식, 시설물이용권, 영업권		기본세율
(3) 주식·출자지분	① 중소기업 외의 법인의 주식으로서 대주주가 1년 미만 보유한 주식		30%(1년 초과시 20~25%)
	② 중소기업의 주식		10%(대주주 20%. 단, 양도차익 3억원 초과분은 2020년부터 25%)

구　분		세　율
	③ 위 '①, ②' 외의 주식	20%
	④ 외국법인 주식 중소기업(그 밖의 기업)	10%(20%)
(4) 파생상품	파생상품에 대한 양도	20%(현재 탄력세율 10% 적용)
(5) 신탁수익권	신탁의 이익을 받을 권리	20%(3억원 초과분 25%)

* 조정대상지역 내 다주택자는 중과세율이 적용되므로 유의할 것(단, 2년 이상 보유시 2024.5.9.까지 중과 배제). 조합원입주권에는 분양권도 포함한다(각 1주택으로 봄).

〈비상장법인 대주주의 범위 확대〉(소령 167의8)

구분	17.1.1부터	18.4.1부터	2020.4.1부터
지분율	4% 이상	→	→
종목별 시가총액	25억원 이상	15억원 이상	10억원 이상

3. 양도세 감면과 과세특례(조특법)

① 공익사업용 토지 등에 대한 양도세 감면율 확대(조특법 77)
　- 현금보상 : 15%
　- 채권보상 : 20%(3년 이상의 만기보유특약 체결 : 30%, 만기가 5년 이상은 40%)
② 개발제한구역내 토지양도시 양도세 감면신설(조특법 77의3)
③ 지방미분양주택에 대한 양도세 과세특례신설(조특법 98의2)
④ 농어촌주택 및 고향주택에 대한 양도세 과세특례(조특법 99의4)

4. 미등기자산

(1) 미등기자산에 대한 불이익

미등기자산에 대하여는 양도소득세의 과세시 다음과 같은 불이익이 있다.
① 양도소득세 비과세의 적용배제
② 장기보유특별공제·양도소득 기본공제의 적용배제
③ 양도소득세율 적용시 70%의 최고세율 적용
④ 저율에 의한 필요경비 개산공제(기준시가의 0.3% 적용)

(2) 미등기자산에서 제외되는 자산

다음에 해당하는 경우에는 미등기자산으로 보지 아니한다(소령 168).

① 장기할부조건으로 취득한 자산으로서 계약조건에 의하여 양도당시 당해 자산의 취득에 관한 등기가 불가능한 자산

② 법률의 규정·법원의 결정에 의하여 양도당시 당해 자산의 취득에 관한 등기가 불가능한 자산

③ 농지의 교환·분합·대토로 인하여 양도소득세 비과세대상이 되는 토지의 양도

④ 8년 이상 계속하여 직접 경작한 토지로서 농지세 과세대상(비과세·감면·소액 부징수대상 포함)이 되는 토지의 양도

⑤ 「도시개발법」에 따른 도시개발사업이 종료되지 아니하여 토지 취득등기를 하지 아니하고 양도하는 토지

⑥ 1세대 1주택으로서 건축법에 의한 건축허가를 받지 아니하여 등기가 불가능한 자산(무허가 주택)의 양도

Example 3	김갑동의 토지 양도소득의 과세표준과 산출세액은 얼마인가?

(1) 실거래가격 : 양도가액 60,000,000원, 취득가액 38,000,000원
(2) 기준시가 : 양도가액 50,000,000원, 취득가액 30,000,000원
(3) 취득세 및 양도비용은 3,000,000원임
(4) 토지의 보유기간은 1년 2개월이다.

Answer
2007년 거래부터 모든 양도소득은 실거래가로 계산한다.
양도차익＝60,000,000원 － 38,000,000원 － 3,000,000원＝19,000,000원
장기보유공제는 3년 미만 보유했으므로 없음
기본공제 : 2,500,000원
과세표준＝16,500,000원
산출세액＝16,500,000원×40%(토지, 2년 미만 보유시 세율)＝6,600,000원

<핵심>
양도세 과표 계산구조 3단계(양도차익, 양도소득금액, 양도세과표)를 이해하여야 한다. 만약 7년 2개월 보유한 경우 산출세액은 얼마인가?

Ⅵ 예정신고와 납부

1. 예정신고

거주자가 토지 및 건물(Ⅰ그룹과 Ⅳ그룹)을 양도한 경우에는 양도한 날이 속하는 달의 말일부터 2개월 이내에, 주식 및 출자지분(Ⅱ그룹)을 양도한 경우에는 양도일이 속하는 반기(2018년부터) 말일부터 2개월 이내에 납세지 관할세무서장에게 신고(양도소득과세표준 예정신고)하고 그 세액을 납부하여야 한다(소법 105①). Ⅲ그룹은 예정신고의무가 없다.

거주자가 예정신고를 할 때 예정신고 산출세액은 다음 계산식에 따라 계산한다(소법 107).

예정신고 산출세액＝(양도차익−장기보유특별공제−양도소득기본공제)×양도소득세율

다만, 해당 과세기간에 누진세율 적용대산 자산에 대한 예정신고를 2회 이상 하는 경우로서 거주자가 이미 신고한 양도소득금액과 합산하여 신고하려는 경우에는 다음의 산식에 따른 금액을 제2회 이후 신고하는 예정신고 산출세액으로 한다.

$$\left(\begin{array}{c}\text{이미 신고한}\\\text{자산의}\\\text{양도소득금액}\end{array} + \begin{array}{c}\text{2회 이후 신고하는}\\\text{자산의 양도소득금액}\end{array} - \begin{array}{c}\text{양도소득}\\\text{기본공제}\end{array}\right) \times \begin{array}{c}\text{기본}\\\text{세율}\end{array} - \begin{array}{c}\text{이미 신고한}\\\text{예전신고}\\\text{산출세액}\end{array}$$

2. 확정신고(소법 110)

① 해당 과세가간의 양도소득금액이 있는 거주자는 그 양도소득과세표준을 다음 연도 5월 1일부터 5월 31일까지 납세지관할세무서장에게 신고하여야 하며, 이러한 과세표준확정신고는 해당 과세가간의 과세표준이 없거나 결손금이 있는 경우에도 하여야 한다.

② 예정신고를 한 자는 위의 규정에 불구하고 해당 과세기간의 소득에 대한 확정신고를 하지 않을 수 있다. 그러나 다음의 어느 하나에 해당하는 경우에는 확정신고를 하여야 한다.

    a. 당해연도에 기본세율의 적용대상 자산에 대한 예정신고를 2회 이상 한 자가

이미 신고한 양도소득금액과 합산하여 신고하지 아니한 경우

b. 토지, 건물, 부동산에 관한 권리 및 기타자산을 2회 이상 양도한 경우로서 양도소득기본공제의 적용순위로 인하여 당초 신고한 양도소득산출세액이 달라지는 경우

c. 주식(외국 주식 제외) 등을 2회 이상 양도한 경우로서 양도소득기본공제의 적용순위로 인하여 당초 신고한 양도소득산출세액이 달라지는 경우

d. 부동산 등 유형 자산을 둘 이상 양도한 경우로서 산출세액계산 특례규정(자산별 양도소득세율을 적용한 산출세액과 기본세율을 적용하여 계산한 산출세액 중 큰 산출세액으로 과세하는 규정)을 적용할 경우 당초 신고한 산출세액이 달라지는 경우

Example 4	깁을동의 토지 양도소득의 과세표준과 산출세액은 얼마인가?

(1) 실거래가격 : 양도가액 80,000,000원, 취득가액 48,000,000원
(2) 기준시가 : 양도가액 60,000,000원, 취득가액 35,000,000원
(3) 취득세 및 양도비용은 4,000,000원임
(4) 토지의 보유기간은 5년 9개월이다.

Answer
<장기보유 특별공제표>
5년 이상 6년 미만 : 10%
6년 이상 7년 미만 : 12%

Answer
양도소득세는 실거래가격 기준으로 계산한다.
양도차익=양도가액 − 취득가액 − 양도비용=80,000,000−48,000,000−4,000,000
    =28,000,000원
장기보유특별공제 : 양도차익의 10%=2,800,000원
양도소득금액=28,000,000 − 2,800,000=25,200,000원
과세표준=25,200,000 − 2,500,000(기본공제)=22,700,000원
산출세액=840,000원+(22,700,000−14,000,000)×15%=2,145,000원

실습
과제

예제4의 양도사례를 제시하고 양도소득세 과세표준 신고 및 납부계산서 (별지서식 84호)를 작성해 보도록 한다.

3. 국외전출세(소법 118의 9) 신고 · 납부

거주자가 이민 등으로 국외전출하는 경우 국외전출일에 국내주식을 양도한 것으로 보아 양도소득세를 과세한다. 이는 역외조세회피 방지 및 국내 재산에 대한 과세권 확보 목적이다.

① 과세 대상 주식 : 국내 주식 및 부동산 주식(부동산비율 50% 이상 법인)

② 납세의무자 : 거주자로서 대주주에 해당될 것

③ 세율 : 과세표준의 20%(3억원 초과분은 25%)

④ 신고 · 납부 기한 : 국외전출일이 속하는 달의 말일로부터 3개월 내

⑤ 무신고가산세 : 납부할 세액의 20%

■ 소득세법 시행규칙 [별지 제84호서식] <개정 2023. 3. 20.>

※ 2010. 1. 1. 이후 양도분부터는 양도소득세 예정신고를 하지 않으면 가산세가 부과됩니다.　　　　(4쪽 중 제1쪽)

관리번호	-

(　　년 귀속)양도소득(국외전출자)과세표준 신고 및 납부계산서
([　]예정신고, [　]확정신고, [　]수정신고, [　]기한 후 신고)

① 신고인 (양도인)	성　　명		주민등록번호		내 · 외국인	[ ]내국인, [ ]외국인
	전자우편주소		전화번호		거주구분	[ ]거주자, [ ]비거주자
	주　　소				거주지국 / 국적	거주지국코드 / 국적코드
② 양 수 인	성　　명	주민등록번호	양도자산 소재지	지 분		양도인과의 관계
③ 세율구분	코　드	양도소득세 합계	국내분 소계　-	-		국외분 소계
④ 양 도 소 득 금 액						
⑤ 기신고·결정·경정된 양도소득금액 합계						
⑥ 소득감면대상 소득금액						
⑦ 양 도 소 득 기 본 공 제						
⑧ 과 세 표 준 (④+⑤-⑥-⑦)						
⑨ 세　　　　　율						
⑩ 산 출 세 액						
⑪ 감 면 세 액						
⑫ 외 국 납 부 세 액 공 제						
⑬ 원 천 징 수 세 액 공 제						
⑭ 전 자 신 고 세 액 공 제						
⑮ 가산세	무(과소)신고					
	납 부 지 연					
	기장불성실 등					
	계					
⑯ 기신고·결정·경정세액, 조정공제						
⑰ 납 부 할 세 액 (⑩-⑪-⑫-⑬-⑭+⑮-⑯)						
⑱ 분납(물납)할 세액						
⑲ 납 부 세 액						
⑳ 환 급 세 액						

농어촌특별세 납부계산서

㉑ 소 득 세 감 면 세 액	
㉒ 세　　　　　율	
㉓ 산 출 세 액	
㉔ 수 정 신 고 가 산 세 등	
㉕ 기신고·결정·경정세액	
㉖ 납 부 할 세 액	
㉗ 분 납 할 세 액	
㉘ 납 부 세 액	
㉙ 환 급 세 액	

신고인은 「소득세법」 제105조(예정신고)·제110조(확정신고), 「국세기본법」 제45조(수정신고)·제45조의3(기한 후 신고), 「농어촌특별세법」 제7조에 따라 신고하며, 위 내용을 충분히 검토하였고 신고인이 알고 있는 사실 그대로를 정확하게 적었음을 확인합니다.

　　　　　　　　년　월　일

신고인　　　　(서명 또는 인)

환급금 계좌신고	
㉚ 금 융 기 관 명	
㉛ 계 좌 번 호	

세무대리인은 조세전문자격자로서 위 신고서를 성실하고 공정하게 작성하였음을 확인합니다.

세무대리인　　　　(서명 또는 인)

세무서장 귀하

붙임서류	1. 양도소득금액계산명세서(부표 1, 부표 2, 부표 2의2 중 해당하는 것) 1부 2. 매매계약서(또는 증여계약서) 1부 3. 필요경비에 관한 증빙서류 1부 4. 감면신청서 및 수용확인서 등 1부 5. 그 밖에 양도소득세 계산에 필요한 서류 1부	접수일 인
담당공무원 확인사항	1. 토지 및 건물등기사항증명서 2. 토지 및 건축물대장 등본	
세무대리인	성명(상호)　　　　사업자등록번호 생년월일　　　　전화번호	

210mm×297mm[백상지80g/㎡ 또는 중질지80g/㎡]

작 성 방 법

1. 관리번호는 작성자가 적지 않습니다.

2. ① 신고인(양도인)란: 성명란은 외국인이면 영문으로 적되 여권에 기록된 영문성명 전부(full name)를 적습니다. 주민등록번호 란은 국내거소신고번호를 부여받은 재외국민 또는 외국국적동포이면 국내거소신고증상의 국내거소신고번호를 적고, 외국인이면 외국인등록표상의 외국인등록번호를 적으며, 상기 번호를 부여받지 않은 경우에는 여권번호를 적습니다. 내·외국인 및 거주 구분의 □안에 "√"표시를 하고, 국제표준화기구(ISO)가 정한 국가별 ISO코드 중 국명 약어 및 국가코드를 참고하여 국적(국 적코드)과 거주지국(거주지국코드)을 적습니다.

3. ② 양수인란: 양도물건별로 적되, 양수인이 공동으로 양수한 경우에는 양수인별 지분을 적고, 양수인이 다수인 경우에는 별지로 작성합니다. 양수인이 외국인인 경우 주민등록번호란에는 ①을 참고하여 외국인등록번호 등을 적습니다.

   ※ 양도인과의 관계 예시: 타인, 배우자, 자, 부모, 형제자매, 조부모, 손자·손녀 등

4. ③ 세율구분란: 주식의 경우에는 주식양도소득금액계산명세서(별지 제84호서식 부표 2)의 ④ 주식등 종류코드란의 세율이 같은 자산(기타자산 주식은 제외합니다)을 합산하여 적습니다.

5. ④ 양도소득금액란: 양도소득금액 계산명세서(별지 제84호서식 부표 1)의 ⑬ 양도소득금액 합계액을 적습니다.

6. ⑥ 소득감면대상 소득금액란: 양도소득세액의 감면을 「소득세법」 제90조제2항(소득금액 차감방식)을 적용하여 계산하는 경우 양도자산의 감면소득금액을 적습니다.

7. ⑦ 양도소득기본공제란: 해당 연도 중 먼저 양도하는 자산의 양도소득금액에서부터 차례대로 공제하며, 미등기양도자산은 공제 하지 않습니다(부동산 등, 파생상품, 신탁수익권은 각각 연 250만원을 공제하며, 주식은 '20.1.1.이후 양도분부터 국내·국외 주식 양도소득금액 통산액에서 연 250만원을 공제합니다).

8. ⑩ 산출세액란: 해당 과세기간에 「소득세법」 제94조제1항제1호·제2호 및 제4호에 따른 자산을 둘 이상 양도하는 경우 양도 소득 산출세액은 아래 '가'와 '나' 중 큰 금액이 계산되는 경우의 산출세액을 적습니다.

   가. 해당 과세기간의 양도소득과세표준 합계액에 대하여 「소득세법」 제55조제1항에 따른 세율을 적용하여 계산한 양도소득 산출세액에서 양도소득세 감면액을 차감한 금액

   나. 「소득세법」 제104조제1항부터 제4항까지 및 제7항에 따라 계산한 자산별 양도소득 산출세액 합계액에서 양도소득세 감면액을 차감한 금액

9. ⑪ 감면세액란·⑫ 외국납부세액공제란: 해당 신고분까지 누계금액을 적습니다.

   ※ ⑪ 감면세액란은 「소득세법」 제90조제1항(세액감면방식)에 따라 계산한 세액을 적습니다.

10. ⑬ 원천징수세액공제란: 비거주자의 양도소득에 대하여 양수인이 원천징수한 세액을 적습니다.

11. ⑭ 전자신고세액공제란: 납세자가 직접 「국세기본법」 제5조의2에 따른 전자신고의 방법으로 신고를 하는 경우 「조세특례 제한법」 제104조의8제1항에 따른 전자신고 세액공제 금액(20,000원)을 적되, 공제세액이 ⑩란의 세액에서 ⑪란부터 ⑬란까 지의 세액을 뺀 후의 세액을 초과할 때에는 그 초과하는 세액은 공제되지 않습니다. 다만, 세무대리인이 대리신고한 경우에 는 기재하지 않습니다.

12. ⑮ 가산세란: 산출세액에 기한 내 신고·납부 불이행에 따른 무(과소)신고(일반무신고 20%, 부당무신고 40%, 일반과소신고 10%, 부당과소신고 40%)·납부지연[1일 3/10,000(2019. 2. 12. 이후 1일 2.5/10,000, 2022. 2. 15. 이후 1일 2.2/10,000)]·기 장불성실 등 가산세[감정가액 또는 환산취득가액 적용에 따른 가산세(감정가액 또는 취득가액의 5%), 국외전출자 국내주식등 의 보유현황 미신고 가산세(주식 등의 액면금액 또는 출자가액의 2%)는 기장불성실 등 가산세 란에 기재] 금액을 적습니다.

13. ⑯ 기신고·결정·경정세액, 조정공제란: 기신고세액(누계금액으로서 납부할 세액을 포함합니다), 무신고결정·경정 결정된 경우 총결정세액(누계금액을 말합니다)을 적고, 국외전출세의 경우에는 국외전출 후 양도에 따른 조정공제세액을 적습니다.

14. ⑰ 납부할 세액란부터 ⑳ 환급세액란까지: 계산 결과 신고·납부(또는 환급)할 세액 등을 적습니다.

15. 환급금 계좌신고(㉚·㉛)란: 송금받을 본인의 예금계좌를 적습니다.

210mm×297mm[백상지80g/㎡ 또는 중질지80g/㎡]

작 성 방 법

과세대상자산 및 세율

세 율 구 분	코 드	세 율
1. 「소득세법」 제94조제1항제1호 및 제2호(토지·건물 및 부동산에 관한 권리)		
① 일반세율 적용 토지·건물 및 부동산에 관한 권리	1-10	6~42%(’21.1.1.이후 양도분 6~45%)
② 1년 이상 2년 미만 보유 토지·건물 및 부동산에 관한 권리(주택 및 조합원입주권 제외)	1-15	40%
③ 1년 미만 보유 토지·건물 및 부동산에 관한 권리(주택 및 조합원입주권 제외)	1-20	50%
④ 1년 미만 보유 주택 및 조합원입주권	1-40	40%
⑤ 1년 이상 2년 미만 보유 주택 및 조합원입주권(’21.6.1.이후 양도분)	1-39	60%
⑥ 1년 미만 보유 주택 및 조합원입주권, 분양권(’21.6.1.이후 양도분)	1-46	70%
⑦ 1년 이상 보유 분양권(’21.6.1.이후 양도분)	1-23	60%
⑧ 미등기 양도	1-30	70%
⑨ 일반세율에 10% 가산하는 세율을 적용하는 비사업용토지, 비사업용토지 과다보유법인 주식	1-11	16~52%(’21.1.1.이후 양도분 16~55%)
⑩ 1년 이상 2년 미만 보유 비사업용토지	1-35	40%
⑪ 1년 미만 보유 비사업용토지	1-36	50%
⑫ 일반세율에 20% 가산하는 세율을 적용하는 지정지역 내 비사업용토지(’18.1.1. 이후 양도분)	1-31	26~62%(’21.1.1.이후 양도분 26~65%)
⑬ 1년 이상 2년 미만 보유 지정지역 내 비사업용토지(’18.1.1. 이후 양도분)	1-37	40%
⑭ 1년 미만 보유 지정지역 내 비사업용토지(’18.1.1. 이후 양도분)	1-38	50%
⑮ 비사업용토지, ’09.3.16. ~ ’12.12.31. 취득하여 양도분	1-10	6~42%(’21.1.1.이후 양도분 6~45%)
⑯ 일반세율에 10% 가산하는 세율을 적용하는 지정지역 내 1세대3주택 이상에 해당하는 주택 또는 주택과 조합원입주권 수의 합이 3이상인 경우(~’18.3.31. 양도분)	1-71	16~52%
⑰ 1년 미만 보유 지정지역 내 1세대3주택 이상에 해당하는 주택 또는 주택과 조합원입주권 수의 합이 3이상인 경우(~’18.3.31. 양도분)	1-73	40%
⑱ 조정대상지역 내 분양권(’18.1.1.~’21.5.31.양도분)	1-21	50%
⑲ 일반세율에 10% 가산하는 세율을 적용하는 조정대상지역 내 주택으로서 1세대2주택에 해당하는 주택(’18.4.1.~’21.5.31. 양도분)	1-51	16~52%(’21.1.1.이후 양도분 16~55%)
⑳ 1년 미만 보유 조정대상지역 내 주택으로서 1세대2주택에 해당하는 주택(’18.4.1.~’21.5.31. 양도분)	1-53	40%
㉑ 일반세율에 10% 가산하는 세율을 적용하는 조정대상지역 내 주택으로서 1세대가 주택과 조합원입주권 또는 분양권(’21.1.1. 이후 취득)을 각각 1개씩 보유한 경우의 해당 주택(’18.4.1.~’21.5.31. 양도분)	1-52	16~52%(’21.1.1.이후 양도분 16~55%)
㉒ 1년 미만 보유 조정대상지역 내 주택으로서 1세대가 주택과 조합원입주권 또는 분양권(’21.1.1. 이후 취득)을 각각 1개씩 보유한 경우의 해당 주택(’18.4.1.~’21.5.31. 양도분)	1-54	40%
㉓ 일반세율에 20% 가산하는 세율을 적용하는 조정대상지역 내 주택으로서 1세대3주택에 해당하는 주택(’18.4.1.~’21.5.31. 양도분)	1-55	26~62%(’21.1.1.이후 양도분 26~65%)
㉔ 1년 미만 보유 조정대상지역 내 주택으로서 1세대3주택에 해당하는 주택(’18.4.1.~’21.5.31. 양도분)	1-57	40%
㉕ 일반세율에 20% 가산하는 세율을 적용하는 조정대상지역 내 주택으로서 1세대가 주택과 조합원입주권 또는 분양권(’21.1.1. 이후 취득)을 보유한 경우로서 그 수의 합이 3이상인 경우 해당 주택(’18.4.1.~’21.5.31. 양도분)	1-56	26~62%(’21.1.1.이후 양도분 26~65%)
㉖ 1년 미만 보유 조정대상지역 내 주택으로서 1세대가 주택과 조합원입주권 또는 분양권(’21.1.1. 이후 취득)을 보유한 경우로서 그 수의 합이 3이상인 경우 해당 주택(’18.4.1.~’21.5.31. 양도분)	1-58	40%

(국내자산)

210mm×297mm[백상지80g/㎡ 또는 중질지80g/㎡]

작 성 방 법

과세대상자산 및 세율

	세 율 구 분	코 드	세 율
국내자산	㉗ 일반세율에 20% 가산하는 세율을 적용하는 조정대상지역 내 주택으로서 1세대2주택에 해당하는 주택(′21.6.1. 이후 양도분)	1-47	26~65%
	㉘ 1년 미만 보유 조정대상지역 내 주택으로서 1세대2주택에 해당하는 주택(′21.6.1. 이후 양도분)	1-84	70%
	㉙ 1년 이상 2년 미만 보유 조정대상지역 내 주택으로서 1세대2주택에 해당하는 주택(′21.6.1. 이후 양도분)	1-82	60%
	㉚ 일반세율에 20% 가산하는 세율을 적용하는 조정대상지역 내 주택으로서 1세대가 주택과 조합원입주권 또는 분양권(′21.1.1. 이후 취득)을 각 1개씩 보유한 경우의 해당 주택(′21.6.1. 이후 양도분)	1-48	26~65%
	㉛ 1년 미만 보유 조정대상지역 내 주택으로서 1세대가 주택과 조합원입주권 또는 분양권(′21.1.1. 이후 취득)을 각각 1개씩 보유한 경우의 해당 주택(′21.6.1. 이후 양도분)	1-85	70%
	㉜ 1년 이상 2년 미만 보유 조정대상지역 내 주택으로서 1세대가 주택과 조합원입주권 또는 분양권(′21.1.1. 이후 취득)을 각각 1개씩 보유한 경우의 해당 주택(′21.6.1. 이후 양도분)	1-83	60%
		1-49	36~75%
	㉝ 일반세율에 30% 가산하는 세율을 적용하는 조정대상지역 내 주택으로서 1세대3주택에 해당하는 주택(′21.6.1. 이후 양도분)	1-88	70%
	㉞ 1년 미만 보유 조정대상지역 내 주택으로서 1세대3주택에 해당하는 주택(′21.6.1. 이후 양도분)	1-86	60%
	㉟ 1년 이상 2년 미만 보유 조정대상지역 내 주택으로서 1세대3주택에 해당하는 주택(′21.6.1. 이후 양도분)	1-50	36~75%
	㊱ 일반세율에 30% 가산하는 세율을 적용하는 조정대상지역 내 주택으로서 1세대가 주택과 조합원입주권 또는 분양권(′21.1.1. 이후 취득)을 보유한 경우로서 그 수의 합이 3이상인 경우 해당 주택(′21.6.1. 이후 양도분)	1-89	70%
	㊲ 1년 미만 보유 조정대상지역 내 주택으로서 1세대가 주택과 조합원입주권 또는 분양권(′21.1.1. 이후 취득)을 보유한 경우로서 그 수의 합이 3이상인 경우 해당 주택(′21.6.1. 이후 양도분)	1-87	60%
	㊳ 1년 이상 2년 미만 보유 조정대상지역 내 주택으로서 1세대가 주택과 조합원입주권 또는 분양권(′21.1.1. 이후 취득)을 보유한 경우로서 그 수의 합이 3이상인 경우 해당 주택(′21.6.1. 이후 양도분)		
	2. 「소득세법」 제94조제1항제3호(주식 또는 출자지분)		
	① 중소기업 외의 법인의 대주주가 1년 미만 보유한 국내주식	1-70	30%
	② 중소기업법인의 소액주주 국내주식, 중소기업법인 국외주식	1-62	10%
	③ 중소기업 외의 법인의 소액주주 국내주식, 중소기업 외 법인 국외주식	1-61	20%
	④ 중소기업 법인의 대주주가 보유한 국내주식, 중소기업 외의 법인의 대주주가 1년 이상 보유한 국내주식	1-63	20~25%
	3. 「소득세법」 제94조제1항제4호(기타자산)		
	① 주식	1-10	6~42%(′21.1.1.이후 양도분 6~45%)
	② 주식 외의 것	1-10	
	③ 비사업용토지 과다보유법인 주식(′09.3.16.~′15.12.31. 양도분)	1-10	6~42%(′21.1.1.이후 양도분 6~45%) 6~35%(′12.1.1.이후 6~38%)
	4. 「소득세법」 제94조제1항제5호(파생상품 등)	1-80 1-81	5%(′18.3.31. 이전) 10%(′18.4.1. 이후)
	5. 「소득세법」 제94조제1항제6호(신탁의 이익을 받을 권리)	1-95	20~25%
	6. 「조세특례제한법」 제98조(미분양주택에 대한 과세특례)	1-92	20%
	7. 「소득세법」 제3장제11절 거주자의 출국 시 국내 주식 등에 대한 과세특례(국외전출세)	1-94	20~25%
국외자산	1. 「소득세법」 제118조의2제1호 및 제2호(토지·건물, 부동산에 관한 권리)	2-10	6~42%(′21.1.1.이후 양도분 6~45%)
	2. 「소득세법」 제118조의2제5호(기타자산)		
	① 주식	2-10	6~42%(′21.1.1.이후 양도분 6~45%)
	② 주식 외의 것	2-10	6~42%(′21.1.1.이후 양도분 6~45%)

210mm×297mm[백상지80g/㎡ 또는 중질지80g/㎡]

관리번호	－

※ 관리번호는 적지 마십시오.

양도소득금액 계산명세서

□ 양도자산 및 거래일

① 세 율 구 분 (코 드)		합　　계	(－)	(－)	(－)
② 소재지국	소　재　지				
	부동산고유번호		－　－	－　－	－　－
③ 자 산 종 류 (코 드)			(　)	(　)	(　)
거 래 일 (거래원인)	④ 양 도 일 (원 인)		(　)	(　)	(　)
	⑤ 취 득 일 (원 인)		(　)	(　)	(　)
거래자산 면적(㎡)	⑥ 총 면 적 (양도지분)	토 지	(　/　)	(　/　)	(　/　)
		건 물	(　/　)	(　/　)	(　/　)
	⑦ 양도면적	토 지			
		건 물			
	⑧ 취득면적	토 지			
		건 물			
1세대1주택 비과세대상	⑨ 보 유 기 간		년 이상　년 미만	년 이상　년 미만	년 이상　년 미만
	⑩ 거 주 기 간		년 이상　년 미만	년 이상　년 미만	년 이상　년 미만

□ 양도소득금액　계산

거래금액	⑪ 양 도 가 액			
	⑫ 취 득 가 액			
	취 득 가 액 종 류			
⑬ 기 납 부 토 지 초 과 이 득 세				
⑭ 기 타 필 요 경 비				
양도차익	전 체　양 도 차 익			
	비 과 세　양 도 차 익			
	⑮과세대상양도차익			
⑯ 장 기 보 유 특 별 공 제(코드)	(　)	(　)	(　)
⑰ 장기보유특별공제적용대상거주기간	년 이상　년 미만	년 이상　년 미만	년 이상　년 미만
⑱ 양 도 소 득 금 액			
감면소득 금　　액	⑲ 세 액 감 면 대 상			
	⑳소득금액감면대상			
㉑ 감면종류　감 면 율				

□ 기준시가 (기준시가 신고 또는 **취득가액을 환산취득가액으로 신고하는 경우에만 적습니다**)

양 도 시 기 준 시 가	㉒ 건　　　물			
	㉓ 토　　　지			
	합　　　계			
취 득 시 기 준 시 가	㉔ 건　　　물			
	㉕ 토　　　지			
	합　　　계			

210mm×297mm[백상지80g/㎡ 또는 중질지80g/㎡]

작 성 방 법

1. ① 세율구분란: 다음의 구분에 따라 적습니다. 하나의 자산에 둘 이상의 세율(단일세율, 누진세율)이 해당될 경우 해당 세율을 적용하여 계산한 양도소득 산출세액 중 큰 것(양도소득세 감면액이 있는 경우 해당 감면세액을 차감한 세액이 더 큰 경우의 산출세액)을 적용합니다. 다만, 하단 ( )내 세율은 '21.1.1. 이후 양도분부터 적용합니다.

소재지구분	소재지		세율구분	토지·건물						비사업용토지								
	국내	국외		2년이상보유	1년이상2년미만보유	1년미만보유	1년미만보유주택 및 조합원입주권(~'21.5.31.양도분)	미등기		2년이상보유	1년이상2년미만보유	1년미만보유	지정지역내					'09.3.16~'12.12.31.취득하여양도분(2년이상보유)
													2년이상보유	1년이상2년미만보유	1년미만보유		
		세율	세율	6~42%(45%)	40%	6~42%(45%)	50%	40%	6~42%(45%)	70%	16~52%	40%	16~52%	50%	16~52%	26~62%(66%)	40%	26~62%(66%)	50%	26~62%	6~42%(45%)
	코드	1	2	코드	10	15	10	20	40	10	30	11	35	11	36	11	31	37	31	38	31	10

(위 표는 열 정렬 주의)

세율구분	토지·건물															부동산에 관한 권리			기타자산	
	다주택(~'18.3.31.양도분)			다주택('18.4.1.~'21.5.31.양도분)												2년이상보유	1년이상2년미만보유	1년미만보유	조정대상지역내분양권(~'21.5.31.양도분)	비사업용토지과다보유법인주식	그 외 기타자산
	지정지역내			조정대상지역내																
	1세대3주택		1세대2주택		1세대가 주택과 조합원입주권('21.1.1.이후 분양권 포함)의 합이 2인 경우 해당 주택		1세대3주택		1세대가 주택과 조합원입주권('21.1.1.이후 분양권 포함)의 합이 3이상인 경우 해당 주택								
	1년이상보유	1년미만보유	1년이상보유	1년미만보유	1년이상보유	1년미만보유	1년이상보유	1년미만보유	1년이상보유	1년미만보유	1년이상보유	1년미만보유						
세율	16~52%	40%	16~52%	16~52%(55%)	40%	16~52%(55%)	16~52%(55%)	40%	16~52%(55%)	26~62%(66%)	40%	26~62%(66%)	26~62%(66%)	40%	26~62%(66%)	6~42%(45%)	40%	6~42%(45%)	50%	50%	16~52%(55%)	6~42%(45%)
코드	71	73	71	51	53	51	52	54	52	55	57	55	56	58	56	10	15	10	20	21	11	10

세율구분	토지·건물·부동산에 관한 권리('21.6.1.이후 .양도분)																			2년미만1년이상보유주택 및 조합원입주권	1년미만보유주택 및 조합원입주권, 분양권	1년 이상 보유 분양권	신탁수익권
	다주택																						
	조정대상지역내																						
	1세대2주택			1세대가 1주택과 조합원입주권 또는 분양권을 1개 보유한 경우 해당주택			1세대3주택 이상						1세대가 주택과 조합원입주권 또는 분양권('21.1.1. 이후 취득)을 보유한 경우로서 그 수의 합이 3이상인 경우 해당 주택										
	2년이상보유	2년미만보유	1년미만보유	2년이상보유	2년미만보유	1년미만보유	2년이상보유	2년미만보유	1년미만보유				2년이상보유	2년미만보유	1년미만보유							
세율	26~65%	60%	26~65%	70%	26~65%	60%	26~65%	70%	36~75%	60%	36~75%	70%	36~75%	36~75%	60%	36~75%	70%	36~75%	60%	70%	60%	20~25%
코드	47	82	47	84	48	83	48	85	49	86	49	88	49	50	87	50	89	50	39	46	23	95

2. ② 소재지국의 부동산고유번호란: 양도자산이 토지 또는 건물인 경우에는 해당 등기사항전부증명서의 오른쪽 상단에 기재된 고유번호 14자리 숫자(0000-0000-000000)를 적습니다.

3. ③ 자산종류란: 다음의 자산종류 및 코드를 적습니다.

자산종류	토지·건물				부동산에 관한 권리			부동산 취득 할 수 있는 권리			기타자산					신탁수익권
	토지	고가주택	일반주택	기타건물	지상권	전세권	등기된부동산임차권	조합원입주권	분양권	기타	특정주식	영업권	시설물이용권	이축권	부동산과다보유법인주식	
코드	1	2	3	4	5	6	7	24	25	8	14	15	16	23	17	26

210mm×297mm[백상지 80g/㎡ 또는 중질지 80g/㎡]

작 성 방 법

4. ④,⑤ 양도·취득원인: 매매, 수용, 협의매수, 교환, 공매, 경매, 부담부증여(양도에 해당), 상속, 증여, 신축, 분양, 기타 등을 적습니다.

5. ⑥ 총면적란: 양도자산의 전체면적을 적고, 양도지분을 별도로 적습니다.

6. ⑦ 양도면적란: ⑥ 총면적 × 양도지분으로 산정한 면적을 적습니다.

7. ⑨ 보유기간란: 「소득세법」 제95조제4항에 따른 보유기간을 적습니다.

8. ⑩ 거주기간란: ⑨란의 보유기간 중 거주한 기간을 적습니다.

9. ⑫ 취득가액란: 아래와 같이 적습니다(상속·증여받은 자산은 상속개시일 및 증여일 현재의 나, 다, 기준시가 중 확인되는 가액을 적습니다).

    가. 실지거래가액으로 하는 경우: 취득에 실제 든 가액(별지 제84호서식 부표 3의 ⑤번란의 금액)

    나. 매매사례가액에 의하는 경우: 취득일 전후 3개월 이내의 매매사례가액을 적음

    다. 감정가액에 의하는 경우: 취득일 전후 3개월 이내의 감정평가법인등의 감정가액 2개 이상의 평균가액을 적음

    ('20.2.11. 이후 양도분부터 기준시가 10억원 이하 부동산의 경우 하나의 감정평가법인등의 감정가액도 인정)

    ※ 감정평가법인등: 「감정평가 및 감정평가사에 관한 법률」 제2조제4호에 따른 감정평가법인등을 의미합니다.

    라. 환산취득가액에 의하는 경우: 양도가액(⑨번) × [취득시기준시가(⑳+㉑)/양도시기준시가(⑱+⑲)]로 환산한 가액을 적음

    ※ 취득가액 종류란: 실지거래가액, 매매사례가액, 감정가액, 환산취득가액, 기준시가로 구분하여 적으며, 국외자산의 경우 실지거래가액, 해당정부평가액, 매매사례가액, 감정가액으로 구분하여 원화환산금액을 적습니다.

10. ⑬ 기납부토지초과이득세란: 해당 양도토지에 대하여 기납부한 토지초과이득세가 있는 경우 기납부한 토지초과이득세액을 적습니다.

11. ⑭ 기타 필요경비란: 취득당시 가액을 실가에 의하는 경우에는 자본적지출액 등(별지 제84호서식 부표 3의 ⑬란의 금액)을 적고, 취득 당시 가액을 매매사례가액·감정가액·환산취득가액 또는 기준시가에 의하는 경우에는 「소득세법 시행령」 제163조제6항을 참조하여 적습니다.

12. ⑯ 장기보유특별공제(코드)란: 토지·건물의 ⑮양도차익에 다음의 보유 및 거주기간에 따른 공제율을 곱하여 계산하며, 국외자산은 해당되지 않습니다. ※ (코드)는 아래 표의 코드를 참조하여 적습니다.

구분	코드	내용
1세대1주택	01	'21.1.1.이후 양도분부터는 3년 이상 보유 12%부터 매년 4%씩 추가 공제하며 10년 이상은 40%한도로 공제하고, 3년 이상 거주 12%(다만 보유기간 3년 이상자 중 2년 이상 거주는 8%)부터 매년 4%씩 추가 공제하며 10년 이상은 40%한도로 공제「소득세법」 제95조제2항 표2) '20.12.31.까지 양도분은 3년 이상 보유 24%부터 매년 8%씩 추가 공제하며 10년 이상은 80%한도로 공제
1세대1주택 외	02	'19.1.1.이후 양도분부터는 3년 이상 보유 6%부터 매년 2%씩 추가 공제하며 15년 이상은 30%한도로 공제 (「소득세법」 제95조제2항 표1) '18.12.31.까지 양도분은 3년 이상 보유 10%, 4년 이상 보유 12%부터 매년 3%씩 추가공제하며 10년 이상은 30%한도로 공제
장기보유특별공제 적용배제	03	보유·거주기간 미충족 또는 미등기 양도자산, 중과대상 다주택 등에 해당되어 장기보유특별공제가 배제되는 경우
장기일반 민간임대주택 (「조특법」 97조의3)	04	10년 이상 계속 임대한 후 양도하는 경우 임대기간 중 발생한 소득의 70% 공제(8년 이상은 50%)
장기임대주택 (「조특법」 97조의4)	05	6년 이상 임대한 후 양도한 경우 「소득세법」 제95조제2항 표1의 공제율에 임대기간 6년 이상 2%, 7년 이상 4%, 8년 이상 6%, 9년 이상 8%, 10년 이상 10%를 추가공제
지방미분양주택 취득 (「조특법」 98조의2)	06	'08.11.3.~'10.12.31.중 취득한 지방미분양 주택을 '08.12.26.이후 양도할 경우 「소득세법」 제95조제2항 표2에 따른 공제율을 곱하여 계산한 금액을 공제

  ※ 「조특법」은 「조세특례제한법」을 의미합니다.

13. ⑰ 장기보유특별공제적용대상거주기간란: 「소득세법」 제95조제2항 표2의 장기보유 특별공제율이 적용되는 1세대1주택('21.1.1. 이후 양도분)은 해당 주택에 거주한 기간을 적습니다(전체 거주기간으로 ⑩의 거주기간과 다를 수 있습니다).

14. ⑲ 세액감면대상란: 양도소득세액의 감면을 「소득세법」 제90조제1항(세액감면방식)을 적용하여 계산하는 경우 양도자산의 감면소득금액을 적습니다.

15. ⑳ 소득금액감면대상란: 양도소득세액의 감면을 「소득세법」 제90조제2항(소득금액 차감방식)을 적용하여 계산하는 경우 양도자산의 감면소득금액을 적습니다.

16. ㉑ 감면종류 및 감면율란: 양도소득세 감면규정 및 감면율을 적습니다(감면신청서는 별도로 작성하여 제출해야 합니다).

17. ㉒ 건물란: 다음의 구분에 따라 양도 당시 금액을 적습니다.

    가. 일반건물: 국세청장이 고시한 금액(건물 ㎡당 가액)에 건물면적(전용+공용)을 곱하여 계산한 금액

    나. 상업용·오피스텔: 국세청장이 고시한 금액(토지+건물)에 건물면적(전용+공용)을 곱하여 계산한 금액

    다. 개별·공동주택: 국토교통부장관이 고시한 금액(토지+건물)

18. ㉓ 토지란: 양도 시 개별공시지가에 면적을 곱하여 계산한 금액을 적습니다.

19. ㉔ 건물란: ㉒ 건물란의 작성방법에 따라 취득당시 금액을 적습니다(최초 고시일 전에 취득한 경우에는 최초 고시금액을 취득 시로 환산한 가액).

20. ㉕ 토지란: 취득시 개별공시지가에 면적을 곱하여 계산한 금액을 적습니다(취득일이 '90.8.29. 이전인 경우에는 '90.1.1. 기준 개별공시지가를 토지등급에 의해 취득 시로 환산한 가액).

210mm×297mm[백상지80g/㎡ 또는 중질지80g/㎡]

제3장 국외자산양도에 대한 양도소득세

I 납세의무자

국내에 당해 자산의 양도일까지 계속 5년 이상 주소 또는 거소를 둔 거주자로 한다(소법 118의2). 해외주택에서 실제 거주하는 등의 사유로 거주자가 아니었던 자가 국내에 복귀한 후 5년 이내 해외주택을 양도할 경우에는 양도소득세를 과세하지 않는다.

II 과세대상

과세대상은 국외에 있는 다음의 자산으로 한다.
① 토지 또는 건물
② 부동산에 관한 권리(지상권·전세권과 부동산임차권, 부동산을 취득할 수 있는 권리)
③ 기타자산(특정주식, 사업용고정자산과 함께 양도하는 영업권, 부동산과다보유법인의 주식, 특정시설물이용권·회원권)

III 양도소득세의 계산

1. 계산구조

국외양도자산에 대한 양도소득세 계산구조는 국내자산의 "양도소득세 계산구조"를 준용한다.

2. 양도가액과 취득가액, 양도차익의 외화환산

양도가액과 취득가액은 실거래가격으로 한다. 다만 확인할 수 없는 경우 다음 순서로 적용한다.

실거래가격 → 시가 → 보충적인 평가방법

양도차익 계산에 있어서 공제하는 필요 경비는 ① 취득가액 ② 설비비와 개량비 ③ 자본적지출액 ④ 양도비용으로 한다.

외화환산은 양도가액 또는 필요경비를 수령하거나 지출한 날 현재 「외국환거래법」에 의한 기준환율 또는 재정환율에 의하여 계산한다(소령 178의5).

3. 세율

양도소득세율은 다음과 같다(소법 118의 5). 국내자산의 양도의 경우와 다소 적용상의 차이가 있다.

① 토지 · 건물 · 부동산에 관한 권리 : 기본세율

    * 중과세율을 없애고 장기보유공제도 배제함

② 외국법인이 발행한 주식 및 출자지분 : 2020년부터 국내양도소득으로 분류하여 20%(외국증권시장에 상장된 국내중소기업 발행주식 : 10%)

    * 해외주식시장에 상장된 주식을 직거래해도 국내에서 양도소득세 신고 · 납부해야 함. 외국에서 부담한 세액은 외국납부세액 공제 가능.

4. 외국납부세액공제

국외자산의 양도소득에 대하여 당해 외국에서 납부하였거나 납부할 국외자산양도소득세액이 있는 경우에는 외국납부세액공제와 양도소득금액계산상 필요경비에 산입하는 방법 중 하나를 선택하여 적용받을 수 있다(소법 118의6).

5. 양도소득세의 준용규정

앞에서 설명하지 아니한 기타 사항은 양도소득세 규정을 준용한다. 다만, 장기보유 특별공제가 배제된다.

참고 　 해외부동산 취득·처분 신고

외국환거래법에 의해 지정거래은행에 취득·처분신고하여야 하며, 취득대금 해외 송금시마다 납세 증명서를 제출한다. 보유기간 중 부동산 임대소득 발생시 종합소득세 신고·납부하고 처분시에는 양도소득에 예정신고 또는 확정신고해야 한다. 제3자(특수관계자 포함)로부터 증여받아 해외부동산을 취득할 경우 증여세를 신고·납부해야 한다.
「외국환거래규정」상 주거목적의 해외부동산 취득은 한도가 없으며(06.3.2 이후), 투자목적의 경우 300만불(07.2.26 이후)로 제한되어 있었으나 08년부터 완전 자유화되었다.

기 출 문 제

소득세법 강의(이해와 신고실무)

01 다음 중 소득세법상 양도소득세에 대한 설명으로 틀린 것은?

① 거주자가 양도소득세 과세대상인 국내 토지와 주식을 해당 과세기간 중에 처분한 경우 적용받는 양도소득기본공제액은 총 250만원이다.

② 장기보유특별공제를 적용받기 위한 최소한의 보유기간요건은 3년이다.

③ 양도소득금액은 양도차익에서 장기보유특별공제를 차감하여 산출한다.

④ 양도소득세의 세율 중 미등기된 건물의 세율은 70%이다.

 풀이 ❶ 500만원

02 토지소유권을 다음과 같이 이전하는 경우에 소득세법상 양도소득세 과세 대상이 되는 것은?

① 담보목적으로 양도한 경우

② 이혼시 재산분할청구권 행사로 소유권을 이전한 경우

③ 사회복지법인에 기부한 경우

④ 동일한 용도의 토지와 교환한 경우

 풀이 ❹

03 다음의 각 소득에 대한 소득세법상의 소득구분이 틀린 것은?

① 지역권을 설정 또는 대여하고 받는 금품 : 기타소득

② 사업용 고정자산과 함께 양도하는 영업권 : 기타소득

③ 직장공제회 초과반환금 : 이자소득

④ 연금저축에 가입하고 연금형태로 지급받는 소득 : 연금소득

 풀이 ❷ 사업용 고정자산과 함께 양도하는 영업권 : 양도소득

04 다음 중 소득세법상 양도소득 필요경비로 볼 수 없는 것은?

① 대출금   ② 취득가액

③ 양도비   ④ 자본적 지출액

 ❶ 대출금은 양도소득금액 계산과 무관하다.(소법 제97조 제1항)

05 다음 중 소득세법상 부동산 양도소득과 관련하여 괄호에 들어갈 용어로 옳은 것은?

·양도차익＝양도가액－(A)	·양도소득금액＝양도차익－(B)

	A	B		A	B
①	필요경비	양도소득기본공제	②	필요경비	장기보유특별공제
③	기준시가	양도소득기본공제	④	기준시가	장기보유특별공제

❷ 소법 제95조 제1항

06 다음 중 소득세법상 장기보유특별공제를 받을 수 있는 것은?

① 미등기 자산

② 1세대 3주택에 해당하는 중과 대상 주택의 양도

③ 1세대 2주택에 해당하는 중과 대상 주택의 양도

④ 조합원입주권(조합원으로부터 취득분 제외)

 ❹ (소득세법95조의 2)

07 소득세법상 양도소득계산에 있어서 미등기양도자산에 대한 양도소득세 계산 규정이다. 옳지 않은 것은?

① 미등기자산의 양도는 필요경비 개산공제를 배제한다.

② 미등기자산의 양도는 양도소득기본공제를 배제한다.

③ 미등기자산의 양도는 장기보유특별공제를 배제한다.

④ 미등기자산의 양도는 비과세와 감면을 배제한다.

풀이 🔍 ❶ 일반적으로 필요경비 개산공제는 3%이지만 미등기양도자산의 경우에는 0.3%를 적용함(소득세법 91①)

08 다음은 거주자의 양도소득세 계산구조이다. 빈칸에 들어갈 말로 옳게 짝지어진 것은?

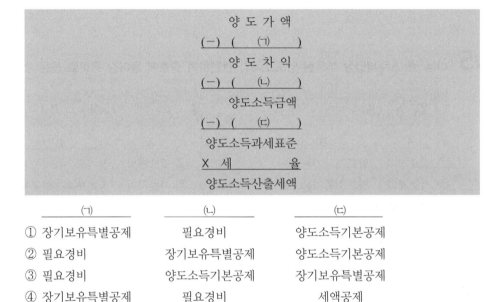

양 도 가 액
(－) ((ㄱ)   )
양 도 차 익
(－) ((ㄴ)   )
양도소득금액
(－) ((ㄷ)   )
양도소득과세표준
× 세   율
양도소득산출세액

	(ㄱ)	(ㄴ)	(ㄷ)
①	장기보유특별공제	필요경비	양도소득기본공제
②	필요경비	장기보유특별공제	양도소득기본공제
③	필요경비	양도소득기본공제	장기보유특별공제
④	장기보유특별공제	필요경비	세액공제

풀이 🔍 ❷ (소법 제18조)

09 소득세법상 아래의 상황에서 양도소득세의 신고의무가 발생한 사람은?

이고은 : 매매업을 영위하고 있으며, 편의점에서 생활필수품을 판매하였다.
유민아 : 골프회원권을 양도담보로 채권자에게 양도하였다.
오유리 : 강남에 보유하고 있는 아파트를 14억원에 매각하였다.
이혜영 : 이혼위자료로 전 남편에게 비상장주식을 이전하였다.

① 오유리, 이혜영   ② 유민아, 오유리
③ 이고은, 유민아   ④ 유민아, 이혜영

풀이 🔍 ❶ 이고은 : 사업소득으로 과세된다.
유민아 : 양도소득으로 보지 않는다.
오유리 : 보유하고 있는 고가 아파트를 판매하였으므로 양도소득세 과세대상이다.
이혜영 : 이혼위자료의 지급 등 사유를 불문하고 유상이전에 대하여는 양도소득세가 과세된다.

10 다음 중 소득세법상 양도소득세에 대한 설명으로 틀린 것은?　(제81회, 세무회계2급)

① 거주자가 양도소득세 과세대상인 국내 토지와 비상장주식을 해당 과세기간 중에 처분한 경우 적용받는 양도소득 기본공제액은 최대 250만원이다.

② 장기보유특별공제를 적용받기 위한 최소한의 보유기간요건은 3년이다.

③ 양도소득금액은 양도차익에서 장기보유특별공제를 차감하여 산출한다.

④ 양도소득세의 세율 중 미등기된 건물의 세율은 70%이다.

 ❶ 500만원임(부동산 250만원, 주식 250만원)

풀이

11 다음 중 소득세법상 양도소득에 관한 설명으로 옳지 않은 것은?　(96회, 세무회계2급)

① 양도란 자산에 대한 등기 또는 등록과 관계없이 매도 등을 통하여 그 자산을 유상으로 사실상 이전하는 것을 말한다.

② 골프회원권을 양도하는 경우 양도소득세 과세 대상에 해당한다.

③ 양도자산의 원칙적인 취득시기 및 양도시기는 해당 자산의 대금청산일로 한다.

④ 양도소득은 부당행위계산의 부인 특례규정을 적용받지 아니한다.

 ❹ 소득세법 제101조 제1항, 납세지 관할세무서장 또는 지방국세청장은 양도소득이 있는 거주자의 행위 또는 계산이 그 거주자의 특수관계인과의 거래로 인하여 그 소득에 대한 조세 부담을 부당하게 감소시킨 것으로 인정되는 경우에는 그 거주자의 행위 또는 계산과 관계 없이 해당 과세기간의 소득금액을 계산할 수 있다. 특수관계인으로부터 시가보다 높은 가격으로 자산을 매입하거나 특수관계인에게 시가보다 낮은 가격으로 자산을 양도한 경우에는 그 취득가액 또는 양도가액을 시가에 따라 계산한다.

풀이

12 다음 중 소득세법상 양도소득세 과세 대상이 아닌 것은?　(94회, 세무회계2급)

① 개인이 보유하고 있는 토지의 도시개발법에 따른 환지처분으로 인한 지목 변경

② 개인이 보유하고 있는 골프회원권의 양도

③ 개인이 보유하고 있는 토지의 양도

④ 개인이 보유하고 있는 주택을 법인에 현물출자

 ❶ 소득세법 제88조 1호 가목,「도시개발법」이나 그 밖의 법률에 따른 환지처분으로 지목 또는 지번이 변경되거나 보류지(保留地)로 충당되는 경우는 과세 대상이 아니다.

풀이

13 다음은 소득세법상 양도소득에 대한 설명이다. 옳지 않은 것은? (91회, 세무회계2급)

① 거주자가 국내 건물과 비상장주식을 동일한 과세기간에 양도한 경우 양도소득금액에서
국내 건물과 비상장주식 각각 양도소득기본공제 250만원이 적용된다.

② 1세대 1주택의 요건을 충족하는 경우 장기보유특별공제율은 최대 80%까지 받을 수 있다.

③ 등기된 토지를 15년 이상 보유하여야 장기보유특별공제율 30% 적용이 가능하다.

④ 미등기양도자산은 필요경비개산공제를 적용받을 수 없다

풀이 ❹ 소득세법 시행령 제163조 제6항, 미등기양도자산의 필요경비개산공제액은 기준시가에 0.3%를 곱한 금
액으로 한다.

14 다음 중 소득세법상 미등기양도자산에 대한 설명으로 잘못된 것은?

(95회, 세무회계2급)

① 양도소득세 비과세 적용이 배제된다.

② 필요경비 개산공제를 배제한다.

③ 장기보유특별공제를 배제한다.

④ 70%의 양도소득세율이 적용된다.

풀이 ❷ 소득세법 제104조, 일반적인 개산공제 필요경비율은 3%이지만, 미등기자산은 0.3%를 적용한다.

15 다음 중 소득세법상 양도소득세 과세 대상에 해당하지 않는 것은?

(102회, 세무회계2급)

① 지상권 양도로 인한 소득

② 사업에 사용하는 건물과 함께 양도하는 영업권의 양도로 발생하는 소득

③ 골프회원권의 양도로 인한 소득

④ 저작자 외의 자가 저작권 등의 양도로 얻은 소득

풀이 ❹ 소득세법 제21조 제1항 제5호 및 제94조, 저작자 또는 실연자(實演者)·음반제작자·방송사업자 외의
자가 저작권 또는 저작인접권의 양도 또는 사용의 대가로 받는 금품은 기타소득으로 본다.

주관식 문제

소득세법 강의(이해와 신고실무)

01 다음 보기에서 (㉠)에 들어갈 숫자는 무엇인가?

> 현행 양도소득세는 거주가 양도일로부터 소급하여 (㉠)년 이내에 그 배우자부터 증여 받은 토지·건물 또는 특정시설물 이용권의 양도차액을 계산 할 때, 취득가액은 해당 자산을 증여한 배우자의 취득 당시를 기준으로 계산한다.

풀이 **정답** 10 (소득세법97조 4항)

02 소득세법상 부동산 등(주식 및 출자지분 제외) 양도소득금액에서 공제하는 양도소득 기본공제는 연간 얼마인가?

풀이 **정답** 2,500,000원 또는 250만원

03 소득세법상 2025년도에 양도하는 양도자산의 양도소득금액 계산시 토지(비사업용 토지 아님)를 15년 이상 보유시 양도차익의 몇 %를 장기보유특별공제로 공제하는가?

풀이 **정답** 30%(소법 95)

보유기간별 장기 보유특별 공제율

보유기간	공제율
3년이상 4년 미만	양도차액의 6%
4년이상 5년 미만	양도차액의 8%
5년이상 6년 미만	양도차액의 10%
6년이상 7년 미만	양도차액의 12%
7년이상 8년 미만	양도차액의 14%
8년이상 9년 미만	양도차액의 16%
9이상 10년 미만	양도차액의 18%
10년이상 11년 미만	양도차액의 20%

11년이상 12년 미만	양도차액의 22%
12년이상 13년 미만	양도차액의 24%
13년이상 14년 미만	양도차액의 26%
14년이상 15년 미만	양도차액의 28%
15년이상	양도차액의 30%

04 다음 자료에 의해 거주자 A씨의 양도소득 과세표준을 계산하시오.

> • 미등기된 토지
> • 2000년 1.1. 취득당시 실지거래가액 : 10,000,000원
> • 실제 발생한 필요경비 : 1,000,000원
> • 2025년 1.1. 양도당시 실지거래가액 : 15,000,000원

 풀이 **정답** 4,000,000원

미등기된 토지는 장기보유특별공제 및 양도소득기본공제를 받지 못한다.

05 소득세법상 토지·건물(등기된 자산)에 대한 양도소득금액 계산시 기준시가를 취득금액으로 결정할 경우 필요경비는 취득당시 기준시가의 몇 %로 하는가?

 풀이 **정답** 3%

06 소득세법상 다음의 괄호 안에 공통적으로 들어갈 숫자는? (79회, 세무회계2급)

> • 토지, 건물을 배우자에게 증여 후 (　)년 내 그 배우자가 타인에게 양도하는 경우에는 해당 수증 배우자를 납세의무자로 하되 증여자의 취득가액을 기준으로 양도소득세를 과세한다. 이에 따라 증여당시 증여세 부과액은 양도시의 필요경비에 산입한다.
> • 양도소득세를 부당하게 감소시키기 위하여 특수관계자에게 자산을 증여한 후 그 자산을 증여받은 자가 그 증여일로부터 (　)년 이내에 다시 이를 타인에게 양도한 경우에는 증여자가 그 자산을 직접 양도한 것으로 본다. 다만, 배우자간 증여재산의 이월과세가 적용되는 경우에는 이 규정을 적용하지 아니한다.

 풀이 **정답** 10

원천징수

제 **5** 편

제1장

원천징수제도의 개요

▶ 학습목표

1. 소득세상 소득을 지급하는 개인과 법인 모두 원천징수의무자이다.
2. 소득유형별로 다양한 원천징수 세율이 있다.
3. 원천징수세액은 매월(또는 반기) 납부와 함께 「원천징수이행상황신고서」를 제출해야 한다.
4. 근로소득자의 연말정산 절차와 지급명세서의 제출의무를 이해한다.
5. 일용근로자는 원천징수와 함께 월별 지급명세서 제출의무가 있다.

I 의의

원천징수란 소득의 지급자가 특정 소득을 지급하는 때에 소정의 세율을 적용하여 계산한 세액을 지급하는 당해 소득에서 직접 징수하여 정부에 납부하는 제도를 말한다.

원천징수제도를 둔 이유는 ① 소득의 발생원천에서 원천징수함으로서 탈세를 방지하고 ② 조세수입의 조기확보와 정부재원의 평준화를 기할 수 있고 ③ 원천징수의무자가 국가를 대신하여 원천징수함으로써 징세비의 절약과 징수사무의 간소화를 기할 수 있는 점이다. 또한 장려금(근로, 자녀) 산정의 기초자료로 활용된다.

〈원천징수 흐름〉

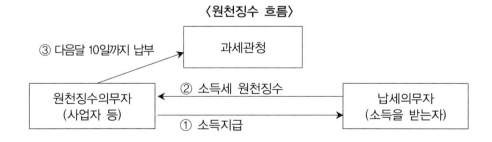

II   원천징수의 종류

원천징수는 완납적 원천징수와 예납적 원천징수로 구분된다.

1. 완납적 원천징수

완납적 원천징수란 원천징수에 의하여 납세의무가 종결되는 원천징수를 말한다. 현행 소득세법상 완납적 원천징수대상소득은 다음과 같다.

① 분리과세 이자소득·분리과세 배당소득·분리과세연금소득·분리과세 기타소득
② 일용근로자의 근로소득
③ 국내사업장이 없는 비거주자의 소득

2. 예납적 원천징수

예납적 원천징수란 당해 원천징수에 의하여 납세의무가 종결되는 것이 아니라 확정 신고시 납부할 세액에 대한 예납적 성격의 원천징수를 말한다. 따라서 당해 원천징수 세액은 납부세액 계산시 기납부세액으로 공제한다. 완납적 원천징수를 제외한 원천징수는 예납적 원천징수에 속한다.

① 연간 2천만원 초과하는 종합과세대상 이자·배당 소득
② 인적용역소득 중 일정한 사업소득
③ 다른 소득이 있는 경우의 근로소득
④ 종합과세 대상 기타소득

III   원천징수의무자

국내에서 거주자나 비거주자에게 원천징수대상 소득금액 또는 수입금액을 지급하는 자는 개인·법인·사업자등록 여부에 관계없이 당해 거주자나 비거주자에 대한 소득세를 원천징수하여야 한다(소법 2 ②).

다만, 원천징수대상이 되는 **사업소득 수입금액**을 지급하는 자로서 당해 수입금액에 대한 소득세를 원천징수하여야 할 자는 다음의 자로 한다(소령 184 ③).

① 개인사업자

② 법인세의 납세의무자

③ 국가·지방자치단체 또는 지방자치단체조합

④ 「민법」 기타 법률에 의하여 설립된 법인

⑤ 법인으로 보는 법인격 없는 단체

참고 🖋 예납적원천징수와 완납적원천징수의 비교

	예납적원천징수	완납적원천징수
① 납세의무	원천징수로 납세의무가 종결되지 않음	원천징수로 납세의무 종결
② 확정신고	의무 있음	의무 없음
③ 조세부담	확정신고시 정산하고 원천징수세액을 기납부세액으로 차감	원천징수세액
④ 대상소득	분리과세 이외의 소득	분리과세 소득
⑤ 예시	급여소득(연말정산 절차 필요), 자유직업 사업소득	일용근로소득, 복권당첨금

Ⅳ 원천징수대상소득

원천징수대상소득은 다음과 같다(소법 127 ①).

① 이자소득

② 배당소득

③ 특정사업소득(부가가치세 면세대상인 인적용역과 의료보건용역)과 음식·숙박용역 등 봉사료를 세금계산서·신용카드매출전표 등에 그 공급가액과 구분하여 기재하는 경우로서 봉사료금액이 공급가액의 20%를 초과하는 경우의 당해 봉사료

④ 근로소득

⑤ 연금소득

⑥ 기타소득(위약금과 배상금, 뇌물, 알선수재 및 배임수재에 의하여 받은 금품 제외)

⑦ 퇴직소득

참고 ✏ 원천징수 배제대상소득

다음의 소득은 원천징수를 하지 아니한다(소법 154, 155).
① 비과세 또는 면제소득
② 미지급소득이 이미 종합소득에 합산되어 소득세가 과세된 경우의 당해 소득

V 원천징수세액의 납부

원천징수세액은 원천징수일이 속하는 달의 다음달 10일까지 원천징수관할세무서·한국은행 또는 체신관서에 납부하여야 한다. 또한 **원천징수이행상황신고서**도 함께 제출하여야 한다(소령 185). 신고방법은 홈택스를 통하여 홈택스작성프로그램에 신고서를 직접 작성하여 전송하는 방식(직접작성방식)과 회계프로그램에서 생성한 파일을 변환프로그램에서 오류검증 후 변환하여 전송하는 방식(변환방식)이 있다.

다만, 직전 과세기간의 상시고용인원이 20인 이하(신규사업장의 경우 신청일이 속하는 반기 적용)인 원천징수의무자(금융 및 보험업을 영위하는 자 제외)로서 원천징수관할세무서장에게 신청한 자는 원천징수세액을 원천징수일이 속하는 반기(半期)의 마지막 달의 다음달 10일까지 납부할 수 있다(소법 128 및 소령 186).

〈원천세 반기납부 제도〉
• 매월 신고·납부하는 원천세를 1년에 2회만 신고·납부하는 제도
 －1월~6월분 원천세 : 7월 10일까지 신고·납부
 －7월~12월분 원천세 : 다음해 1월 10일까지 신고·납부
• 영세한 소규모 사업자(개인 및 법인 포함)의 **납세의무이행 부담 완화**를 통해 납세 협력비용 절감 목적으로 도입되었다.
• 신청기간 : 반기 직전월 1일부터 말일까지 신청하고(6월 또는 12월), 관할세무서장은 신청일이 속하는 반기의 다음달 말까지 통지하여야 함.
• 종교단체의 경우 인원에 관계없이 반기별 납부를 신청할 수 있음.

Ⅵ 원천징수불이행에 대한 제재

원천징수의무자가 원천징수세액을 미납부(과소납부)한 경우 다음 산식에 따라 가산세를 부과한다(국기법 47의5). 원천징수제도는 납세협력의무이므로 50%(납세고지일까지는 10%) 한도를 두었다.

- 고지서상 납부기한 내 미납부(과소납부)세액×3%＋미납부(과소납부)세액×미납일수×0.022%

Ⅶ 지급명세서(원천징수영수증)제출의무

1. 의의

세금계산서·계산서 등을 발행하지 않는 거래에 대해 세원을 파악하기 위해 지급명세서(원천징수 영수증) 제도가 시행되었다. 소득세법상 지급명세서는 이자·배당·원천징수대상 사업소득·연금소득·기타 소득·장기저축성보험차익·금융투자소득 지급명세서와 근로소득·퇴직소득 지급명세서가 있다(소법 164). 원천징수이행상황신고서는 총액에 대한 정보로서 개인별 상세내역 신고를 위해 별도로 지급명세서(간이지급명세서) 제출의무를 둔 것이다.

2. 제출의무

원천징수의무자는 지급일이 속하는 과세기간의 다음년도 2월 말일까지(근로소득, 퇴직소득, 기타소득 중 종교인소득, 봉사료는 3월 10일) 제출하여야 한다. 다만, 거주자의 사업소득 간이지급명세서와 일용근로자의 근로소득의 경우 지급일이 속하는 달의 다음달 말일까지 지급명세서를 제출하여야 한다. 상용 근로소득간이지급명세서 제출기한은 **반기** 마지막 달의 다음달 말일이다(소법 164의 3, 2026년부터 매월 제출). 지급명세서는 전자제출이 원칙이며, 국세청 홈택스에서 제출한다(전산매체, 서면도 가능).

실습
과제

개인사업자의 원천징수 실지 사례(월별근로소득, 연말정산분근로소득, 기타소득 등)를 제시하고 2026년 2월분 원천징수 이행상황 신고서(별지서식 21호) 작성실습을 수행한다.

실습
과제
사례
제시

1. 2026년 2월분 근로소득지급 : 5명, 총지급액 10,000,000원, 소득세 450,000원
2. 2025년 귀속 계속근로자 연말정산 : 5명, 총지급액 150,000,000원, 소득세 △1,000,000원
3. 2026년 2월 기타소득 지급 : 3명, 총지급액 8,000,000원, 소득세 640,000원

* 서식 작성시 유의 : 서식 제21호의 총합계 A99⑥소득세 등은 음수금액(△550,000)을 제외한 양수금액(640,000)만 기재한다.

3. 지급명세서 제출의 특례

원천징수의무자가 원천징수를 위하여 제출한 서류 중 지급명세서에 해당하는 것이 있을 때에는 그 제출한 부분은 지급명세서를 제출한 것으로 본다(소법 164⑤).

4. 지급명세서 제출 불성실가산세

지급금액의 1%(기한 후 3개월 이내 제출인 경우 0.5%)

Ⅷ 소액 부징수(소법 86)

1. 원천징수세액이 1천원 미만인 경우(이자소득·대통령령으로 정하는 사업소득* 제외)

*계속적·반복적으로 행하는 활동을 통하여 얻는 인적용역 사업소득

2. 납세조합의 징수세액이 1천원 미만인 경우

3. 중간예납세액이 50만원 미만인 경우

참고 ✎ 소득별 지급명세서 제출기한

소득구분		종류	제출 대상기간	제출기한	
				일반	휴업 · 폐업 · 해산
근로소득	상용	지급명세서	1월~12월	다음연도 3월 10일	휴업 등을 한 달의 다음다음 달 말일
		간이지급명세서 (2026년부터 매월 제출)	1월~6월	7월 말일	휴업 등을 한 반기 마지막 달의 다음 달 말일
			7월~12월	다음연도 1월 말일	
	일용	일용근로소득 지급명세서	2021년 7월 지급분부터 매월	지급한 달의 다음 달 말일	휴업 등을 한 달의 다음다음 달 말일
사업소득		지급명세서	1월~12월	다음연도 3월 10일	휴업 등을 한 달의 다음다음 달 말일
		간이지급명세서	2021년 7월 지급분부터 매월	지급한 달의 다음 달 말일[3]	휴업 등을 한 달의 다음다음 달 말일
종교인소득 (기타소득)		지급명세서	1월~12월	다음연도 3월 10일	휴업 등을 한 달의 다음다음 달 말일
퇴직소득					
봉사료 (사업소득)					
이자소득					
배당소득				다음연도 2월 말일	
기타소득					
연금소득					

*자료 : 국세청→국세신고안내→원천세(지급명세서 제출)

■ 소득세법 시행규칙 [별지 제21호서식] <개정 2024. 12. 31.>　　　　　　　　　　　(10쪽 중 제1쪽)

① 신고구분						[ ]원천징수이행상황신고서 [ ]원천징수세액환급신청서		② 귀속연월	년 월
매월	반기	수정	연말	소득 처분	환급 신청			③ 지급연월	년 월

원천징수 의무자	법인명(상호)		대표자(성명)		일괄납부 여부	여, 부
					사업자단위과세 여 부	여, 부
	사업자(주민) 등록번호		사업장 소재지		전화번호	
					전자우편주소	@

① 원천징수 명세 및 납부세액
(단위: 원)

소득자 소득구분			코드	원 천 징 수 명 세					납부세액		
				소득지급 (과세미달, 일부비과세 포함)		징수세액			⑨ 당월 조정 환급세액	⑩ 소득세 등 (가산세 포함)	⑪ 농어촌 특별세
				④ 인원	⑤ 총지급액	⑥ 소득세 등	⑦ 농어촌 특별세	⑧ 가산세			
개인 (거주자·비거주자)	근로소득	간이세액	A01	5	10,000,000	450,000					
		중도퇴사	A02								
		일용근로	A03								
		연말정산 합계	A04	5	150,000,000	△1,000,000					
		연말정산 분납신청	A05								
		연말정산 납부금액	A06								
		가감계	A10	10	160,000,000	△550,000			△550,000		
	퇴직소득	연금계좌	A21								
		그 외	A22								
		가감계	A20								
	사업소득	매월징수	A25								
		연말정산	A26								
		가감계	A30								
	기타소득	연금계좌	A41								
		종교인소득 매월징수	A43								
		종교인소득 연말정산	A44								
		가상자산	A49								
		인적용역	A59								
		그 외	A42	3	8,000,000	640,000					
		가감계	A40	3	8,000,000	640,000			550,000	90,000	
	연금소득	연금계좌	A48								
		공적연금(매월)	A45								
		연말정산	A46								
		가감계	A47								
	이자소득		A50								
	배당소득		A60								
	저축 등 해지 추징세액 등		A69								
	비거주자 양도소득		A70								
법인	내·외국법인원천		A80								
	수정신고(세액)		A90								
	총 합 계		A99	13	168,000,000	640,000			550,000	90,000	

② 환급세액 조정
(단위: 원)

전월 미환급 세액의 계산			당월 발생 환급세액					⑱ 조정대상 환급세액 (⑭+⑮+⑯+⑰)	⑲ 당월 조정 환급세액계	⑳ 차월이 월 환급세액 (⑱-⑲)	㉑ 환급 신청액
⑫ 전월 미환급세액	⑬ 기환급 신청세액	⑭ 차감잔액 (⑫-⑬)	⑮ 일반 환급	⑯ 신탁재산 (금융 회사 등)	⑰ 그 밖의 환급세액						
					금융 회사등	합병 등					
0		0	550,000					550,000	550,000	0	0

원천징수의무자는 「소득세법 시행령」 제185조제1항에 따라 위의 내용을 제출하며, 위 내용을 충분히 검토하였고 원천징수의무자가 알고 있는 사실 그대로를 정확하게 적었음을 확인합니다.

2026년 2월 일

신고인 (서명 또는 인)

세무대리인은 조세전문자격자로서 위 신고서를 성실하고 공정하게 작성하였음을 확인합니다.

세무대리인 (서명 또는 인)

세 무 서 장 귀하

※ 해당란에 신고서 부표 등 작성 여부		
부표(4~5쪽)	환급(7~9쪽)	승계명세(10쪽)
세무대리인		
성 명		
사업자등록번호		
전화번호		
국세환급금 계좌신고		
예입처		
예금종류		
계좌번호		

210mm×297mm[백상지80g/㎡ 또는 중질지80g/㎡]

작성방법 (1)

※ 참고사항

1. 신고서 부표 등 작성 여부란에는 해당란에 "○"표시를 합니다. 다만, 근로소득(A01,A02,A03,A04,A10) 중 파견근로에 대한 대가, 기타소득 중 비거주자의 가상자산소득(A49), 이자소득(A50), 배당소득(A60) 및 법인원천(A80)에 해당하는 소득을 지급하거나 저축 등 해지 추징세액 등(A69) 및 연금저축해지가산세를 징수한 원천징수의무자와 비거주자 또는 외국법인에 국내원천소득(「소득세법」제119조의3제1항 또는 「법인세법」제93조의3제1항에 해당하는 소득은 제외합니다)을 지급한 원천징수의무자는 반드시 원천징수이행상황신고서 부표를 작성하여 신고해야 합니다.

2. 원천징수세액을 환급신청하는 경우 원천징수세액환급신청서 부표, 기납부세액 명세서, 전월미환급세액 조정명세서를 제출해야 합니다.

3. 「소득세법」제21조제1항제26호에 따른 종교인소득에 관하여는 2018년 1월 1일 이후에 발생하는 종교인소득에 대해 원천징수하는 경우부터 적용됩니다.

4. 「소득세법」제119조제12호타목에 따른 비거주자의 가상자산소득에 관하여는 2027년 1월 1일 이후에 발생하는 가상자산소득에 대해 원천징수하는 경우부터 적용됩니다.

5. 「소득세법」제21조제1항제19호에 따른 인적용역소득(A59)에 관하여는 2024년 1월 1일 이후에 지급하는 인적용역소득에 대해 원천징수하는 경우부터 적용됩니다.

1. 원천징수대상소득을 지급하는 원천징수의무자(대리인, 위임받은 자 또는 「소득세법」제164조 및 「법인세법」제120조에 따라 지급명세서를 작성하여 제출해야 하는 자를 포함합니다)는 납부(환급)세액의 유무와 관계없이 이 서식을 작성하여 제출해야 하며, 귀속연월이 다른 소득을 당월분과 함께 원천징수하는 경우에는 이 서식을 귀속월별로 각각 별지로 작성하여 제출합니다.

   • 「부가가치세법」제5조제2항 및 제3항에 따라 사업자단위로 등록한 경우 법인의 본점 또는 주사무소에서는 사업자단위과세사업자로 전환되는 월 이후 지급하거나, 연말정산하는 소득에 대해 원천징수이행상황신고서를 작성하여 제출합니다.

2. 기본사항 및 소득구분

   가. ① 신고구분란은 매월분 신고서는 "매월"에, 반기별 신고서는 "반기"에, 수정신고서는 "수정"에, 소득처분에 따른 신고 시에는 "소득처분"에 "○"표시(지점법인·국가기관 및 개인은 제외합니다)를 하며, 매월분 신고서에 계속근무자의 연말정산분이 포함된 경우에는 "매월" 및 "연말"란 두 곳에 모두 "○"표시를 합니다. 원천징수세액을 환급신청하려는 경우 "환급신청"란에도 "○" 표시를 합니다.

   나. ② 귀속연월란은 소득발생 연월[반기별납부자는 반기 개시월(예: 상반기는 ××년 1월)을 말합니다]을 적습니다.

   다. ③ 지급연월란은 지급한 월(또는 지급시기 의제월)[반기별납부자는 반기 종료월(예: 상반기는 ××년 6월)을 말합니다]을 적습니다.

   라. ⑤ 총지급액란은 비과세 및 과세미달을 포함한 총지급액을 적습니다. 다만, 비과세 근로소득의 경우 「소득세법 시행령」제214조제1항제2호의2 및 제2호의3에 해당하는 금액은 제외하고, 비과세 종교인소득의 경우 「소득세법」제12조제5호아목에 해당하는 금액(「소득세법 시행령」제19조제3항제3호에 따른 금액을 제외한 금액을 말합니다)은 제외하며, 비거주자 또는 외국법인의 국채등 이자·양도소득의 경우 「소득세법」제119조의3제1항 또는 「법인세법」제93조의3제1항에 해당하는 금액은 제외합니다.

   마. [A26]연말정산란은 보험모집인 등 사업소득자(중도해약자를 포함합니다) 연말정산분을 함께 적습니다.

   바. 가산세(⑧·⑩)란에는 소득세·법인세 또는 농어촌특별세의 가산세가 있는 경우 이를 포함하여 적습니다.

   사. 비거주자 국내원천소득 중 개인분은 아래의 예와 같이 소득종류별로 거주자분과 합산하여 해당 소득란에 적고, 비거주자 중 법인분은 법인원천[A80]란에 합산하여 적습니다.

   예) 임대·인적용역·사용료소득 등은 사업소득[A25, A26, A30]란, 유가증권양도소득 등은 비거주자 양도소득[A70]란에 합산합니다.

3. 원천징수 명세 및 납부세액(①)과 환급세액 조정(②)

   가. 소득지급(④·⑤)란에는 과세미달분과 비과세를 포함한 총지급액과 총인원을 적고, 퇴직·기타·연금소득의 연금계좌란은 연금계좌에서 지급된 금액을 적습니다(그 외는 연금계좌 외로 지급되는 금액을 적음). 다만, 총지급액은 근로소득(A02, A04) 퇴직소득(A20), 사업소득(A26), 기타소득(A44)의 경우에는 주(현), 종(전) 근무지 등으로부터 지급받은 소득을 합산하여 원천징수하는 경우에는 총지급액의 합계액을 적습니다.

   나. 징수세액(⑥ ~ ⑧)란에는 각 소득별로 발생한 납부 또는 환급할 세액을 적되, 납부할 세액의 합계는 총합계(A99의 ⑥ ~ ⑧)에 적고, 환급할 세액은 해당란에 "△"표시하여 적은 후 그 합계액은 ⑮ 일반환급란에 적습니다["△"표시된 세액은 어떠한 경우에도 총합계를 (A99의 ⑥ ~ ⑪)란에는 적지 않습니다].

210mm×297mm[백상지 80g/㎡ 또는 중질지 80g/㎡]

작성방법 (2)

다. 근로소득 연말정산 분납신청(A05)은 분납할 인원(④), 징수세액(⑥~⑧)만 기재, 징수세액란은 A04 = A05 + A06이 되도록 적습니다.

　1) 인원(④), 총지급액(⑤)의 가감계(A10) = (A01 + A02 + A03 + A04), 징수세액(⑥~⑧)의 가감계(A10) = (A01 + A02 + A03 + A06)

　※ 3월 신고분 분납신청(A05) = 4월 신고분 납부금액(A06) + 5월 신고분 납부금액(A06)

라. 근로소득·사업소득·기타소득, 연금소득 경우 납부할 세액 또는 환급할 세액의 계산은 코드별 가감 계[A10, A30, A40, 또는 A47]의 금액을 기준으로 합니다.

　1) 징수세액(⑥~⑧)란에 납부할 세액만 있는 경우에는 소득별로 납부세액(⑩·⑪)란에 옮겨 적습니다.

　2) 징수세액(⑥~⑧)란에 환급할 세액만 있는 경우에는 그 합계를 ⑮ 일반환급란에 적습니다.

　3) 징수세액(⑥~⑧)란에 각 소득종류별로 납부할 세액과 환급할 세액이 각각 있는 경우는 다음과 같이 적습니다.

　　가) 납부할 세액의 합계가 조정대상 환급세액보다 큰 경우에는 ⑱ 조정대상환급세액란의 금액을 ⑨ 당월조정환급세액란에 코드[A10, A20,··]순서대로 적어 조정환급하고, 잔액은 납부세액(⑩·⑪)란에 적습니다.

　　나) 납부할 세액의 합계가 환급할 세액인 ⑱ 조정대상환급세액보다 작은 경우에는 위와 같은 방법으로 조정하여 환급하고, 그 나머지는 납부세액(⑩·⑪)란에 적지 아니하며, ㉑ 차월이월 환급세액란에 적습니다.

　　※ 위의 가) 및 나)에 따른 세목(소득세·법인세 및 농어촌특별세)간 조정환급은 그 조정환급 명세를 원천징수이행상황신고서에 적은 경우에만 가능하며, 원천징수이행상황신고서에 적지 않고 임의 조정하여 충당한 경우에는 무납부로 처리됩니다.

　　다) ⑨ 당월조정환급세액란의 합계액[A99코드의 ⑨]은 ⑲ 당월조정환급세액계란에 옮겨 적습니다.

　4) ⑰ 그 밖의 환급세액란은 금융회사 등이 「소득세법 시행령」 제102조에 따라 환매조건부채권의 매매거래에 따른 원천징수세액을 환급하는 금액 및 「법인세법 시행령」 제114조의2에 따라 환매조건부채권 등의 매매거래에 따른 원천징수세액을 환급하는 금액을 "금융회사 등"란에 적어 먼저 법인세부터 ⑨ 당월조정환급세액란에서 조정환급하고, 나머지는 위 3)의 방법과 같이 조정합니다. 또한 합병법인이 피합병법인의 최종 차월 이월 환급세액을 승계하거나, 사업자단위과세로 지점 등의 최종 차월이월 환급세액을 승계하는 경우 그 승계금액을 "합병 등"란에 적을 수 있습니다. "합병 등"란에 피합병법인 및 지점 등의 최종 차월이월 환급세액을 적은 경우에는 합병 및 사업자단위과세 전환 등에 따른 차월이월 환급세액 승계 명세서서(제10쪽)를 제출해야 합니다.

　5) ㉑ 차월이월 환급세액 중 환급받으려는 금액을 ㉒ 환급신청액에 적고 원천징수세액환급신청서 부표를 작성합니다.

마. 저축 등 해지 추징세액 등(A69)란은 이 서식 부표의 [C41, C42, C43, C44, C45, C46]의 합계를 적습니다.

바. 납부세액의 납부서는 신고서·소득종류별(근로소득세, 퇴직소득세 등)로 별지에 작성하여 납부합니다.

4. 반기별 신고·납부자의 신고서 작성방법

　가. 인원

　　1) 간이세액(A01): 반기(6개월)의 마지막 달의 인원을 적습니다.

　　2) 중도퇴사(A02): 반기(6개월) 중 중도퇴사자의 총인원을 적습니다.

　　3) 일용근로(A03): 월별 순인원의 6개월 합계 인원을 적습니다.

　　4) 사업(A25)·기타소득(A40): 지급명세서 제출대상인원(순인원)을 적습니다.

　　5) 퇴직(A20)·이자(A50)·배당(A60) 및 법인원천(A80): 지급명세서 제출대상 인원을 적습니다.

　나. 지급액: 신고·납부 대상 6개월 합계액을 적습니다.

　다. 귀속월, 지급월, 제출일은 다음과 같이 적습니다.

　　1) 1월 신고·납부: 귀속월 201X년 7월, 지급월 201X년 12월, 제출일 201X년 1월

　　2) 7월 신고·납부: 귀속월 201X년 1월, 지급월 201X년 6월, 제출일 201X년 7월

　라. 반기납 포기를 하는 경우 반기납 개시월부터 포기월까지의 신고서를 한 장으로 작성합니다.

　(예) 2010년 4월 반기납 포기: 귀속연월에는 반기납 개시월(2010년 1월)을, 지급연월에는 반기납 포기월(2010년 4월)을 적습니다.

※ 수정원천징수이행상황신고서 작성방법(① 신고구분란에 수정으로 표시된 경우를 말합니다)

1. 처음 신고분 자체의 오류정정만 수정신고대상에 해당합니다(따라서 추가지급 등에 의한 신고는 귀속연월을 정확히 적어 정상신고해야 합니다).

2. 수정신고서는 별지로 작성·제출하며, 귀속연월과 지급연월은 반드시 수정 전 신고서와 동일하게 적습니다.

3. 수정 전의 모든 숫자는 상단에 빨강색으로, 수정 후 모든 숫자는 하단에 검정색으로 적습니다.

4. 수정신고로 발생한 납부 또는 환급할 세액은 수정 신고서의 [A90]란은 적지 않으며, 그 세액은 수정신고하는 월에 제출하는 당월분 신고서의 수정신고 [A90]란에 옮겨 적어 납부·환급세액을 조정해야 합니다.

210mm×297mm[백상지 80g/㎡ 또는 중질지 80g/㎡]

사업자등록번호 □□□-□□-□□□□□

원천징수이행상황신고서 부표

(단위: 원)

소득자 소득구분				코드	소득지급		징수세액			조정환급세액	납부세액	
					인원	총지급액	소득세 등	농어촌특별세	가산세		소득세 등(가산세)	농어촌특별세
거주자(개인)	이자·배당소득	비과세	장기주택마련저축	C01								
			비과세종합저축	C02								
			개인연금저축	C03								
			장기저축성보험차익	C05								
			조합 등 예탁금	C06								
			조합 등 출자금	C07								
			농어가목돈마련저축	C08								
			우리사주 배당소득	C10								
			농업회사법인 배당소득	C20								
			영농·영어조합법인 배당소득	C23								
			재형저축 이자·배당소득·	C40								
			개인종합자산관리계좌 이자·배당소득	C60								
			청년우대형 주택청약종합저축	C27								
			장병내일준비적금	C31								
			기타 비과세이자소득	C19								
			기타 비과세배당소득	C29								
		세금특례	기타 이자·배당소득	C11								
			영농·영어조합법인 배당소득	C54								
			농업회사법인 배당소득	C55								
			부동산집합투자기구등 집합투자증권의 배당소득	C56								
			고위험·고수익투자신탁 배당소득	C57								
			개인종합자산관리계좌 이자·배당소득	C93								
			공모부동산집합투자기구의 집합투자증권의 배당소득	C94								
		세금우대	이자소득(9%)	C12								
			배당소득(9%)	C22								
			특정사회기반시설 집합투자기구 배당소득(9%)	C95								
		일반세율(14%)분리과세	기타 분리과세 이자소득	C13								
			직장공제회 초과반환금(기본세율)	C18								
			부동산집합투자기구등 집합투자증권의 배당소득	C58								
			기타 분리과세 배당소득	C39								
			투융자집합투자기구 배당소득	C96								
		일반과세	이자소득	C14								
			배당소득	C24								
		고배당기업	배당소득(9%)	C91								
			배당소득(25%)	C92								
		비실명소득	비실명이자소득	C15								
			비실명배당소득	C25								
			비영업대금이익(25%)	C16								
			출자공동사업자(25%)	C26								
			이자·배당소득 계	C30								
	근로	파견근로에 대한 대가	19%	C59								
	행자세액 등	벤처기업투자신탁	3.5%	C41								
		장기주택마련저축	4.8%	C42								
		연금저축	2%	C43								
		소기업·소상공인공제부금	2%	C44								
		주택청약종합저축	6%	C45								
		장기집합투자증권저축	6%	C46								
		청년형장기집합투자증권저축	6%	C48								
		해지추징 계		C50								

210mm×297mm[백상지 80g/㎡ 또는 중질지 80g/㎡]

소득자 소득구분				코드	소득지급		징수세액			조정환급세액	납부세액	
					인원	총지급액	소득세 등	농어촌특별세	가산세		소득세 등 (가산세)	농어촌특별세
비거주자(개인)	사업	이자	제한, 20%	C61								
		배당	제한, 20%	C62								
		선박 등 임대, 사업	2%	C63								
		인적용역	20%, 3%	C64								
		사용료	제한, 20%	C65								
	양도	유가증권 양도	10%, 20%	C66								
		부동산 양도	10%, 20%	C67								
	기타	가상자산	10%, 20%	C77								
		그 외	20%	C68								
	근로	파견근로에 대한 대가	19%	C69								
	비거주자 계			C70								
법인원천	내국법인	이자	14%	C71								
		투자신탁의 이익	14%	C72								
		신탁재산 분배	14%	C73								
		신탁업자 징수분	14%	C74								
		비영업대금의 이익(25%)		C75								
		비과세 소득 등		C76								
	외국법인(국내원천소득)	이자	제한, 20%	C81								
		배당	제한, 20%	C82								
		선박 등 임대, 사업	2%	C83								
		인적용역	20%, 3%	C84								
		사용료	제한, 20%	C85								
		유가증권양도	10%, 20%	C86								
		부동산 양도	10%, 20%	C87								
	기타	가상자산	10%, 20%	C89								
		가상자산 외	20%	C88								
	법인세 계			C90								

210mm×297mm[백상지 80g/㎡ 또는 중질지 80g/㎡]

제2장

소득별 원천징수세액

I 이자소득

이자소득에 대한 원천징수세액은 이자소득금액에 다음의 원천징수세율을 곱한 금액으로 한다(소법 129 ①, ②).

① 비영업대금 : 25%(적격 P2P 이자소득은 14%)

② 일반이자소득 및 보증금, 경락대금의 이자 : 14%(은행이자, 채권이자 등)

③ 비실명이자소득 : 45%(금융실명거래법 위반시 90%)

④ 직장공제회 초과반환금 : 기본세율(특례)

※ 조합예탁금 이자(조특법 89의3)

~2025 : 비과세

~2026 : 5%

~2027 이후 : 9%

※ P2P : Peer to peer(개인대 개인금융), 온라인투자연계 금융업 및 이용자 보호에 관한 법률

II 배당소득

배당소득의 원천징수세액은 배당소득금액(배당가산액 제외)에 다음의 원천징수세율을 곱한 금액으로 한다.

① 일반배당소득 : 14%

② 출자공동사업자의 배당소득 : 25%

③ 비실명배당소득 : 45%(90%)

④ 조합출자금 배당 과세특례(조특법 88의5)

~2025 : 비과세

~2026 : 5%

~2027 이후 : 9%

■ 소득세법 시행규칙 [별지 제23호서식(1)] <개정 2024. 3. 22.>

[ ]이자·배당소득 원천징수영수증	[ ] 소득자 보관용
[ ]이자·배당소득 지급 명 세 서	[ ] 발행자 보관용
	[ ] 발행자 보고용

※ 제2쪽, 제3쪽의 작성방법을 읽고 작성하여 주시기 바라며, [ ]에는 해당되는 곳에 √표를 합니다.　　　　　　　(4쪽 중 제1쪽)

접수번호		접수일		관리번호			처리기간	즉시

징 수 의무자	① 법 인 명 (상 호)	①-1 영문법인명(상호)	② 대표자(성명)	③ 사업자등록번호
	④ 주민(법인)등록번호	⑤ 소재지 또는 주소		

소득자	⑥ 성명(상호)		⑦ 주민(사업자)등록번호		⑦-1 비거주자 생년월일		⑧ 소득자구분코드	
	⑨ 주　　　소			⑩ 거주구분		⑪ 거주지국	⑪-1 거주지국 코드	⑫ 계좌번호 (발행번호)	⑬ 신탁 이익 여부
				[ ] 거주자	[ ] 비거주자				[ ] [ ] 여　　부

지 급 명 세

⑭ 지급일			⑮ 귀속연 월		⑯ 과세 구분	⑰ 소득 의 종류	⑱ 조세 특례 등	⑲ 금융 상품 코드	⑳ 유가증권 표준코드 (유가 증권발행 사업자 등록 번호)	㉑ 채권 이자 구분	㉒ 지급 대상 기간	㉓ 이자 율 등	㉔ 지급액 (소득 금액)	㉕ 세율 (%)	원 천 징 수 세 액				
연	월	일	연	월											㉖ 소득세	㉗ 법인세	㉘ 지방 소득세	㉙ 농어촌 특별세	㉚ 계
25	9		25	9	T								17,000,000	14	2,380,000		238,000		2,618,000
25	9		25	9	T								2,000,000	25	500,000		50,000		550,000
25	9		25	9	G								24,000,000	14	3,360,000		336,000		3,696,000
25	9		25	9	G								23,000,000	14	3,220,000		322,000		3,542,000

위의 원천징수세액(수입금액)을 정히 영수(지급)합니다.

년　월　일

징수(보고)의무자　　　　　　　　　　　　　　　　　　　(서명 또는 인)

　세무서장　귀하

유 의 사 항

※ ⑯ 과세구분란의 코드가 "E, L, H, R, O, B, N"인 경우 종합소득과세표준을 계산할 때 합산하지 않으며, "G"인 경우 「소득세법」 제17조제3항 단서(Gross-up)의 적용대상 배당소득에 해당합니다.

※ ⑰ 소득의 종류가 "11~49"인 경우 이자소득, "51~99"인 경우 배당소득입니다.

※ ⑳ 유가증권표준코드란은 유가증권표준코드가 없는 경우 소득이 발생한 유가증권을 발행한 사업자의 사업자등록번호 등을 적습니다(제3쪽의 작성방법 참고).

※ 「조세특례제한법」 제21조(국제금융거래에 따른 이자소득 등에 대한 법인세 등의 면제)제1항제1호에 따라 소득세 또는 법인세를 면제하고, 「법인세법 시행령」 제162조의2제1항제1호가목에 따라 지급명세서를 제출할 때, 국외에서 발행하는 외화표시채권의 이자 및 수수료를 외국에 소재하는 국제증권예탁결제기관 등을 통해 지급하면서 외국의 개인정보 보호 규제 등에 따라 최종적으로 소득을 지급받는 자(비거주자, 외국법인 등)의 인적사항 등을 파악할 수 없는 경우에는 이에 대한 기재를 생략하거나, 확인되는 중간 지급자를 소득자로 대신 기재하여 제출할 수 있습니다.

210mm×297mm[백상지80g/㎡ 또는 중질지80g/㎡]

작성방법

1. 서식제목: 해당 자료(이자·배당소득 원천징수영수증 또는 이자·배당소득 지급명세서)명 [ ]안에 "√"표시를 하며, 관리번호란에는 적지 않습니다.

2. ① 법인명(상호)란: 징수의무자가 법인인 경우에는 법인명을 적고, 개인사업자인 경우에는 상호를 적습니다.

3. ①-1 영문법인명(상호)란: 지급받는 자가 비거주자(외국법인을 포함합니다)인 경우에 한정하여 징수의무자의 법인명(상호)을 영문으로 적습니다.

4. ② 대표자(성명)란: 대표자 및 사업자의 성명을 적습니다.

5. ③ 사업등록번호란: 사업자등록번호를 적습니다.

6. ④ 주민(법인)등록번호란: 징수의무자가 법인인 경우에는 부동산등기용 법인등록번호를 적고, 개인인 경우에는 사업자의 주민등록번호를 적습니다. 다만, 소득자보관용에는 적지 않습니다.

7. ⑤ 소재지 또는 주소란: 징수의무자인 본점(사업장)소재지를 적고, 사업장이 없는 경우에는 주소지를 적습니다.

8. ⑥ 성명(상호)란: 소득을 지급받는 자의 성명을 적고, 소득을 지급받는 자가 법인인 경우에는 법인명을 적습니다. 다만, 외국인은 성명을 영문으로 적되, 여권에 기록된 영문성명 전부를 적어야 합니다. 외국법인인 경우에는 상호 등 명칭을 영문으로 적되, 머리글자(Initial)를 적지 않고 정식 명칭 전부를 적습니다. 일반적으로 머리글자를 사용하는 경우에는 머리글자 뒤에 괄호로 정식 명칭 전부를 적습니다.

9. ⑦ 주민(사업자)등록번호란: 아래의 표를 참조하여 적습니다.

구 분		기 재 번 호
(1)	원 칙	주민등록번호 또는 사업자등록번호
(2)	(1)의 기재번호를 부여받지 않은 경우	[개인] 국내거소신고증상의 국내거소신고번호(외국국적동포인 경우) 또는 외국인등록표상의 외국인등록번호(외국인인 경우)를 적고, 그 번호가 없는 경우 여권상의 여권번호를 적습니다.
(3)	(1),(2)의 기재번호를 부여받지 않은 경우	투자등록증상의 투자등록번호를 적고, 그 번호가 없는 경우 해당 거주지국의 납세번호(Taxpayer Identification Number) 또는 법인식별기호(LEI)를 적습니다.

10. ⑦-1의 생년월일란: 주민등록번호, 국내거소신고번호 또는 외국인등록번호가 없어 여권번호 등을 적은 경우에는 반드시 생년월일을 적어야 합니다. (예: 생년월일이 2006년 1월 1일인 경우는 "20060101"을 적습니다.)

11. ⑧ 소득자구분코드란: 이자·배당소득을 지급받는 자의 유형을 구분하기 위한 것으로서 아래의 표를 참조하여 적습니다.

실 지 명 의 구 분			명 의	번 호	코 드
개인	내국인	주민등록번호 부여자	성 명	주민등록번호	111
		주민등록번호 미부여자	성 명	의료보호증관리번호	112
	재외국민 및 외국인 등	재외국민등록증 소유자	성 명	재외국민등록번호	122
		외국인등록증 소유자	성 명	외국인등록번호	131
		주민등록증(재외국민) 소유자	성 명	주민등록번호	123
		국내거소신고증 소유자	성 명	국내거소신고번호	141
		기타	성 명	여권번호, 거주지국의 납세번호	121
법인	국내 사업자등록번호(법인으로 보는 단체의 경우 고유번호)가 부여된 내국·외국 법인		법인명	사업자등록번호(고유번호)	211
	국내 사업자등록번호가 미부여된 외국법인		법인명	거주지국의 납세번호	222
				(또는)	
				법인식별기호	353
단체	개인단체	개인단체 고유번호 부여자	단체명	고유번호	311
	외국단체		단체명	외국단체등록번호 또는 거주지국의 납세번호	321
	기타임의단체	개인으로 보는 단체	대표자성명(단체명)	대표자 주민등록번호	331
기타	비거주 외국인(단체)인 증권거래자		성명, 단체명	투자등록증 고유번호	411
	투자기업설립을 위한 외국인(단체)		성명, 단체명	관련문서번호	413
명의 또는 번호 등이 빈칸 또는 비실명인 경우				빈칸	999

12. ⑨ 주소란: 주소가 외국인 경우 번지(Number), 거리(Street), 시(City), 도(State), 우편번호(Postal Zone), 국가(Country)순으로 영문으로 적습니다. 우편사서함을 적지 않습니다.

13. ⑩ 거주구분란: □안에 "√"표시를 하여 거주자와 비거주자를 구분합니다.

14. ⑪ 거주지국과 ⑪-1 거주지국코드란: 소득자가 비거주자(외국법인을 포함합니다)에 해당하는 경우에만 적으며, 국제표준화기구(ISO)가 정한 국가별 ISO코드 중 국명약어 및 국가코드를 적습니다. 다만, 소득자의 거주지가 말레이시아 라부안인 경우에는 라부안 코드(사전승인을 받은 경우에는 LM, 사전승인을 받지 않은 경우에는 LN)를 적습니다.

15. ⑫ 계좌번호(발행번호)란: 숫자만 적고, 저축과 같이 반복적인 금융거래를 위하여 금융회사별로 부여된 고유관리번호(계좌번호)에 의하여 소득자의 거래명세를 확인할 수 있는 기능을 갖고 있는 번호를 적습니다(배당소득 및 비영업대금의 이익을 소득자의 금융계좌에 입금시키는 경우에도 소득자의 금융계좌번호를 적습니다). 이자·배당소득자가 채권·주권 등을 실물로 보유하는 경우 해당 채권등의 발행번호를 수록하며, 채권등의 종류, 발행일, 이자지급일이 동일하고 보유수량이 다량인 경우에는 대표발행번호를 적습니다.

16. ⑬ 신탁이익 여부란: "[ ]"안에 "√"표시를 하여 「소득세법」 제4조제2항 각 호 외의 신탁의 이익에 해당하는지 여부를 구분합니다.

210mm×297mm[백상지80g/㎡ 또는 중질지80g/㎡]

작성방법

17. ⑭ 지급일란: 이자·배당소득을 지급하는 날짜를 적으며, 「소득세법」 제131조가 적용되는 경우에는 해당 일자를 적습니다.

18. ⑮ 귀속연월란: 이자·배당소득을 지급받은 자의 「소득세법 시행령」 제45조 및 제46조에 따른 이자·배당소득의 수입시기를 적습니다.

19. ⑯ 과세구분, ⑰ 소득의 종류, ⑱ 조세특례 등란: 지급하는 이자·배당소득의 과세유형 및 소득의 종류, 적용되는 조세특례 등을 구분하기 위한 것으로 아래의 표를 참조하여 적고, 아래 표 중 ⑯ 과세구분의 개인 분리과세란은 분리과세로 납세의무가 종결되는 경우에만 적습니다.

⑯ 과세구분

개인										법인					과세제외 (「소득세법」 상 미열거 소득 /법인세 납세의무 없는 법인 소득)
	분리과세					종합과세			원천징수 대상소득 (소액 부징수 포함)	원천징수대상 외의 소득					
비과세, 면제	저율 과세 (<14%)	고율 과세 (>14%)	비 실명	일반 세율 (14%)	기본 세율 (6~45%)	일반 과세	일반과세 (Gross-up)			비과세 면제	투자신탁 재산 귀 속 소득	신탁재산 귀속 소득	그 밖의 원천 징수대상 외 의 소득	
							기타 세율	일반 세율							
E	L	H	R	O	B	T	D	G	C	X	F	I	W		N

⑰ 소득의 종류

이자소득(11~49)		배당소득(51~99)	
국가·지방자치단체가 발행한 채권·증권의 이자와 할인액(소득세법§16①1)	11	내국법인 배당·분배금, 건설이자의 배당(소득세법§17①1)	51
내국법인이 발행한 채권·증권의 이자와 할인액(소득세법§16①2)	12	법인으로 보는 단체로부터 받는 배당·분배금(소득세법§17①2)	52
국내에서 받는 예금(적금·부금·예탁금 등 포함)의 이자(소득세법§16①3)	13	의제배당(소득세법§17①3, 법인세법§16)	53
신용계·신용부금으로 인한 이익(소득세법§16①4)	14	「법인세법」에 따라 배당으로 처분된 금액(소득세법§17①4)	54
외국법인 국내지점 등의 회사채의 이자와 할인액(소득세법§16①5)	15	집합투자기구로부터의 이익(소득세법§17①5)	55
외국법인이 발행한 채권·증권의 이자와 할인액(소득세법§16①6)	16	외국법인 배당·분배금, 건설이자의 배당, 이와 유사한 성질의 배당(소득세법§17①6)	56
국외에서 받는 예금의 이자(소득세법§16①7)	17	「국제조세조정에 관한 법률」 제27조에 따라 배당받은 것으로 간주된 금액(소득세법§17①7)	57
환매조건부 매매차익(소득세법§16①8)	18	「국제조세조정에 관한 법률」 제13조 및 제22조에 따라 배당으로 처분된 금액(소득세법§119 2호, 법인세법§93 2호)	58
저축성보험의 보험차익(10년 미만)(소득세법§16①9)	19		
저축성보험의 보험차익(계약기간 10년 이상)(소득세법§164①8)	20	출자공동사업자의 손익분배비율에 해당하는 금액(소득세법§17①8)	59
직장공제회 초과반환금(소득세법§16①10)	21		
비영업대금의 이익(소득세법§16①11)	22	주가연계증권(소득세법 시행령§26의3①1, ELS)	60
채권대차거래에 따른 이자상당액(소득세법 시행령§26④)	23	기타 파생결합증권(소득세법 시행령§26의3①2, DLS)	61
환매조건부채권매매거래에 따른 이자상당액(법인세법 시행령§114의2②)	24	주식대차거래에 따른 배당상당액(소득세법 시행령§26의3②)	62
그 밖에 금전사용에 따른 대가로서의 성격이 있는 것(소득세법§16①12)	25	그 밖에 수익분배의 성격이 있는 것(소득세법§17①9)	63
이자소득을 발생시키는 상품과 결합된 파생상품의 이익(소득세법§16①13)	26	배당소득을 발생시키는 상품과 결합된 파생상품의 이익(소득세법§17①10)	64
외국법인의 이자소득으로 상기 이외의 대금의 이자 및 신탁의 이익(법인세법§93 1호)	27	상장지수증권(소득세법 시행령§26의3①3, ETN)	65

⑱ 조세특례 등

조세특례 등을 적용받지 않고 원천징수한 경우	NN	중소기업창업투자조합등에 지급하는 배당소득(조특법§14④)	PA
		중소기업창업투자조합이 조합원에 지급하는 배당소득(조특법§14④)	PB
소기업·소상공인 공제부금(조특법§86의3)	SB	공공차관 도입에 따른 과세특례(조특법§20①)	PC
장기주택마련저축(조특법§87)	SC	외국인 투자에 대한 법인세 감면(조특법§121의2③)	PD
주택청약종합저축(조특법§87)	SD	외화표시채권의 이자(조특법§21①1)	PE
농어가목돈마련저축(조특법§87의2)	SE	외국환업무취급기관의 외화채무에 대한 이자(조특법§21①2)	PF
선박투자회사 배당(조특법§87의5)	SF	금융기관 외국발행(매각) 외화표시어음과 예금증서의 이자(조특법§21①3)	PG
부동산집합투자기구·부동산투자회사 배당(조특법§87의6)	SG	비거주자등의 정기외화예금에 대한 이자소득세 비과세(조특법§21의2①)	PU
비과세종합저축(조특법§88의2)	SH	사회기반시설채권 이자(조특법§29)	PH
우리사주조합 배당(조특법§88의4)	SI	영농조합법인 배당(조특법§66②,③)	PI
농협 근로자의 자사지분 배당(조특법§88의4⑩)	SJ	영어조합법인 배당(조특법§67②,③)	PJ
조합 등 출자금(조특법§88의5)	SK	농업회사 배당(조특법§68④)	PK
세금우대종합저축(조특법§89)	SL	동업기업에 지급하는 소득 중 법인세 납세의무가 있는 동업자에 귀속되는 소득	PL
조합 등 예탁금(조특법§89의3)	SM	동업기업에 지급하는 소득 중 법인세 납세의무가 없는 동업자에 귀속되는 소득	PM
재외동포전용 투자신탁(조특법§91의12)	SU	「신탁법」 제65조에 따른 공익신탁의 이익(소득세법§12 1)	PN
재형저축(조특법§91의14)	SW	발행일~상환연한일이 10년 이상으로 분리과세 신청한 장기채권(구 소법§129①1가, 조건부채권 제외) · 근거법조항 "구"는 「소득세법」, 법률 제15225호로 개정되기 전의 것에 따른 조항을 의미합니다.(2017.12.19., 법률 제15225호로 개정됨)	PO
고위험고수익투자신탁(조특법§91의15)	SX	법원에 납부한 보증금 및 경락대금 이자소득(소득세법§129①1)	PP
개인종합자산관리계좌(조특법§91의18)	SZ	실지명의가 확인되지 않는 소득(소득세법§129②2본문)	PQ
청년우대형 주택청약종합저축(조특법§87)	TA	금융실명거래 및 비밀보장에 관한 법률에 따른 비실명 소득(소득세법§129②2 단서)	PR
장병내일준비적금(조특법§91의19)	TB	외국소득세액을 뺀 금액을 원천징수한 경우(소득세법§129④)	PS
공모부동산집합투자기구 집합투자증권 배당(조특법§87의7)	TC	외국법인의 국채등 이자소득에 대한 법인세 비과세(법인세법§93의2)	PV
청년희망적금(조특법§91의21)	TD	해외채권으로 "PO"와 "PS"가 동시에 적용되는 경우	PW
청년도약계좌(조특법§91의22)	TE		
		비거주자·외국법인에 대하여 조세조약에 따라 제한세율을 적용한 경우	PT
		비거주자·외국법인에 대하여 조세조약에 따라 비과세·면제된 경우	PY
		거주자·내국법인에 대하여 조세조약에 따라 국내에서 과세되지 않는 경우	PZ
		특정사회기반시설 집합투자기구 투자자에 대한 과세특례(조특법§26의2)	QA
		투융자집합투자기구 투자자에 대한 과세특례(조특법§27)	QB
		기타	ZZ

210mm×297mm[백상지80g/㎡ 또는 중질지80g/㎡]

작성방법

20. ⑲ 금융상품코드란: 국세청에서 정한 금융상품코드표를 참조하여 적습니다.

21. ⑳ 유가증권표준코드란: 「소득세법」 제46조(외국법인의 경우에는 「법인세법」 제98조의3제1항)에 따른 채권등의 이자 또는 「소득세법」 제17조제1항에 따른 배당소득의 원천징수에만 한국거래소, 한국예탁결제원 및 한국금융투자협회에서 부여한 증권 등 관련 상품코드를 적으며, 유가증권표준코드를 부여받지 않은 경우에는 유가증권발행사업자의 사업자등록번호를 적습니다[외국법인 발행 유가증권으로 유가증권표준코드가 없는 경우 해당 국가코드(2자리)와 관리번호(현지 부여번호 등, 10자리)를 적음]. 다만, 「공직자윤리법」 제14조의4에 따라 백지신탁중인 주식은 유가증권표준코드가 아닌 백지신탁코드(BLINDTRUST)를 기입하고, 백지신탁계약이 해지된 이후에 해당 유가증권표준코드를 기재하여 수정 제출합니다.

22. ㉑ 채권이자구분란: 「소득세법」 제46조(외국법인의 경우에는 「법인세법」 제98조의3)에 따른 채권등의 이자의 원천징수인 경우에만 아래와 같이 구분하여 적습니다.

보유기간원천징수 적용 채권등	00	채권등의 이자지급기간 중 매입·매도 시 또는 채권등의 이자지급 시 원천징수한 보유기간 이자상당액
의제원천징수 적용 채권등 ('95.12.31.0이전 또는 '01.7.1. ~ '05.6.30. 사이에 취득한 채권의 이자소득을 '05.7.1. 이후 최초로 지급받거나, 매도하는 경우 등)	55	구 「소득세법」 (법률 제7319호로 개정되기 전의 것) 제46조제7항에 따른 낮은 세율이 적용되는 채권등으로 금융회사 등이 환급세액을 대신 지급하는 경우
	66	채권등의 이자등을 지급받는 경우 이자등 지급총액[구 「소득세법 시행령」 [대통령령 제18705호로 개정되기 전의 것) 제102조제11항제2호]
	77	구 「소득세법」 (법률 제7319호로 개정되기 전의 것) 제46조제2항에 따라 채권등의 중도매도 시 원천징수한 것으로 보는 보유기간 이자상당액[구 「소득세법 시행령」 (대통령령 제18705호로 개정되기 전의 것) 제102조제11항제1호]
	88	구 「소득세법」 (법률 제7319호로 개정되기 전의 것) 제46조제3항(외국법인의 경우 「법인세법」 제98조의3제1항)에 따른 높은 세율 적용 시 원천징수한 보유기간이자상당액[구 「소득세법 시행령」 (대통령령 제18705호로 개정되기 전의 것) 제102조제11항제1호]
	99	채권등의 이자등을 지급받는 경우에는 해당 채권등의 보유자의 보유기간이자상당액 [구 「소득세법 시행령」 (대통령령 제18705호로 개정되기 전의 것) 제102조제11항제2호]

※ 채권이자구분란에 "66"을 적는 경우에는 해당 보유자의 채권등의 보유기간 이자상당액을 "99"로 반드시 적어야 합니다.

23. ㉒ 지급대상기간란: 이자·배당소득 계산 시 사용된 이자·배당소득의 지급대상이 되는 기간을 적습니다. 다만, 집합투자기구로부터의 이익 및 「소득세법 시행령」 제26조의3(파생결합증권)에 따른 배당소득 외의 배당소득의 경우에는 적지 않습니다.

24. ㉓ 이자율 등란: 「소득세법」 제127조제1항제1호 및 제2호에 따른 이자소득 및 배당소득(같은 법 제17조제1항제5호에 따른 집합투자기구로부터의 이익만 해당함) 계산 시 사용된 이자율(할인율, 만기보장수익률 등) 및 「소득세법 시행규칙」 제13조에 따른 좌(주)당 배당소득금액(투자신탁의 경우 1,000좌당 배당소득금액)을 적습니다(㉒지급대상기간에 원금, 이자율 등의 변동이 있는 경우 지급하는 이자소득을 해당 지급 당시의 최종 원금으로 나눈 비율에 100을 곱한 숫자를 연환산하여 소수점 5자리까지 적습니다).

25. ㉔ 세율란: 실제 세액계산 시 적용된 원천징수세율을 적습니다(소액 부징수로 세액이 "0"인 경우에도 0%가 아닌 적용된 세율 등).

26. ㉕ 소득세·㉖ 법인세·㉗ 지방소득세 및 ㉘ 농어촌특별세란은 원단위 이하는 적지 않고, 소액 부징수(거주자인 경우 배당소득 1천원 미만, 내국법인인 경우 이자·배당소득 1천원 미만을 말합니다)에 해당하는 경우에는 세액을 "0"으로 적습니다.

Ⅲ 사업소득

사업소득은 일반적으로 세금계산서가 발행되므로 원천징수하지 않으나, 다음의 특정한 사업소득의 경우에는 지급하는 사업자 등이 원천징수하여야 한다.

1. 원천징수

(1) 원천징수대상 사업소득의 범위(소법 127 및 소령 184)

원천징수대상 사업소득이란 사업소득 중 다음의 사업에서 발생하는 소득을 말한다.

> (1) 다음의 부가가치세 면세대상 용역공급에서 발생하는 소득
>   ① 의료보건용역(부법 26 ① 5)
>   ② 저술가·작곡가 등 일정한 자가 직업상 제공하는 인적용역(부법 26 ① 15)
> (2) 법정 요건을 충족시킨 특정 봉사료수입금액

(2) 원천징수세액

1) 의료보건용역과 인적용역에 대한 원천징수

의료보건과 인적용역에 대한 원천징수세액은 다음과 같다.

$$원천징수세액 = 수입금액 × 3\%$$

 실무

> ① 개인의원으로부터 회사사원의 건강검진 용역을 받고 거래증빙으로 계산서를 받은 경우 → 계산서와는 별개로 원천징수해야 함.
> ② 어린이집에서 미술사에게 비용 지급.

2) 봉사료수입금액에 대한 원천징수

부가가치세가 면제되는 접대부·댄서 기타 이와 유사한 용역(부령 42)을 제공하는 자에게 지급하는 특정 봉사료수입금액에 대한 원천징수세액은 다음과 같다.

$$원천징수세액 = 봉사료\ 수입금액 \times 5\%$$

* 특정 봉사료수입금액은 다음 요건을 모두 충족한 경우를 말한다.

① 사업자(법인 포함)가 음식·숙박용역(과세유흥업 용역, 안마시술소 등 포함) 등을 제공하고 그 공급가액 (또는 공급대가)과 접대부 등의 봉사료를 세금계산서 등에 구분하여 기재할 것

② 구분하여 기재한 봉사료금액이 공급가액(또는 공급대가)의 20%를 초과할 것

③ 사업자(법인 포함)가 봉사료를 자기의 수입금액으로 계상하지 않을 것

(3) 보험모집인 등의 사업소득세액 연말정산 특례

1) 연말정산대상 사업소득(회사가 대행함)

연말정산대상 사업소득은 원천징수대상 사업소득 중에서 다음의 자(간편장부대상자에 한함)가 받는 사업소득으로 한다(소법 144의2 ① 및 소령 137). 단, ②와 ③에 해당하는 자는 원천징수의무자가 최초로 연말정산을 하려는 해당 과세기간 종료일까지 사업장 관할 세무서장에게 연말정산 신청을 하여야 한다(소령 201의 11).

① 보험모집인

② 방문판매원

③ 계약배달 판매원

2) 연말정산세액

사업소득에 대한 연말정산세액은 다음 연도 2월분 소득을 지급할 때 다음과 같이 계산한다.

① 사업소득금액 = 사업소득 수입금액 × 연말정산 사업소득의 소득률
② 과세표준 = 사업소득금액 − 종합소득공제
③ 산출세액 = 과세표준 × 기본세율
④ 결정세액 = 산출세액 − 세액공제·감면
⑤ 차감 원천징수세액(△환급세액) = 결정세액 − 기원천징수세액

 실무

외판원, 학습지 교사, 음료품 배달원 등 실적에 따라 회사에서 소득을 원천징수(3%) 후 지급받는 경우의 영세자영업자는 익년도 5월 종합소득세를 신고하여 환급신청 또는 자진납부하여야 한다.

귀속 연도	년	[　]거주자의 사업소득 원천징수영수증 [　]거주자의 사업소득 지급명세서 ([　]소득자 보관용　[　]발행자 보관용)	내·외국인	내국인1 외국인9
			거주 지국	거주지국 코　드

징 수 의무자	① 사업자등록번호	② 법인명 또는 상호	③ 성명
	④ 주민(법인)등록번호	⑤ 소재지 또는 주소	

소득자	⑥ 상　　　　호	⑦ 사업자등록번호
	⑧ 사 업 장 소 재 지	
	⑨ 성　　　　명	⑩ 주민등록번호
	⑪ 주　　　　소	

⑫ 업종구분　　　　　　　※ 작성방법 참조

⑬ 지 급			⑭ 소득 귀속		⑮ 지 급 총 액	⑯ 세 율	원 천 징 수 세 액		
연	월	일	연	월			⑰ 소 득 세	⑱ 지방소득세	⑲ 계

위의 원천징수세액(수입금액)을 정히 영수(지급)합니다.

년　　　월　　　일

징수(보고)의무자

(서명 또는 인)

세무서장　　귀하

210mm×297mm[백상지 80g/㎡ 또는 중질지 80g/㎡]

작 성 방 법

1. 이 서식은 거주자가 사업소득이 발생한 경우에만 작성하며, 비거주자는 별지 제23호서식(5)을 사용해야 합니다.

2. 징수의무자란의 ④ 주민(법인)등록번호는 소득자 보관용에는 적지 않습니다.

3. 세액이 소액 부징수(1천원 미만을 말합니다)에 해당하는 경우에는 ⑰·⑱·⑲란에 세액을 "0"으로 적습니다.

4. ⑫ 업종구분란에는 소득자의 업종에 해당하는 아래의 업종구분코드를 적어야 합니다.

종목	업종코드	종목	업종코드	종목	업종코드	종목	업종코드	종목	업종코드
저술가	940100	연예보조	940500	음료배달	940907	목욕관리사	940915	대여제품 방문점검원	940922
화가관련	940200	자문·고문	940600	방문판매원	940908	행사도우미	940916	대출모집인	940923
작곡가	940301	바둑기사	940901	기타자영업	940909	심부름용역	940917	신용카드 회원모집인	940924
배우	940302	꽃꽂이교사	940902	다단계판매	940910	퀵서비스	940918	방과후강사	940925
모델	940303	학원강사	940903	기타 모집수당	940911	물품운반	940919	소프트웨어 프리랜서	940926
가수	940304	직업운동가	940904	간병인	940912	병의원	851101	관광통역 안내사	940927
성악가	940305	봉사료 수취자	940905	대리운전	940913	학습지 방문강사	940920	어린이통학 버스기사	940928
1인미디어 콘텐츠창작자	940306	보험설계	940906	캐디	940914	교육교구 방문강사	940921	중고자동차 판매원	940929

· 기타자영업 코드(940909)는 고용관계 없이 독립된 자격으로 일정한 고정보수를 받지 않고 그 실적에 따라 수당 또는 이와 유사한 성질의 대가를 지급받는 경우로서 위 표에서 기타자영업을 제외한 39개 업종코드 중 어느 하나로 분류되지 않는 업종[예: 컴퓨터 프로그래머(소프트웨어 프리랜서 제외), 전기·가스검침원 등]인 경우 적습니다.

· 근로계약에 따라 근로를 제공한 날 또는 시간에 따라 근로대가를 계산하여 받는 사람으로서,「소득세법」제14조 제3항제2호에 따른 일용근로자(예: 식당주방보조원, 시간제 편의점근무자, 건설노동자 등)는 기재대상이 아닙니다.

5. ⑱ 세율란에는 3%를 적습니다. 다만, 직업운동가(940904) 중 프로스포츠 구단과의 계약기간이 3년 이하인 외국인 직업 운동가는 20%, 봉사료 수취자(940905) 중 「소득세법 시행령」 제184조의2에 해당하는 봉사료 수입금액은 5%를 적습니다.

210mm×297mm[백상지 80g/㎡ 또는 중질지 80g/㎡]

Ⅳ 근로소득

1. 일반근로자

(1) 개요

일용근로자 외의 근로소득자에게 근로소득을 지급하는 경우에는 매월분의 급여 또는 상여지급시 「근로소득 간이세액표」에 의하여 소득세를 원천징수하고 연말정산을 한다(소법 134).

(2) 상여에 대한 세액의 계산

상여지급시 원천징수세액은 다음과 같이 계산한다(소법 136, 소칙 91).

구 분	원 천 징 수 세 액
지급대상 기간이 있는 상여	$\left[\left(\dfrac{\text{상여액}+\text{지급대상기간의 상여 외의 급여액}}{\text{지급대상기간의 월수}}\right)\text{에 대한 간이세액} \times \dfrac{\text{지급대상}}{\text{기간의 월수}}\right]$ $-$ 지급대상기간의 상여 이외의 급여에 대한 기원천징수액
지급대상 기간이 없는 상여	지급대상기간을 다음과 같이 하여 위 ①과 같이 세액을 계산한다. ① 1. 1부터 상여 등을 지급받은 월까지를 지급대상기간으로 한다. ② 2회 이상 상여 등을 지급받은 경우에는 직전 지급월의 다음달부터 그 후 상여 등을 지급받은 월까지를 지급대상기간으로 한다.
잉여금 처분에 의한 상여	잉여금처분에 의한 상여 등의 금액×기본세율

(3) 연말정산

1) 개념

연말정산이란 근로자에게 지급한 연간 근로소득에 대한 소득세액(최종 세액)을 계산하여, 매월 근로소득 지급시 원천징수한 세액(간이세액)과의 차액을 추가로 징수하거나 환급하는 절차를 말한다. 주된 근무지의 원천징수의무자가 당해 연도의 다음연도 2

월분의 근로소득을 지급하는 때 또는 퇴직자의 퇴직하는 달의 근로소득을 지급하는 때에는 연말정산을 하여야 한다. 이 경우 2월분의 근로소득을 2월 말일까지 지급하지 아니하거나 2월분의 근로소득이 없는 경우에도 2월 말일까지 연말정산을 하여야 한다(소법 134 ②).

2) 연말정산시 세액의 계산

연말정산시는 다음과 같이 과세표준과 세액을 계산한다.

① 과세표준＝근로소득금액－소득공제
② 산출세액＝과세표준X기본세율
③ 결정세액＝산출세액－세액공제·감면
④ 납부할세액(△환급세액)＝결정세액－기원천징수세액

3) 근로소득자 소득공제 및 세액공제신고서의 제출

근로소득자는 당해 연도의 다음 연도 2월분 급여액을 지급받기 전(퇴직한 때에는 퇴직한 달의 급여액을 지급받기 전)에 자기의 소득세를 징수하는 주된 근무지의 원천징수의무자에게 소득공제사유를 표시하는 근로소득자 소득공제신고서를 제출하여야 한다. 근로소득자 소득공제신고서를 제출하지 아니한 경우에는 근로소득자 본인에 대한 기본공제 및 표준세액공제만을 적용한다(소법 137 ③). 연도중 퇴직하고 재취직한 경우 종전회사의 근로소득원천징수 영수증을 현 근무회사에 제출하면 소득을 합산하여 연말정산 실시한다(소법 138).

4) 연말정산 간소화 대상(소령 216의3)

증명서류 발급기관(금융기관, 교육기관, 의료기관 등)이 자료집중기관(협회, 정부 등)을 통해 소득공제증명서류를 제출하면 납세자는 국세청 정보통신망을 이용하여 편리하게 신고 가능하다.

* 연말정산 간소화 대상
  • 보험료 : 보장성보험
  • 교육비·직업훈련비 : 초·중·고·대학교 수업료, 유치원·어린이집 수업료(중고등 교복구입비, 취학전 아동 체육시설비 일부), 학자금 대출 원리금 상환액
  • 의료비(장애인보장구, 보청기, 노인 장기요양 본인 부담금 일부), 안경구입비, 실손의료보험금
  • 연금저축/퇴직연금 계좌
  • 주택청약종합 저축, 벤처기업투자신탁 등

- 소기업 · 소상공인 공제부금
- 신용카드/직불카드/현금영수증 등 사용액
- 주택담보노후연금이자비용
- 주택임차차입금 원리금 상환액, 장기주택저당차입금 이자상환액, 월세액(공공임대주택, 신용카드 결제분의 일부)
- 기부금, 전자기부금 영수증 발행 기부금
- 국민연금 보험료, 건강보험료, 노인장기요양 보험료, 고용보험료

 실습 과제 직장인 A의 사례를 제시하고소득 · 세액 공제신고서(별지서식 37호)를 작성해 본다 (간단한 사례제시로 충분하다).

5) 원천징수세액 선택 제도

2015년 7월부터 근로소득자가 신청하는 경우 매월 낼 세금을 간이세액표 금액의 100% 이외에 80%, 120% 중 선택 가능하다(소령 194①). 또한 연말정산 결과 추가로 낼 세금이 10만원을 초과하는 경우 회사에 신청하면 해당과세기간의 다음연도 2월분부터 4월분의 급여를 지급 받을 때 나누어 낼 수 있다(소법 137 ④, 신설 2015.3.10.).

6) 연말정산을 놓치거나 누락한 경우

다음해 5월 종합소득세 확정신고로 적용받을 수 있다. 또한 5월 종합소득세 신고기한도 놓친 경우 「경정청구」를 할 수 있다.

7) 연말정산 환급세액 신청 방법

① 원천징수의무자가 근로자에게 환급할 세액을 관할 세무서장에게 신청하면, 관할 세무서장은 원천징수의무자에게 환급한다.
② 원천징수의무자가 환급신청한 후 폐업 · 부도 등으로 환급액을 지급받기 어려운 경우 근로자가 직접 신청할 수 있다(소칙93②).

참고 1 「연말정산 간소화 서비스」에서 제공하는 내용

항목		제공자료 내용	제공여부
인적 공제		장애인 증명자료 * 장애인복지법에 따른 장애인·국가유공자법에 따른 상이자 자료	○
국민연금 보험료		국민연금보험료 납입금액	○
소득공제	보험료	국민건강보험료 납입금액	○
		고용보험료 납입금액	○
	주택자금	주택임차차입금 원리금 상환금액	○
		장기주택저당차입금 이자 상환금액	○
	개인연금저축	개인연금저축 납입금액	○
	주택마련저축	주택마련저축 납입금액	○
	소기업·소상공인 공제부금	소기업·소상공인 공제부금 납입금액	○
	중소기업창업 투자조합출자	벤처기업투자신탁 납입금액	○
	신용카드 등 사용금액	신용카드·직불카드·기명식선불카드 사용금액 * 대중교통, 전통시장, 도서·공연·신문구독료·미술관·박물관, 영화관람료 사용분 포함	○
		현금영수증 사용금액 * 대중교통, 전통시장, 도서·공연·신문구독료·미술관·박물관, 영화관람료 사용분 포함	○
	장기집합 투자증권저축	장기집합투자증권저축 납입금액	○
세액공제	연금계좌	연금저축계좌 납입금액	○
		퇴직연금계좌 납입금액	○
	보장성 보험료	보장성보험료 납입금액 *주택임차보증금 반환 보증보험료 포함	○
		장애인전용보장성보험료 납입금액	○
	의료비	의료기관에 지출한 의료비*난임시술비, 미숙아 등 의료비 미구분	○
		약국에 지출한 의약품(한약 포함) 구입비용	○
		「노인장기요양보험법」에 따라 실제 지출한 본인 부담금액	○
		시력보정용 안경·콘택트렌즈 구입비용	△
		보청기·장애인보장구·의료용구 구입비용	△
		산후조리원 비용	○
	교육비	초·중·고교, 대학(원) 교육비 납입금액 * 입학금 등 공납금 외에 학교급식비·교과서대금·방과 후 수업료 포함	○
		수능응시료, 대학입학전형료 납입금액	○
		직업능력개발훈련비 납입금액	○
		학자금대출 원리금 상환금액	○
		유치원, 어린이집 교육비 납입금액	○
		학점인정(독학학위)교육비 납입금액	△
		취학전아동의 학원·체육시설교육비 납입금액, 교복구입비	△
		장애인특수교육비 납입금액	△
	기부금	전자기부금 영수증 발행금액 *고향사랑기부금 포함	○
		전자기부금 영수증 발행금액 이외 기부금액	△
	월세액	공공임대주택사업자에게 지급한 월세액	○
		신용카드로 결제한 월세액	△

* △ : 제출의무는 없지만 자율적으로 제출하는 자료이므로, 조회되지 않을 수 있음

국세청, 보도자료, 2024. 1. 15.

■ 소득세법 시행규칙 [별지 제37호서식(1)] <개정 2023. 12. 29.>

소득 · 세액 공제신고서/근로소득자 소득 · 세액 공제신고서(년 소득에 대한 연말정산용)

※ 근로소득자는 신고서에 소득·세액 공제 증명서류를 첨부하여 원천징수의무자(소속 회사 등)에게 제출하며, 원천징수의무자는 신고서 및 첨부서류를 확인하여 근로소득 세액계산을 하고 근로소득자에게 즉시 근로소득원천징수영수증을 발급해야 합니다. 연말정산 시 근로소득자에게 환급이 발생하는 경우 원천징수의무자는 근로소득자에게 환급세액을 지급해야 합니다.

소득자 성명		주민등록번호	–
근무처 명칭		사업자등록번호	
세대주 여부	[ ]세대주 [ ]세대원	국 적	(국적 코드:)
근무기간	~	감면기간	~
거주구분	[ ]거주자 [ ]비거주자	거주지국	(거주지국 코드:)
인적공제 항목 변동 여부	[ ]전년과 동일 [ ]변동	분납신청 여부	[ ]신청 [ ]미신청
원천징수세액 선택	[ ]120% [ ]100% [ ]80%	※ 근로소득자 본인이 원하는 경우 매월 원천징수하는 세액을 법령상 세액의 120%, 100%, 80% 중 선택할 수 있습니다.	

I. 인적공제 및 소득·세액공제 명세

인적공제 항목

관계코드	성 명	소득금액기준 초과여부	기본공제		경로우대	출산입양
내·외국인	주민등록번호	(백만원)초과여부	부녀자	한부모	장애인	자녀

각종 소득·세액 공제 항목

자료구분	보험료				의료비					교육비	
	건강	고용	보장성	장애인 전용 보장성	일반	미숙아 선천성 이상아	난임 시술비	65세이상·장애인 건강보험 산정특례자	실손의 료보험금	일반	장애인

인적공제 항목에 해당하는 인원수를 적습니다.							국세청계								
0			○				기타 계								
(근로자 본인)							국세청 기타								
	–						국세청 기타								
	–						국세청 기타								

각종 소득·세액 공제 항목

자료구분	신용카드등 사용액								기부금
	신용카드	직불카드등	현금영수증	도서공연등사용분 (총급여 7천만원 이하만 기재)		전통시장 사용분		대중교통 이용분	
				1-3월	4-12월	1-3월	4-12월		
국세청 계									
기타 계									
국세청 기타									
국세청 기타									

유의사항

1. "인적공제 항목 변동 여부"란에는 해당 항목에 "√"표시합니다(인적공제 항목이 전년과 동일한 경우에는 주민등록표등본을 제출하지 않습니다).

2. 관계코드

구 분	관계코드	구 분	관계코드	구 분	관계코드
소득자 본인 (「소득세법」 §50①1)	0	소득자의 직계존속 (「소득세법」 §50①3가)	1	배우자의 직계존속 (「소득세법」 §50①3가)	2
배우자 (「소득세법」 §50①2)	3	직계비속(자녀·손자녀, 입양자) (「소득세법」 §50①3나)	4	직계비속(코드 4 제외) (「소득세법」 §50①3나)	5*
형제자매 (「소득세법」 §50①3다)	6	수급자(코드1~6제외) (「소득세법」 §50①3라)	7	위탁아동 (「소득세법」 §50①3마)	8

* 관계코드 5: 해당 직계비속과 그 배우자가 장애인인 경우 그 배우자를 말하며, 관계코드 4~6은 소득자와 배우자의 각각의 관계를 포함합니다.

3. 연령기준 및 소득기준
   - 경로우대: 기본공제 대상 부양가족이 만 70세 이상에 해당하는 경우 "√"표시합니다.
   - 소득금액기준: 부양가족의 소득금액 합계액이 100만원(근로소득만 있는 자는 총급여 500만원)을 초과하는지 여부를 "√"표시합니다.

4. "부녀자 공제"란에는 소득자 본인이 여성인 경우로서 다음의 요건을 모두 충족하는 경우에 표시합니다.
   가. 해당 과세기간의 종합소득과세표준을 계산할 때 합산하는 종합소득금액이 3천만원 이하일 것
   나. 배우자가 없는 여성으로서 「소득세법」 제50조제1항제3호에 따른 부양가족이 있는 세대주이거나 배우자가 있는 여성일 것

5. "장애인 공제"란에는 다음의 해당 코드를 적습니다.

구분	「장애인복지법」에 따른 장애인 및 「장애아동복지지원법」에 따른 장애아동 중 발달재활서비스를 지원받고 있는 사람	「국가유공자 등 예우 및 지원에 관한 법률」에 따른 상이자 및 이와 유사한 자로서 근로능력이 없는 자	그 밖에 항시 치료를 요하는 중증환자
해당코드	1	2	3

6. 내·외국인: 내국인=1, 외국인=9로 구분하여 적습니다. 근로소득자가 외국인에 해당하는 경우 국적을 적으며, 국적코드는 거주지국코드를 참조하여 적습니다.

210mm×297mm[백상지80g/㎡ 또는 중질지80g/㎡]

(9쪽 중 제2쪽)

구분		지출명세		지출구분	금 액	한도액	공제액
Ⅱ. 연금 보험료 공제	연금보험료 (국민연금, 공무원 연금, 군인연금, 교직원연금 등)	국민연금보험료	종(전)근무지	보험료		전액	
			주(현)근무지	보험료		전액	
		국민연금보험료 외의 공적 연금보험료	종(전)근무지	보험료		전액	
			주(현)근무지	보험료		전액	
		연금보험료 계					
Ⅲ. 특 별 소 득 공 제	보험료	국민건강보험 (노인장기요양보험 포함)	종(전)근무지	보험료		전액	
			주(현)근무지	보험료		전액	
		고용보험	종(전)근무지	보험료		전액	
			주(현)근무지	보험료		전액	
		보험료 계					
	주택자금	주택임차차입금	대출기관차입	원리금상환액		작성방법 참조	
			거주자 차입				
		장기 주택 저당 차입금	2011년 이전 차입분	15년 미만	이자 상환액	작성방법 참조	
				15년~29년			
				30년 이상			
			2012년 이후 차입분 (15년 이상)	고정금리이거나, 비거치상환 대출			
				기타 대출			
			2015년 이후 차입분	15년 이상	고정금리이면서, 비거치상환 대출		
					고정금리이거나, 비거치상환 대출		
					기타 대출		
			10년~ 15년	고정금리이거나, 비거치상환 대출			
		주택자금 공제액 계					
	기부금 (이월분)	특례기부금		기부금이월액		작성방법 참조	
		일반기부금(종교단체 기부금 제외)		기부금이월액			
		일반기부금 중 종교단체기부금		기부금이월액			
		기부금이월분(합계)					
Ⅳ. 그 밖 의 소 득 공 제		개인연금저축(2000년 이전 가입)		납입금액		납입액 40%와 72만원	
		소기업·소상공인 공제부금		납입금액		작성방법 참조	
	주택마련저축	청약저축		납입금액		작성방법 참조	
		근로자주택마련저축		납입금액		작성방법 참조	
		주택청약종합저축		납입금액		작성방법 참조	
		주택마련저축 소득공제 계					
	투자조합 출자 등	2021년 출자·투자분	벤처 등	출자·투자금액		작성방법 참조	
			조합1				
			조합2				
		2022년 출자·투자분	벤처 등	출자·투자금액		작성방법 참조	
			조합1				
			조합2				
		2023년 출자·투자분	벤처 등	출자·투자금액		작성방법 참조	
			조합1				
			조합2				
		투자조합 출자 등 소득공제 계					
	신용카드등 사용액	① 신용카드		사용금액			
		② 직불·선불카드		사용금액			
		③ 현금영수증		사용금액			
		④ 도서·공연사용분 등 (총급여 7천만원 이하자)		사용금액			
		⑤ 전통시장사용분		사용금액			
		⑥ 대중교통이용분		사용금액			
		계(①+②+③+④+⑤+⑥)					
		우리사주조합 출연금		출연액		작성방법 참조	
		고용유지중소기업 근로자		임금삭감액		작성방법 참조	
		장기집합투자증권저축		납입금액		작성방법 참조	
		청년형 장기집합투자증권저축		납입금액		작성방법 참조	

210mm×297mm[백상지80g/㎡ 또는 중질지80g/㎡]

구분			세액감면·공제명세		세액감면·공제 명세		
V. 세액감면 및 공제	세액감면	외국인 근로자	입국목적	[ ]정부간 협약 [ ]「조세특례제한법」상 감면 [ ]조세조약 상 감면			
			기술도입계약 또는 근로제공일		감면기간 만료일		
			외국인 근로소득에 대한 감면	접수일		제출일	
			근로소득에 대한 조세조약 상 면제	접수일		제출일	
		성과공유 중소기업 경영성과급 감면		시작일		종료일	
		중소기업 청년근로자 및 핵심인력 성과보상기금 수령액 감면		시작일		종료일	
		내국인 우수 인력 국내 복귀 감면		시작일		종료일	
		중소기업 취업자 감면		취업일		감면기간 종료일	

			공제 종류		명세	한도액	공제대상금액	공제율	공제세액
V. 세액감면 및 공제	세액공제	특별세액공제	연금계좌	「과학기술인공제회법」에 따른 퇴직연금	납입금액	작성방법 참조		12%, 15%	
				「근로자퇴직급여 보장법」에 따른 퇴직연금	납입금액				
				연금저축	납입금액				
				개인종합자산관리계좌 만기 시 연금계좌 납입액	납입금액				
				연금계좌 계					
			보험료	보장성	보험료	100만원		12%	
				장애인전용보장성	보험료	100만원		15%	
				보험료 계					
			의료비	본인·65세 이상자·장애인·건강보험산정특례자	지출액	작성방법 참조		15%	
				난임시술비	지출액			30%	
				미숙아·선천성 이상아	지출액			20%	
				그 밖의 공제대상자	지출액			15%	
				실손의료보험금 계	수령액				
				의료비 계					
			교육비	소득자 본인	공납금(대학원 포함)	전액		15%	
				취학전 아동 (명)	유치원·학원비 등	1명당 300만원			
				초·중·고등학교(명)	공납금	1명당 300만원			
				대학생(대학원 불포함)(명)	공납금	1명당 900만원			
				장애인 (명)	특수교육비	전액			
				교육비 계					
			기부금	정치자금기부금 10만원 이하	기부금액	작성방법 참조		100/110	
				10만원 초과	기부금액			15%, 25%	
				고향사랑기부금 10만원 이하	기부금액			100/110	
				10만원 초과	기부금액			15%	
				특례기부금	기부금액			15% 또는 30%	
				우리사주조합기부금	기부금액				
				일반기부금(종교단체기부금 제외)	기부금액				
				일반기부금 중 종교단체기부금	기부금액				
				기부금 계					
		외국납부세액		국외원천소득					
				납세액 (외화)					
				납세액 (원화)		-			
				납세국명		납부일			
				신청서제출일		국외근무처			
				근무기간		직책			
		주택자금차입금이자세액공제		이자상환액		30%			
		월세액 세액공제		지출액		15% 또는 17%			

신고인은 「소득세법」 제140조에 따라 위의 내용을 신고하며, 위 내용을 충분히 검토하였고 신고인이 알고 있는 사실 그대로를 정확하게 적었음을 확인합니다.

년 월 일

신고인 (서명 또는 인)

VI. 추가 제출 서류

1. 외국인근로자 단일세율적용신청서 제출 여부(○ 또는 × 로 적습니다)		제출 ( )	
2. 종(전)근무지 명세	종(전)근무지명	종(전)급여총액	종(전)근무지 근로소득 원천징수영수증 제출 ( )
	사업자등록번호	종(전) 결정세액	
3. 연금·저축 등 소득·세액 공제명세서 제출 여부 (○ 또는 × 로 적습니다)		제출 ( ) ※ 연금계좌, 주택마련저축 등 소득·세액공제를 신청한 경우 해당 명세서를 제출해야 합니다.	
4. 월세액·거주자 간 주택임차입금 원리금상환액 소득·세액공제 명세서 제출여부(○ 또는 × 로 적습니다)		제출 ( ) ※ 월세액, 거주자 간 주택임차입금 원리금상환액 소득·세액공제를 신청한 경우 해당 명세서를 제출해야 합니다.	
5. 그 밖의 추가 제출 서류	① 의료비지급명세서 ( ), ② 기부금명세서 ( ), ③ 소득·세액공제 증명서류		

유의사항

1. 근로소득자가 종(전)근무 근로소득을 원천징수의무자에게 신고하지 않은 경우에는 근로소득자 본인이 종합소득세 신고를 해야 하며, 신고하지 않은 경우 가산세 부과 등 불이익이 따릅니다.
2. 현 근무지의 연금보험료·국민건강보험료 및 고용보험료 등은 신고인이 기재하지 않아도 됩니다.
3. "공제금액"란은 근로소득자가 원천징수의무자에게 제출하는 경우 적지 않을 수 있습니다.

210mm×297mm[백상지80g/㎡ 또는 중질지80g/㎡]

거주구분	거주자1/비거주자2
거주지국	거주지국코드
내·외국인	내국인1 /외국인9
외국인단일세율적용	여 1 / 부 2
외국법인소속 파견근로자 여부	여 1 / 부 2
종교관련종사자 여부	여 1 / 부 2
국적	국적코드
세대주 여부	세대주1, 세대원2
연말정산 구분	계속근로1, 중도퇴사2

[   ]근로소득 원천징수영수증
[   ]근로소득 지 급 명 세 서

([   ]소득자 보관용 [   ]발행자 보관용 [   ]발행자 보고용)

관리번호

징 수 의무자	① 법인명(상 호)		② 대 표 자(성 명)	
	③ 사업자등록번호		④ 주 민 등 록 번 호	
	③-1 사업자단위과세자 여부	여1 / 부2	③-2 종사업장 일련번호	
	⑤ 소 재 지(주소)			
소득자	⑥ 성 명		⑦ 주 민 등 록 번 호(외국인등록번호)	
	⑧ 주 소			

	구 분	주(현)	종(전)	종(전)	⑯-1 납세조합	합 계
Ⅰ 근 무 처 별 소 득 명 세	⑨ 근 무 처 명					
	⑩ 사업자등록번호					
	⑪ 근무기간	~	~	~	~	~
	⑫ 감면기간	~	~	~	~	~
	⑬ 급 여					
	⑭ 상 여					
	⑮ 인 정 상 여					
	⑮-1 주식매수선택권 행사이익					
	⑮-2 우리사주조합인출금					
	⑮-3 임원 퇴직소득금액 한도초과액					
	⑮-4 직무발명보상금					
	⑯ 계					
Ⅱ 비 과 세 및 감 면 소 득 명 세	⑱ 국외근로	M0X				
	⑱-1 야간근로수당	O0X				
	⑱-2 출산·보육수당	Q0X				
	⑱-4 연구보조비	H0X				
	⑱-5					
	⑱-6					
	~					
	⑱-40 비과세식대	P01				
	⑲ 수련보조수당	Y22				
	⑳ 비과세소득 계					
	⑳-1 감면소득 계					

	구 분			⑲ 소 득 세	⑳ 지방소득세	㉑ 농어촌특별세
Ⅲ 세 액 명 세	㉒ 결 정 세 액					
	기납부 세 액	㉓ 종(전)근무지 (결정세액란의 세액을 적습니다)	사업자 등록 번호			
		㉔ 주(현)근무지				
	㉕ 납부특례세액					
	㉖ 차 감 징 수 세 액(㉒-㉓-㉔-㉕)					

위의 원천징수액(근로소득)을 정히 영수(지급)합니다.

년 월 일

징수(보고)의무자　　　　　　　　　　　(서명 또는 인)

세 무 서 장 귀하

IV 정산명세						
㉑ 총급여(⑯, 외국인단일세율 적용시 연간 근로소득)				㊾ 종합소득 과세표준		
㉒ 근로소득공제				㊿ 산출세액		
㉓ 근로소득금액				세액감면	(51) 「소득세법」	
기본공제	㉔ 본 인				(52) 「조세특례제한법」((53) 제외)	
	㉕ 배 우 자				(53) 「조세특례제한법」 제30조	
	㉖ 부 양 가 족(명)				(54) 조세조약	
추가공제	㉗ 경 로 우 대(명)				(55) 세 액 감 면 계	
	㉙ 장 애 인(명)			세액공제	(56) 근로소득	
	㉙ 부 녀 자				(57) 자녀 / 공제대상자녀(명)	
	㉚ 한 부 모 가 족				(57) 자녀 / 출산·입양자(명)	
종합소득공제 / 연금보험료공제	㉛ 국민연금보험료	대상금액		연금계좌	(58) 「과학기술인공제회법」에 따른 퇴직연금 / 공제대상금액	
		공제금액			(58) / 세액공제액	
	㉜ 공적연금보험료공제 / ㉮ 공무원연금	대상금액			(59) 「근로자퇴직급여 보장법」에 따른 퇴직연금 / 공제대상금액	
		공제금액			(59) / 세액공제액	
	㉯ 군인연금	대상금액			(60) 연금저축 / 공제대상금액	
		공제금액			(60) / 세액공제액	
	㉰ 사립학교교직원연금	대상금액			(60)-1 개인종합자산관리계좌 만기 시 연금계좌 납입액 / 공제대상금액	
		공제금액			(60)-1 / 세액공제액	
	㉱ 별정우체국연금	대상금액		특별세액공제	(61) 보험료 / 보장성 / 공제대상금액	
					(61) / 보장성 / 세액공제액	
특별소득공제 / ㉝ 보험료	㉮ 건강보험료(노인장기요양보험료포함)	대상금액			(61) / 장애인전용보장성 / 공제대상금액	
		공제금액			(61) / 장애인전용보장성 / 세액공제액	
	㉯ 고용보험료	대상금액			(62) 의료비 / 공제대상금액	
		공제금액			(62) / 세액공제액	
㉞ 주택자금	㉮ 주택임차차입금원리금상환액	대출기관			(63) 교육비 / 공제대상금액	
		거주자			(63) / 세액공제액	
	㉯ 장기주택저당차입금이자상환액 / 2011년 이전 차입분	15년 미만		기부금	(64) / ㉮ 정치자금기부금 / 10만원 이하 / 공제대상금액	
		15년~29년			(64) / ㉮ / 10만원 이하 / 세액공제액	
		30년 이상			(64) / ㉮ / 10만원 초과 / 공제대상금액	
	2012년 이후 차입분(15년 이상)	고정금리 이거나, 비거치상환 대출			(64) / ㉮ / 10만원 초과 / 세액공제액	
		그 밖의 대출			(64) / ㉯ 고향사랑기부금 / 10만원 이하 / 공제대상금액	
	2015년 이후 차입분 / 15년 이상	고정금리이면서 비거치상환 대출			(64) / ㉯ / 10만원 이하 / 세액공제액	
		고정금리 이거나, 비거치상환 대출			(64) / ㉯ / 10만원 초과 / 공제대상금액	
		그 밖의 대출			(64) / ㉯ / 10만원 초과 / 세액공제액	
	10년~15년	고정금리 이거나, 비거치상환 대출			(64) / ㉰ 특례기부금 / 공제대상금액	
					(64) / ㉰ / 세액공제액	
㉟ 기부금(이월분)					(64) / ㉱ 우리사주조합기부금 / 공제대상금액	
㊱ 계					(64) / ㉱ / 세액공제액	
㊲ 차 감 소 득 금 액					(64) / ㉲ 일반기부금(종교단체 외) / 공제대상금액	
그 밖의 소득공제	㊳ 개인연금저축				(64) / ㉲ / 세액공제액	
	㊴ 소기업·소상공인 공제부금				(64) / ㉳ 일반기부금(종교단체) / 공제대상금액	
	㊵ 주택마련저축소득공제 / ㉮ 청약저축				(64) / ㉳ / 세액공제액	
	㊵ / ㉯ 주택청약종합저축				(65) 계	
	㊵ / ㉰ 근로자주택마련저축				(66) 표준세액공제	
	㊶ 투자조합출자 등				(67) 납세조합공제	
	㊷ 신용카드등 사용액				(68) 주택차입금	
	㊸ 우리사주조합 출연금				(69) 외국납부	
	㊹ 고용유지 중소기업 근로자				(70) 월세액 / 공제대상금액	
	㊺ 장기집합투자증권저축				(70) / 세액공제액	
	㊻ 청년형 장기집합투자증권저축				(71) 세 액 공 제 계	
	㊼ 그 밖의 소득공제 계				(72) 결 정 세 액(50-55-71)	
㊽ 소득공제 종합한도 초과액				(82) 실효세율(%) (72/21)×100		

⑱ 소득·세액공제 명세[인적공제항목은 해당란에 "○"표시(장애인 해당 시 해당 코드 기재)를 하며, 각종 소득공제·세액공제 항목은 공제를 위하여 실제 지출한 금액을 적습니다.]

인적공제 항목							각종 소득공제·세액공제 항목									
관계코드	성 명		기본공제		경로우대	출산입양	자료구분	보험료				의료비				교육비	
내·외국인	주민등록번호		부녀자	한부모	장애인	자녀		건강	고용	보장성	장애인전용보장성	일반	미숙아·선천성이상아	난임	65세이상·장애인건강보험산정특례자	실손의료보험금	일반	장애인특수교육
인적공제 항목에 해당하는 인원수를 적습니다.							국세청 계									
							기타 계									
0			○				국세청									
(근로자 본인)							기타									
	-						국세청									
							기타									
	-						국세청									
							기타									

각종 소득공제·세액공제 항목

자료구분		신용카드등 사용액공제							기부금
		신용카드	직불카드등	현금영수증	도서공연등사용분 (총급여 7천만원 이하만 기재)		전통시장사용분		대중교통 이용분
					1~3월	4~12월	1~3월	4~12월	
국세청 계									
기타 계									
국세청									
기타									
국세청									
기타									

작 성 방 법

「소득세법」제149조제1호에 해당하는 납세조합이 「소득세법」제127조제1항제4호 각 목에 해당하는 근로소득을 연말정산하는 경우에도 사용하며, 이 경우 "⑨ 근무처명"란 및 "⑩ 사업자등록번호"란에는 실제 근무처의 상호 및 사업자번호를 적습니다. 다만, 근무처의 사업자등록이 없는 경우 납세조합의 사업자등록번호를 적습니다.

1. 거주지국과 거주지국코드는 근로소득자가 비거주자에 해당하는 경우에만 적으며, 국제표준화기구(ISO)가 정한 ISO코드 중 국명약어 및 국가코드를 적습니다(※ ISO국가코드: 국세청홈페이지→국세정책/제도→국제조세정보→참고자료실→국제표준화기구(ISO)가 정한 국가코드에서 조회할 수 있습니다) 예) 대한민국 : KR, 미국 : US

2. 근로소득자가 외국인에 해당하는 경우에는 "내·외국인"란에 "외국인 9"를 선택하고 "국적 및 국적코드"란에는 국제표준화기구(ISO)가 정한 ISO코드 중 국명약어 및 국가코드를 적습니다. 해당 근로소득자가 외국인근로자 단일세율적용신청서를 제출한 경우 "외국인단일세율 적용"란에 여1을 선택합니다. 또한, 근로소득자가 종교관련종사자에 해당하는 경우에는 "종교관련종사자 여부"란에 여1을 선택합니다.

3. 원천징수의무자가 「부가가치세법」에 따른 사업자단위 과세자에 해당할 경우 ③-1에서 여1을 선택하고, ③-2에 소득자가 근무하는 사업장의 종사업장 일련번호를 적습니다.

4. 원천징수의무자는 지급일이 속하는 연도의 다음 연도 3월 10일(휴업 또는 폐업한 경우에는 휴업일 또는 폐업일이 속하는 달의 다음 다음 달 말일을 말합니다)까지 지급명세서를 제출해야 합니다.

5. "Ⅰ. 근무처별 소득명세"란에는 비과세소득을 제외한 금액을 해당 항목별로 적고, "Ⅱ. 비과세 및 감면소득 명세"란에는 지급명세서 작성 대상 비과세소득 및 감면대상을 해당 코드별로 구분하여 적습니다(적을 항목이 많은 경우 "Ⅱ. 비과세 및 감면소득 명세"란의 "⑳ 비과세소득 계"란 및 "⑳-1 감면세액 계"란에 총액만 적고, "Ⅱ.비과세 소득"란을 별지로 작성할 수 있습니다).

6. 「소득세법」제127조제1항제4호의 각 목에 해당하는 근로소득과 그 외 근로소득[주(현)란] 더하여 연말정산하는 때에는 "⑯-1 납세조합"란에 각각 근로소득납세조합과 「소득세법」제127조제1항제4호 각 목에 해당하는 근로소득을 적고, 「소득세법」제150조에 따른 납세조합공제금액을 "⑰ 납세조합공제"란에 적습니다. 합병, 기업형태 변경 등으로 존속법인이 연말정산을 하는 경우에는 피합병법인 등에서 발생한 소득과 기업형태 변경 전의 법인에서 발생한 소득은 근무처별 소득명세 종(전)란에 별도로 적습니다. 또한, 동일회사 내 사업자등록번호가 다른 곳에서 전입한 경우 등을 하여 해당 법인이 연말정산을 하는 경우에는 전입하기 전 지점 등에서 발생한 소득은 "근무처별 소득명세 종(전)"란에 별도로 적습니다.

7. "㉑ 총급여"란에는 "⑯계"란의 금액을 적되, 외국인근로자가 「조세특례제한법」(이하 이 서식에서 "조특법"이라 합니다) 제18조의2제2항에 따라 단일세율을 적용하는 경우에는 "⑯계"의 금액과 비과세소득금액을 더한 금액을 적습니다. 이 경우 소득세와 관련한 비과세·공제·감면 및 세액공제에 관한 규정은 적용하지 않습니다.

8. "종합소득 특별소득공제(㉝~㊱)"란과 "그 밖의 소득공제(㊳~㊼)"란은 근로소득자 소득·세액 공제신고서(별지 제37호서식)의 공제액을 적습니다(소득공제는 서식에서 정하는 바에 따라 순서대로 소득공제를 적용하여 종합소득과세표준과 세액을 계산합니다).

9. "연금계좌(㊽~㉙-1)"란과 "특별세액공제(㉑~㉖)"란은 근로소득자 소득·세액 공제신고서(별지 제37호서식)의 공제대상금액 및 세액공제액을 적습니다.

작 성 방 법

10. ⑱ 소득공제 종합한도 초과액은 ㉞ 주택자금공제(㉑+㉰), ㉟ 소기업·소상공인 공제부금 소득공제, ㊵ 주택마련저축 소득공제(㉑+㉰+㉱), ㊶ 투자조합출자 등 소득공제(「조세특례제한법」 제16조제1항제3호·제4호는 제외), ㊷ 신용카드등 사용액 소득공제액, ㊸ 우리사주조합 출연금 소득공제액, ㊺ 장기집합투자증권저축 소득공제액 전체를 합한 금액이 2,500만원을 초과하는 경우 적습니다.

11. ㊾ 종합소득 과세표준은 ㊲ 차감소득금액에서 ㊼ 그 밖의 소득공제 계를 차감하고 ⑱ 소득공제 종합한도 초과액을 더하여 적습니다.

12. ⑯ 납부특례세액은 「조세특례제한법」 제16조의3제1항에 따라 주식매수선택권을 행사함으로써 얻은 이익에 대하여 벤처기업 또는 벤처기업이 발행주식 총수의 100분의 30 이상을 인수한 기업의 임원 또는 종업원이 원천징수의무자에게 납부특례의 적용을 신청한 경우에는 해당 과세기간의 결정세액에서 해당 과세기간의 근로소득금액 중 주식매수선택권을 행사함으로써 얻는 이익에 따른 소득금액을 제외하여 산출한 결정세액을 뺀 금액을 적습니다.

13. 파견외국법인 소속 파견근로자의 경우 기납부세액은 해당 파견근로자 개인별 근로소득에 대한 소득세로 실제 원천징수된 세액을 확인하여 적습니다. 다만, 파견근로자별로 원천징수세액을 구분하기 어려운 경우에는 사용내국법인이 파견외국법인에게 지급한 파견근로 대가에 대한 원천징수세액(2018. 6. 30.이전 17%, 2018. 7. 1.이후 19%)에 총 파견근로자의 결정세액 합계에 대한 각 파견근로자별 결정세액의 비율을 곱하여 적습니다.

14. 이 서식에 적는 금액 중 ㉚ 실효세율은 소숫점 둘째자리에서 반올림하여 소숫점 첫째 자리만으로 표시하고 그 외는 소수점 이하 값만 버리며, ⑰ 차감징수세액이 소액 부징수(1천원 미만을 말합니다)에 해당하는 경우 세액을 "0"으로 적습니다.

15. "⑱ 소득·세액공제 명세"란은 다음과 같이 작성합니다.

가. 관계코드란

구 분	관계코드	구 분	관계코드	구 분	관계코드
소득자 본인 (소득세법 §50 ① 1)	0	소득자의 직계존속 (소득세법 §50 ① 3 가)	1	배우자의 직계존속 (소득세법 §50 ① 3 가)	2
배우자 (소득세법 §50 ① 2)	3	직계비속(자녀·손자녀, 입양자) (소득세법 §50 ① 3 나)	4	직계비속(코드 4 제외) (소득세법 §50 ① 3 나)	5*
형제자매 (소득세법 §50 ① 3 다)	6	수급자(코드1-6제외) (소득세법 §50 ① 3 라)	7	위탁아동 (소득세법 §50 ① 3 마)	8

* 직계비속과 그 배우자가 장애인인 경우 그 배우자는 포함하되 코드 4는 제외합니다.
※ 관계코드 4~6은 소득자와 배우자의 각각의 관계를 포함합니다.

나. 내·외국인란: 내국인의 경우 "1"로, 외국인의 경우 "9"로 적습니다.

다. 인적공제항목란: 인적공제사항이 있는 경우 해당란에 "○" 표시를 합니다(해당 사항이 없을 경우 비워둡니다).

라. 국세청 자료란: 소득·세액공제 증명서류로 국세청 홈택스 홈페이지(www.hometax.go.kr)에서 제공하는 자료를 이용하는 경우 각 소득·세액공제 항목의 금액 중 소득·세액 공제대상이 되는 금액을 적습니다.

마. 기타 자료란: 국세청에서 제공하는 증명서류 외의 증명서류를 이용하는 경우를 말합니다(예를 들면, 시력교정용 안경구입비는 "의료비 항목"의 "기타"란에 적습니다).

바. 각종 소득·세액 공제 항목란: 소득·세액공제항목에 해당하는 실제 지출금액을 적습니다(소득·세액공제액이 아닌 실제 사용금액을 공제항목별로 구분된 범위 안에 적습니다).

사. 의료비(일반, 미숙아·선천성이상아, 난임, 65세이상·장애인·건강보험산정특례자)란: 해당 과세기간에 지출한 의료비 총액을 적습니다.
(실손의료보험금란에는 해당 과세기간에 보험회사로부터 수령한 실손의료보험금을 적습니다)

16. 해당 근로소득자가 월세액, 거주자 간 주택임차자금 차입금 원리금 상환액을 소득·세액공제를 한 경우에는 근로소득지급명세서를 원천징수 관할 세무서장에게 제출 시 해당 명세서를 함께 제출해야 합니다.

17. 해당 근로소득자가 주택마련저축·장기집합투자증권저축 소득공제, 퇴직연금·연금저축·기부금 세액공제를 한 경우에는 근로소득지급명세서를 원천징수 관할 세무서장에게 제출 시 해당 명세서(기부금세액공제가 있는 경우에는 별지 제45호서식 기부금명세서)를 함께 제출해야 합니다.

18. ㉞ 주택자금공제의 15년 이상 29년 이하, 30년 이상에는 「소득세법 시행령」(이하 이 서식에서 "소득령"이라 합니다) 제112조제10항제5호가 해당되는 경우를 포함하여 적습니다.

19. ⑱ 소득·세액공제 명세 작성 시 인적공제 항목 중 본인 또는 부양가족이 장애인인 경우 다음의 코드를 해당 항목에 적습니다.

구분	코드
「장애인복지법」에 따른 장애인 등	1
「국가유공자 등 예우 및 지원에 관한 법률」에 따른 상이자 및 이와 유사한 자로서 근로능력이 없는 자	2
그 밖에 항시 치료를 필요로 하는 중증환자	3

20. 전통시장 사용액과 대중교통 이용액은 전통시장이나 대중교통을 이용 시 신용카드, 현금영수증, 직불카드·선불카드 등으로 사용한 금액의 합계액을 적습니다.

21. 도서·신문·영화관람료·공연·박물관·미술관(이하 이 서식에서 "도서·공연등 사용분"이라 합니다)은 총급여가 7천만원 이하인 근로자에 한하여 적용하되 도서·공연등 사용분이 전통시장 사용분에도 해당할 경우 전통시장 사용분으로 공제 받습니다(신문 사용분의 경우 2021년 1월 1일 이후 사용하는 분부터 적용합니다).

22. 총급여 7천만원 초과자의 도서·공연등 사용분은 신용카드, 현금영수증, 직불카드등 결제수단별 소득공제 금액에 포함하여 계산한 금액을 소득공제합니다.

2. 일용근로자

일용근로자에 대한 원천징수는 다음 산식에 의한다(소법 134 ③).

> 원천징수세액＝산출세액－근로소득세액공제
> ＝(일급여액－15만원)X6%－산출세액의 55%

① 결정세액이 1,000원 미만인 경우 소액부징수로서 소득세를 원천징수하지 않음.
② 1일 2사업장 이상에서 일용근로 제공시 세액계산은 사업장별로 계산하여 소액부 징수 여부 판단함.
③ 일급여액이 187,000원인 경우 원천징수세액은 얼마일까?(999원이므로 소액부징수)

실습 과제

일용근로소득 지급사례를 제시하고 일용근로소득 지급명세서[별지 24(3), 24(4)]의 작성 실습을 수행한다.

■ 소득세법 시행규칙 [별지 제24호서식(3)] <개정 2023. 3. 20.>   (3쪽 중 제1쪽)

일용근로소득 지급명세서(원천징수영수증)
([ ] 소득자 보관용 [ ] 지급자 보관용)

외국인 여부
(예, 아니오)

원천징수 의무자 (지급자)	① 상 호 (법인명)		② 성 명 (대표자)	
	③ 사업자등록번호		④ 주민등록번호 (법인등록번호)	
	⑤ 소재지 (주 소)		⑥ 전화번호	
소득자	⑦ 성 명		⑧ 주민등록번호	
	⑨ 주 소		⑩ 전화번호	

⑪ 귀속연도	⑫ 지급월 (해당 月에 'O')	[ ]1월 [ ]2월 [ ]3월 [ ]4월 [ ]5월 [ ]6월 [ ]7월 [ ]8월 [ ]9월 [ ]10월 [ ]11월 [ ]12월

귀 속			⑯ 과세소득	⑰ 비과세소득	원천징수세액	
⑬ 근무월	⑭ 근무일수	⑮ 최종근무일			⑱ 소득세	⑲ 지방소득세

위의 일용근로소득(원천징수세액)을 지급(영수)합니다.

년   월   일

징수의무자(지급자)   (서명 또는 인)

※ 서식작성에 관한 설명은 제2~3쪽의 작성방법을 참고하시기 바랍니다.

210mm×297mm[백상지80g/㎡ 또는 중질지80g/㎡]

작 성 방 법

1. 이 서식은 「소득세법」에서 규정하고 있는 일용근로자에게 근로소득을 지급하는 경우 원천징수의무자(지급자)가 작성하며, 근로소득 지급일이 속한 달의 다음 달 말일까지 2부를 작성하여 "지급자 보관용"은 원천징수의무자가 보관하고, "소득자 보관용"은 일용근로자에게 발급해야 합니다.

   ※ 해당 연도 귀속 일용근로소득을 12월 31일까지 미지급한 경우에도 지급명세서는 다음 연도 1월 31일까지 반드시 제출해야 합니다.
   (예: 2022년 12월 근무에 대한 소득을 2023년 1월에 지급한 경우 2022년 12월에 지급한 것으로 적습니다)

   ※ "일용근로자"란 1일 또는 시간으로 급여를 계산하여 지급받는 근로자(파트타임, 아르바이트 등)를 말하며, 동일 고용주에게 3개월(건설공사 종사자는 1년) 이상 계속하여 고용되어 있는 근로자는 제외됩니다.

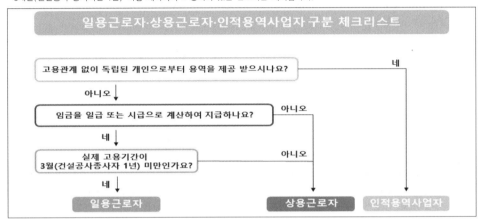

2. 이 서식은 아래 순서에 따라 작성합니다.

   가. 원천징수의무자(지급자)란의 ④ 주민등록번호(법인등록번호)는 소득자 보관용에는 적지 않습니다(다만, 사업자등록을 하지 않은 비사업자의 경우에는 소득자 보관용에도 주민등록번호를 적습니다).

   나. 외국인의 경우는 제1쪽 우측 상단에 외국인 해당 여부를 표시해야 하며, ⑧ 주민등록번호란에 외국인등록번호(예: 123456-5000000) 또는 여권번호(예: A1234567)를 적습니다.

   다. ⑪ 귀속연도란은 근로를 제공받은 연도를 적습니다.

   ※ 예를 들면, 근로를 제공받은 연도가 2023년도인 경우 "2023"을 적습니다.

   라. ⑫ 지급월란은 급여를 지급한 월(해당 연도 귀속 일용근로소득을 12월 말일까지 미지급한 경우에는 12월)에 "○"를 표시합니다.

   마. ⑬ 근무월란은 근로를 제공받은 월을 적습니다.

   바. ⑭ 근무일수란은 ⑬ 근무월 중 근로를 제공받은 일수를 적습니다.

   사. ⑮ 최종근무일란은 ⑬ 근무월 중 마지막으로 근무한 날을 적습니다.

   ※ 예를 들면 2023년 3월에 10일(마지막 근무일 3월 28일), 4월에 15일(마지막 근무일 4월 29일)간 근로를 제공받고, 4월에 급여를 지급한 경우 아래와 같이 적습니다.

⑪ 귀속연도		2023	⑫ 지급월 (해당 월에 "○")		[ ]1월 [ ]2월 [ ]3월 [○]4월 [ ]5월 [ ]6월 [ ]7월 [ ]8월 [ ]9월 [ ]10월 [ ]11월 [ ]12월		
귀 속			⑯ 과세소득	⑰ 비과세소득	원천징수세액		
⑬ 근무월	⑭ 근무일수	⑮ 최종근무일			⑱ 소득세		⑲ 지방소득세
3	10	28					
4	15	29					

210mm×297mm[백상지80g/㎡ 또는 중질지80g/㎡]

작 성 방 법

아. ⑯ 과세소득란은 일용근로자에게 지급한 월급여액의 월별 합계금액을 적습니다. 과세소득란에 근로소득공제금액(1일 15만원)을 차감하여 작성하는 것은 올바른 방법이 아닙니다.

자. ⑰ 비과세소득란은 생산직 일용근로자에게 지급한 연장근로수당·야간근로수당·휴일근로수당 등 통상임금에 더하여 지급하는 비과세소득의 월별 합계금액을 적습니다. 비과세소득란에 근로소득공제금액(1일 15만원)을 작성하는 것은 올바른 방법이 아닙니다.

※ 예를 들면, 3월에 7일(마지막 근무일 3월 21일)간 근로를 제공받고, 4월에 일당 20만원을 지급한 경우로서 비과세소득은 없는 경우 아래와 같이 적습니다.

⑪ 귀속연도		2023	⑫지급월 (해당 월에 "○")	[ ]1월 [ ]2월 [ ]3월 [○]4월 [ ]5월 [ ]6월 [ ]7월 [ ]8월 [ ]9월 [ ]10월 [ ]11월 [ ]12월			
	귀 속		⑯ 과세소득	⑰ 비과세소득	원천징수세액		
⑬ 근무월	⑭ 근무일수	⑮ 최종근무일			⑱ 소득세	⑲ 지방소득세	
3	7	21	1,400,000		9,450	940	

차. ⑱ 소득세란은 {[일급여액 – 근로소득공제금액(1일 15만원)] × 6%(원천징수세율)} × 45%를 적용하여 계산한 월별 합계액을 적습니다.

카. ⑲ 지방소득세란은 ⑱ 소득세의 10%를 적습니다.

※ 급여액이 1일 15만원 이하인 경우에는 원천징수할 소득세가 없으므로 ⑯ 과세소득란과 ⑰ 비과세소득란만 적습니다.
또한 일용근로자의 원천징수세액 계산은 근로소득을 지급할 때마다 계산하는 것이며, 그 세액이 1,000원 미만인 경우에도 소득세가 없는 것으로 하여 ⑯ 과세소득란과 ⑰ 비과세소득란만 적습니다(소액 부징수). .

※ 일용근로소득 원천징수세액(소득세) 계산 예시

○ 일용근로자에게 7일 동안 일당 20만원을 지급한 경우(비과세소득은 없음)

(1) 1일 소득세 : [(200,000원 – 150,000원) × 6%] × 45% = 1,350원

※ 약식 계산 : (200,000원 – 150,000원) × 0.027 = 1,350원

(2) 원천징수할 소득세 : 9,450원(1,350원 × 7일 = 9,450원)

(3) 지방소득세 : 940원(소득세의 10%)

210mm×297mm[백상지80g/㎡ 또는 중질지80g/㎡]

참고 ✏️ 연말정산 절차 흐름도

작성자	근로자	회사	회사
서식	「근로자 소득·세액 공제 신고서」 작성 제출(의료비명세서, 기부금명세서 등)	연말정산 실시 후 「근로소득 원천징수 영수 증」 발급	① 2월 급여 지급시 소득세 추가 징수 또는 환급(근로자) ② 3월 10일까지 원천징수이행상황신고 서 및 근로소득지급 명세서 제출(관 할 세무서)
	↑	↓	※ 회사는 조정환급과 환급신청(신고 기한으로부터 30일 이내 세무서가 회사로 지급) 중 선택
자료 출력	「국세청 연말정산 간소화 서비스」에서 소득 제공자료 출력 ↕ 「국세청 현금영수증」 제공자료 확인	「국세청 편리한 연말정산 서비 스」 프로그램 활용 대조	근로자가 국세청에 「간소화자료 일괄제공 서비스」를 신청한 경우 회사는 인별 간소화자료를 PDF파일로 받아 연말정산 진행 (2022.1. 신고부터)
일정	1월 15일 이후 →	2월 급여지급전 →	3월 10일

V 연금소득

연금소득의 원천징수세액은 연금소득금액에 다음의 원천징수세율을 곱한 금액으로 한다.

① 공적연금소득 : 연금소득간이세액표(기본세율 6%~45%)

② 사적연금소득 : 5%(55세~70세 미만), 4%(70세~80세 미만), 3%(80세 이상)

※ 다만, 55세 이상 노령자가 의료목적으로 인출하는 금액과 부득이한 사유로 인출하는 경우(사망, 이민 등)은 수령한도를 넘더라도 연금소득으로 과세한다(3~5%).

　㉠ 원천징수되지 아니한 퇴직소득을 연금수령하는 연금소득은 연금외 수령 원천징수세율의 70% 적용(10년 초과시 60%)

　㉡ 사망할 때까지 연금수령하는 종신계약에 따라 받는 연금소득 : 4%(80세 이상 3% : 중복시 낮은 세율 적용)

VI 기타소득

　기타소득(위약금, 뇌물, 알선수재 및 배임수재에 의하여 받는 금품은 제외)의 원천징 수세액은 기타소득금액에 20%의 원천징수세율을 적용한 금액으로 한다. 단, 3억원 초 과 복권당첨소득 등에 관해서는 30%의 원천징수세율을 적용한다(소법 129 ①).

※ 연금계좌에서 연금외 수령시(중도해지 등) 금액관계없이 완납적 분리과세 : 15%(소법 129), 단 천재지변 등 부득이한 인출시 연금소득으로 과세함(3%~5%)

소득세법 시행규칙 [별지 제23호서식(4)] <개정 2020. 3. 13.> (5쪽 중 제5쪽)

귀속 연도	년	[ ] 거주자의 기타소득 원천징수영수증 [ ] 거주자의 기타소득 지급명세서 ([ ] 소득자 보관용 [ ] 발행자 보관용)	소득자 구분	
			내·외국인 구분	내국인1 외국인9

징 수 의무자	① 사업자등록번호	② 법인명 또는 상호	③ 성명
	④ 주민(법인)등록번호	⑤ 소재지 또는 주소	
소득자	⑥ 성 명	⑦ 주민(사업자)등록번호	
	⑧ 주 소		

⑨ 소득구분코드 * 해당코드에 √ 표시	⑱ 비과세 기타소득, ⑲ 분리과세 기타소득, ⑬ 소기업소상공인공제부금 해지 소득, ⑩ 필요경비 없는 기타소득(⑪, ⑬, ⑮, ⑱ 제외), ⑪ 주식매수선택권 행사이익 ⑭ 서화·골동품 양도소득 ⑮ 직무발명보상금, ⑪ 상금 및 부상 ⑫ 광업권 등 ⑬ 지역권등 ⑭ 주택입주지체상금 ⑮ 원고료등 ⑯ 강연료등 ⑰ 종교인소득 ⑱ 사례금 ⑲ 자문료등 ⑳ 통신판매 대여소득 ⑫ 그 밖에 필요경비 있는 기타소득(⑭, ⑱, ⑲, ⑪ ~ ⑰, ⑲, ⑳ 제외)

⑩ 지급 연월일			⑪ 귀속 연월일		⑫ 지급 총액	⑬ 비과세 소득	⑭ 필요 경비	⑮ 소득 금액	⑯ 세율	원 천 징 수 세 액			
연	월	일	연	월						⑰ 소득세	⑱ 지방소득세	⑲ 농어촌특별세	⑳ 계
25	10		25	10	10,000,000		6,000,000	4,000,000	20	800,000	80,000		880,000
25	10		25	10	15,000,000		12,000,000	3,000,000	20	600,000	60,000		660,000
25	10		25	10	20,000,000		12,000,000	8,000,000	20	1,600,000	160,000		1,760,000
25	10		25	10	5,000,000		0	5,000,000	20	1,000,000	100,000		1,100,000
					50,000,000		30,000,000	20,000,000		4,000,000	400,000		4,400,000

위의 원천징수세액(수입금액)을 정히 영수(지급)합니다.

년   월   일

징수(보고)의무자   (서명 또는 인)

                귀하

작 성 방 법

1. 이 서식은 거주자에게 기타소득을 지급하는 경우에 사용하며, 이자·배당소득원천징수영수증[별지 제23호서식(1)]의 작성방법과 같습니다.
2. 징수의무자란의 ④ 주민(법인)등록번호는 소득자 보관용에는 적지 않습니다.
3. ⑫ 지급총액란은 「소득세법」 제12조제5호아목에 따라 비과세되는 종교인소득을 제외하고 적습니다.
4. ⑬ 비과세소득란에는 「소득세법 시행령」 제19조제3항제3호의 금액(종교관련종사자가 소속 종교단체의 규약 또는 소속 종교단체의 의결기구의 의결·승인 등을 통하여 결정된 지급 기준에 따라 종교 활동을 위하여 통상적으로 사용할 목적으로 지급받은 금액 및 물품)을 적습니다.
5. ⑰란부터 ⑳란까지 중 세액이 소액 부징수(1천원 미만을 말합니다)에 해당하는 경우에는 세액을 "0"으로 적습니다.

210mm× 297mm(백상지 80g/㎡)

제3장

납세조합과 비거주자의 원천징수

Ⅰ 납세조합의 의의

다음에 해당하는 거주자는 지방국세청장의 승인을 얻어 납세조합을 조직할 수 있다 (소법 149). 납세조합은 국외근로소득 납세조합, 식육조합, 청과물조합, 수산물조합, 양 곡조합 등이 있으며 국세청장은 징수액에 따라 교부금(2%)을 납세조합에 지급한다.(국 세청 고시 제2020-35호, 2020.12.14.) 단, 교부금 지급 상한이 있다(조합원수X30만원).

① 국외의 비거주자 또는 외국법인으로부터 받은 근로소득이 있는 자(원천징수 제외 대상 근로소득자)

② 다음의 사업자(소령 204 ②)

　　㉠ 농·축·수산물 판매업자(복식부기 의무자 제외)

　　㉡ 노점상인

　　㉢ 기타 국세청장이 필요하다고 인정하는 사업자

Ⅱ 납세조합의 소득세징수와 납세조합공제

납세조합은 당해 조합원의 국외로부터 근로소득(원천징수 제외대상 소득) 또는 사업 소득에 대한 소득세를 매월 징수하여 다음달 10일까지 납부하여야 한다.

구 분	원 천 징 수 세 액
국외로부터 근로소득	국내 근로소득에 대한 원천징수의 예에 의한 세액－납세조합공제액(3%)
사업소득	① 매월분 소득금액＝매월분 수입금액X(1－단순경비율) ② 과세표준＝(매월분 소득금액X12)－종합소득공제 ③ 산출세액＝(과세표준X기본세율)X1/12 ④ 원천징수세액＝산출세액－세액공제－납세조합공제액(3%)

※ 세액공제 한도 : 조합원 1인당 연간 100만원(월할계산). 2027.12.31.까지 적용(소법 150 ③,④)

Ⅲ 비거주자에 대한 원천징수

1. 국내원천소득

비거주자는 국내원천소득에 대해서만 납세의무를 진다. 국내원천소득은 ①소득을 발생시키는 결정적인 요인이 국내에 있어야 하고 ② 국내에서 소득을 지급받아야 한다.

2. 국내원천소득의 범위와 과세방법(조세조약이 없는 경우)

비거주자(법인이 아닌 경우)는 국내사업장이 있으면 국내원천소득을 종합과세 하되 (퇴직, 양도소득은 분류과세), 국내 사업장에 귀속되는 않는 소득에 대해서는 소득별로 분리과세한다(소법 121②). 다만, 종합소득공제의 경우 본인에 대한 인적공제(기본공제와 추가공제) 외에 다른 공제는 인정하지 않는다(소법 122 ① 단서).

국내원천소득 소득세법 제119조		국내사업장이 있는 비거주자	국내사업장이 없는 비거주자	분리과세 원천징수 세율(소득세법, %)
1호	이자소득	종합과세, 종합소득세 신고납부(특정소득은 국내사업장 미등록시 원천징수)	분리과세, 완납적 원천징수	20%(채권이자 : 14)
2호	배당소득			20%
3호	부동산소득			-
4호	선박등 임대소득			2%
5호	사업소득			2%
10호	사용료소득			20%
11호	유가증권 양도소득			Min(양도가액×10%, 양도차익×20%)
12호	기타소득			20%(15%)
7호	근로소득			거주자와 동일
8호의 2	연금소득			
6호	인적용역소득		분리과세 (종합과세 선택가능)	20%(3%)
8호	퇴직소득	거주자와 동일(분류과세)		거주자와 동일
9호	부동산 등 양도소득	거주자와 동일 (분류과세)	거주자와 동일(다만, 양수자가 법인인 경우 예납적 원천징수)	Min(양도가액×10%, 양도차익×20%)

자료 : 국세청, 원천세 신고안내, 2020. 6

3. 국내사업장

국내에 존재하는 사업의 전부 또는 일부를 수행하는 고정된 장소(Permanent Establishment)를 말한다(소법 120①). 국내사업장에 해당하는 장소와 해당하지 않는 장소의 구분은 매우 중요하며(소법 120②), 자산의 단순한 구입이나 정보수집 등 사업수행상 예비적·보조적인 사업활동 장소는 국내사업장에 해당하지 않는다.

4. 조세조약에 의한 과세특례

비거주자 또는 외국법인이 얻은 소득에 대한 과세문제는 조세조약(tax treaty)의 대상이 된다. 조세조약은 체약국간의 소득에 관한 이중과세 방지 및 탈세 방지를 목적으로 하며, 국내법과 동일한 효력을 갖는다. 따라서 국내법과 조세조약이 상충되는 경우 조세조약이 우선 적용되고, 조세조약은 제한세율을 규정하고 있기 때문에 소득세법상 세율이 그대로 적용되는 것은 아니다.

5. 외국인 근로자의 연말정산

외국인 근로자도 국내에서 근로소득이 있으면 국적이나 국내 체류 기간에 관계없이 내국인 근로자와 마찬가지로 연말정산을 하여야 한다. 외국인 근로자는 거주자 또는 비거주자로 구분되는데 비거주자인 경우 본인 공제, 연금보험료 공제 등 일부공제만 허용되고 대부분의 소득공제, 세액공제는 허용되지 않는다. 외국인이 거주자라 하더라도 국내법상 '세대주'에 해당하지 않으므로 주택자금공제, 주택마련저축공제, 월세액공제는 허용되지 않는다.

외국인 근로자에게만 적용되는 과세특례는 단일세율 과세(해외인재 유치를 위해 2026.12.31. 이전에 국내에서 최초로 근로를 제공하는 경우 향후 20년동안 19% 단일세율 적용가능), 특정 외국인 기술자 세액감면, 특정 원어민 교사 소득세 감면 등이 있다.

기 출 문 제

<blockquote>소득세법 강의(이해와 신고실무)</blockquote>

01 소득세법상 예납적 원천징수와 완납적 원천징수에 관한 설명이다. 잘못된 것은?

① 원천징수로 납세의무가 종결되는지의 여부에 따라 예납적 원천징수와 완납적 원천징수로 구분한다.

② 예납적 원천징수의 경우 별도의 소득세 확정신고절차가 필요하나, 완납적 원천징수의 경우 별도의 소득세 확정 신고 절차가 불필요하다.

③ 예납적 원천징수 대상소득은 분리과세되지 않는 소득이고, 완납적 원천징수 대상소득은 분리과세소득이다.

④ 예납적 원천징수의 경우 납부한 원천징수세액과 실제의 세금부담액이 차이가 없으나, 완납적 원천징수의 경우 납부한 원천징수세액과 실제의 세금부담액이 차이가 있다.

 풀이 ❹ 예납적원천징수의 경우 납부세액과 실제의 세금부담액이 차이가 날 수 있으나, 완납적원천징수의 경우에는 원천징수로 과세가 원천징수로 과세가 종결되기 때문에 납부한 세액과 실제의 세금부담액이 차이가 없다.

02 다음 소득 중 원천징수 세율이 가장 높은 것부터 순서대로 나열한 것을 고르면?

> (ㄱ) 비영업대금의 이익　　　　　　(ㄴ) 3억원 이하의 복권 당첨소득
> (ㄷ) 원천징수대상 사업소득　　　　(ㄹ) 비상장법인으로 부터 받는 배당소득

① (ㄴ) > (ㄱ) > (ㄹ) > (ㄷ)　　　　② (ㄴ) > (ㄹ) > (ㄱ) > (ㄷ)

③ (ㄱ) > (ㄴ) > (ㄹ) > (ㄷ)　　　　④ (ㄱ) > (ㄷ) > (ㄹ) > (ㄴ)

풀이 ❸ 비영업대금의 이익 : 25%　　　3억원 이하의 복권 당첨소득 : 20%
원천징수대상 사업소득 : 3%　　배당소득 : 14%

03 다음 중 소득세법상 이자 · 배당소득에 대한 원천징수세율이 틀린 것은?

① 장기채권이자와 할인액 : 14%

② 비영업대금의 이익 : 25%

③ 출자공동사업자의 배당소득 : 14%

④ 법원보관금 등의 이자 : 14%

 ❸ 소득세법 제 129조의 1항(25%임)

04 다음 중 소득세법상 연말정산대상자가 아닌 것은?

① 근로소득이 있는 자

② 직전 사업소득 총수입금액이 7,500만원 이하인 보험모집인

③ 학원에서 독립적으로 계속하여 강의하고 강사료를 받는 강사

④ 방문판매원 중 간편장부대상자

 ❸ 강사가 받는 강사료는 원천징수 후 연말정산을 하지 아니하고 종합소득과세표준 확정신고를 하여야 한다.

05 다음 소득을 지급할 때 소득세법상 서울치과의원이 원천징수해야할 총 금액은 얼마인가?

서울치과의원은 개인사업자인 치과기공사에게 기공료로 1,000,000원을 지급하기로 하였다(기공료는 원천징수대상 사업소득에 해당함).

① 55,000원   ② 33,000원

③ 110,000원   ④ 154,000원

 ❷ 의료보건용역에 대한 사업소득 원천징수세액은 지급금액의 3.3%(지방소득세 포함)이다. (소령 184조 1항)

06 직전년도부터 소득세법상 원천징수세액의 반기별납부승인을 얻은 사업자가 해당연도 7월 5일에 기타소득을 지급한 경우, 이에 대한 원천징수세액의 납부기한은?

① 해당연도 7월 10일   ② 해당연도 8월 10일

③ 다음연도 1월 10일   ④ 다음연도 2월 10일

❸ 소법 제128조 제2항

07 다음 중 소득세법상 지급명세서 제출시기가 다른 것은?

① 연말정산대상인 사업소득
② 원천징수대상 근로소득
③ 퇴직소득
④ 일용근로소득의 12월분

 ❹ 소득세법 164조 1항(일용근로소득 12월분은 1월 말일, 나머지는 3월 10일)

08 거주자의 인적용역 사업소득에 대한 소득세로서 원천징수한 금액이 270,000원일 경우, 해당 사업소득 지급금액은?

① 900,000원
② 9,000,000원
③ 810,000원
④ 8,100,000원

 ❷ 270,000원÷3% = 9,000,000원

09 다음 (   ) 안에 들어갈 알맞은 숫자는?

원천징수이행상황신고서는 원천징수의무자가 원천징수대상소득을 지급하면서 소득세를 원천징수한 날의 다음달 (   )일까지 관할세무서에 제출하여야 한다.

 정답 10

10 다음 소득 중 원천징수 세액(지방소득세액을 제외함)이 가장 낮은 것부터 순서대로 나열한 것은?

가. 비영업대금의 이익 : 1,000,000원
나. 상장법인의 대주주로서 받은 배당 : 2,500,000원
다. 원천징수대상 사업소득에 해당하는 봉사료 수입금액 : 6,000,000원
라. 복권 당첨소득 : 1,000,000원

① 가-라-나-다
② 나-가-라-다
③ 다-라-가-나
④ 라-가-다-나

 정답 ❹ 소득세법 제129조 제1항
가. 비영업대금의 이익 1,000,000원X25% = 250,000원
나. 상장법인의 대주주로서 받은 배당소득 2,500,000원X14% = 350,000원
다. 사업소득에 해당하는 봉사료 수입금액 6,000,000원X5% = 300,000원
라. 복권 당첨소득 200만원 이하는 과세하지 않음.

11 다음 중 소득세법상 소득을 지급하는 자에게 원천징수 의무가 없는 경우는?

(92회, 세무회계2급)

① 거주자에게 지급하는 이자

② 비거주자에게 지급하는 배당

③ 거주자에게 계약의 해약으로 인하여 계약금이 위약금으로 대체되어 지급하는 경우

④ 사업자가 서비스용역을 공급하고 해당 대가를 받을 때 봉사료를 함께 받아 해당 소득자에게 지급한 경우

 정답 ③ 소득세법 제127조 제1항

12 다음 중 소득세법상 지급명세서 제출시기가 다른 소득은? 단, 휴업·폐업한 경우가 아님.

(94회, 세무회계2급)

① 배당소득

② 퇴직소득

③ 원천징수 대상 사업소득

④ 근로소득(일용근로소득 제외)

 정답 ① 소득세법 제164조, 배당소득은 2월 말이며 나머지 소득은 다음연도 3월 10일이다.

13 소득세법상 다음의 괄호 안에 들어갈 금액은 얼마인가? (94회, 세무회계2급)

> 원천징수세액이 (   )원 미만인 경우(이자소득 제외)에는 해당 소득세를 징수하지 아니한다.

 정답 1,000 또는 1천
소득세법 제86조

14 소득세법상 다음 괄호 안에 들어갈 내용은 무엇인가? (91회, 세무회계2급)

> 출자공동사업자의 배당소득에 대한 원천징수세율은 100분의 (   )이다.

 정답 25
소득세법 제129조 제1항

15 소득세법상 다음의 괄호 안에 공통으로 들어갈 내용은 무엇인가? (95회, 세무회계2급)

> 근로소득에 대한 원천징수의무자가 12월분의 근로소득을 다음연도 (　　) 말일까지
> 지급하지 아니한 때에는 그 근로소득을 다음연도 (　　) 말일에 지급한 것으로 보아
> 소득세를 원천징수한다.

 정답 2월
풀이 소득세법 제135조 제2항

16 소득세법상 다음의 괄호 안에 들어갈 알맞은 숫자를 쓰시오. (96회, 세무회계2급)

> 직전 연도의 상시고용인원이 (　　)명 이하인 원천징수의무자로서 원천징수 관할 세무
> 서장으로부터 승인을 받은 자는 원천징수세액을 그 징수일이 속하는 반기의 마지막
> 달의 다음 달 10일까지 납부할 수 있다.

 정답 20
풀이 소득세법 제128조 및 시행령 186조. 직전 연도(신규로 사업을 개시한 사업자의 경우 신청일이 속하는 반
기)의 상시고용인원이 20명 이하인 원천징수의무자로서 원천징수 관할 세무서장으로부터 원천징수세액을
매 반기별로 납부할 수 있도록 승인을 받은 자는 원천징수세액을 그 징수일이 속하는 반기의 마지막 달의
다음 달 10일까지 납부할 수 있다.

주관식 문제

01

(원천징수세액) 다음은 거주자 갑에게 귀속되는 2025년도 종합소득과 관련된 자료이다. 이 자료를 이용하여 소득세 원천징수세액을 계산하면 얼마인가? (단, 지방소득세는 고려하지 아니함)

(CPA 1차, 2013 수정)

(1) 2025년도의 종합소득과 관련된 내역은 다음과 같으며, 비과세되는 소득은 없다.
　가. 영리내국법인으로부터 받은 비영업대금의 이익 10,000,000원
　나. 재산권에 관한 계약의 위약을 원인으로 법원의 판결에 의하여 영리내국법인으로부터 지급받은 손해배상금(주택입주지체상금이 아니며, 계약금이 위약금으로 대체된 것도 아님) 6,000,000원과 손해배상금에 대한 법정이자 500,000원
　다. 비상장영리내국법인 ㈜A로부터 받은 현금배당금 5,000,000원
　라. 골동품(갑의 보유기간은 20년임) 1개를 영리내국법인에 양도하고 받은 대가(기타소득임) 100,000,000원
　마. 저술가인 갑이 직업상 제공하는 인적용역(부가가치세가 면세됨)을 공급하고 내국법인으로부터 받은 대가(사업소득임) 50,000,000원

(2) 위 소득들에 대하여 실제로 소요된 필요경비는 확인되지 아니한다.

(3) 위 소득들에 대해서는 「소득세법」에 따라 적법하게 원천징수가 이루어졌으며, 위의 모든 금액들은 원천징수세액을 차감하기 전의 금액이다.

 풀이

유형	수입금액	필요경비	소득금액	원천징수액
비영업대금이익	10,000,000	–	10,000,000	2,500,000(25%)
손해배상금	6,000,000	–	6,000,000	1,200,000(20%)
손해배상금 법정이자(기타소득임)	500,000	–	500,000	100,000(20%)
A사 배당	5,000,000		5,000,000	700,000(14%)
골동품(10년이상 보유)	100,000,000	90,000,000	10,000,000	2,000,000(20%)
저술가 사업소득	50,000,000		50,000,000	1,500,000(3%)
합계				8,000,000원

정답 원천징수세액은 8,000,000원임.

02 다음은 (주)A에 근무하는 거주자 甲의 2025년도 소득자료이다. 甲의 기타소득으로 원천
징수될 소득세액은 얼마인가?(단, 다음 소득은 일시·우발적으로 발생하였으며, 소득과
관련된 필요경비는 확인되지 않음) (CTA 1차, 2017 수정)

(1) 상가입주 지체상금 1,500,000원
(2) 상표권 대여료 1,000,000원
(3) 지상권 설정대가(공익사업과 관련) 2,000,000원
(4) 서화를 미술관에 양도하고 받은 대가 10,000,000원
(5) (주)B의 입사시험 출제수당 100,000원
(6) 복권 당첨금 3,000,000원
(7) 배임수재로 받은 금품 5,000,000원

풀이

유형	수입금액	필요경비	소득금액	세율	원천징수액
상가입주 지체상금	1,500,000	0	1,500,000	20%	300,000
상표권 대여료	1,000,000	600,000	400,000	20%	80,000
지상권 설정대가	2,000,000	1,200,000	800,000	20%	160,000
서화양도(미술관)	10,000,000			비과세	
(주)B 출제수당	100,000	60,000	40,000	과세최저한	5만원 이하
복권당첨금	3,000,000	0	3,000,000	20%	600,000
배임수재 금품	5,000,000	0	5,000,000	무조건 종합과세	
계					1,140,000

정답 1,140,000원

주) 상가입주 지체상금은 의제필요경비를 인정하지 않음.

신고·납부와 경정·징수

제 6 편

제1장

중간예납 · 예정신고와 자진납부

▶ 학습목표

1. 모든 이론 학습의 완성은 최종 신고서 작성제출로 확인된다.
2. 사업자의 중간예납(직전연도기준 또는 가결산기준), 양도소득세 예정신고 및 종합소득세 확정신고 요령과 서식을 이해하고 사례를 적용하여 작성할 수 있는 능력을 배양한다.
3. 면세사업자의 「사업장현황신고서」 작성 요령을 배양한다.
4. 국세청 홈택스(hometax.go.kr)의 활용법을 익혀야 한다.

I 중간예납

1. 의의

사업소득이 있는 거주자는 1월 1일부터 6월 30일까지를 중간예납기간으로 하여 계산한 일정액의 소득세를 11월 30일까지 납부하여야 하는데, 이를 중간예납이라 한다. 이는 조세수입을 조기에 확보하고, 조세부담을 연중에 분산하여 조세회피를 방지하는 등에 목적이 있다. 이렇게 납부한 중간예납세액은 확정신고시 기납부세액으로 공제된다.

2. 중간예납대상자

중간예납대상자는 종합소득 중 사업소득이 있는 거주자로 한다. 다만, 다음의 경우에는 중간예납대상에서 제외한다.

① 이자소득·배당소득·근로소득·연금소득·기타소득만이 있는 경우
② 사업소득 중 수시부과하는 소득만이 있는 경우
③ 과세기간 개시일 현재 사업자가 아닌 자로서 과세기간 중 사업을 개시한 경우
④ 사업소득 중 속기·타자 등 사무관련 서비스업 등에서 발생한 소득만이 있는 경우

⑤ 납세조합이 중간예납기간 중 그 조합원의 당해 소득에 대한 소득세를 매월 징수
하여 납부한 경우
⑥ 방문판매원·보험모집인 등
* 분류과세소득인 퇴직소득·양도소득만이 있는 자도 중간예납의무가 없다.

3. 중간예납세액의 계산

(1) 원칙

중간예납세액은 직전연도 납부실적이 있는 경우 원칙적으로 다음과 같이 직전 연도
실적기준에 의한다(소법 65 ⑦).

$$① \ 중간예납기준액 = \frac{직전\ 연도의}{중간예납세액} + \frac{확정신고}{자진납부세액} + \frac{추가납부세액^*}{(가산세\ 포함)} - 환급세액$$

$$② \ 중간예납세액 = 중간예납기준액 \times 50\%$$

* 결정·경정한 추가납부세액과 기한후·수정신고 추가 자진납부세액을 포함한다.

(2) 예외

다음의 사유에 해당하는 자는 당해 중간예납기간의 실적을 기준으로 중간예납세액
을 계산할 수 있다.
① 중간예납기준액이 없는 자(전년도 소득세 납부실적이 없는 자)가 당해 연도 중간
예납기간 중 종합소득이 있는 거주자(복식부기의무자는 강제규정)
② 중간예납추계액이 중간예납기준액의(전년도 과세실적) 30%에 미달하여 중간예납
추계액을 신고한 자(선택규정)

중간예납기간의 실적을 기준으로 한 중간예납세액을 납부하고자 하는 자는 중간예
납추계액을 11월 1일부터 11월 30일까지의 기간 중에 신고하여야 한다. 이 경우 중간
예납기간의 실적을 기준으로 한 중간예납세액은 다음과 같이 계산한다(소법 65⑧). 다
만, 중간예납추계액이 50만원 미만인 경우, 신고만 하고 납부는 하지 않는다.

① 과세표준 = (중간예납기간의 종합소득금액×2) − 이월결손금 − 종합소득공제
② 산출세액 = (과세표준×기본세율)
③ 중간예납추계액 = 산출세액 ÷ 2 − (중간예납기간의 종합소득에 대한 공제·감면세액·수시부과세액·원천징수세액·토지 등 매매차익예정신고납부세액)

4. 중간예납세액의 납부절차

중간예납세액의 납부절차는 다음과 같다.

1) 중간예납세액의 통지

납세지 관할세무서장은 11월 1일부터 11월 15일까지의 기간 내에 서면으로 중간예납세액의 납부고지서를 발급하여야 한다.

2) 중간예납세액의 납부

중간예납대상자는 중간예납세액을 11월 30일까지 납부하여야 한다.

3) 소액부징수

중간예납세액이 **50만원** 미만인 경우에는 징수하지 아니한다(소법 86).

4) 분납

중간예납세액이 1,000만원을 초과하는 경우에는 2개월 내(다음 년도 1월 말일)에 분납할 수 있다.

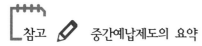

참고 중간예납제도의 요약

중간예납기간	중간예납추계액의 신고 납부기간	중간예납세액의 고지	중간예납세액의 납부기한
1. 1 ~ 6. 30	11. 1 ~ 11. 30	11. 1 ~ 11. 15	11. 30까지

* 개인과 법인의 중간예납제도는 차이점이 있음을 유의하라. 즉, 중간예납기간, 추계액기준의 선택, 납부기한, 소액부징수, 고지여부에 대한 차이가 있다.

5. 미납부시 가산세

중간예납 고지세액을 납기내에 납부하지 않으면 국세기본법상 납부지연가산세 규정에 따라 가산세를 부과한다.

■ 소득세법 시행규칙 [별지 제14호서식] <개정 2020. 3. 13.>

중간예납추계액신고서

① 상 호		② 사업자등록번호	– –
③ 성 명		④ 주민등록번호	–
⑤ 주 소			(전화번호 :)
⑥ 사업장소재지			(전화번호 :)

중세간액예계납산	⑦ 직전 과세기간의 중간예납세액		⑧ 직전 과세기간의 확정신고납부세액		⑨ 추 가 납 부 세 액			⑩ 중간예납 기준액 (⑦+⑧+⑨)	

중간예납추계액계산	⑪ 중간예납기간(1월~6월)의 종합소득금액	⑫ 종합소득금액 연간환산액 (⑪X2)	⑬ 이월 결손금	⑭ 종합 소득공제	⑮ 종합소득 과세표준 (⑫-⑬-⑭)	⑯산출세액 (⑮X세율)	⑰중간예납 산출세액 (⑯/2)

	중간예납기간 종료일까지의					㉓세액공제 · 기납부세액 계 (⑱~㉒)	중간예납 추계액		
	⑱ 감면 세액	⑲ 세 액 공제액	⑳토지 등 매 매차익 예정신 고 산출세액	㉑수 시 부 과 세 액	㉒원 천 징 수 세 액		㉔계 (⑰-㉓)	㉕분납할 세액(2개 월 이내)	㉖신고 기한 내 납부세액

㉗ 신 고 사 유	☐「소득세법」 제160조 제3항에 따른 복식부기의무자가 직전 과세기간에 납부하였거나 납부할 세액이 없었으나 해당 연도 중간예납기간에 종합소득이 있는 경우
	☐ 중간예납 추계액이 중간예납 기준액의 30/100에 미달하는 경우

6월 30일 현재

㉔ 중간예납추계액	÷	⑩ 중간예납기준액	=	25	%
250		1,000			

신고인은 「소득세법」 제65조제3항·제5항 및 같은 법 시행령 제125조제1항에 따라 중간예납추계액신고서를 제출하며, 위 내용을 충분히 검토하였고 신고인이 알고 있는 사실 그대로를 정확하게 적었음을 확인합니다.

년 월 일

신 고 인 (서명 또는 인)

세무대리인은 조세전문자격자로서 위 신고서를 성실하고 공정하게 작성하였음을 확인합니다.

세무대리인 (서명 또는 인)

세 무 서 장 귀 하

구비서류	종합소득금액산출근거 1부

작성방법

1. ⑨추가납부세액란 : 「소득세법」 제85조에 따른 추가납부세액(가산세 포함), 「국세기본법」 제45조의3에 따른 기한후신고 납부세액(가산세 포함), 「국세기본법」 제46조에 따른 추가자진납부세액(가산세 포함)의 합계액을 적습니다.

2. ⑬이월결손금란 : 기장(記帳)하는 경우에만 적으며, 「소득세법」 제45조제2항에 따른 부동산임대업에서 발생한 이월결손금은 부동산임대업에서 발생한 소득에서만 공제합니다.

3. ㉗신고사유란 : 해당되는 ☐안에 "∨"표시를 하며, 중간예납 추계액이 중간예납 기준액의 30/100에 미달하는 경우에는 ㉔중간예납 추계액 계를 ⑩중간예납 기준액으로 나눈 비율을 적습니다.

210mmX297mm[백상지80g/㎡ 또는 중질지80g/㎡]

Ⅱ 양도소득 예정신고와 자진납부

1. 양도소득과세표준의 예정신고와 자진납부

(1) 대상자

양도소득세 과세대상자산을 양도한 거주자는 양도소득과세표준을 예정신고하여야한다. 이 경우 전자통신망의 전자송부방식에 의한 서류제출도 가능하다.

(2) 신고기한(소법 105)

① 부동산, 부동산에 관한 권리, 기타자산 : 양도한 날이 속하는 달의 말일부터 2월이내
② 주식 : 양도한 날이 속하는 반기의 말일부터 2개월 이내
③ 토지거래허가구역 안의 토지로서 허가 전에 잔금이 청산된 경우 : 허가일이 속하는 달의 말일부터 2개월 이내

(3) 자진납부세액

당해 자산의 양도로 인한 양도소득산출세액에서 세액감면액을 차감하여 자진납부세액을 계산하며 예정신고와 함께 납부하여야 한다.

1) 예정신고 세액공제 폐지와 가산세 부과

2009년까지 예정신고와 함께 자진납부를 하는 때에는 그 산출세액에서 납부할 세액의 10%에 상당하는 금액을 공제하였으나 2011년 이후 폐지되고 무신고시 20%의 무신고가산세가 부과된다.

2) 예정신고 산출세액의 계산(소법 107)

구 분	예정신고 산출세액
일반적인 경우	(양도차익－장기보유특별공제－양도소득기본공제)X양도소득세율
당해연도에 누진세율의 적용 대상자산에 대한 예정신고를 2회 이상 하는 경우	(이미 신고한 양도소득과세표준＋제2회 이후 신고하는 양도소득과세 표준)X양도소득세율－이미 신고한 예정신고산출세액

3) 예정신고 자진납부세액

예정신고와 함께 자진납부하여야 할 세액은 예정신고산출세액에서 감면세액 및 예정신고 납부세액공제액을 공제한 것으로 한다(소법 106 ①).

$$\begin{array}{l}\text{예정신고} \\ \text{자진납부세액}\end{array} = \begin{array}{l}\text{예정신고} \\ \text{산출세액}\end{array} - \begin{array}{l}\text{조특법 및 기타법률에} \\ \text{의해 감면되는 세액}\end{array} - \text{수시부과세액}$$

2. 토지 등 매매차익 예정신고와 자진납부

(1) 대상자

부동산매매업자는 토지 또는 건물의 매매차익과 그 세액을 매매일이 속하는 달의 말일부터 2월이 되는 날까지 납세지 관할세무서장에게 신고하여야 한다. 이를 토지 등 매매차익 예정신고라 한다.

(2) 토지 등 매매차익 예정신고 산출세액계산

토지 등 매매차익 예정신고 산출세액계산에 관하여는 양도소득세의 예정신고규정을 준용한다. 단, 양도소득세 기본공제는 적용하지 않는다.

(3) 부동산 매매업자에 대한 세액계산의 특례(소법 64)

부동산 매매업자가 중과세율 해당자산의 주택 등 매매차익이 있는 경우는 종합소득산출세액과 양도소득산출세액 중 많은 금액을 납부하도록 비교과세방식을 적용한다.

Ⅲ 양도소득금액 합산 신고(2회 이상 양도시)

① 사례 : 연도 중 부동산을 2회 이상 양도한 경우 양도차손익의 합산

※ 아파트(2년이상 보유, '24.2월 양도) : 양도소득금액 180백만 원
  • 180백만 원=양도가액(800백만 원)−취득가액(570백만 원)−기타 필요경비(50백만 원)
※ 단독주택(2년이상 보유, '24.10월 양도) : 양도소득금액 62백만 원
  • 62백만 원=양도가액(600백만 원)−취득가액(520백만 원)−기타 필요경비(18백만 원)

□ 예정신고시 양도자산별로 각각 신고 · 납부 : 총 56,630천 원

• 아파트 양도분 예정신고 · 납부세액 : 47,510천 원

－과세표준 : 177,500천 원 [180백만 원－2,500천 원(양도소득 기본공제)]

－산출세액 : 47,510천 원 [177,500천 원X38%(세율)－19,940천 원(누진공제액)]

• 단독주택 양도분 예정신고 · 납부세액 : 9,120천 원

－과세표준 : 62,000천 원 [62백만 원－0원(양도소득 기본공제)]

－산출세액 : 9,120천 원 [62,000천 원X24%(세율)－5,760천 원(누진공제액)]

□ 확정신고시 소득금액을 합산하여 차액 신고 · 납부 : 14,440천 원

• 과세표준 : 239,500천 원(＝177,500천 원＋62,000천 원)

• 산출세액 : 14,440천 원 [239,500천 원＝71,070천 원－56,630천 원(47,510＋9,120)]

② **환급발생 사례(양도차익과 양도차손이 각각 발생한 경우)**

□ '24년 중에 부동산 등 자산을 2회 이상 양도

> ※ 아파트(2년이상 보유, '24.2월 양도) : 양도소득금액 80백만 원
>   • 80백만 원＝양도가액(800백만 원)－취득가액(690백만 원)－기타 필요경비(30백만 원)
> ※ 단독주택(2년이상 보유, '24.4월 양도) : 양도소득금액 △38백만 원
>   • △38백만 원＝양도가액(500백만 원)－취득가액(520백만 원)－기타 필요경비(18백만 원)

□ 예정신고시 양도자산별로 각각 신고 · 납부 : 12,840천 원

• 아파트 양도분 예정신고 · 납부세액 : 12,840천 원

－과세표준 : 77,500천 원 [80백만 원－2,500천 원(양도소득 기본공제)]

－산출세액 : 12,840천 원 [77,500천 원X24%(세율)－5,760천 원(누진공제액)]

• 단독주택 양도분 예정신고 : 양도차손 발생

－과세표준 : △38백만 원－0원(양도소득 기본공제)]

□ 확정신고시 소득금액을 합산하여 차액 신고 · 환급 : △8,175천 원

• 과세표준 : 39,500천 원(＝77,500천 원＋△38,000천 원)

• 산출세액 : 4,665천 원 [39,500천 원]X15%(세율)－1,260천 원(누진공제액)]

• 환급세액 : △8,175천 원 [＝4,665천 원－12,840천 원(기납부)]

제2장

과세표준 확정신고와 납부

I 과세표준 확정신고

1. 과세표준 확정신고기한

(1) 원칙

당해 연도의 소득금액(종합소득·퇴직소득·양도소득)이 있는 거주자는 당해 소득의 과세표준을 당해 연도의 다음 연도 5월 1일부터 5월 31일까지 납세지 관할세무서장에게 신고하여야 한다. 이를 과세표준 확정신고라 한다.

* 당해 연도의 과세표준이 없거나 결손금액이 있는 경우에도 신고하여야 한다.

참고 종합소득세 확정신고시 유의사항

1. 2곳 이상에서 근로소득이 발생한 경우 : 1년 동안 번 소득에 대해 합산신고함.
2. 주택임대소득이 있는 경우 : 월세수입이 있고, 2주택 이상 소유자, 기준시가 12억원 초과주택을 소유하고 있는 경우에는 1년 동안 월세수입을 근로소득 등 타소득에 합산신고(필요경비 인정함)
3. 강연료 등 기타소득금액이 300만원 초과하는 경우 : 필요경비 60% 인정하므로, 수입금액이 750만원 초과하는 경우 합산신고
4. 인적용역 소득이 있는 경우 : 모집수당 등에서 필요경비 차감하여 소득세 계산후 원천징수세액을 차감하여 납부한다.

(2) 과세표준 확정신고기한의 특례(소법 74)

1) 거주자가 사망한 경우

과세표준 확정신고를 하여야 할 거주자가 사망한 경우 그 상속인은 상속개시일이 속하는 달의 말일부터 6개월이 되는 날까지 사망일이 속하는 과세기간에 대한 당해 거주자(피상속인)의 과세표준을 신고하여야 한다.

2) 거주자가 출국하는 경우

과세표준확정신고를 하여야 할 거주자가 주소·거소의 국외이전을 위하여 출국하는 경우에는 출국일이 속하는 과세기간의 과세표준을 출국일 전날까지 신고하여야 한다.

2. 과세표준 확정신고의무자

(1) 원칙

당해 연도의 종합소득·퇴직소득·양도소득이 있는 거주자는 과세표준 확정신고를 하여야 한다. 양도소득예정신고를 한 자는 '양도소득세 과세표준 확정신고'를 하지 않을 수 있다(일부 2회 이상 양도자 제외).

(2) 과세표준 확정신고의 예외

다음에 해당하는 거주자는 과세표준 확정신고를 하지 아니할 수 있다(소법 73①).
① 근로소득만 있는 자
② 퇴직소득만 있는 자
③ 공적연금소득만 있는 자
④ 연말정산되는 사업소득만 있는 자(간편장부 대상자 해당)
④-2 원천징수되는 기타소득으로서 종교인 소득만 있는 자
⑤ 위 ①·②의 소득만 있는 자
⑥ 위 ②·③의 소득만 있는 자
⑦ 위 ②·④의 소득만 있는 자
⑦-2 위 ②·④-2의 소득만 있는 자
⑧ 분리과세이자소득·분리과세배당소득·분리과세연금소득 및 분리과세기타소득만 있는 자

⑨ 위 ①~⑦에 해당하는 사람으로서 분리과세이자소득·분리과세배당소득·분리과세연금소득 및 분리과세기타소득이 있는 자

다만, 근로소득(일용근로소득은 제외)·연금소득·퇴직소득 또는 연말정산이 되는 사업소득이 있는 자의 경우에도 그 원천징수의무자가 연말정산에 의하여 소득세를 원천징수 하지 않은 경우에는 확정신고의무가 면제되지 않는다(소법 73④).

3. 확정신고시 제출서류

과세표준확정신고시에는 「종합소득(퇴직소득·양도소득) 과세표준확정신고 및 납부계산서」에 세법이 정하는 서류를 첨부하여 관할세무서장에게 신고하여야 한다.

① 인적공제 및 특별소득공제 및 세액공제대상임을 증명하는 서류

② 종합소득금액의 계산 기초인 총수입금액과 필요경비 계산 필요서류
   (소득금액계산명세서)

③ 기장사업자의 경우 재무상태표, 손익계산서와 그 부속서류, 합계잔액시산표 및 조정계산서(간편장부대상 사업자 : 간편 장부소득금액 계산서)

   * 세무사 작성 조정계산서 첨부사업자 고시 참조(국세청 제2009-106호, 2009.10.14)

④ 대손충당금·퇴직급여충당금·일시상각충당금을 필요경비로 계상한 때에는 그 명세서

⑤ 소규모사업자 외(복식부기의무자, 간편장부대상자)의 경우 영수증수취명세서
   (건당 3만원 초과)

⑥ 사업소득금액을 장부와 증명서류에 의해 계산하지 아니하는 무기장사업자의 경우 추계소득금액계산서

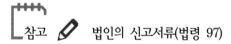

참고 법인의 신고서류(법령 97)

① 재무상태표, 손익계산서, 이익잉여금처분계산서, ② 세무조정계산서, ③ 현금흐름표(외부감사 대상법인) 및 기타부속서류(재무제표의 제출은 국세정보통신망을 이용하여 기획재정부령이 정하는 표준재무상태표, 표준손익계산서 부속명세서를 제출하는 것으로 갈음할 수 있음(법령 97 ⑪). 단, 위 ①, ②를 첨부하지 않으면 무신고로 봄

Ⅱ 확정신고세액의 자진납부

1. 세액의 자진납부

거주자는 당해 연도의 과세표준에 대한 종합소득·퇴직소득·양도소득 산출세액에서 감면세액·세액공제액·이미 납부한 세액을 공제한 금액을 과세표준 확정신고기한까지 납세지 관할세무서·한국은행·체신관서에 납부하여야 한다(소법 76 ①).

2. 세액의 분납

납부할 세액이 1천만원을 초과하는 거주자는 다음의 세액을 납부기한 경과 후 2개월(법인세법상 일반기업은 1개월, 자영업자와 중소기업은 2개월) 이내에 분납할 수 있다(소법 77).

① 납부할 세액이 2천만원 이하인 때에는 1천만원을 초과하는 금액
② 납부할 세액이 2천만원을 초과하는 때에는 그 세액의 50% 이하의 금액

> 예 ① 세액이 1,500만원인 경우 : 분납할 세액은 1,500만원－1,000만원＝500만원임.
> ② 세액이 2,500만원인 경우 : 2,500÷2＝1,250만원

* 세액의 분납은 확정신고시는 물론 중간예납·토지 등 매매차익예정신고서에도 적용된다. 다만, 가산세는 분납하지 않고 납부기한에 납부해야 한다.

Ⅲ 면세사업장 현황신고

개인면세사업자(법인 제외)는 당해 사업장의 현황을 해당 과세기간의 다음 연도 2월 10일까지 사업장소재지 관할세무서장에게 신고하여야 하는데 이를 「사업장현황신고」라 한다. 다만, 다음 중 어느 하나에 해당하는 경우에는 사업장현황신고를 하지 않아도 된다(소법 78). 따라서, 사업장현황신고는 면세사업자가 해당되며, 신고하지 아니하거나, 허위인 경우 관할세무서장은 조사 및 확인할 수 있다(소법 79).

① 사업자가 사망하거나 출국함에 따라 과세표준을 신고한 경우
② 부가가치세법상 사업자가 부가가치세의 예정신고 또는 확정신고한 때

1. 사업장현황신고 개요

(1) 신고대상과 인원

신고대상은 병·의원, 학원, 농·축·수산물 판매업, 대부업 및 주택임대사업자(규모 관계 없음) 등 부가가치세 면세 사업자이다. 2023년 귀속분 안내 대상자는 152만명이다(국세청 보도자료 참고, 2024.1.16).

부가가치세 면세사업자 중 신고없이 자료에 의해 국세청이 결정하는 사업자를 제외한다. 그 이외의 사업장이 있는 사업자는 각 사업장별로 사업장 현황신고를 하여야 한다.

* 신고제외자 : 보험모집인, 음료품배달원, 복권·연탄 소매업자 등(과세자료에 의해 수입금액 결정이 가능한 경우임)

(2) 신고기간

다음연도 1. 1. ~ 2. 10.

2. 사업장현황신고 방법

(1) 신고방법 : 전자신고(홈택스), 모바일앱 신고(손택스), 우편신고, 방문신고

사업장현황신고서 뿐만 아니라 수입금액검토부표 등 모든 첨부서류를 전자신고 할 수 있음.

(2) 제출할 서류

모든 신고대상자는 사업장현황신고서를 제출하여야 하며, 업종에 따라 아래와 같은 검토표 등을 제출하여야 함.

제출서류명	제출의무자	내 용
① 사업장현황신고서	모든 사업장현황신고 대상자	사업자 인적사항, 업종별 수입금액 등
② 매출처별 계산서합계표 매입처별 세금계산서합계표 등	복식부기의무자 또는 수입금액 4,800만원 이상인 자	(세금)계산서 거래 내용
③ 수입금액 검토표	병의원·한의원·동물병원·학원·연예인·대부업·주택임대업자	매입액·주요경비 명세 등
④ 수입금액 검토부표	성형외과·안과·치과·피부과·한의원	병과별 특성에 따른 주요 장비, 비보험 진료명세

3. 사업장 현황 조사 · 확인 사유(소령 141⑤)

① 사업장 현황 신고를 하지 아니한 경우
② 신고내용 중 수입금액 등 기본사항의 중요부분이 미비하거나 허위라고 인정되는
경우
③ 매출·매입에 관한 계산서 수수(授受)내역이 사실과 현저히 다르다고 인정되는
경우
④ 휴업·폐업시

4. 사업장현황 신고불성실 가산세(소법 81의3)

면세사업자 중 의료업, 수의업, 약사업의 경우에만 적용한다.(소령 147의2)

무신고(미달신고) 수입금액X0.5%

■ 소득세법 시행규칙 [별지 제19호서식] <개정 2023. 3. 20.>

홈택스(www.hometax.go.kr)에서도
신청할 수 있습니다.

사 업 장 현 황 신 고 서

※ 뒤쪽의 작성방법을 읽고 작성하시기 바라며, [ ]에는 해당되는 곳에 √표를 합니다.
(앞쪽)

관리번호					처리기간 즉시	

과세기간	년 월 일 ~ 년 월 일		

사업자	상호		사업자등록번호		공동사업 [ ]여 [ ]부
	성명		주민등록번호		
	사업장 소재지			전화번호	
	전화번호		휴대전화	전자우편주소	

① 수입금액(매출액) 명세
(단위: 원)

	업 태	종 목	업종코드	합 계	수입금액	수입금액 제외
(1)						
(2)						
(3)						
(4)						
(5)						
	합 계					

② 수입금액(매출액) 구성 명세
(단위: 원)

합 계	계산서발행금액		계산서발행금액 이외 매출		
	계산서 발급분	매입자발행 계산서	신용카드 매출	현금영수증 매출	기타 매출

③ 적격증명(계산서·세금계산서·신용카드) 수취금액
(단위: 원)

합 계	매입 계산서			매입 세금계산서			신용카드·현금영수증 매입금액
	계산서 수취분		매입자발행 계산서	세금계산서 수취분		매입자발행 세금계산서	
	전자 계산서	전자 계산서 외		전자 세금계산서	전자 세금계산서 외		

④ 폐 업 신 고

폐업연월일	. .	폐업사유	

첨부서류(해당 내용 표기)

매출처별계산서합계표
□ 전자신고 □ 전산매체
□ 서면   □ 해당 없음

매입처별계산서합계표
□ 전자신고 □ 전산매체
□ 서면   □ 해당 없음

매입자발행계산서합계표
□ 전자신고
□ 서면   □ 해당 없음

매입처별세금계산서합계표
□ 전자신고 □ 전산매체
□ 서면   □ 해당 없음

매입자발행세금계산서합계표
□ 전자신고
□ 서면   □ 해당 없음

수입금액검토표 □

신고인은 「소득세법」 제78조 및 같은 법 시행령 제141조에 따라 신고하며, 위 내용을 충분히 검토하였고 신고인이 알고 있는 사실 그대로를 정확하게 작성하였음을 확인합니다.

년   월   일

신고인: (서명 또는 인)

세무대리인은 조세전문자격자로서 위 신고서를 성실하고 공정하게 작성하였음을 확인합니다.

세무대리인: (서명 또는 인)

세무서장 귀하

세무대리인	성 명		사업자등록번호		전화번호	

210mm×297mm[백상지 80g/㎡ 또는 중질지 80g/㎡]

(뒤쪽)

※ 공동사업자인 경우만 작성합니다.

⑤ 공동사업자의 수입금액 부표

상 호			사업자등록번호	
수입금액 분배내용				
공 동 사 업 자			분배비율(%)	수입금액(원)
성 명	주민등록번호			
합 계				

첨부서류	1. 매출처별계산서합계표 2. 매입처별계산서합계표 3. 매입자발행계산서합계표 4. 매입처별세금계산서합계표 5. 매입자발행세금계산서합계표 6. 수입금액검토표	수수료 없 음

작 성 방 법

이 신고서는 한글과 아라비아 숫자로 작성하며, 금액은 원 단위까지 표시합니다.

▨ 란은 사업자가 적지 않습니다.

1. 이 서식은 부가가치세면세사업자(납세조합가입자는 제외합니다)가 사업장별로 각각 작성하며, 공동사업자는 공동사업자 대표자가 수입금액 등의 합계를 신고하고 ⑤의 "**공동사업자의 수입금액 부표**"에 구성원 수입금액 등을 분배비율에 따라 작성함으로써 구성원이 신고한 것으로 봅니다.

2. 수입금액(매출액) 명세란: **업태 · 종목별로 구분**하여 수입금액[복식부기의무자의 사업용 유형자산(부동산 제외) 양도가액 포함]을 적습니다. **수입금액 제외**란은 간편장부대상자의 자산 매각 등 **소득세 수입금액에서 제외되는** 금액을 적습니다.

3. 수입금액(매출액) 구성 명세란:
   - 합계란은 ①의 "**수입금액(매출액) 명세**"의 수입금액 합계와 **일치**한 금액을 적으며, 계산서발행금액과 신용카드 · 현금영수증 · 기타 매출이 **중복된 경우에는 계산서발행금액에만** 적습니다.
   - 수입금액의 구성 명세는 계산서발행금액(매출처별계산서합계표 금액 중 사업자 본인의 계산서 발급분과 매입자발행계산서제도에 따라 매입자가 발행한 매입자발행계산서에 대한 매출분을 구분하여 작성)과 계산서발행금액 이외의 신용카드매출액(「여신전문금융업법」에 따른 직불카드, 외국에서 발행된 신용카드, 「조세특례제한법」 제126조의2제1항제4호에 따른 기명식 선불카드, 직불전자지급수단, 기명식선불전자지급수단 또는 기명식전자화폐를 포함), 현금영수증매출액 및 기타매출액으로 구분하여 각각 적습니다.
   - **계산서발행금액**은 ①의 "**수입금액(매출액) 명세**"의 "**수입금액 제외**"를 뺀 수입금액 중에서 계산서발행금액을 적습니다.

4. 적격증명(계산서 · 세금계산서 · 신용카드) 수취금액란:
   가. 해당 과세기간의 사업 관련 매입금액 중 매입 계산서(매입자발행계산서가 있는 경우 계산서 수취분과 매입자발행계산서 금액 구분)와 매입 세금계산서(매입자발행세금계산서가 있는 경우 세금계산서 수취분과 매입자발행세금계산서 금액 구분), 신용카드 등으로 매입한 금액을 구분하여 각각 적으며, 수취한 계산서 및 세금계산서는 반드시 합계표를 작성하여 제출해야 합니다.
   나. "**전자계산서**" 및 "**전자세금계산서**"는 매출처가 과세기간 종료일의 다음 달 11일까지 국세청에 전송한 분을 적습니다.

5. 폐업신고란: 과세기간 중 폐업자는 폐업연월일과 폐업사유를 작성하고, 사업자등록증을 첨부하여 제출하면 폐업신고를 대신할 수 있습니다.

6. 공동사업자의 수입금액 부표란:
   - 분배비율 합계란은 100%가 되어야 하며, 수입금액 합계란은 ①의 "수입금액(매출액) 명세"란의 수입금액 합계 및 ②의 "수입금액(매출액) 결제수단별 구성명세"란의 합계와 동일한 금액을 적습니다.

210mm×297mm[백상지 80g/㎡ 또는 중질지 80g/㎡]

(　　　년 귀속)종합소득세 · 농어촌특별세
과세표준확정신고 및 납부계산서

◇ 부동산임대업에서 발생한 사업소득(이하 이 서식에서 "부동산임대업의 사업소득" 이라 합니다), 부동산임대업 외의 업종에서 발생한 사업소득(이하 이 서식에서 "부동산임대업 외의 사업소득" 이라 합니다) 또는 주택임대업의 사업소득(분리과세로 신고하는 경우는 제외합니다) 중 단순경비율 적용 사업자로서 장부를 기록하지 않고 단순경비율로 추계신고하는 경우에는 단순경비율적용대상자용 신고서[별지 제40호서식(4)]를 사용하시기 바랍니다.

◇ 간편장부대상자(신규사업자와 직전 과세기간의 수입금액이 4천 800만원에 미달하는 사업자는 제외)가 장부에 따른 기장신고를 하지 않은 경우 산출세액의 20%를 무기장가산세로 추가로 납부해야 합니다.

◇ 복식부기의무자가 복식부기에 따른 장부를 기록하여 신고하지 않은 경우 무신고납부세액의 20% 또는 수입금액의 7/10,000 중 큰 금액을 무신고가산세로 추가로 납부해야 합니다.

◇ 분리과세하는 주택임대소득, 기타소득(가상자산소득, 계약금이 위약금 · 배상금으로 대체되는 경우)만을 신고하는 경우에는 분리과세 소득자용 신고서[별지 제40호서식(6)]를 사용하시기 바랍니다.

※ 가상자산소득에 관하여는 2027년 1월 1일 이후에 발생하는 경우부터 적용됩니다.

작 성 방 법

1. 제3쪽① 기본사항란을 적습니다.

2. 제3쪽③ 세무대리인: 세무대리인이 기장, 조정, 신고서작성 또는 성실신고확인서를 제출한 경우 반드시 기재합니다(⑯대리구분은 ⒈-④중 한가지만 선택).

3. 제5쪽 ~ 제11쪽⑤ ~ ⑧ 각종 소득명세서를 작성합니다(해당 사항이 있는 명세서만 작성합니다).

4. 제13쪽 ⑨ 종합소득금액 및 결손금 · 이월결손금공제명세서와 ⑩ 이월결손금명세서를 작성합니다(이월결손금이 없는 경우에는 ⑩ 이월결손금명세서는 작성하지 않습니다).

5. 제15쪽 ⑪ 소득공제명세서를 작성합니다.

6. 제19쪽 ⑫ 세액감면명세서, ⑬ 세액공제명세서, ⑭ 준비금명세서를 작성합니다(해당 사항이 있는 명세서만 작성합니다).

7. 제21쪽 ⑮ 가산세명세서와 ⑯ 기납부세액명세서를 작성합니다.

8. 제3쪽 ④ 세액의 계산란을 적습니다[금융소득이 있는 경우에는 제23쪽의 ⑰ 종합소득산출세액계산서(금융소득자용)를, 기준경비율에 따라 추계소득금액계산서를 작성하는 경우에는 제25쪽의 ⑱ 추계소득금액계산서(기준경비율 적용대상자용)를, 부동산매매업자로서 종합소득금액에 비사업용토지 등을 보유하여 발생하는 매매차익이 있는 경우에는 제27쪽의 ⑲ 종합소득산출세액계산서(주택등매매업자용)를, 소득에 합산되는 금융소득과 비사업용토지 등을 보유하여 발생하는 매매차익 등이 함께 있는 경우에는 제29쪽의 ⑳종합소득산출세액계산서(주택등매매차익이 있는 금융소득자용)를 먼저 작성합니다].

9. 제3쪽 ② 환급금 계좌신고란을 적습니다.

10. 각 서식에서 적을 난이 더 필요한 경우에는 별지에 이어서 작성합니다.

11. 신고인은 반드시 신고인의 성명을 쓰고 서명 또는 날인하여 신고해야 합니다.

12. ▨▨▨▨ 란은 작성하지 않습니다.

접 수 증(　　년 귀속 종합소득세 과세표준 확정신고서)		
성　명		주　소

※ 첨부서류		접 수 자
1. 재무상태표　　　　　　( )　　6. 결손금소급공제세액 환급신청서　　　　( )		
2. 손익계산서와 그 부속서류 ( )　　7. 「조세특례제한법」 상 세액공제 · 감면신청서 ( )		
3. 합계잔액시산표　　　( )　　8. 간편장부소득금액계산서　　　　　　( )		접수일(인)
4. 조정계산서　　　　　( )　　9. 그 밖의 첨부서류　　　　　( )		
5. 소득공제신고서　　　( )		

210㎜×297㎜(백상지 80g/㎡)

❶ ~ ❹ 작성방법

1. 신고하는 귀속연도와 거주구분 등에 관한 표를 적습니다.

2. ② 주민등록번호란: 외국인은 외국인등록번호(외국인등록번호가 없는 경우에는 여권번호)를 적습니다.

3. ⑨ 신고유형란: 해당되는 신고유형에 ✔표시합니다. 신고유형은 신고서에 첨부하는 조정계산서 또는 소득금액계산서 등에 따라 구분하며, 둘 이상의 유형에 해당하는 경우 ⑭, ⑫, ⑪, ⑳, ㉛, ㉜, ㊵, ㉟의 순서에 따라 하나의 유형만을 선택합니다.

4. ❷ 환급금 계좌신고란: 환급세액이 발생하는 경우 환급금을 송금받을 본인의 예금계좌를 적습니다.

5. ❸ 세무대리인란: 해당되는 대리구분에 ✔표시합니다. 세무대리인이 기장, 조정 또는 신고서를 작성한 경우에만 선택하며 ①기장 ②조정 ③신고 ④성실확인 중 하나를 선택합니다.

6. ⑲ 종합소득금액란: 제13쪽 ⑨ 종합소득금액 및 결손금·이월결손금공제명세서의 ⑤란의 합계(종합소득금액)를 옮겨 적습니다.

7. ⑳ 소득공제란: 제15쪽 ⑪ 소득공제명세서의 ㉒ 소득공제 합계에서 ㉓ 소득공제 종합한도 초과액을 뺀 금액을 적습니다.

8. ㉒ 세율란 및 ㉓ 산출세액란: 세율표에 따라 세율을 적고 과세표준에 세율을 곱한 금액에서 누진공제액을 빼 산출세액을 계산합니다. 종합과세되는 이자·배당소득이 있는 경우에는 제23쪽 ⑰ 종합소득산출세액계산서(금융소득자용)를 사용하여 계산합니다. 「소득세법」 제64조를 적용받는 부동산매매업자인 경우에는 제27쪽 ⑲ 종합소득산출세액계산서(주택 등매매업자용)에 따라 계산하고, 부동산매매업자가 금융소득자인 경우에는 제29쪽 ⑳종합소득산출세액계산서(주택 등매매차익이 있는 금융소득자용)에 따라 계산합니다.

9. ㉔ 세액감면란 및 ㉕ 세액공제란: 제19쪽 ⑫ 세액감면명세서의 ⑤ 세액감면 합계 또는 ⑬ 세액공제명세서의 ⑥ 세액공제 합계를 옮겨 적습니다.

10. ㉙·㊼ 가산세란: 「국세기본법」 제47조의2부터 제47조의5까지, 「소득세법」 제81조 및 제81조의2부터 제81조의14까지에 따른 가산세를 각각 적습니다. 이 경우 ㉙ 가산세는 제21쪽 ⑮ 가산세명세서의 ⑬ 합계란의 금액을 적습니다.

11. ㉚·㊽ 추가납부세액란: 추가납부세액계산서(별지 제51호서식)를 작성한 후 추가납부세액계산서의 "4. 소득세 추가납부액 합계"란의 금액을 ㉚ 추가납부세액란에 적고, 그에 따른 농어촌특별세 환급세액을 ㊽란에 적습니다.

12. ㉜·㊿ 기납부세액란: 제21쪽 ⑯ 기납부세액명세서의 ⑪란 및 ㉖란의 금액을 각각 옮겨 적습니다(외국인단일세율 과세특례를 적용받는 소득이 있는 경우 제33쪽 ㉒ 종합소득산출세액계산서(외국인근로자 과세특례 적용자)의 ⑥란의 합계액을 더하여 적습니다.

13. ㉝ 납부(환급)할 총세액란: ㉛ 합계 금액에서 ㉜ 기납부세액란의 금액을 빼서 적습니다. 그 금액이 "0"보다 작은 경우에는 환급받을 세액이므로 ❷ 환급금 계좌신고란에 환급금을 지급받을 금융기관 및 계좌번호를 적습니다.

14. ㉞·㉟ 납부특례세액란: 주식매수선택권의 행사이익에 대해 벤처기업의 임원 등이 원천징수의무자에게 납부특례의 적용을 신청한 경우, 주식매수선택권 행사이익과 관련한 소득세액의 5분의 4에 해당하는 금액을 분납할 수 있습니다. 이 경우 다음 4개 연도의 종합소득과세표준 확정신고 납부 시 납부특례세액의 4분의 1에 해당하는 금액을 각각 납부해야 합니다. 분납하려는 경우 ㉞란에, 다음 4개 연도에 납부하는 경우 ㉟란에 납부특례세액을 적습니다.

    ㊱ 분납할 세액란: ㉝ 납부할 총세액에서 ㉞·㉟ 납부특례세액을 차감·가감한 금액이 1천만원을 초과하는 경우 총세액이 2천만원 이하인 때에는 1천만원을 초과하는 금액을, 2천만원을 초과하는 때에는 세액의 100분의 50 이하의 금액을 그 납부기한 경과 후 2개월 이내에 분납할 수 있습니다. 분납하려는 경우에는 분납할 세액을 이 란에 적습니다.

15. 농어촌특별세란: ㊶ 과세표준란에는 농어촌특별세 과세대상 감면세액 합계표(별지 제68호서식)의 ⑬ 감면세액 합계란의 금액을 옮겨 적고, 「농어촌특별세법」 제5조에 따른 세율(20% 또는 10%)을 적용하여 ㊸ 산출세액을 계산합니다. ㊾ 농어촌특별세 합계란에는 (㊻+㊼−㊽)의 금액을 적습니다. 납부할 농어촌특별세 총세액이 5백만원 이상이거나 종합소득세를 분납하는 경우 일정 금액을 분납할 수 있습니다.

16. 국세환급금 충당란: ㊾란에는 환급예정인 종합소득세액을 적고, 해당 금액 중 농어촌특별세 납부세액에 충당할 금액을 ㊿란에 적습니다.

17. 충당후 환급(납부)할 세액란: ㊿란에는 환급예정인 종합소득세액 중 농어촌특별세 납부세액에 충당하고 남은 금액(㊾−㊿)을 적고, ㊿란에는 해당 충당 이후 남는 농어촌특별세 납부세액을 적습니다.

세 율 표

귀속년도	2018년~2020년		귀속년도	2021년 ~ 2022년		귀속년도	2023년	
	종합소득세			종합소득세			종합소득세	
과세표준	세율	누진공제액	과세표준	세율	누진공제액	과세표준	세율	누진공제액
1,200만원 이하	6%		1,200만원 이하	6%		1,400만원 이하	6%	
1,200만원 초과 4,600만원 이하	15%	108만원	1,200만원 초과 4,600만원 이하	15%	108만원	1,400만원 초과 5,000만원 이하	15%	126만원
4,600만원 초과 8,800만원 이하	24%	522만원	4,600만원 초과 8,800만원 이하	24%	522만원	5,000만원 초과 8,800만원 이하	24%	576만원
8,800만원 초과 1억5천만원 이하	35%	1,490만원	8,800만원 초과 1억5천만원 이하	35%	1,490만원	8,800만원 초과 1억 5천만원 이하	35%	1,544만원
1억5천만원 초과 3억 원 이하	38%	1,940만원	1억5천만원 초과 3억원 이하	38%	1,940만원	1억 5천만원 초과 3억원 이하	38%	1,994만원
3억원 초과 5억 원 이하	40%	2,540만원	3억원 초과 5억원 이하	40%	2,540만원	3억원 초과 5억원 이하	40%	2,594만원
5억원 초과	42%	3,540만원	5억원 초과 10억원 이하	42%	3,540만원	5억원 초과 10억원 이하	42%	3,594만원
			10억원 초과	45%	6,540만원	10억원 초과	45%	6,594만원

210mm × 297mm(백상지 80g/㎡)

(35쪽 중 제3쪽)

관리번호	-

(년 귀속) 종합소득세 · 농어촌특별세 과세표준확정신고 및 납부계산서

거주구분	거주자1 /비거주자2
내 · 외국인	내국인1 /외국인9
외국인단일세율적용	여 1 / 부 2
분리과세	여 1 / 부 2
거주지국	거주지국코드

❶ 기본사항

① 성 명		② 주민등록번호	–
③ 주 소			
④ 주소지 전화번호		⑤ 사업장 전화번호	
⑥ 휴 대 전 화		⑦ 전자우편주소	
⑧ 기 장 의 무	1복식부기의무자 2간편장부대상자 3비사업자		
⑨ 신 고 유 형	11자기조정 12외부조정 14성실신고확인 20간편장부 31추계–기준율 32추계–단순율 35분리과세 40비사업자		
⑩ 신 고 구 분	10정기신고 20수정신고 30경정청구 40기한후신고 50추가신고(인정상여)		

❷ 환급금 계좌신고 (5천만원 미만인 경우)	⑪ 금융기관/체신관서명	⑫ 계좌번호

❸ 세무대리인	⑬성 명	⑭ 사업자등록번호 - -	⑮ 전화번호
	⑯대리구분 1기장 2조정 3신고 4성실확인	⑰ 관리번호 -	⑱ 조정반번호 -

❹ 세액의 계산

구 분			종합소득세		농어촌특별세
종합소득금액		⑲			
소득공제		⑳			
과세표준(⑲-⑳)		㉑		㊶	
세율		㉒		㊷	
산출세액		㉓		㊸	
세액감면		㉔			
세액공제		㉕			
결정세액	종합과세(㉓-㉔-㉕)	㉖		㊹	
	분리과세	㉗		㊺	
	합계(㉖+㉗)	㉘		㊻	
가산세		㉙		㊼	
추가납부세액 (농어촌특별세의 경우에는 환급세액)		㉚		㊽	
합계(㉘+㉙+㉚)		㉛		㊾	
기납부세액		㉜		㊿	
납부(환급)할 총세액(㉛-㉜)		㉝		51	
납부특례세액	차감	㉞		52	
	가산	㉟			
분납할 세액	2개월 내	㊱			
신고기한 이내 납부(환급)할 세액(㉝-㉞+㉟-㊱)		㊲		53	
국세환급금충당		54		55	
충당후 납부(환급)할 세액		56		57	

신고인은 「소득세법」 제70조, 「농어촌특별세법」 제7조 및 「국세기본법」 제45조의3에 따라 위의 내용을 신고하며, **위 내용을 충분히 검토하였고 신고인이 알고 있는 사실 그대로를 정확하게 적었음을 확인합니다.** 위 내용 중 과세표준 또는 납부세액을 신고하여야 할 금액보다 적게 신고하거나 환급세액을 신고하여야 할 금액보다 많이 신고한 경우에는 **「국세기본법」 제47조의3에 따른 가산세 부과 등의 대상이 됨을 알고 있습니다.**

년 월 일 신고인 (서명 또는 인)

세무대리인은 조세전문자격자로서 위 신고서를 성실하고 공정하게 작성하였음을 확인합니다. 무기장 · 부실기장 및 「소득세법」에 따른 성실신고에 관하여 불성실하거나 허위로 확인된 경우에는 **「세무사법」 제17조에 따른 징계처분 등의 대상이 됨을 알고 있습니다.**

세무대리인 (서명 또는 인)

세무서장 귀하

접수(영수)일

첨부서류(각 1부)		전산입력필	(인)

참고 / 종합소득세 신고안내문 유형

구 분	유 형	안내방식
사업자	(S) 성실신고확인 대상자	모바일
	(A) 외부조정 대상자	
	(B) 자기조정 대상자	
	(C) 복식부기 의무자(전년도 추계신고)	
	(D) 간편장부 대상자	
	(E) 단순경비율 대상자(모두채움 제외)	
	(F) 모두채움(납부세액)	서면/모바일
	(G) 모두채움(환급대상)	서면
	(I) 신고 시 도움이 되는 사항 안내	모바일
	(V) 모두채움(분리과세 주택임대)	서면
종교인 기타소득	(Q) 모두채움(납부세액)	서면
	(R) 모두채움(환급대상)	
비사업자	(T) 금융, 근로, 연금, 기타(종교인기타 포함)소득	모바일

[안내문 예시]

자료 : 국세청보도자료, 2022.4.28

제3장
과세표준과 세액의 결정·경정과 징수·환급

I 과세표준과 세액의 결정·경정

소득세는 납세의무자 스스로 신고에 의해 세액을 확정하는 신고납세제도를 채택하고 있다(국기법 22). 그러나 납세의무자가 과세표준 확정신고를 하지 않거나(결정) 신고내용에 오류나 탈루 등이 있는 때에는 과세관청은 과세표준과 세액을 확정하는 처분권을 행사하게 된다.

1. 결정

① 납세지 관할세무서장 또는 지방국세청장은 과세표준확정신고(성실신고 확인서제출 및 퇴직소득세 과세표준확정신고 포함)를 하여야 할 자가 신고하지 아니한 경우에는 해당 거주자의 해당 과세기간의 과세표준과 세액을 결정한다(소법 80①)
② 무신고자에 대한 결정은 과세표준확정신고기일로부터 1년 이내에 완료하여야 한다. 다만, 국세청장이 조사기간을 따로 정하거나 부득이한 사유로 인하여 국세청장의 승인을 얻은 경우에는 그러하지 아니하다(소령 142②)

2. 경정

납세지 관할세무서장 또는 지방국세청장은 과세표준확정신고를 한자가 신고내용에 오류 또는 탈루가 있는 경우, 매출·매입처별 합계표 또는 지급명세서의 전부 또는 일부를 제출하지 아니한 때, 신고내용이 시설규모나 영업상황으로 보아 불성실하다고 판단되는 경우 등에는 해당 과세기간의 과세표준과 세액을 경정한다.(소법 80②)

3. 결정 및 경정의 방법

과세관청은 결정 및 경정할 경우에는 근거과세의 원칙에 의하여 장부와 증명서류 등의 직접증거를 바탕으로 한 **실지조사결정방법**이 원칙적인 과세표준의 결정방법이다(국기법 16①, 소법80③). 그러나 납세의무자가 직접증거를 갖추고 있지 않거나 제시된 자료가 허위임이 명백한 경우에는 부득이 간접증거에 의하여 과세표준을 계산할 수 밖에 없는데, 이러한 결정방법을 **추계조사결정방법**이라고 한다. 추계방법에는 ①수입금액 추계(동업자권형, 영업효율, 생산효율 등)와 ②소득금액 추계(기준경비율과 단순경비율)가 있다(소령143 및 144).

Ⅱ 징수와 환급

1. 징수

납세지 관할세무서장은 거주자가 중간예납세액 또는 확정신고 자진납부세액의 전부 또는 일부를 납부하지 아니한 경우에는 미납된 부분의 소득세액을 국세징수법에 따라 징수한다(소법 85①). 또한 결정 · 경정에 따른 추가 징수세액이나 원천징수세액을 미납한 경우에도 징수한다.

2. 환급

납세지 관할세무서장은 중간예납, 토지 등 매매차익예정신고납부, 수시부과 및 원천징수한 세액이 종합소득 총결정세액과 퇴직소득 총결정세액의 합계액을 각각 초과하는 경우에는 그 초과하는 세액은 **환급**하거나 다른 국세 및 강제징수비에 충당하여야 한다(소법 85④).

기 출 문 제

01 소득세법상 종합소득세 확정신고를 반드시 해야 하는 거주자는?

① 근로소득만 있는 자 ② 퇴직소득만 있는 자

③ 근로소득과 부동산임대소득이 있는 자 ④ 근로소득과 퇴직소득만 있는 자

풀이 ❸ 사업소득 중 부동산임대소득에 대해서는 반드시 확정신고를 해야 한다. (소득세법 제73①조)

02 다음 중 소득세법상 설명으로 잘못된 것은?

① 종합소득이 있는 비거주자와 양도소득만 있는 거주자는 중간예납의무가 없다.

② 소득세법상 결손금 소급공제는 법인세법과 달리 사업장 단위로 적용한다.

③ 중간예납세액이 50만원 미만인 경우에는 중간예납세액을 징수하지 아니한다.

④ 소득금액을 추계조사결정하는 경우 전문직 사업자가 신규사업자라 하더라도 수입금액에 관계없이 단순경비율 적용을 배제한다.

풀이 ❶ 소득세법122조(종합과세되는 비거주자는 소득세중간예납의무가 있다.)

03 다음 중 소득세법상 사업장현황신고를 하지 않을 경우, 사업장현황신고불성실 가산세(0.5%)가 적용되는 업종은?

① 의료업 ② 세무사업

③ 변호사업 ④ 건축사업

풀이 ❶ 소법 제81조의 3, 소법령 제147조의3

04 다음은 소득세법상 중간예납에 대한 설명이다. 옳지 않은 것은?

① 중간예납기간은 1월 1일부터 6월 30일까지이다.

② 중간예납기준액은 원칙적으로 전년도 납부실적을 기준으로 한다.

③ 종합소득이 있는 거주자는 모두 중간예납의무가 있다.

④ 중간예납 추계액의 조사결정은 실지조사결정이나 추계조사결정에 의한다.

 ❸ 신규사업자, 사업소득 외의 소득만 있는 자 등은 중간예납의무가 없다. 따라서 종합소득이 있는 거주자라 하여 모두 중간예납의무가 있는 것은 아니다. (소득세법 65)

05 다음 중 소득세법상 중간예납에 대한 설명으로 옳은 것은?

① 중간예납세액은 매년 10월 31일까지 납부하여야 한다.

② 중간예납기준액이 없는 거주자는 중간예납세액 납부의무가 없다.

③ 중간예납세액이 1천5백만원인 경우에는 750만원을 분할납부할 수 있다.

④ 중간예납기간은 해당연도 1월1일부터 6월30일까지이다.

 ❹ 중간예납기준액이 없는 거주자는 중간예납추계액을 신고하여야 한다. (소법 제65조)

06 소득세법상 종합소득 과세표준 확정신고시 제출해야 하는 서류에 해당하지 않는 것은?

① 손익계산서   ② 세무조정계산서

③ 재무상태표   ④ 지급명세서

 ❹ 개인에게 원천징수대상 소득을 지급하는 원천징수의무자는 소득금액의 지급일이 속하는 과세기간의 다음연도 2월말일 또는 3월10일까지 지급명세서를 원천징수 관할세무서장에게 제출하여야 한다.

07 현행 소득세법은 각종의 신고기한 및 명세서 제출기한을 명시하고 있다. 다음 중 연결이 잘못된 것은?

① 종합소득 과세표준 확정신고(성실신고확인대상자 제외) : 해당 과세기간의 다음연도 5월 1일부터 5월 31일까지

② 사업장현황신고 : 해당 과세기간의 다음연도 3월말까지

③ 근로소득에 대한 지급명세서 제출 : 해당 과세기간의 다음연도 3월 10일까지

④ 토지 등 매매차익 예정신고 : 매매일이 속하는 달의 말일로부터 2개월이 되는 날까지

❷ 다음연도 2월 10일까지이다.

08 다음 중 거주자(복식부기의무자)가 종합소득 과세표준확정신고시 반드시 제출하여야 할 서류가 아닌 것은?

① 재무상태표
② 손익계산서
③ 이익잉여금처분계산서
④ 합계잔액시산표

 ❸ 소법 제70조 제4항
 • 법인의 경우에는 필수서류이다.

09 다음 중 종합소득과세표준 확정신고기한으로 옳은 것은?

① 거주자가 사망한 경우 : 그 사망일이 속한 달의 말일로부터 6개월이 되는 날
② 거주자가 출국한 경우 : 그 출국일이 속한 달의 말일로부터 6개월이 되는 날
③ 거주자가 폐업한 경우 : 그 폐업일이 속한 달의 말일로부터 2개월이 되는 날
④ 거주자가 휴업한 경우 : 그 휴업일이 속한 달의 말일로부터 2개월이 되는 날

 ❶ 소법 제74조. 출국하는 경우 출국일 전일까지 이다. 휴업, 폐업시 확정신고기한은 다음연도 5월 말일까지이다. 부가가치세의 경우는 폐업일이 속하는 달의 말일로부터 25일내 확정신고 해야 함(부법 49).

10 다음 소득세법상 성실신고확인제도와 관련한 설명이다. 가장 옳지 않은 것은?

① 성실신고확인제도는 수입금액이 일정규모 이상인 사업자에게 적용한다.
② 성실신고확인대상자의 종합소득과세표준 확정신고기한은 다음연도 5월 1일부터 6월 30일까지이다.
③ 성실신고확인대상자는 120만원을 한도로 확인비용에 대한 세액공제를 받을 수 있다.
④ 성실신고확인대상자는 종합소득공제 중 특별세액공제를 받을 수 없다.

❹ 의료비 및 교육비 세액공제 가능(조특법 122의3)

11 소득세법상 지급명세서 제출기한이 나머지와 다른 하나는?

① 기타소득　　　　　　　　　② 근로소득

③ 퇴직소득　　　　　　　　　④ 원천징수대상 사업소득

 ❶ · 이자, 배당, 기타소득 : 소득지급일 속하는 연도의 다음연도 2월 말일

· 원천징수대상 사업소득, 근로, 퇴직, 봉사료 : 소득지급일 속하는 연도의 다음연도 3월 10일까지

12 다음은 소득세법상 사업용계좌에 대한 설명이다. 빈칸에 들어갈 알맞은 말은?

> 복식부기의무자는 복식부기의무자에 해당하는 과세기간의 개시일(사업 개시와 동시에 복식부기의무자에 해당되는 경우에는 다음 과세기간 개시일)부터 (　　　)이내에 사업용계좌를 해당 사업자의 사업장 관할 세무서장에게 신고하여야한다. 다만, 사업용계좌가 이미 신고되어 있는 경우에는 그러하지 아니하다.

① 3개월　　　　　　　　　　② 5개월

③ 6개월　　　　　　　　　　④ 1년

 ❸ 소법 제160조의 5

13 거주자인 김아영씨는 2025년 4월 20일에 치과의원을 개설하여 개인사업을 시작하였다. 김아영씨가 2025년 및 2026년에 하여야 할 소득세법상의 의무가 아닌 것은?

① 직원 급여지급에 따른 원천징수의무

② 사업장현황신고의무

③ 종합소득과세표준 확정신고의무

④ 부가가치세 확정신고의무

 ❹ 의료보건용역을 영위하는 치과의원은 면세사업을 영위하므로 부가가치세 신고의무가 없다.

14 다음 중 소득세법규정에 대한 설명으로 옳지 않은 것은?

① 퇴직소득 및 양도소득이 있는 거주자는 중간예납의무가 없다.

② 소득세법상 결손금 소급공제는 법인세법과 달리 사업장 단위로 적용한다.

③ 중간예납세액이 50만원 미만인 경우에는 중간예납세액을 징수하지 아니한다.

④ 소득금액을 추계조사결정하는 경우 전문직사업자가 신규사업자인 경우에는 단순경비율을 적용받을 수 있다.

 ❹ 전문직사업자가 신규사업자인 경우에도 수입금액에 관계없이 단순경비율 적용을 배제한다.

15 다음 소득세법상 납부에 관한 설명으로 옳은 것은?

① 거주자가 납부할 세액이 500만원을 초과하는 경우 세금을 분납할 수 있다.

② 세액을 분납할 경우 분납기한은 납부기한 경과 후 45일 이내이다.

③ 양도소득세는 물납규정이 있으므로 물납이 허용된다.

④ 확정신고시 납부할 세액이 3천만원인 경우 최대로 분할납부할 수 있는 세액은 1,500만원이다.

 ❹ ① 납부세액 1,000만원 초과시 분납가능
② 2개월 이내
③ 양도세에도 물납규정은 폐지됨(2016년 이후)

16 다음 중 소득세법상 중간예납 대상자는 누구인가?　　　　　　(제80회, 세무회계 2급)

① 해당 과세기간개시일 현재 사업자였으나 당해 사업을 폐업하고, 새로이 신규로 사업을 시작한 자

② 이자소득 · 배당소득 · 근로소득 · 연금소득 또는 기타소득만이 있는 자

③ 사업소득 중 속기 · 타자 등 한국표준산업분류에 따른 사무지원 서비스업에서 발생하는 소득만 있는 자

④ 저술가, 화가, 배우, 가수, 영화감독, 연출가, 촬영사 등 자영 예술가의 소득만 있는 자

 ❶ 소득세법 제65조 1항, 해당과세기간의 개시일 현재 사업자가 아닌자로서 그 과세기간 중 신규로 사업을 시작한 자는 중간예납 납세의무를 지지 않는다. 그러나 이러한 신규사업 개시자가 아닌 자는 전년도에 납부하였거나 납부할 금액이 없는 경우에도 해당 연도의 중간예납기간 중 종합소득이 있다면 중간예납을 하여야 한다.

17 다음 자료에 의하여 거주자 세무의 당해 연도의 소득세법상 소득세 중간예납 세액(전년도 납부실적에 의함)을 계산하면 얼마인가? (82회, 세무회계2급)

> < 자 료 > 직전년 귀속 종합소득세과세표준 확정신고 및 수정신고 내역
> · 중간예납 세액 : 3,000,000원　　　　· 원천징수세액 : 1,000,000원
> · 수시부과 세액 : 1,000,000원　　　　· 확정신고 납부세액 : 5,000,000원
> · 수정신고 자진납부세액 : 2,000,000원

 5,000,000원
중간예납세액 : 중간예납기준액X1/2
중간예납기준액 : 3,000,000 + 5,000,000 + 2,000,000 = 10,000,000

18 다음 중 소득세법상 사업장현황신고에 관한 규정으로 옳지 않은 것은?

(제81회, 세무회계2급)

① 면세사업자는 해당 사업장의 현황을 해당 과세기간의 다음연도 1월 25일까지 사업장 소재지 관할 세무서장에게 신고하여야 한다.
② 겸영사업자의 경우 부가가치세 신고시 면세사업자의 수입금액을 신고한 경우에는 사업장현황신고를 한 것으로 본다.
③ 2 이상의 사업장이 있는 사업자는 각 사업장 별로 사업장현황신고를 하여야 한다.
④ 사업자가 휴업한 경우 관할 세무서장은 사업장 현황을 조사할 수 있다.

 ❶ 다음연도 2월 10일까지 신고하여야 함.

19 다음 중 소득세법상 과세표준 확정신고를 반드시 하여야 하는 자로 가장 알맞은 경우는? (제81회, 세무회계3급)

① 근로소득만 있는 자
② 사업소득과 연금소득만 있는 자
③ 근로소득과 퇴직소득만 있는자
④ 공적연금소득만 있는 자

 ❷ 소득세법 제73조

20 다음 중 소득세법상 사업을 폐업하는 경우 종합소득세 신고기한으로 알맞은 것은?

(84회, 세무회계2급)

① 사업의 폐업일이 속하는 달의 다음달 25일까지
② 폐업일이 속하는 분기의 다음달 25일까지
③ 폐업일이 속하는 해의 말일의 다음달 25일까지
④ 폐업일이 속하는 해의 다음해 5월 31일까지

 ❹ 소득세법 제70조, 종합소득세는 과세기간의 다음 연도 5월 31일까지 신고기한이다.

21 다음 중 소득세법상 종합소득세의 납세절차에 관한 설명으로 옳지 않은 것은?

(84회, 세무회계2급)

① 부가가치세가 면제되는 재화 또는 용역을 공급하는 개인사업자에 대하여는 사업자현황 신고의무가 있다.
② 중간예납의무자는 중간예납세액을 중간예납기간 종료일로부터 2개월 이내에 자진납부 하여야 한다.
③ 근로소득 및 공적연금소득만 있는 자는 반드시 과세표준확정신고를 하여야 한다.
④ 이자소득에 대한 원천징수세액이 1,000원 미만인 때에도 소득세를 징수한다.

 ❷ 소득세법 제65조, 소득세의 중간예납세액은 고지서의 발급으로 징수하는 것이 원칙이다.

22 다음 중 소득세법상 중간예납에 대한 설명으로 옳지 않은 것은? (96회, 세무회계2급)

① 원칙적으로 사업소득이 있는 거주자가 중간예납의무를 지며, 퇴직소득 및 양도소득에 대해서는 중간예납을 하지 않는다.
② 중간예납기간은 1월 1일부터 6월 30일까지이며, 당해연도의 10월 31일까지 납부하여야 한다.
③ 신규로 사업을 시작한 자는 중간예납의무를 지지 않는다.
④ 중간예납추계액이 중간예납기준액의 30%에 미달하는 경우 중간예납추계액을 신고 · 납부할 수 있다.

 ❷ 소득세법 제65조 제1항, 사업소득이 있는 거주자는 1월 1일부터 6월 30일까지의 기간을 중간예납기간 으로 하여 11월 30일까지 중간예납세액을 징수하여야 한다.

23

다음 중 소득세법상 중간예납에 관한 설명으로 옳지 않은 것은? (93회, 세무회계2급)

① 거주자는 퇴직소득·양도소득에 대해서도 중간예납을 한다.
② 속기·타자 등 사무지원 서비스업의 사업소득은 중간예납의무를 지지 않는다.
③ 해당 과세기간 중 신규로 사업을 시작한 자는 중간예납의무를 지지 않는다.
④ 관할세무서장은 11월 1일부터 11월 15일까지의 기간에 중간예납세액의 납부고지서를 발급하여야 하며, 거주자는 그 중간예납세액을 11월 30일까지 납부하여야 한다.

풀이 ❶ 소득세법 제65조, 종합소득이 있는 거주자만 중간예납의무를 부담하며, 퇴직소득·양도소득에 대해서는 중간예납을 하지 않는다.

24

다음 중 소득세법상 납부에 관한 설명으로 잘못된 것은? (96회, 세무회계2급)

① 종합소득세 납부세액이 1천만원을 초과하는 경우 분할납부가 가능하다.
② 양도소득세는 예정신고 및 납부를 하여야 한다.
③ 세액을 분할납부하는 경우 분납기한은 납부기한 경과 후 45일 이내이다.
④ 이자소득에 대한 원천징수세액이 1천원 미만인 경우에도 소득세 원천징수의무가 있다.

풀이 ❸ 소득세법 제77조, 납부할 세액이 각각 1천만원을 초과하는 자는 그 납부할 세액의 일부를 납부기한이 지난 후 2개월 이내에 분할납부할 수 있다.

25

다음 중 소득세법상 사업을 폐업하는 경우 종합소득세 신고기한으로 옳은 것은?

(93회, 세무회계2급)

① 폐업일이 속하는 달의 다음 달 31일까지
② 폐업일이 속하는 분기의 다음 달 31일까지
③ 폐업일이 속하는 과세기간의 다음 달 31일까지
④ 폐업일이 속하는 과세기간의 다음 과세기간 5월 31일까지

풀이 ❹ 소득세법 제70조

26 다음 중 소득세법상 중간예납 및 분납에 대한 설명으로 옳지 않은 것은?

(91회, 세무회계2급)

① 신규사업자는 중간예납의무가 없다.

② 납부할 세액이 1천만원을 초과하면서 2천만원 이하인 때에는 그 세액의 50% 이하의 금액을 납부기한이 지난 후 2개월 이내에 분납할 수 있다.

③ 중간예납은 고지납부가 원칙이지만 전년도 수입금액이 일정 금액에 미달하는 때에는 납세자가 관할 세무서장에게 신고납부할 수 있다.

④ 중간예납에 대한 고지를 받은 자는 11월 30일까지 고지세액을 납부하여야 한다.

 풀이 ❷ 소득세법 제77조 및 시행령 제40조, 납부할 세액이 1천만원을 초과하면서 2천만원 이하인 때에는 1천만원을 초과하는 금액을 납부기한이 지난 후 2개월 이내에 분납할 수 있다.

27 다음은 소득세법상 중간예납에 관한 내용이다. 아래의 괄호 안에 들어갈 알맞은 숫자를 쓰시오.

(102회, 세무회계 2급)

> 종합소득이 있는 거주자가 중간예납기간의 종료일 현재 종합소득금액에 대한 소득세액이 중간예납기준액의 100분의 (   )에 미달하는 경우에는 11월 1일부터 11월 30일까지 중간예납추계액을 중간예납세액으로 하여 납세지 관할 세무서장에게 신고할 수 있다.

풀이 30

소득세법 제65조 제3항, 종합소득이 있는 거주자가 중간예납기간의 종료일 현재 그 중간예납기간 종료일까지의 종합소득금액에 대한 소득세액(이하 "중간예납추계액"이라 한다)이 중간예납기준액의 100분의 30에 미달하는 경우에는 11월 1일부터 11월 30일까지의 기간에 대통령령으로 정하는 바에 따라 중간예납추계액을 중간예납세액으로 하여 납세지 관할 세무서장에게 신고할 수 있다.

28 소득세법상 다음 괄호 안에 들어갈 알맞은 숫자를 적으시오.

(99회, 세무회계2급)

> 중간예납에 따른 중간예납세액이 (   )원 미만인 경우 소득세를 징수하지 아니한다.

풀이 500,000 또는 오십만 또는 50만

소득세법 제86조

부 록

제 **7** 편

01

주관식 복습문제

학생들에게 과제물로 부여할 수 있으며, 예습과 복습을 위한 문제이다.

01 신고납세제도와 (정부)부과과세제도의 차이점은 무엇인가? 우리나라 소득세법은 어느 제도를 따르는가?

02 소득세는 종합과세가 원칙인데 분류과세제도와 분리과세제도를 두는 이유는 무엇인가?

03 종합소득중 분리과세가 없는 소득은 무엇이며 왜 분리과세가 없을까?

04 종합소득중 비과세소득의 사례를 들어보고, 절세에 활용할 항목이 무엇인지 토의하라.

05 소득세법상의 사업소득과 법인세법의 각사업연도 소득금액 계산구조를 비교하여 보라.

06 금융소득 중 일부를 종합과세하는 이유는 무엇인가? 당연종합과세와 조건부종합과세를 비교하여 보시오.

07 배당가산제도(gross-up)를 두는 이유는 무엇인가? 가산율을 10%로 정한 이유는 무엇인가?

08 간주임대료 계산시 기장하는 경우와 기장하지 않는 경우(추계결정)에 소득금액이 다른 이유는?

09 근로자에게 혜택을 주는 비과세 근로소득은 어떤 종류가 있나? 만약 개인기업의 경영자라면 종업원에게 어떤 복지혜택을 줄 것인가?

10 기타소득 중 실제 증빙이 80%(또는 60%)가 안되는 경우에 80%(또는 60%) 경비를 의제하여 인정해주는 경비(80% 또는 60% 초과시 초과액도 인정함)와 실제발생경비만을 인정해주는 소득이 있다. 각각 어떤 항목인가?

11 부당행위계산부인의 요건을 설명하시오(비율과 금액적 요건이 있음을 유의하라).

12 소득세법상 기부금의 종류는 몇 가지로 구별되며 각각의 한도는 얼마인가? 법인세법의 기부금과는 어떤 차이가 있을까?

13 특별세액공제대상액 판정시 연령요건과 소득요건의 적용에 유의하여야 한다. 보험료, 의료비, 교육비세액공제의 대상금액은 앞의 어떤 요건의 규제를 받는가?

14 사업소득자가 기장해야 하는 경우는 어떤 경우이며 기장하지 않는 경우의 불이익을 설명하시오. 이를 기장세액공제와 관련하여 설명하시오.

15 무기장시 소득금액 추계에 적용하는 기준경비율(단순경비율)제도를 설명하시오.

16 저소득 근로자와 영세사업자를 위한 근로장려금의 신청자격은 무엇이며, 최대한 얼마를 지원하는가?

17 성실사업자는 근로소득자와 같이 특별세액공제와 표준세액공제를 적용할 수 있다. 성실 사업자의 요건과 특혜는 무엇인가?(소법 52 및 조특법 122의3) 이와 다른 제도인 성실 신고확인대상사업자에 대하여 설명하시오(소법 70의2 및 조특법 126의6).

18 퇴직소득세 계산시 연분연승법을 적용하는 이유를 설명하시오.

19 종교인 소득 과세제도가 2018년부터 시행되었다. 신고납세의무자와 세무신고 방법(근로 소득 또는 기타소득)에 대해 설명하시오.

20 양도소득세 대상은 크게 부동산과 주식 및 파생상품이다. 과세대상은 구체적으로 어떤 종류가 있으며 세율은 어떻게 다른가? 이렇게 다양한 세율을 적용하는 이유는 무엇인가?

21 미등기 자산의 양도시 불이익은 어떤 항목이 있나?

22 양도소득세 기본공제는 자산유형별로 얼마이며, 연간 중복공제가 가능한지 설명하시오.

23 일시적으로 1세대 2주택인 경우도 중과되지 않고 1세대 1주택의 혜택을 받으려면 어떤 조건을 충족해야 하는가?

24 가산세는 여러 가지가 있으나 주로 과소신고 가산세와 납부지연가산세가 중요항목이다. 가산세의 규모는 본세의 어느 정도인가?

25 원천징수제도를 둔 이유는 무엇인가?

26 연말정산간소화 대상 항목은 무엇인가? 간소화 대상에서 제외되어 근로자가 별도로 제출해야 하는 서류는 무엇인가? (「국세청 연말정산 간소화서비스」 검색)

27 면세사업자가 사업장현황신고를 할 때 제출서류는 무엇인가?

28 지급명세서 제출의무 이외에 간이지급명세서의 제출의무대상자와 제출기한, 미제출 가산세를 설명하시오.

29 2027년부터 시행되는 가상자산 과세에 대해 간단히 설명하시오.

02

세무·회계 학습관련 인터넷 사이트

최신 전문지식을 습득하기 위해 즐겨찾기 메뉴에 추가하고 자주 참조하여야 한다.

국 내		국 외	
국세청	www.nts.go.kr	미국국세청	www.irs.gov
국세상담센터	call.nts.go.kr	미국공인회계사회	www.aicpa.org
국세법령정보시스템	txsi.hometax.go.kr	미국회계학회	aaahq.org
기획재정부	www.moef.go.kr	미국세무학회	aaahq.org/ata
한국세무사회	www.kacpta.or.kr	미국회계기준위원회	www.fasb.org
한국공인회계사회	www.kicpa.or.kr	국제회계기준위원회	www.ifrs.org
금융감독원	www.fss.or.kr		
한국회계기준원	www.kasb.or.kr		
대법원 종합법률정보	glaw.scourt.go.kr		
국세공무원교육원	taxstudy.nts.go.kr		
대한상공회의소	www.korcham.net		
금융감독원 전자공시시스템	dart.fss.or.kr	www.fourmilab.ch/ustax(미국세법)	
		www.law.cornell.edu/uscode/text(미국법률)	
한국회계학회	www.kaa-edu.or.kr		
한국세무학회	www.koreataxation.org		
한국조세재정연구원	www.kipf.re.kr	일본법률(세법포함)	elaw.e-gov.go.jp
국가직무능력표준	www.ncs.go.kr	일본국세청	www.nta.go.jp
한국산업인력공단	www.hrdkorea.or.kr	일본공인회계사협회	www.jicpa.or.jp
한국직업능력개발원	www.krivet.re.kr	일본기업회계기준위원회	www.asb.or.jp

소득세법 [시행 2025. 1. 1.] [법률 제20615호, 2024. 12. 31., 일부개정]

[일부개정]

개정이유

자본시장 발전 및 국내 투자자 보호를 위하여 금융투자소득세를 폐지하고, 저출산 문제 해소 및 양육비 부담 완화를 위하여 기업의 출산지원금 비과세 적용, 자녀세액 공제 금액 확대 등 출산·육아에 대한 세제지원을 강화하며, 금융상품 간의 과세형 평을 제고하기 위하여 투자계약증권 또는 비금전 신탁 수익증권 등 조각 투자상품 을 통하여 얻는 이익을 이와 수익 구조가 유사한 집합투자기구(펀드)를 통하여 얻는 이익과 동일하게 배당소득으로 과세하도록 하는 한편,
납세자 편의를 제고하기 위하여 기부금 영수증 발급액이 일정금액 이상인 기부금 단체는 전자기부금영수증을 발급하도록 하는 등 현행 제도의 운영상 나타난 일부 미비점을 개선·보완함.

주요내용

가. 금융투자소득세 폐지(법률 제17757호 소득세법 일부개정법률 제4조제1항제2호 의2 및 제87조의2부터 제87조의27까지 삭제)
   자본시장 발전 및 국내 투자자 보호를 위하여 금융투자소득세를 폐지하고, 주식 등에 대한 현행 양도소득세 체계를 유지함.

나. 기업의 출산지원금 근로소득 비과세 도입[제12조제3호머목1) 신설]
   기업이 근로자 또는 그 배우자의 출산 시 그 출산과 관련하여 자녀의 출생일 이 후 2년 이내에 최대 두 차례에 걸쳐 지급하는 급여 전액에 대해서는 과세하지 아니함.

다. 임원 등에 대한 할인금액 비과세 근거 마련(제12조제3호처목 및 제20조제1항제6
　호 신설)

　자사 및 계열사에서 생산·공급하는 재화 또는 용역을 할인하여 임원 또는 종
업원에게 제공함으로써 임원 또는 종업원이 얻는 이익을 근로소득으로 규정하
고, 해당 이익 중 재판매가 허용되지 아니하고 그 임원 또는 종업원이 소비하는
것을 목적하는 이익은 과세하지 아니함.

라. 배당소득의 범위에 조각 투자상품으로부터의 이익 추가(제17조제1항제5호의3 및
　제5호의4 신설)

　투자계약증권과 비금전 신탁 수익증권의 형태로 운영되는 조각 투자상품에 대
한 과세기준이 불명확하여 그 수익 구조가 유사한 집합투자기구로부터의 이익과
동일하게 배당소득으로 분류하여 과세함.

마. 자녀세액공제 금액 확대(제59조의2제1항)

　종합소득이 있는 거주자의 8세 이상 자녀·손자녀 1명당 10만원씩 세액 공제금
액을 인상하여 자녀·손자녀가 1명인 경우 연 25만원, 2명인 경우 연 55만원, 3
명인 경우에는 연 95만원을 종합소득산출세액에서 공제하도록 함.

바. 외국인 직업운동가에 대한 원천징수 범위 확대(제129조제1항제3호 단서)

　외국인 직업운동가인 거주자가 프로스포츠구단과의 계약에 따라 용역을 제공하
고 소득을 받는 경우에는 계약기간과 관계없이 그 소득에 대하여 100분의 20의
원천징수세율을 적용함.

사. 전자기부금영수증 발급 활성화(제160조의3제4항 신설)

　직전 과세연도에 받은 기부금에 대하여 발급한 기부금영수증의 총 발급금액이
3억원 이상인 자는 해당 과세연도에 받는 기부금에 대하여 그 기부금을 받은 날
이 속하는 연도의 다음 연도 1월 10일까지 전자기부금영수증을 발급하도록 함.

아. 가상자산에 대한 과세 유예(법률 제17757호 소득세법 일부개정법률 부칙 제1조제2호)

　가상자산에 대한 과세 규정의 시행 시기를 2025년 1월 1일에서 2027년 1월 1일
로 2년 유예함.

<법제처 제공>

「원천징수」,「종합소득세신고」
능력단위세부명세서
(국가직무능력표준 – 세무)

〈「원천징수」,「종합소득세신고」능력단위 세부명세(NCS 발췌)〉

분류번호	0203020204_23v6
능력단위 명칭	원천징수
능력단위 정의	원천징수란 금융소득, 사업소득, 근로소득, 기타소득, 퇴직소득을 소득자에게 지급할 때 소득자가 납부해야 할 세금을 원천징수의무자가 대신 징수하여 과세당국에 납부하기 위하여 수반되는 소득 및 세액 계산, 세무신고 및 납부, 연말정산 등을 수행하는 능력이다.

능 력 단 위 요 소	수 행 준 거
0203020204_23v6.1 금융소득 원천징수 하기	1.1 세법에 의한 과세, 비과세 이자소득과 원천징수대상 배당소득을 구분하여 원천징수세액을 계산할 수 있다. 1.2 이자소득과 배당소득에 대한 원천징수 결과에 따라 세무정보시스템을 활용하여 원천징수이행상황신고서를 작성하고 신고 후 세액을 납부할 수 있다. 1.3 세법이 정한 서식에 따라 이자소득과 배당소득에 대한 원천징수영수증을 발급·교부하고 지급명세서를 기한 내에 제출할 수 있다. 【지 식】 ● 소득세법 규정 【기 술】 ● 세무정보시스템 활용능력 ● 소득세법에 대한 적용 및 세액 산출능력 ● 세무신고서식 작성능력 【태 도】 ● 신고기한과 납부기한 및 제출기한을 준수하려는 노력 ● 개정세법을 예의 주시하려는 자세
0203020204_23v6.2 사업소득 원천징수	2.1 세법에 의한 원천징수 대상 사업소득을 구분하여 원천징수세액을 계산할 수 있다.

능력단위요소	수 행 준 거
하기	2.2 사업소득에 대한 원천징수 결과에 따라 세무정보시스템을 활용하여 원천징수이행상황신고서를 작성하고 신고 후 세액을 납부할 수 있다. 2.3 세법이 정한 서식에 따라 사업소득에 대한 원천징수영수증을 발급·교부하고 지급명세서를 기한 내에 제출할 수 있다. 2.4 사업소득에 대한 간이지급명세서 및 지급명세서를 기한 내에 제출할 수 있다. 【지식】 ● 소득세법 규정 ● 한국표준산업분류 ● 국세청 고시 기준경비율 【기술】 ● 세무정보시스템 활용능력 ● 관련 세법에 대한 적용 및 세액 산출능력 ● 세무신고서식 작성능력 【태도】 ● 신고기한과 납부기한 및 제출기한을 준수하려는 노력 ● 세심하고 주의 깊게 관찰하려는 노력 ● 개정세법을 예의 주시하려는 자세
0203020204_23v6.3 근로소득 원천징수 하기	3.1 소득세법에 따라 세무정보시스템 또는 급여대장을 통해 임직원의 인적공제사항을 작성·관리할 수 있다. 3.2 회사의 급여규정에 따라 임직원의 기본급, 수당, 상여금 등의 급여금액을 정확하게 계산할 수 있다. 3.3 세법에 의한 임직원의 급여액에 대한 근로소득금액을 과세 근로소득과 비과세 근로소득으로 구분하여 계산할 수 있다. 3.4 간이세액표에 따라 급여액에 대한 산출된 세액을 공제 후 지급할 수 있다. 3.5 중도퇴사자에 대한 근로소득 정산에 의한 세액을 환급 또는 추징할 수 있다. 3.6 일용근로자에 대한 근로소득은 비과세 기준을 고려하여 계산할 수 있다. 3.7 근로소득에 대한 원천징수 결과에 따라 세무정보시스템을 활용하여 원천징수이행상황신고서를 작성하고 신고 후 세액을 납부할 수 있다. 3.8 환급받을 원천징수세액 이 있는 경우 납부세액과 상계 및 환급 신청할 수 있다. 3.9 기 신고한 원천징수 수정 또는 경정요건이 발생할 경우 수정신고 및 경정청구 할 수 있다. 3.10 근로소득에 대한 간이지급명세서를 기한 내에 제출할 수 있다. 3.11 일용근로자에 대한 지급명세서를 기한 내에 제출할 수 있다.

능 력 단 위 요 소	수 행 준 거
	【지식】 ● 회사 급여규정 ● 소득세법 규정 ● 근로자와 일용근로자에 대한 이해
	【기술】 ● 세무정보시스템 활용능력 ● 간이세액표의 적용능력 ● 관련 세법에 대한 적용 및 세액 산출능력 ● 세무신고서식 작성능력
	【태도】 ● 신고기한과 납부기한 및 제출기한을 준수하려는 노력 ● 세심하고 주의 깊게 관찰하려는 노력 ● 개정세법을 예의 주시하려는 자세
0203020204_23v6.4 기타소득 원천징수 하기	4.1 세법에 의한 원천징수 대상 기타소득을 구분하여 원천징수세액을 계산할 수 있다. 4.2 기타소득에 대한 원천징수 결과에 따라 세무정보시스템을 활용하여 원천징수이행상황신고서를 작성하고 신고 후 세액을 납부할 수 있다. 4.3 기타소득의 원천징수영수증을 발급·교부하고 지급명세서를 기한 내에 제출할 수 있다. **【지식】** ● 소득세법 규정 **【기술】** ● 세무정보시스템 활용능력 ● 관련 세법에 대한 적용 및 세액 산출능력 ● 세무신고서식 작성능력 **【태도】** ● 신고기한과 납부기한 및 제출기한을 준수하려는 노력 ● 세심하고 주의 깊게 관찰하려는 노력 ● 개정세법을 예의 주시하려는 자세
0203020204_23v6.5 퇴직소득 원천징수 하기	5.1 회사의 퇴직급여 규정에 따라 임직원의 평균임금을 산출하여 퇴직금을 정확하게 계산할 수 있다. 5.2 세법에 따른 퇴직소득과 근로소득을 구분하여 퇴직소득금액을 계산할 수 있다. 5.3 세법에 따라 퇴직금의 산출된 세액을 공제 후 지급할 수 있다. 5.4 퇴직소득에 대한 원천징수 결과에 따라 세무정보시스템을 활용하여 원천징수이행상황신고서를 작성하고 신고 후 세액을 납부할 수 있다.

능력단위요소	수 행 준 거
	5.5 세법이 정한 서식에 따라 퇴직소득에 대한 원천징수영수증을 발급·교부하고 지급명세서를 기한 내에 제출할 수 있다. 5.6 기 신고한 원천징수 수정 또는 경정요건이 발생할 경우 수정신고 및 경정청구할 수 있다.
	【지식】 ● 회사의 퇴직급여 규정 ● 관련 세법 ● 퇴직연금제도 ● 근로기준법 ● 근로자 퇴직급여보장법
	【기술】 ● 세무정보시스템 활용능력 ● 평균임금 산출에 따른 퇴직금 계산능력 ● 관련 세법에 대한 적용 및 세액 산출능력 ● 세무신고서식 작성능력
	【태도】 ● 신고기한과 납부기한 및 제출기한을 준수하려는 노력 ● 개정세법을 예의 주시하려는 자세 ● 퇴직연금제도의 변화를 빠르게 파악하려는 노력
0203020204_23v6.6 근로소득 연말정산 하기	6.1 연말정산대상소득과 연말정산시기에 대해서 파악할 수 있다. 6.2 근로자의 근로소득원천징수부를 확인하여 총 급여 및 원천징수세액을 파악할 수 있다. 6.3 세법에 따라 연말정산대상자의 소득공제신고서와 소득공제증명자료를 처리할 수 있다. 6.4 연말정산결과에 따라 세무정보시스템을 활용하여 근로소득원천징수영수증을 소득자에게 발급할 수 있다. 6.5 연말정산결과에 따라 세무정보시스템을 활용하여 근로소득지급명세서를 전자제출 할 수 있다. 6.6 연말정산결과에 따라 세무정보시스템을 활용하여 원천징수이행상황신고서 전자신고 할 수 있다.
	【지식】 ● 연말정산의무자 ● 연말정산시기 ● 연말정산대상소득 ● 연말정산 소득공제·세액공제 및 세액감면 ● 근로소득지급명세서 및 원천징수영수증 작성방법 ● 연말정산 국세청제공 정보 및 접근경로

능 력 단 위 요 소	수 행 준 거
	【기술】 ● 세무정보시스템 활용 연말정산능력 ● 국세청 간소화 서비스 파일의 활용능력 ● 국세청 근로소득지급명세서 전자제출 능력 ● 원천징수이행상황신고서 전자신고 능력
	【태도】 ● 연말정산시기에 대한 이해를 바탕으로 신속하게 처리하려는 노력 ● 근로자와의 원만한 업무협조 유도 노력 ● 개정세법을 예의 주시하려는 자세

◉ 적용범위 및 작업상황

고려사항

- 일용근로소득 지급명세서는 법정기한내 제출해야 한다.
- 최신 개정세법 반영 근로소득 간이세액표에 의해 원천징수해야 한다.
- 근로소득과 사업소득에 대한 간이지급명세서는 법정기한내 제출해야 한다.
- 금융소득(이자소득, 배당소득), 기타소득지급명세서는 1년분을 법정기한내 제출해야 한다.
- 원천징수 사업소득, 근로소득, 퇴직소득 지급명세서는 1년분을 법정기한내 제출해야 한다.
- 중도퇴사자 발생 시 근로소득 정산에 의한 소득세 등 환급 및 추징세액이 계산되어야 한다.
- 매월 납부자와 반기별 납부자의 경우, 법정기한 내에 원천징수이행상황신고서를 사업장 관할세무서에 신고해야 한다.

자료 및 관련 서류

- 급여대장 및 일용근로자 지급대장
- 소득자별 근로소득 원천징수부
- 원천징수이행상황신고서
- 원천징수영수증(지급명세서)
- 소득세법
- 근로소득 간이세액표
- 국세청 고시 기준경비율
- 한국표준산업분류

장비 및 도구

- 계산기
- 복합기
- 스프레드시트 프로그램
- 컴퓨터
- 회계세무정보 프로그램

재료

- 해당사항 없음

◉ 평가지침

평가방법

- 평가자는 능력단위 원천징수의 수행준거에 제시되어 있는 내용을 평가하기 위해 이론과 실기를 나누어 평가하거나 종합적인 결과물의 평가 등 다양한 평가 방법을 사용할 수 있다.
- 평가자는 다음 사항을 평가해야 한다.

평 가 방 법	평 가 유 형	
	과 정 평 가	결 과 평 가
A. 포트폴리오		
B. 문제해결 시나리오		
C. 서술형시험	√	√
D. 논술형시험	√	√
E. 사례연구	√	√
F. 평가자 질문	√	√
G. 평가자 체크리스트	√	√
H. 피평가자 체크리스트		
I. 일지/저널		
J. 역할연기		
K. 구두발표		
L. 작업장평가		
M. 기타		

> **평가시 고려사항**

- 수행준거에 제시되어 있는 내용을 성공적으로 수행할 수 있는지를 평가해야 한다.
- 평가자는 다음 사항을 평가해야 한다.
  - 각 소득에 대한 원천징수대상 소득금액 구분 및 과세와 비과세 소득에 대한 인지능력
  - 수입금액, 필요경비, 소득금액, 공제금액, 과세표준, 세액산출 등에 대한 프로세스별 금액계산의 정확성
  - 해당 세무신고서 작성의 정확성
  - 납세자가 적용하고 있는 최근 개정세법의 내용에 대한 이해력

◉ 직업기초능력

순번	직업 기초 능력	
	주요영역	하위영역
1	의사소통능력	경청 능력, 기초외국어 능력, 문서이해 능력, 문서작성 능력, 의사표현능력
2	수리능력	기초연산 능력, 기초통계 능력, 도표분석 능력, 도표작성 능력
3	자원관리능력	물적자원관리 능력, 시간자원관리 능력, 예산자원관리 능력, 인적자원관리 능력
4	대인관계능력	갈등관리 능력, 고객서비스 능력, 리더십 능력, 팀워크 능력, 협상능력
5	정보능력	정보처리 능력, 컴퓨터활용 능력

◉ 개발 · 개선 이력

구 분		내 용
직무명칭(능력단위명)		세무(원천징수)
분류번호	기존	0203020204_20v5
	현재	0203020204_23v6
개발 · 개선연도	현재	2023
	5차	2020
	4차	2017
	3차	2014
	3차	2016
	2차	2014
버전번호		v6
개발 · 개선기관	현재	경영 · 회계 · 사무 인적자원개발위원회(대한상공회의소)
	5차	대한상공회의소
	4차	대한상공회의소,대한상공회의소
	3차	
	3차	
	2차	
향후 보완 연도(예정)		2028

분류번호	0203020206_23v6
능력단위 명칭	종합소득세 신고
능력단위 정의	종합소득세신고란 사업소득을 포함한 종합소득금액을 계산하고 종합소득세 과세표준 확정신고서를 작성하여 신고하는 능력이다.

능 력 단 위 요 소	수 행 준 거
0203020206_23v6.1 사업소득 세무조정하기	1.1 소득세법에 따른 세무조정의 절차를 수행할 수 있다. 1.2 사업소득 세무조정 관련 세법에 따른 중소기업기준검토표를 작성할 수 있다. 1.3 사업소득 세무조정 관련 세법에 열거한 총수입금액산입과 총수입금액불산입 항목을 구분할 수 있다. 1.4 사업소득 세무조정 관련 세법에 열거한 필요경비산입과 필요경비불산입 항목을 구분할 수 있다. 1.5 소득세법과 회계기준 차이에 따른 필요경비 한도초과액을 계상할 수 있다. 1.6 사업소득 세무조정 관련 세법에 따른 소득처분 항목을 구분할 수 있다.
	【지식】 • 소득세법의 열거주의에 대한 이해 • 사업소득 세무조정 관련 세법에 열거한 결산조정과 신고조정 항목 • 세법에 열거한 총수입금액산입과 총수입금액불산입 항목 • 세법에 열거한 필요경비산입과 필요경비불산입 항목 • 세법에 따른 과목별 필요경비 한도초과액 • 개정세법 • 조세특례제한법과 중소기업기본법에 따른 중소기업 범위
	【기술】 • 프로그램을 활용한 세무정보시스템 운용능력 • 필요경비산입 한도초과액 계산능력 • 소득처분 적용능력 • 개정세법 유무 확인능력 • 중소기업등기준검토표 작성능력 • 소득세법상 소득의 종류 구분 능력
	【태도】 • 소득세법과 회계기준의 차이를 이해하려는 적극적인 자세 • 개정세법 적용여부에 대한 적극적인 노력

능 력 단 위 요 소	수 행 준 거
0203020206_23v6.2 종합소득세 부속서류 작성 하기	2.1 세법에 따른 수입금액조정명세서를 작성할 수 있다. 2.2 세법에 따른 과목별 필요경비항목별 조정명세서를 작성할 수 있다. 2.3 세무조정 절차에 따라 소득금액조정합계표를 작성할 수 있다. 2.4 성실신고확인대상사업자 범위를 판단할 수 있다. 【지식】 • 세법에 따른 수입금액의 범위 • 세법에 따른 필요경비항목에 대한 필요경비범위액 계상 • 성실신고확인대상사업자 범위 【기술】 • 총수입금액조정명세서 작성능력 • 필요경비항목별 조정명세서 작성능력 • 소득금액조정합계표 작성능력 • 성실신고확인대상사업자 판단능력 • 프로그램을 활용한 세무정보시스템 운용능력 【태도】 • 부속서류 작성에 주의를 기울이는 자세
0203020206_23v6.3 종합소득세 신고하기	3.1 세법 절차에 따라 종합소득세 과세표준 확정신고서 및 납부계산서를 작성할 수 있다. 3.2 세법에 따라 소득공제신고서를 작성할 수 있다. 3.3 전자신고 절차에 따라 변환 파일을 만들 수 있다. 3.4 전자신고 절차에 따라 국세청에 파일을 전송할 수 있다. 3.5 전자신고에 따른 오류발생을 검증하고 수정할 수 있다. 【지식】 • 세법에 열거한 종합소득금액 합산대상 범위 • 세법에 열거한 소득공제 등 범위 • 세법에 따른 세액감면, 세액공제 • 전자신고와 서면신고 대상 서류 • 전자신고 마감일 【기술】 • 세법에 따른 종합소득금액 계산 능력 • 세법에 따른 과세표준과 산출세액 계산 능력 • 프로그램을 활용한 세무정보시스템 운용능력 • 종합소득세 과세표준 확정신고서 및 납부계산서 작성능력 • 개정세법 유무 확인능력 • 전자신고 파일 제작 및 국세청 전송능력 • 전자신고 마감과 전송할 때 발생하는 오류 해결능력 【태도】 • 신고·납부 방법에 대해 신중하게 선택하려는 노력 • 전자신고 대상 서류를 구분하기 위한 분석적 자세

◉ 적용범위 및 작업상황

고려사항

- 세법상 재무제표는 재무상태표, 손익계산서 등을 포함한다.
- 신고서는 종합소득세 과세표준 확정신고서 및 납부계산서를 포함한다.
- 종합소득세신고 시 가산세, 감면세액, 최저한세 등을 철저히 검토하여야 한다.
- 조세특례제한법과 중소기업기본법에 따른 중소기업 범위를 기준으로 중소기업여부를 검토하여 적합한 과세기준을 적용하여야 한다.

자료 및 관련 서류

- 소득세법
- 국세기본법
- 중소기업기본법
- 회계장부

장비 및 도구

- 컴퓨터
- 복합기
- 회계세무정보 프로그램
- 계산기

재료

- 해당사항 없음

◉ 평가지침

평가방법

- 평가자는 능력단위 종합소득세 신고의 수행준거에 제시되어 있는 내용을 평가하기 위해 이론과 실기를 나누어 평가하거나 종합적인 결과물의 평가 등 다양한 평가 방법을 사용할 수 있다.
- 평가자는 다음 사항을 평가해야 한다.

평 가 방 법	평 가 유 형	
	과 정 평 가	결 과 평 가
A. 포트폴리오		
B. 문제해결 시나리오		
C. 서술형시험	√	√
D. 논술형시험	√	√
E. 사례연구	√	√
F. 평가자 질문	√	√
G. 평가자 체크리스트	√	√
H. 피평가자 체크리스트		
I. 일지/저널		
J. 역할연기		
K. 구두발표		
L. 작업장평가		
M. 기타		

평가시 고려사항

- 수행준거에 제시되어 있는 내용을 성공적으로 수행할 수 있는지를 평가해야 한다.
- 평가자는 다음 사항을 평가해야 한다.
  - 과목별 세무조정계산서 작성능력
  - 소득세 과세표준 및 세액조정계산서 작성능력(소득공제, 가산세, 감면, 최저한세, 분납 등)

◉ 직업기초능력

순번	직 업 기 초 능 력	
	주 요 영 역	하 위 영 역
1	의사소통능력	경청 능력, 기초외국어 능력, 문서이해 능력, 문서작성 능력, 의사표현 능력
2	수리능력	기초연산 능력, 기초통계 능력, 도표분석 능력, 도표작성 능력
3	문제해결능력	문제처리 능력, 사고력
4	대인관계능력	갈등관리 능력, 고객서비스 능력, 리더쉽 능력, 팀웍 능력, 협상 능력
5	정보능력	정보처리 능력, 컴퓨터활용 능력

◉ 개발 · 개선 이력

구 분		내 용
직무명칭(능력단위명)		세무(종합소득세 신고)
분류번호	기존	0203020206_20v5
	현재	0203020206_23v6
개발 · 개선연도	현재	2023
	4차	2020
	3차	2017
	2차	2016
	최초(1차)	2014
버전번호		v6
개발 · 개선기관	현재	경영 · 회계 · 사무 인적자원개발위원회(대한상공회의소)
	4차	대한상공회의소
	3차	대한상공회의소
	2차	
	최초(1차)	
향후 보완 연도(예정)		2028

05

NCS 학습모듈의 이해
(직업능력개발원 · 교육부)

NCS 학습모듈의 이해

※ 본 학습모듈은 「NCS 국가직무능력표준」 사이트(http://www.ncs.go.kr) 에서 확인 및 다운로드 할 수 있습니다.

(1) NCS 학습모듈이란?

● 국가직무능력표준(NCS: National Competency Standards)이란 산업현장에서 직무를 수행하기 위해 요구되는 지식·기술·소양 등의 내용을 국가가 산업부문별·수준별로 체계화한 것으로 산업현장의 직무를 성공적으로 수행하기 위해 필요한 능력(지식, 기술, 태도)을 국가적 차원에서 표준화한 것을 의미합니다.

● 국가직무능력표준(이하 NCS)이 현장의 '직무 요구서'라고 한다면, **NCS 학습모듈은 NCS의 능력단위를 교육훈련에서 학습할 수 있도록 구성한 '교수·학습 자료'**입니다. NCS 학습모듈은 구체적 직무를 학습할 수 있도록 이론 및 실습과 관련된 내용을 상세하게 제시하고 있습니다.

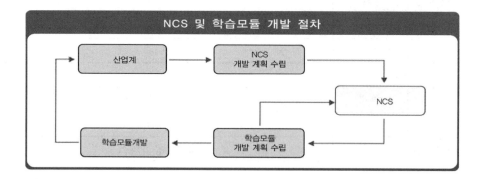

● NCS 학습모듈은 다음과 같은 특징을 가지고 있습니다.

첫째, NCS 학습모듈은 산업계에서 요구하는 직무능력을 교육훈련 현장에 활용할 수 있도록 성취목표와 학습의 방향을 명확히 제시하는 가이드라인의 역할을 합니다.

둘째, NCS 학습모듈은 특성화고, 마이스터고, 전문대학, 4년제 대학교의 교육기관 및 훈련기관, 직장교육기관 등에서 표준교재로 활용할 수 있으며 교육과정 개편 시에도 유용하게 참고할 수 있습니다.

● NCS와 NCS 학습모듈 간의 연결 체제를 살펴보면 아래 그림과 같습니다.

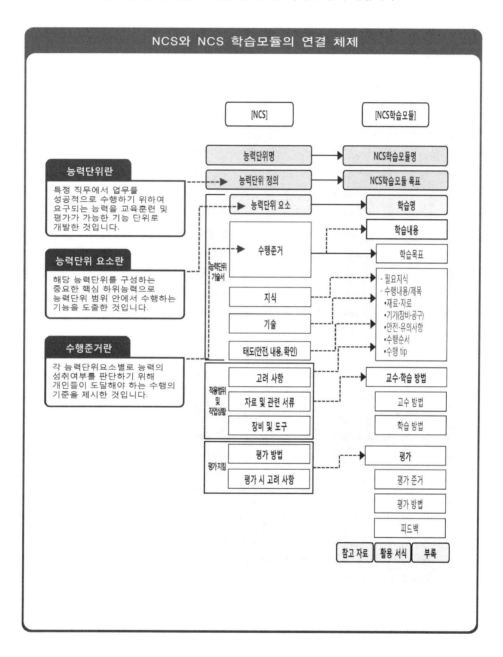

저자약력

황 준 성 ▪━━━━━━━━━━━━━━━━━━━━━━━━━━━━━━━

• **약 력**

　단국대학교 회계학과 및 대학원(경영학박사)

　전) 신한회계법인 근무

　　　서진세무회계사무소 대표

　　　노원세무서 납세자보호위원

　　　한국세무학회 이사

　　　한국국제회계학회 상임이사

　현) 인덕대학교 세무회계학과 교수

　　　공인회계사

박 태 승 ▪━━━━━━━━━━━━━━━━━━━━━━━━━━━━━━━

• **약 력**

　중앙대학교 경영대학 경영학과 졸업

　경희대학교 경영대학원 세무관리학과(경영학석사)

　경희대학교 대학원 회계학과(경영학박사)

　전) 안진회계법인·영화회계법인 근무

　　　남대문 세무서·남양주 세무서 납세자보호위원, 도봉세무서 국세심사위원

　　　한국공인회계사회 국제회계, 경영평가, 감사연구위원회 위원

　　　한국세무학회 상임이사

　　　인덕대학교 세무회계학과 교수

　현) 공인회계사·세무사

소득세법 강의 : 이해와 신고실무

제 1 2 판	▪ 2025년 3월 5일	저자와의 협의하에 인지생략
저　　자	▪ 황준성·박태승	
발 행 인	▪ 허병관	
발 행 처	▪ 도서출판 어울림	
주　　소	▪ 서울시 영등포구 양산로 57-5, 1301호(양평동3가)	
등　　록	▪ 제2-4071호	
전　　화	▪ 02-2232-8607, 8602	
팩　　스	▪ 02-2232-8608	
정　　가	▪ 26,000원	
I S B N	▪ 978-89-6239-973-8　　13320